HERMES

在古希腊神话中,赫耳墨斯是宙斯和迈亚的儿子,奥林波斯神们的信使,道路与边界之神,睡眠与梦想之神,亡灵的引导者,演说者、商人、小偷、旅者和牧人的保护神……

西方传统 经典与解释　**HERMES**
Classici et Commentarii

普鲁塔克集

张文涛　罗晓颖　●主编

普鲁塔克的实践伦理学
——哲学的社会动力

Plutarch's Practical Ethics:
The Social Dynamics of Philosophy

［比利时］胡芙 Lieve Van Hoof｜著

万永奇｜译

华夏出版社

西方古典政治哲学经典翻译与研究（一）
（项目编号：106112015CDJXY470010）

"普鲁塔克集"出版说明

罗马帝国时代的普鲁塔克有最后一位古希腊全才学人之称,他的传世作品是继拉尔修的《名哲言行录》之后最为珍贵的古代文献,引述古希腊作家多达两百五十人,其中约八十人仅见于普鲁塔克的引述,还大量述及古罗马政要和作家。普鲁塔克自己过着闲暇的生活,他的书也是为有闲暇的读者写的,好动的人不是他心目中的读者——整体而言,普鲁塔克的所有作品都带有一种泰然、虔敬的气质,尤其对学问的虔敬。在西方思想史上,普鲁塔克占据着无可替代的位置:被伊壁鸠鲁视为虚妄谎言的宗教神话,在普鲁塔克眼里却蕴藏着悲悯情怀和深刻真理。普鲁塔克深知诋毁宗教的严重后果。正因如此,马克思在凭靠伊壁鸠鲁哲学批判宗教时,把普鲁塔克视为最大敌人之一。

柏拉图的传人普鲁塔克以文学性写作施教,我们只有在柏拉图式的政治哲学传统中才能真正理解这位哲人及其作品。普鲁塔克的作品很多,可惜流传下来的仅《希腊罗马名人对比列传》和《伦语》——由78篇主题和风格各异的短篇作品构成(据今人考订,10、15、42、48、55、58、76、78诸篇是伪作),但这足以令我们享用不尽。

"普鲁塔克集"将提供普鲁塔克传世作品的笺注体汉译,辅以西方学界相关解读及研究之作,以期普鲁塔克之文迹在汉语学界重光于世。

古典文明研究工作坊
西方典籍编译部戊组

在爱中,献给我的父母和彼得

目 录

序 …………………………………………………………… 1
致　谢 ……………………………………………………… 3
版本、译本与缩略语 ……………………………………… 5

导　言 ……………………………………………………… 1

第一部分　哲学的社会动力

第一章　哲学与社会 …………………………………… 21
第二章　推行哲学的策略 ……………………………… 48
第三章　普鲁塔克作为社会中的哲人 ………………… 76

第二部分　普鲁塔克的实践伦理学

第四章　《论感觉好》…………………………………… 95
　第一节　帕西乌斯，或再议《论感觉好》 …………… 98
　第二节　普鲁塔克关于感觉良好的哲学建议 ……… 110
　第三节　普鲁塔克、帕西乌斯及读者 ……………… 125
第五章　《论流放》……………………………………… 133
　第一节　流放与政治 ………………………………… 136
　第二节　流放与哲学 ………………………………… 144

第三节　回答读者的关注 …………………………… 158
　　第四节　作为哲人的普鲁塔克的政治学 …………… 166
第六章　《论饶舌》……………………………………… 172
　　第一节　语词、语词、语词，或：名称中有什么？ ……… 173
　　第二节　作为实践伦理学作品的《论饶舌》 ………… 180
　　第三节　《论饶舌》作为对饶舌的实践治疗：伦理与礼仪 … 188
　　第四节　普鲁塔克的饶舌 …………………………… 196
第七章　《论好奇》……………………………………… 199
　　第一节　《论好奇》：一个令人好奇的标题 …………… 200
　　第二节　对一种社会现象的实践哲学解释 ………… 204
　　第三节　打一场读者的零和比赛 …………………… 210
　　第四节　普鲁塔克的哲学治疗 ……………………… 219
　　第五节　观察普鲁塔克观察旁观者 ………………… 231
第八章　《健康呵护准则》……………………………… 237
　　第一节　开胃菜：建立"饮食—伦理学" …………… 240
　　第二节　附加菜：解释饮食伦理学的原理 ………… 251
　　第三节　主菜：普鲁塔克的饮食伦理学建议 ……… 260
　　第四节　餐后甜点：普鲁塔克饮食伦理学的社会动力 …… 278

结　语 …………………………………………………… 286

参考文献 ………………………………………………… 299
希腊词索引 ……………………………………………… 336
一般索引 ………………………………………………… 338
位置索引 ………………………………………………… 347

序

[vi]在二十一世纪充满压力的世界中，许多行动活跃的人都需要接受些建议，来调和抱负与幸福、工作与家庭、友谊与竞争的冲突。如在细节上作必要的变更(Mutatis mutandis)，这句话对罗马帝国也同样适用。正如过去十多年来许多研究所强调的那样，在罗马帝国时期，精英阶层皆需要持续奋斗来赢得权力与荣誉。本书研究的是相对来说被忽视的一系列文本，该系列文本旨在帮助杰出的希腊人和罗马人航行于帝国社会的汹涌波涛之中：喀罗尼亚的普鲁塔克(Plutarch of Chaeronea)的实践伦理学。

本书现在的形式，很大程度上是本人在埃克塞特大学古典学与古代历史系担任讲师两年期间集中工作的结果。我深深地感谢那里所有同事的清晰建议与温暖支持，特别是Christopher Gill（他阅读了文本的多份草稿）、Stepher Mitchell和John Wilkins。没有他们的激励性批评和建议，本书成不了现在的样子。鲁汶大学（比利时）研究委员会资助的四年博士研究奠定了本书第二部分的基础。我深深感谢我的导师Luc Van der Stockt和Tim Whitmarsh，感谢他们对我的鼓励与中肯评论。我要感谢Philipp Stadter，因为他使我能够在北卡罗来纳大学教堂山分校延续我的部分研究。我也要感谢Ewen Bowie、Tim Duff、Heinz–Gerd Ingenkamp、Rudi Laermans、Judith Mossman、Christopher Pelling、Toon Van Houdt和Jelle Zeedijk，我受惠于他们的思想和评论比他们想象的要多得多。

最后，我还想表达一些更个人性的谢意：感谢 Henkes 神父、Rita Suy 和 Rita Van de Wiele，他们在我心中激起了对古典学的热爱；感谢 Antonio Luis Chávez Reino、Gertrud 与 Hartmut Dietze – Mager、Hans Hauben 和 Angelos Kritikos，因为他们显示出学术卓越、特别的慷慨与强大的幽默感如何能够同时并存；[vii] 感谢 Lieselotte Claessens、Rowan Fraser、Matthias 和 Iris Reiss – Golumbeck，他们是如此伟大的朋友。然而，我欠负最多的是我的父母和我的丈夫彼得，他们给了我维克多·雨果所说的生活中最大的幸福：被爱的确定性。我怀着满满的爱把这本书题献给他们。

致　谢

　　第六章更短一些的版本早先曾收于 Nieto Ibáñez 和 López López 2008 年的合编著作及 Ribeiro Ferreira、Van der Stockt 和 do Céu Fialho 2009 年的合编著作中。第八章许多段落的早前版本会出现于即将出版的 Van der Stockt 的编著中。第七章的某些材料也修订自 2008 年的拙著,我衷心感谢 Walter de Gruyter 出版社同意我重新使用这些材料。就上述各章而言,本书的版本都更值得推荐。

版本、译本与缩略语

在本书中,所有普鲁塔克作品中的段落均引自参考文献中列出的 Teubner 版,并由本人译出。至于其他作者、文本与译本,除非特别标明,均引自洛布(Loeb)丛书。

除了 *L'Année philologique* 的缩写之外,还使用了下列缩写:

DK　　H. Diels 与 W. Kranz(合编)(1966—1967),《前苏格拉底派残篇》(*Die Fragmente der Vorsokratiker*),第六版,柏林

KG　　R. Kühner 与 B. Gerth (1963),《希腊语详尽语法》(*Ausführliche Grammatik der griechischen Sprache*),3. Auflage,慕尼黑

LAW　　C. Andresen、L. Huber 与 K. Bartels, K.(合编)(1990 = 1965),*Lexicon der alten Welt*,苏黎世

LIMC　　(1981—)《古典神话与图像志辞典》(*Lexicon Iconographicum Mythologiae Classicae*),苏黎世

LSJ　　H. G. Liddell、R. Scott 与 H. S. Jone(合编)(1996),《希英大辞典》(*A Greek-English Lexicon*),第9版,以及修订附录,牛津

OCD　　S. Hornblower 与 A. Spawforth(合编)(2003),《牛津古典词典》(*The Oxford Classical Dictionary*),第3版,修订本,牛津

OED　　W. Trumble 与 L. Brown（合编）(2002),《简编牛津英语词典》(*Shorter Oxford English Dictionary*),第 5 版,2 卷,牛津

SIG　　W. Dittenberger(1915—1924),《希腊铭文总汇》(*Sylloge Inscriptionum Graecarum*)第 3 版,4 卷,莱比锡

SVF　　H. Von Arnim(1924),《老廊下派残篇》(*Stoicorum Veterum Fragmenta*),斯图加特

导　言

　　[1]本研究提供了一种新的方式,来阅读喀罗尼亚的普鲁塔克所著的处理实践伦理学的一系列作品。这里提出的解释的核心,我称之为哲学的社会动力(social dynamics),即这些文本——它们呈现为哲学性的——与它们在其中发挥功能的社会语境之间的动态相互作用。

　　希腊的博学者与哲人普鲁塔克(约公元45—120)①遗留下令人惊讶的大量著作,现存的三分之一在洛布丛书中便多达三十二卷。② 其中约一半由四十六篇希腊与罗马著名政治家的传记占据,大部分是两两对比——"列传"及"对比列传"。另外一半由七十多篇内容多样的著作组成。③ 这七十篇作品处理的主题多种多样,比

---

　　①　关于普鲁塔克的一般性研究包括 Ziegler(1951)、Barrow(1967)、Jones(1971)、Russell (1973)、Boulogne (1994)、Sirinelli (2000)以及 Lamberton(2001)。

　　②　《拉姆普里阿斯目录》(*Catalogue of Lamprias*)是一部普鲁塔克作品目录,可能由公元三世纪或四世纪左右的一位佚名目录学家所编,其中有227篇著作,流传到我们手上的只有83篇,另有至少15篇已鉴定的残篇。关于《拉姆普里阿斯目录》,参 Treu(1873),Ziegler(1908)页239 - 244,Ziegler(1927)页20 - 21,Ziegler(1951)页696 - 702,Irigoin(1986),Flacelière 与 Irigoin(1987)页ccxxviii - ccxxix 与 ccciii - cccx,Duff(1999)页1 - 2以及 Swain(1999)页85。

　　③　关于普鲁塔克的著作纪年,参 Jones(1966);关于《对比列传》,参 Delvaux(1995)。

如哲学、政治、修辞、文学批评、会饮以及科学，并且因为多种多样的意图而开拓了诸如书信、演说、对话和散文多种体裁的可能性，但它们自从文艺复兴以来就被同质性地命名为《伦语》(Moralia)。选择"伦语"这一名称(字面上[2]指"道德的[著作]")意义重大，可以说，它强调了普鲁塔克的非传记作品中伦理学的显著地位。④《伦语》中许多篇章的主要目的确实在于激发其读者反思美德、幸福以及如何生活——这些既是古代伦理学的中心要素，也是当代实践伦理学的中心要素。⑤ 本书关注的，正是这些严格意义上的伦理作品。

从古代直到十九世纪，因着这些以及其他普鲁塔克作品的教育价值，一代又一代读者研究和欣赏它们。⑥ 虽然 Octave Greard 关于普鲁塔克伦理学的研究中依然反映出这种解释，⑦但十九世纪的剩余时间及二十世纪上半叶才堪称主要代表了原始资料研究(Qullenforschung)的全盛时期，这种研究在普鲁塔克的著作中进行大力搜寻以重建其资料来源。《伦语》由此被降低为只是一种或多种资料来源的编纂，很快便失去了吸引力。转折点于 1951 年到来，当时 Konrad Ziegler 不仅提供了对此前学术研究的批判性评价，也提出了对普鲁塔克作品的另一种读解，这种读解为作者的创造性保留了更

---

④ 关于道德主义在《列传》中的重要性，参 Frazier(1996)、Pelling(1995)以及 Duff(1999)。

⑤ 如参 Annas(1993)，页 4；关于美德伦理学的进一步参考书目，参注 3 及 Gill(1995)页 6-14，Gill 编(2005)页 1-12 以及 Gill(2006)页 219-238。

⑥ 虽然有些过时，但 Hirzel(1912)依然是对普鲁塔克从古代到二十世纪初叶的影响(Nachleben)的最好研究，亦参 Gallo 编(1998)中的论文。

⑦ Gréard(1866)。尽管这一研究常常含有相当准确的观察，但它距现在毕竟已有 150 年，且主要局限于对单篇著作中的著名段落的释义。

大的空间。⑧ 此外，Ziegler 还提出一种普鲁塔克著作的分类方法。他分出的其中一类就是大众哲学式（popular-philosophical）的伦理学作品，这类作品不仅同普鲁塔克的教育作品与政治作品区分开来，也同他的动物灵魂论、文学批评、神学、科学、诗学、古物学及其修辞—赞咏式（epideictic）演说作品区分开来，尤其［3］——依照 Ziegler 的术语来判断——同理论哲学著作区分开来。⑨

所有这一切开创了普鲁塔克研究的新纪元。⑩《列传》证明是最流行的，尤其在英语世界，但《伦语》也并没有遭到忽视，特别是在欧洲大陆。⑪ 构成本书主题的这些著作已经受到相当多的关注，

---

⑧ Ziegler(1951)，尤其是页 911-928。关于这一观念的先驱，参 Duff (1999)页 8 注 33。注意 Ziegler 的《保利古典学百科全书》(*Realencyclopädie*)中的文章最早作为单篇论文发表于 1949 年。

⑨ Ziegler 在约页 636-637 处提出他的分类标准。事实上，紧接着 Wissenschaftlich-philosophische Schriften［科学性—哲学性著作］之后，他就引入了 popularphilosophisch-ethische Schriften［大众哲学性—伦理性著作］。关于 Ziegler 的分类标准的持续流行，参 Gallo(1998)页 3513。

⑩ Barthelmess(1986)与 Harrison(1992)提供了关于普鲁塔克《伦语》的研究艺术的说明。另，《普鲁塔克：国际普鲁塔克学会会刊》(*Ploutarchos: Scholarly Journal of the International Plutarch Society*)的新系列含有带注释的"参考书目部分"。

⑪ 在这一方面，下述这一点很重要：Jones(1971)在他的普鲁塔克与罗马研究中有四章篇幅给普鲁塔克的《列传》，一章给他的修辞作品，一章给他的政治作品，但没有任何篇幅留给他的伦理作品。不过，最近二十年里有了整部《伦语》的全新版本，带有导论、意大利语译文以及评注，称为《普鲁塔克伦语全集》(*Corpus Plutarchi Moralium*)，此书目前已出版 44 卷。关于这一系列，参 Gallo(1986)和 Laurenti(1991)。在西班牙，普鲁塔克《伦语》译本出现在《格雷多斯古典丛书》(*Biblioteca Clásica Gredos*)系列中。就低地国家而言，有一部《伦语》译本已由凯罗尼亚出版社(Chaironea Press)出版。关于《伦语》亦参 Russell(1968)，关于《列传》亦参 Frazier(1996)。

不仅在对普鲁塔克及其全部作品的笼统处理中是这样,⑫在更专门的研究中亦是如此。1971 年,Heinz-Gerd Ingenkamp 发表了一篇关于灵魂治疗性作品的颇有影响的研究论文,⑬分析了它们的文学结构及其治疗方法与主要内容。大约十年之后,Damianos Tsekourakis 着手检视了普鲁塔克的大众哲学著作与抨击议论体裁(genre of the diatribe)之间的对应性,他的结论是,尽管有某些相似之处,但这些作品并不在任何严格的意义上属于这一体裁。⑭ 二十世纪九十年代,[4]Italo Gallo 依次发表了关于《伦语》中展现的各种体裁的一系列文章。⑮ 最终,在 2000 年左右,Luc Van der Stockt 发表了关于普鲁塔克写作时——尤其是写作《伦语》时——的工作方法的几篇论文。他认为,普鲁塔克不同作品中某个句群(a cluster)——他将其定义为"异质性资料的重复性、结构性集合"⑯——的重复出现,可以解释为普鲁塔克正在使用其个人笔记的证据。除

---

⑫ 参 Jones(1971)、Russell(1973)、Boulogne(1994)与 Sirinelli(2000)。

⑬ 虽然这可能是 Ingenkamp 的 Seelenheilungsschriften[灵魂治疗性著作]标签的最好翻译,但我们当然应当注意灵魂治疗(心理治疗)的古代概念与现代概念之间的差别。参 Gill(1985)。Seelenheilungsschriften 这一术语已被 Rabbow(1914)所用,他的关注焦点是"发怒"。为了他于 1971 年出版的书,Ingenkamp 选择了五篇作品加以解读,在这五篇作品中普鲁塔克试图就一种专门的情感治愈他的读者的灵魂:《论制怒》(On the Control of Anger)、《论饶舌》、《论好奇》、《论顺从》(On Compliancy)、《论不令人讨厌的自我称赞》(On Praising Oneself Inoffensively)。

⑭ Tsekourakis(1983),尤参页 99 和页 107 有关《论感觉好》的部分。

⑮ 如参 Gallo(1996、1998 与 2000)。最近 Flacelière 和 Irigoin(1987)亦尝试对普鲁塔克的《伦语》篇章进行归类,参页 ccxvi-ccxxiii "dupoint de vue de la présentation littéraire des ouvrages"[就作品的文学表达而言了]。

⑯ Van der Stockt(1999a)页 580。关于句群分析,尤参 Van der Stockt(1999a)与(2004)。

了这些主要的研究成果及项目外,学者们还对普鲁塔克的作品开展了辞典学或主题性的研究。例如,已有关于像μανία(enthusiasm[热情])或ὀϱγή(anger[发怒])这些词在普鲁塔克笔下之意义的研究;[17] 也组织过诸如[普鲁塔克作品中的]宗教、[18]教育[19]以及哲学关联(philosophical affiliation)等主题的研讨会。[20] 此外,专注于理论性著作的哲学家们近来也表明,普鲁塔克也可以是一位一流的哲人,他能够有效地、针锋相对地反对与他竞争的哲人,捍卫他自己的、主要是柏拉图式的立场。[21] 如果在这样的哲学研究中涉及应用伦理学著作,那么它们主要用于支持来自普鲁塔克更具理论性作品中的种种发现。然而,[5]虽然下述观点被反复强调,即普鲁塔克的实践

---

[17] 关于"热情",参 Vilchez(1996)与 Van der Stockt(1999b);关于"发怒",参 Laurenti(1988)与 Becchi(1990)。

[18] 比较 García Valdés 所编的研讨会论文集(1994),Gallo(1996),Montes Cala、Sánchez Ortiz de Landaluce 和 Gallé Cejudo(1999),以及 Pérez Jiménez 与 Casadesús Bordoy(2001)。

[19] 国际普鲁塔克学会西班牙分会最近于 2003 年 11 月在巴塞罗那召开的研讨会的主题是"普鲁塔克在他的时代:教育与社会"(Plutarc a la seva època; Paideia i societat)。会议论文集由 Jufresa 等编辑(2005)。

[20] 在 1987 年与 1999 年,分别召开了主题为"普鲁塔克作品中斯多亚主义与伊壁鸠鲁主义面面观"(Aspetti dello stoicismo e dell'epicureismo in Plutarco)与"普鲁塔克、柏拉图与亚里士多德"(Plutarco, Platón y Aristóteles)的研讨会。参 Gallo 编(1988)与 Pérez-Jiménez、García López 和 Aguilár 合编(1999)。

[21] 比较 Opsomer(2007a)页 286,亦参 Algra、Becchi、Bonazzi、Dillon、Donini、Ferrari、Kechagia 以及 Roskam 等学者的研究。同样的推进——从 Quellenforschung[原始资料研究]转移到评价普鲁塔克对此前文献的创造性运用——在对普鲁塔克的文献引用研究中也可看出:这些研究最初主要是普鲁塔克作品中其他作者的资料汇编,但学者们现在开始评价普鲁塔克对传统文献的创造性运用以及此前作者与普鲁塔克所在时代的相关性。这一新方法的杰出例证,参 Bréchet(2003)与 Papadi(2005)。

伦理学著作——如果这么称呼的话——与后者(更具理论性的著作)在任何地方都不矛盾,但它们依然常常被视为二流哲学。最近的一本《希腊与罗马哲学:公元前 100 年—公元 200 年》研究论文集便提供了很好证明。㉒ 在 Richard Sojabji 为论文集所作的导论中,他满怀憧憬地断言:"普鲁塔克(尽管这可能只是个人观点)应该存放在每个有孩子成长的家庭的书架上,因为他讨论了如此多需要讨论而又没有得到讨论的问题……如果你想知道如何避免过于好奇,或者如何避免因错误的尴尬而过于乐于助人,或者怎样才能变得简洁,你应当阅读《论好奇》、《论丢脸》(*Peri dusôpias*)以及《论饶舌》。"㉓虽然这一论断看起来非常积极,但首先,它是极度谨慎地表达出来的(尽管这可能也只是个人观点)。更重要的是,Sorabji 对于普鲁塔克实践伦理学之重要性的初步判断,丝毫没有在后面的研究论文中得到反映:尽管其篇目索引(index locorum)中有关普鲁塔克的有八十三条,但其中只有五条与实践伦理学著作有关。这五个条目,三条在 Sorabji 的导论中,一条在他的供稿中,一条在 Opsomer 的供稿中。虽然 Jan Opsomer 从哲学视角广泛地研究了普鲁塔克,但他同样没有参考《如何区分谄媚者与朋友?》(*De adulatore et amico*),原因在于这篇文章自身:"同样的观点与同样的方法为他(普鲁塔克)在不那么理论性的论文中的实践道德建议打下基础。例如,

---

㉒ 亦参 Dillon(1996)页 184 – 230,此处明确关注那些"严肃的哲学论文"(页 187),但也引证了像《论制怒》、《论感觉好》、《论流放》等篇章来支持他的论点(如参页 189)。

㉓ Sorabji(2007)页 12 – 13。在这本论文集的后面,Tarrant(2007,页 449)将普鲁塔克的《伦语》置于"那些现存的最有吸引力的文本"之中,这些文本能够帮助摘去中期柏拉图主义枯燥乏味的恶名。

在《如何区分谄媚者与朋友？》中……"㉔诸如此类的表述在对普鲁塔克实践伦理学的反应中具有代表性。㉕因此，即使在 Sorabji 满怀憧憬的导论之后，这类表述也不应当引起惊讶，无论如何，他的导论[6]毕竟向有孩子的家庭推荐了普鲁塔克——好像这些作品并非首先和首要地以成人为目标似的。㉖

这种颇不以为然的读解背后的解释之一可能恰恰是 Ziegler 加给这些文本的标签。"大众—哲学"确实不仅相当容易被人误解为先前描述过的二流哲学，也容易被误解为"起源自或渗透至……社会的低等阶层"，㉗后者正是 Teresa Morgan 最近为她称之为罗马思想中的"大众道德（popular morality）"所赋予的意义。㉘她改进了

㉔　Opsomer(2007b) 页 387。

㉕　因此，Babut 在他对普鲁塔克作品中廊下派的著名研究中，在检视过普鲁塔克的争论性、学术性作品之后，又举出了大量"大众性"作品，目标是"在作品其余部分收集这些元素，以完成整个考察"。参 Babut(1969) 页 116。

㉖　除了《论倾听》(On Listening)与《年轻人应当如何学习诗歌》(How the Young Man Should Study Poetry)这两篇文章之外（它们与青少年而不是儿童有关），很清楚，普鲁塔克的实践伦理学以 Erwachsenenerziehung[成人教育]为目标。还需注意的是，《年轻人应当如何学习诗歌》是与青少年有关，而不是写给一位青少年的。如本书结语部分注 5 所述，《论儿童教育》(On the Education of Children)如今常被认为是伪作。

㉗　在其《第二篇王政演说》(Second Kingship Oration)第 5－6 节中，金嘴狄翁(Dio)将荷马的诗——"它们值得真正的人加以注意，尤其是如果他期望统治所有地球上的人"——同其他诗区分开来，其他诗中的某些"也可以称为大众的(δημοτικά)，因为它们对大众及个体公民给出建议与告诫"(Cohoon 译本,1971)。

㉘　Morgan(2007) 页 2。在页 290－294 处，Morgan 依据她所理解的大众道德的视角，提出了一种对普鲁塔克《论感觉好》的解释，但依然将文本分割成小片段，而不是从文本本身来研究它。这一点也适用于 Sorabji(2000) 页 213，以及 Trapp(2007)。关于将 Popularphilosophie 这一术语用于公元二世纪时的大众哲学时需要注意的相似问题，参 Moreschini(1994) 页 5104。

Kenneth Dover 研究希腊大众道德的方法,用以研究"[罗马]帝国周围广泛流传和社会范围内上上下下广泛分享的伦理观念",如在谚语、寓言、gnomai[箴言]以及劝谕故事(exempla)中发现的那些。我们将看到,普鲁塔克的实践伦理学著作虽然并非全然与这些现象无关,却被置于一个完全不同的、十足的精英世界,以精心选择的读者为目标对象。然而,如同 Ziegler 的用法,"大众—哲学"指的是十八世纪德国启蒙运动中的一种哲学潮流,它通过传播关于科学、伦理学及历史的知识,试图将解放理想付诸实践。大众哲学家通过他们的博爱努力,使人们通过教育在精神上完全幸福和平静,从而试图让自己与学院哲学的象牙塔保持距离。比起将自己或其他人托付给一个可以从中演绎出全部真理[7]的伟大哲学系统,这些大众哲学家更相信独立的个人判断、常识以及从实践经验中归纳出结论的方法。㉙ 我们将看到,普鲁塔克的实践伦理学著作与十八世纪的大众哲学有许多共同之处。然而,Ziegler(无意地?)将这一标签加给普鲁塔克的实践伦理学著作,也使它们分有了大众哲学的消极含义。事实上,康德(1724—1804)已经轻蔑地使用了"大众哲学"一词,因为它缺乏理性原则的哲学基础。康德之后的许多学者均持这种观点,这种偏见导致他们忽视了那些致力于实践伦理学而非理论哲学的古代著作。㉚ 然而,近来已经有了研究范式的转变,实践伦理学或应用伦理学又完全成为一种时髦:有关流产、安乐死以及干细胞应用的辩论已将医学和生物伦理学置于许多政府议事日程的最前面;2008 至 2009 年间的大规模经济危机,已引起跨越整个企业

㉙ 对"大众哲学"作为一种历史现象的卓越研究参 Holzhey(1989)与 Altmayer(1992)页 3 – 15。关于 Ziegler 联系普鲁塔克对该术语的使用,最近亦由 Van der Stockt 在一篇未发表的会议论文中加以讨论。

㉚ 比较 Hadot(1995)页 61 – 68 及 Sellars(2007)页 140。

伦理范围的严肃疑问;2004年为气候变化而召开的联合国大会的一个主要结果,便是就气候变化的伦理意义发表了"布宜诺斯艾利斯宣言"。与之相伴,美德伦理学被认为可以针对这些挑战,提供与义务论或功利主义道德理论一样可靠的回答,而所有的街头书店都为感兴趣的读者提供几个书架——尽管不是整个区域——来摆放关于"如何生活"的种种书籍。[31] 不仅是那些Zielger归为大众哲学式伦理学著作的普鲁塔克作品,还有他标为劝谕性和政治性著作的作品,也完美地适合书店的这一区域。正是这些著作——此后我将称之为普鲁塔克的实践伦理学作品——构成了本书的主题。[32]

[8]更特别的是,我不想通过学院派(甚至学园派)哲学的视角研究这些著作,我也不是为了回答文本以外的问题,而是为了这些著作自身的目的,用它们自身的方式来研究,如同那些与其社会—历史背景有着动态相互作用的文学作品一样。[33] 这些作品的目的是什么?这一目的如何与作品在其中发挥作用的社会—历史背景相关?与此相一致,观察这些著作如何将预期读者置于那框架内,以及它们在何种程度上试图改变其读者的立场,这些也都很重要。我要问的另一个问题是普鲁塔克为了实现他的目标采取的技术与

---

[31] 关于对古代实践伦理学重新燃起的兴趣,参Annas、Hadot、Long、Nussbaum、Sellars或Sorabji等学者的文章。关于古代实践与现代实践的区别,参Williams(1993)。

[32] 所有相关著作的目录可见本书结语部分。

[33] 关于这种研究的普遍合宜性,参Shipley(2000)页236;关于普鲁塔克的著作,参Donini(2000)页135以及Whitmarsh(2004b)。例如像Swain(1996)或Harris(2001)的研究则从"第二代智术师运动中的希腊智识人领袖如何看待希腊以及希腊世界中的罗马及罗马权力"这一问题的视角(Swain,1996,页1),或关于发怒的古代观点的视角,研究了普鲁塔克的某些作品,而不是着眼于文本整体或文本本身。

策略。或者说,哲学与社会之间被唤起的是何种关系？这些文本如何呈现自身与社会—历史背景的结合？最后,对于普鲁塔克投射于这些作品中的自我形象我也将给予关注。普鲁塔克如何协调作为作者的他与读者之间的关系？他的提案(agenda)是什么,他认为他从何处获得权威来实现这一提案？

为了回答这些问题,我采取的方法结合了对文本的深入分析（展现文本的内在结构、含义与修辞策略）——这种方法为传统语文学所熟知,现在常被称作文本细读(close reading)[34]——并带着由文本阅读的更晚近的理论模型所开启的视角。早期语言学、人类学、社会学与哲学领域的革命,诸如新历史主义与新文化史学这样的研究文本的进路已经强调:文本对于任何给定的现实而言并不是第二性的,而是完全嵌入在社会中,更特别的是,文本不仅仅是历史境况的反映,[9]而且是建构现实的有力工具。[35] 因此,本书并不将普鲁塔克的实践伦理学当作静态的、道德化的作品,这种作品的危险在于仅提供一种次智识性的(sub-intellectual)、稀释了的哲学;本书也不是一份辞典学或主题性的研究;也没有

---

[34] 这里,我将"文本细读"理解为"细致关注处在其历史与文化语境中的文学性文本的织理",如同 Whitmarsh(2004a)在第 7 页所定义并在他的整部著作中始终践行的那样;而不是在更专业、更学术的意义上指新批评主义于二十世纪二十年代所提出的阅读方法。

[35] 关于新历史主义的清晰说明可参 Veeser 编(1989)、Cox 与 Reynolds 合编(1993)、Hawthorn(1996)全书各处,及 Abrams(1999)在该词条下的解释。关于新文化史学,Hunt 编的论文集(1989)与 Burke 出版于 2004 年的书提供了杰出的导论、全面论述与评价。虽然新历史主义与文学研究的联系更紧密,但现在新文化史学在史学家中更加风行。Dawson(1992)页 1-11,Schmitz(2007)页 159-175(特别是页 172-174)以及 Whitmarsh(2004a)页 5-8 都清晰地阐明了这些方法能为古典文本研究提供什么。关于使用某种特别的解释学视角或方法学的优势,参 Martindale(1993)页 1-34,特别是页 14。

系统分析文本的写作技巧或思想脉络。与此相似,本书关注哲学论证少于关注修辞策略:比起这些作品中严格的哲学内容,我对这些哲学内容的目标、策略与效果更感兴趣,如果讨论到哲学论证,那么关注的焦点将在于普鲁塔克如何在每篇文本的论证语境中策略性地运用它们,而非它们的出处,以及它们对于决定普鲁塔克哲学上的忠诚度(allegiance)可能具有的含义。㊱ 本书将普鲁塔克的实践伦理学著作解释为社会实践中的动态力量,将其作者解释为社会中一位活跃的行动者:换句话说,相对于这些文本旨在为之发挥作用的当时的社会语境而言,历时的(diachronic)视角是次要的。㊲

在过去的十五年里,古典学者,尤其是用英语写作的古典学者,已经在他们关于希腊文学的读解中成功采取了这一方法,[10]主要集中于后古典时代(post-classical)的文本。对于穆索尼乌斯(Musonius)、金嘴狄翁(Dio Chrysostom)、法沃里努斯(Favorinus)、爱比克泰德(Epictetus)、卢奇安(Lucian)、泡萨尼阿斯(Pausanias)以及菲洛斯特拉图斯(Philostratus)这些著作家——他们常常被称为"第

㊱ 类似于 Hadot(1995a)所言,"我几乎不讨论那些为古代学派提供了哲学言说之实质的实际论辩(actual arguments)",目的是避免"蹈入关于这些论辩解释的不可避免的论战中"。试比较 Gerson(2002)。

㊲ 比较最近 Stadter 和 Van der Stockt 合编的论文集(2002),特别是 Stadter(2002a)页1:"总体目标是构建普鲁塔克作品的社会语境以及作品为之而写的历史境况,看到普鲁塔克并非是在真空中写作,而是为了那些读者写作。他认识到他们的抱负、美德及弱点,愿意帮助他们达到一种更以哲学为基础的生活(more philosophically based life)。"虽然我在很大程度上同意这一观点——这一观点因为不是说的一种"哲学生活"(philosophical life),而是一种"更以哲学为基础的生活",所以是对的——但我将更强调下述事实:实践伦理学著作表现在为人在社会中过好自己的生活提供帮助。

二代智术师"㊳时期的著作家——以及讽刺文学或小说这样的体裁,已经有了新颖的、富有启发性的分析。这些分析为罗马帝国中的希腊语作家如何就希腊文化认同与罗马权力进行种种协商、辩论,以及他们如何由此寻求在社会中给自己定位或能动地向社会推举自己,提供了新的认识。作为生活在罗马帝国中的希腊人,普鲁塔克将为从这一视角进行研究提供丰富的资源。他的《对比列传》以及部分《伦语》篇章已经从这一角度被人反复研究了。㊴ 与此相一致,普鲁塔克《列传》中的道德主义(moralism)近年也得到了实质性的重新评价。Philip Stadter, Christopher Pelling, Timothy Duff 以及其他学者已经深入研究了《列传》,并且表明普鲁塔克如何仔细地设计这些传记,以达到提升其读者品格的目的。普鲁塔克这么做,不是通过直接的建议,而是通过描述性或探索性的道德主义:㊵通过形成对其主人公品性的洞见,普鲁塔克不仅邀请读者形成自己对这些品性的判断,也激起读者模仿这些品性的愿望。尽管普鲁塔克的实践伦理学作品对希腊读者与罗马读者都发出呼吁,但这些作品

㊳ 对第二代智术师时期的研究概览,参 Kennedy 与 Barnard(1974),Gleason(1995)页 xvii – xx,Schmitz(1997)页 24 与注 49,以及 Whitmarsh(2001b)页 1 – 2、页 18 – 19 以及(2005)页 6 – 10。本书希望表明 Schmitz(1997)页 234 处的观点是正确的,他提出,对非赞咏性(non – epideictic)文学中——例如哲学文本——Bildung und Macht[教化与权力]的研究将会产生很有意义的结果。

㊴ 例如 Pelling(1989)、Swain(1996)、Payen(1998)、Duff(1999)页 287 – 309、Preston(2001)、Pelling(2002)、Stadter(2002a)、Whitmarsh(2002)以及 Vasunia(2003)。

㊵ 关于规劝性或解释性的道德主义与描述性或探索性的道德主义之间的对立,将在下文页 64 – 65 处讨论。在为 Trapp(2007)所写的书评中,Boys – Stones(2008)称:"这一思想(哲学可以通过直接、明确的指令以外的方式来教导)为文本研究开启了各种可能性,否则,认真对待那些时代已经逝去的学派,而远不止于对其进行典雅的再加工,将会相当困难。"

最明显的特征之一就是,它们没有得到同样的注意。这些实践伦理学著作主要被用来挖掘哲学内容,无论是普鲁塔克本人的哲学内容还是[11]他传达的(或是人们想像他传达的)来源更古老的哲学内容,这些著作过去主要被当作与其周围世界无关的自足文学习作来研究。本书采用的方法则力图填补普鲁塔克研究中的上述裂缝:我将把普鲁塔克的实践伦理学著作解释为参与社会(socially engaged)的种种言辞行动(speech acts),它们不仅促进了希腊—罗马精英的道德福祉,也建立并确立了普鲁塔克本人作为哲人—公民的社会认同。㊶ 这一解释将导向对这些文本之本质的更好理解,这种理解与文本的特殊功能及其在社会环境中的能动参与有关。此外,这一解释还将揭示其作者作为一位娴熟的、有自我意识的社会行动者(player)的新画像。

本书的第一部分系统研究普鲁塔克实践伦理学著作的一般特征。第一章说明了——与 Ziegler 的标签可能暗示的相反——由于其目标读者,本书讨论的这些文本无论如何不能被称为大众的。普鲁塔克在这些作品中对主题的选择确实是为适应罗马帝国中受过高等教育、有权力的精英:他的实践伦理学处理的是由于社会对其精英的期待以及精英在社会中的抱负而产生的种种难题。与其他哲人相反,普鲁塔克的目标并非通过忽视社会压力、反对抱负或者藐视期待来解决这些难题。相反,他将哲学呈现为一种能够更有效地应对这些难题从而在社会中更好地发挥功能的资源。普鲁塔克

㊶ 正如 Ma(2000)页 71 所言:"言说—行动理论(speech-act theory)主要关注语言的'行动性(performative)'方面,也就是语言在世界上做事的能力,而非关注陈述以及陈述的真假。"亦参页 75–85。关于言说—行动理论对古代希腊研究的不同应用,比较 Létoublon(1986)。关于言说—行动理论的一般性研究,参 Austin(1962)与 Pratt(1977)。

并没有努力向其读者"兜售"一种不同的、哲学的生活,而是向他们提供实践上的帮助,让他们可以避免或处理将要经历的作为其社会地位之后果的失败、被弃与挫折。然后,这些著作不是为了向读者系统教授柏拉图主义哲学,而是要帮助读者采取一种宽广的哲学态度,即一种更哲学化的在社会中观察、评价并行动的方式,[12]在这种方式中,自爱(self-love)为自知(self-knowledge)让出了位置。第二章考察普鲁塔克如何努力带来这种变化。为了令读者信服,他对读者应该或不应该如何举止作出了明确的、哲学性的陈述,但最重要的是,他有效运用了大量的话语策略和修辞技巧。例如,他通过这样一种方式描述收信人(addressees)、题献对象(dedicatees)以及[作品中的]人物,从而巧妙引导读者对文本作出反应。这些人物的行为模式有意地与某些类群的人相关,以激起读者的模仿或反对之心。不同语法人称(第一、第二或第三人称单数或复数)的策略性运用引导读者穿行于意味颇丰的不同对立面,他人对某人行为的看法时常得到强调。所有这些文本手法的共性在于它们强烈地作用于读者的荣誉感。因此,普鲁塔克不是要努力去除读者的社会感,而是策略性地运用读者的社会感以便推行哲学。一旦读者被说服,普鲁塔克便为他提供不同种类练习的详尽组合,来帮助他将普鲁塔克的建议付诸实践。这些练习不仅以一种原创性的方式实施了柏拉图式—漫步学派式的教育模式,其自身也与当时的廊下派伦理学区分开来,并将普鲁塔克的实践伦理学与他的其他哲学著作分别开来。因此,第二章破除了下述观念:实践伦理学著作与其他普鲁塔克作品相反,提供了一种简单、直白的道德主义。最后,第三章通过考察普鲁塔克的自我呈现以及他作为一名作家兼哲人的议题(agenda),将这些特征与普鲁塔克联系起来。这一章表明普鲁塔克如何运用哲学、历史及文学传统赋予自己作为哲人的权威。更特别的是,他在其实践伦理学中并通过其实践伦理学,将自己呈现为他的精英读者们应当需要的一位且唯一一位哲人。通过这种方式,普鲁塔克不仅贬低了其他竞争性的文化代理人(agents)(如演说家和医生),推崇了哲学,也将他自己与其他哲人比较,推崇了自己。这种对普鲁塔克实践伦理学的读解也使作者的精英主义充满微妙之处:在社会上,他当然是一位精英主义者,但并非以一种不证自明或直白的方式。毋宁说,他开启了关于不同种类的智识权威及文化权威的辩论,并提供了一种关于精英文化应该像什么的出色观点。当然,这一观点[13]也提升了他自己在社会中的地位,因此也表明他是一位老于世故的(sophisticated)社会行动者。

按照第一部分陈述的解释路线,第二部分展现了对五个案例研究的读解。第四章讨论《论感觉好》(On Feeling Good),这一篇显得是普鲁塔克应一位活跃于公共生活人士之请而写的一封信,在信中普鲁塔克将自己描述为一位哲人。正如我论证的那样,普鲁塔克与他的收信人都可以理解为旨在引导读者反应的戏剧人物。与其他哲人的建议相反,普鲁塔克既没有鼓励帕西乌斯(Paccius)放弃公共活动——如果帕西乌斯想获得完满的人生(well-being);也没有鼓励他献身于研究哲学难题:普鲁塔克在这篇实践伦理学文本中提供的帮助就已足够。这一建议当然是为普鲁塔克的目标读者量身定做的——他们常常非常重视参与社会;然而,这一建议也有这样的好处:将哲人的角色完全保留给普鲁塔克自己。《论流放》(On Exile)是下一章(第五章)的主题,可以说,它在跟《论感觉好》唱反调:在这篇有几分类似公开信的文章中,普鲁塔克教导说脱离政治未必导致不幸。这方面需要指出的是,普鲁塔克在探讨流放这一主题时没有像其他作者那样讨论哲学,而是讨论了政治:他明确拒绝将流放看作选择过一种哲学生活的转折点。乍一看,这是一项无私的计划,是向一位留恋政治及其荣誉和声望的人士提供安慰。然而,细致的考察表明普鲁塔克可能是在推行他自己的生活方式:既然他不曾有过与某些读者相同的政治生涯,那么他就通过《论流放》来将这种生活方式呈现为力量的标志而非软弱的标志。接下来的两章各处理一篇可以称作"灵魂治疗"的文本。第六章关注《论饶舌》(*On Talkativeness*),一篇讨论言说(speech)——普鲁塔克时代精英文化的中心议题——的作品。与泰奥弗拉斯托(Theophrastus)这样的早期作者相反,普鲁塔克不仅关注话说得太多,也关注不恰当或不合时宜的言说。通过这样的主题扩展,普鲁塔克探索了伦理与礼仪之间的边界。他也有效运用了多种修辞策略,以阻止读者将言说直接用作获取荣誉的工具:哲学以自知和关注他人取代了[14]自爱,在变化纷纭的社会环境中操控一个人的文化资本需要哲学。如果普鲁塔克的文本因此在这个词的布尔迪厄式(Bourdieuvian)意义上提供了实践上的帮助,那么,他也抓住机会为自己作为多产作家的实践进行了辩护。接下来,第七章处理《论好奇》(*On Curiosity*),一篇富含暗喻、明喻,充满偶发色调的文本。在普鲁塔克的分析中,恶意的好奇心,即发现他人的恶的愿望,总是与嫉妒和恶意携手同行:为了赢得他们视为零和性的(zero-sum)声望竞赛,人们努力发现并散播关于他人的谣言。从这一前提出发,普鲁塔克证明读者的计谋不会产生社会敬重:好奇心常常会导致危险,且总是导致羞辱。通过与好奇心的各种传统理解进行微妙的对话,普鲁塔克成功地将读者从有害的好奇心引开,推举他自己和他自己的作品,并且避免了为批评他人而批评他人所可能造成的反作用。最后,第八章讨论《健康呵护准则》(*Precepts of Health Care*),该篇关注的主题在整个古代都是医生、体育教练与哲人之间激烈争论的对象,从柏拉图和盖伦(Galen)的作品中就可以很清楚地看到。为了支持他本人在养生之道方面的权威，普鲁塔克以柏拉图对话的形式呈现他的文本，不仅开启了关于健康呵护不同方法的明确而详细的辩论，也以对普鲁塔克有利的方式精妙地操控了读者的反应：普鲁塔克一方面联系医学专业性，一方面联系社会可接受性（social agreeability），从而强烈地暗示出给开放性讨论所涉及的人物以不同的定位。他的精英读者需要的不是一位医生或体育教练的专业建议，而是他自己所拥有并且要提出的更加普遍性的准则，这些准则将帮助读者们活得健康又成功。

选择用于案例研究的这五篇文本间区别相当大。首先，它们属于不同的文类：《论感觉好》显得是一封私人书信，《论流放》可视为一封公开信，《论好奇》与《论饶舌》是伦理论文，《健康呵护准则》则是一篇对话。其次，所选择的这些作品处理的主题相当广泛。感觉好与流放是哲学著作的传统主题。好奇心与饶舌从前在喜剧、史撰这样的文类中被讨论过，[15]但在哲学著作中还只是泛泛提及。然而，普鲁塔克为这两个主题各自贡献了一篇精心构思的伦理论文。最后，《健康呵护准则》处理与身体有关的事务，似乎与哲学通常处理的对象离得更远。与此同时，本研究讨论的著作既属于《伦语》中的不同类别，也属于 Ziegler 描述的大众学哲式伦理学著作的不同亚类。例如，《论好奇》与《论饶舌》都是灵魂治疗类作品。在 Ziegler 看来，作为政治著作的《论流放》甚至不属于实践伦理学著作一类。然而，本书将清楚表明，Ziegler 的大众哲学式伦理学著作类别与教导性、政治性著作有许多共同特征，这意味着有理由对它们进行整体研究，因为它们共同构成了普鲁塔克的实践伦理学。最后但并非最不重要的是，所选择的这五篇作品中，作者普鲁塔克以不同的方式在文本中在场。《论感觉好》明确将普鲁塔克作为一位人物加以介绍，《论流放》是暗中介绍。《论好奇》与《论饶舌》则以间接得多的方式透露出他的在场。最后,在《健康呵护准则》中,对话的人物可以说是旨在提醒人们注意普鲁塔克的缺席。因此,这些著作共同组成了普鲁塔克实践伦理学的代表。以上述方式对它们进行研究,将使我们能够得到关于下述问题的更普遍性的结论:这些文本如何被用来在其所处的社会—历史语境中发挥作用,如何吸引其读者,以及如何构成其作者的社会实践的能动部分。

第一部分

哲学的社会动力

第一章 哲学与社会

在过去三十年里,古典学术已经发现了"读者",隐含的、指明的以及——至少在某种程度上——真正的读者。在跟随读者反应批评、文本接受研究以及亚里士多德和贺拉斯的脚步中,古典学家们特别强调了在诸如小说、修辞作品以及教诲诗等不同文类中读者的角色:①文学暗示着阅读、对听众表演以及教导学生。对这一法则,哲学文本当然也不例外:它们主要意在针对一位或几位模范读者(model readers);只需提及的一个明显差异是,不难想像,这位模范读者是一位专业哲人还是一位哲学的外行,会带来巨大的差别。②

然而,哲学文本的读者普遍没有受到太多注意。就普鲁塔克的实践伦理学作品而言,忽略这一点尤为不幸,③因为这些作品的收

---

① 小说:Winkler(1985)与 Dowden(1994)论阿普列乌斯(Apuleius),Slater(1990)论佩特罗尼乌斯(Petronius),Bowie(1994)与 Stephens(1994)的一般性研究;修辞作品:Korenjak(2000);教诲诗:Schiesaro、Mitsis 与 Strauss Clay(合编)(1994),Spencer 与 Theodorakopoulos(合编)(2006)。关于读者—反应理论(reader-response theory)对古典学的影响的一般性研究,参 Korenjak(2000)页 9-10,特别是 Schmitz(2007)页 86-97。关于其他例证,参 *Arethusa* 19(1986)。

② 比较 Hadot(1995b),页 64。

③ 亦比较《论倾听》45E 普鲁塔克本人对听者重要性的评论。亦比较 Gleason(1995)页 xxiii 与 Said(2005)。

件人与人物的阵容不仅惹人注目地庞大,④而且本身也反驳了下述观点,即这些作品在针对大众的意义上[20]是"大众的":⑤雅典执政官(archon)欧芬尼斯(Euphanes)、罗马执政官(consul)方达努斯(Fundanus)、科马基尼(Commagene)最后一位国王之孙,以及雅典执政官兼罗马代理执政官菲洛帕普斯(Philopappus),⑥这些人物都清晰地表明,这些作品针对的乃是精英阶层。如此,普鲁塔克的实践伦理学著作——Ziegler 称其中的许多为大众哲学性著作——就其针对的目标读者或作品中出现的人物而言,就不能称为大众的;⑦至少不比普鲁塔克的大部分其他著作更加大众化——这些作品针对的是同样的社会阶层甚至是同样的个体;也不比(无论或多或少)塞涅卡或爱比克泰德这些同时代的哲人作者更加大众化。⑧

---

④ Ziegler(1951)页 894 – 895 所鉴定为带有献辞的 23 篇普鲁塔克作品中,一半以上属于实践伦理学著作的范围。Fabrini(2000)提供了对普鲁塔克的献辞的一些讨论,但他主要关注献辞的书信含义。

⑤ 例如 Donini(2000)页 135 处声称他同意 Gallo(1998)页 3517 与页 3532:"不把这些著述看作'大众哲学'的作品,按照一种相当流行的说法:无论如何这里涉及的是精英反对民众的作品;所谓大众,他们并非真的有许多人"。

⑥ 关于菲洛帕普斯与他的纪念牌,参 Kirchner(1941),Clément 与 Hoffleit(1969)页 94 – 95。注意 Sullivan(1977)页 796 – 797;Kleiner(1983);Miles(2000),尤其是页 29 – 36。关于普鲁塔克作品中的菲洛帕普斯,参 Puech(1992)页 4870 – 4873 与 Whitmarsh(2006)。

⑦ 关于普鲁塔克实践伦理学作品中出现的人物与这些文本的目标读者群之间的相互关联,参 Van Hoof(2005)。关于普鲁塔克的收信人(addressees)、题献对象(dedicatees)、受述者(narratees)、叙述者(narrators)以及读者的精英性质,参 Jones(1971)页 44;Gallo(1998)页 3517,他在注 26 中对于实践伦理学著作强调了这一点;Stadter(1999b)页 xiv 集中讨论《列传》。

⑧ 例如,塞涅卡最经常的题献对象卢西利乌斯(Lucilius)成了一名骑士与行政长官,而爱比克泰德唯一确定的学生阿里安(Arrian)的生涯与菲洛帕普斯的并非完全不同。关于爱比克泰德的读者,参 Souilhé(2002)页 viii – ix。

文本偶尔会提及某人拥有获奖的马、⑨奴隶、昂贵的餐具、印戒(seal-rings)，或消费奢侈而昂贵的食物，财富常被视作理所当然的东西，⑩而且被作为政治与智识活动的前提。⑪政治活动是精英阶层的另一个[21]标志，在帝国时期肯定是这样。与普鲁塔克《伦语》中的平均水平相比，⑫他的实践伦理学著作中提到的二十二个人物中有相当大的比例担任过政治职务：索克拉鲁斯(Soclarus)、菲洛帕普斯(C. Iulius Antiochus Philopappus)、科尔涅利乌斯·普尔凯尔(Cornelius Pulcher)、方达努斯(C. Minicius Fundanus)、帕西乌斯

Trapp(2007)页87-88明确提出，较之爱比克泰德的作品，普鲁塔克的作品代表了一个更有文化的读者群。

⑨ 例如：《年轻人应当如何学习诗歌》31D，《论倾听》39B，《如何区分谄媚者与朋友？》59F。关于马的贵族意味及某些时候的帝王意味，参阿里安《论狩猎》24.2-3及哈德良为他的马 Borysthenes 写的诗(CIL 12.1122)。亦参 Hyland(1990)，特别是页157-159与页237。

⑩ 奴隶：《论制怒》459A；昂贵的餐具：《论倾听》42D，《不要借别人的东西》828A；印戒：《论制怒》461E，《论爱财》526E；精致的菜肴：《健康呵护准则》124F。

⑪ 作为"有闲暇的阶层"(leisure class)的土地贵族(Honoratiores)：Veblen(1998=1899)，Quaß(1993)页11-12与Stephan(2002)页66-67。关于精英阶层手中如何汇聚了"财富、出身、正规教育、学习技能、能力、成就、时尚的生活方式"，参Hopkins(1965)页14，Bowersock(1969)页27，Panagopoulos(1977)页226，Brown(1992)页37，Schmitz(1997)页45以及Jones(2005)。另一方面，正如Hopkins(1965)，特别是页32处所指出的那样，社会流动常常来自地位不和(status dissonance)(与地位和谐[status congruence]相对)，也就是说，文化资本能够弥补较低的出身或中等的财富。

⑫ 普鲁塔克全部作品中提到的所有这些政治活跃的当代人，似乎大约有一半出现在实践伦理学著作中。关于普鲁塔克的朋友们的群体传记(prosopographic)研究，参Chenevière(1886)，Ziegler(1951)页665-696，Jones(1971)页39-64，以及Puech(1992)。

(Paccius)、阿维狄乌斯·尼格里努斯(Avidius Nigrinus)与阿维狄乌斯·奎埃图斯(T. Avidius Quietus)、阿鲁勒努斯·鲁斯提库斯(Iunius Arulenus Rusticus)、欧律克勒斯·赫库拉努斯(C. Iulius Eurycles Herculanus)、欧芬尼斯(Euphanes)、墨涅玛库斯(Menemachus)、帕尔达拉斯(C. Iulius Pardalas)以及第勒努斯(Tyrrhenus),所有这些人都在地方、行省或帝国政府担任公职。与这些人的精英特征同样重要的——也是普鲁塔克将他们写进自己著作的重要理由——是他们对希腊文化或教养(paideia)的广泛兴趣和熟悉。[13] 关于这一点最明显的证据是,实践伦理学著作中提及的若干人物也参与了《漫谈录》(Table Talk)中形形色色的对话:例如,我们能在《漫谈录》1.10(628B)中读到,菲洛帕普斯(Philopappus)不仅是《如何区分谄媚者与朋友?》这篇对话所题献的对象,也是多篇谈话的参与者,"在其中他的发言与倾听出自友好不亚于出自学习的热切"(τὰ μὲν λέγων τὰ δὲ ἀκούων διὰ φιλανθρωπίαν οὐχ ἧττον ἢ φιλομάθειαν)。因此,像菲洛帕普斯这样的人对各式各样的主题都感兴趣,也知道如何像绅士一样(gentlemanly)交谈。[14] 自然,所有这些都要以良好的教育为前提。事实上,这些文本在一开始便让人联想到一个文字的世界(literate world),其中充满大量碑铭、书信与书籍。[15] 就此而言

---

[13] 关于受教育作为一种社会标签,参 Kaster(1988),Gleason(1995)页 xxiv,Schmitz(1997),Morgan(1998),Goldhill(2001)页 17,Whitmarsh(2001b)页 96-108,以及 Jones(2005)。

[14] 亦比较 Van der Stockt(2000)页 93-98 所论《漫谈录》中的伦理和礼仪。

[15] 碑铭:《论好奇》520D-E;书信:《论感觉好》464E,《论好奇》522D;书籍:《论流放》604D,《如何从敌人那里获益?》86C-D。关于古代的读写能力,参 Kaster(1988),Harris(1989),Beard、Bowman 与 Corbier(合编)(1991),Thomas(1992),以及 Bowmn 与 Woolf(1994)。

[22],在普鲁塔克的实践伦理学著作中,如同在他全集中的其他许多著作中一样,到处都是对古典(classical)与后古典(post-classical)时期希腊文学的旁征博引。⑯ 因此,普鲁塔克期望读者熟悉大量的希腊文学,特别是荷马、品达、希罗多德、修昔底德、埃斯库罗斯、索福克勒斯、欧里庇得斯、阿里斯托芬以及米南德这些作者。⑰ 这些作者中的许多人会在文法课(γϱαμματιπός/grammaticus)上[学到过],或由中学教师在读写基本学习之后[教授过]。但根据普鲁塔克,就教育而言这还不够:⑱一个人应当把诗与哲学融会贯通,这样诗会成为哲学的引言,哲学则产生对诗的正确理解。⑲ 因此,普鲁塔克读者的文化兴趣与教育背景也包括了哲学,这一点从他在《论倾听》中聚焦于哲学演讲,⑳以及简洁提到某些哲学辩论都能够清楚地看出来,作者显然假定读者很熟悉哲学的基本原理。㉑

---

⑯ 注意普鲁塔克并不经常引当时的诗,参 Bowie(2002)页44-46。就此而言,他不经常参考拉丁文学,特别是诗,参 Strobach(1997)页39-46。

⑰ 参 Gallo(1998)页3532,Donini(2000)页135,以及 Trapp(2007)页87-88。比较 Stadter(1988)页292-293 论《列传》的读者群,及 Klotz(2007)页652 论《漫谈录》的读者群。

⑱ 关于文法课(grammatici),参 Kaster(1988)。关于哲学作为教育的最后阶段,参 Trapp(2007)页18-19,参考普鲁塔克的《论倾听》37D-38A。

⑲ 《年轻人应当如何学习诗歌》,尤其是第1小节。亦参 Saïd(2005)。比较卢奇安的抨击之文《反驳无知的书籍收藏者》(*Against the Ignorant Book-Collector*)或金嘴狄翁在他的《第四篇王政演说》(*Fourth Kingship Oration*)中的评论:读了许多书本身并不能使一个人成为真正的πεπαιδευμένος[受过教育的人],更不要说一个好人了(第30节)。

⑳ 《论倾听》集中关注哲学,这一点在 37F、41B、42C、42E、43C、43F、44B、44F、46A-C 与 E-F 以及 47A-C 处最清楚。亦参 Hillyard(1981)与 Hanhn(1989)页90。

㉑ 例如在《论制怒》中,普鲁塔克只简略提到怒气的原因,而没有在理论层面上详细讨论。关于普鲁塔克的读者群,亦参 Stadter(1988)页293 与

下面这一点虽然可能显而易见,但注意到它非常重要:这些读者本身并不是专业哲人。正如上面指出的那样,他们常常从事政治或其他职业:普鲁塔克为这些哲学爱好者(amateur philosophers)写作他的实践哲学著作,他们具备基本的[哲学]知识,但尚不能在缺乏外在引导的情况下按照[23]哲学的标准生活。㉒ 因此,普鲁塔克的实践伦理学著作再三反复、不遗余力地论证读者需要哲学。同样,这些作品不仅是治疗性的,也发挥着规劝功能。㉓《致一位无知的统治者》(*To an Uneducated Ruler*)可能是一个最清楚的例子,文中论证统治者们应当接受哲学性的建议。再举几个例子。我们可以参考《婚姻准则》(*Precepts of Marriage*)的第一段,这里认为哲学能促进夫妻之爱;或参考《论顺从》(*On Compliance*)中普鲁塔克的这一表述:是哲人(ὁ φιλόσοφος, 529B)从一个人的灵魂中祛除了多余的羞怯。这幅普鲁塔克的读者群图像也被普鲁塔克对其最明确的特征性描述所证实:

(2002a)页7,以及 Van Hoof(2005),特别是页146-147与页150-151。关于一般意义上普鲁塔克实践伦理学著作的读者的基本哲学教养,亦参 Donini(2000)页135。

㉒ 与 Hadot(1995b)页272以及 Barnes(2002)的观点相反——他们几乎完全取消了专业哲人与业余哲人之间的分别——我们不仅能够摆出《论兄弟之爱》479E处普鲁塔克自己的明确区分,也能摆出政治生活与哲学生活之间更加普遍的古老冲突。参下文第五章。正如 Trapp(2007,页23-27)最近提出的那样,我们能认识到哲人群体内部的专业程度也有不同,但即使在半调子哲人(Halbphilosophen)与那些不是哲人也不会假装自己是哲人的人之间,也始终有一道根本性的鸿沟。关于在普鲁塔克时代哲人形象的描述,参 Hahn(1989),特别是页9-17与页202-208,以及 Hadot(1995a),特别是页46-87。

㉓ 关于"规劝"作为走向哲学的第一步的重要性,参 Trapp(2007),页54-55。

没有理由认为,大多数人所要面对的重重羁绊还有琐屑的疏忽以及缺乏自由,会影响那些文人和公共人物。大多数人在收获作物、不堪忍受的整夜失眠以及持续的劳作中,考验着他们患病的或勉强痊愈的身体。而我写这部作品,却是为了那些文人和公共人物。他们必须要警惕另一种更严重的、内在于阅读和学习中的疏忽,[24]这种疏忽诱使他们忽视、忽略他们的身体。(《健康呵护准则》,137C)㉔

普鲁塔克在这一段落中表明,他的预期读者由文人(philologoi)和公共人物(politikoi)组成。普鲁塔克其他实践伦理学著作中也多次明确提到这两类目标读者。㉕ 如果说像"公共人物"这后一类特征描述还相当直接的话——指至少是被动地但也可能是主动地参与政治和公共生活,那么,前一类[特征描述]则指向很广泛的兴趣:文人是热爱语词、谈话、文学、知识、理性(推理)、哲学论辩以及诸如此类事物的人。然而,尽管文人或许热爱哲学谈话,但他们很显然并非专业哲人:philologos[文人]这个词本身从未指一种特别的专业,它出现于公元前三世纪,与专业的 philosophos[哲人]相对。㉖ 因此,普鲁塔克对他的预期读者群的描述证实了我们的分析:他的

㉔ 关于普鲁塔克《健康呵护准则》的读者群更详细的讨论,参第八章。

㉕ 文人:《如何听演说》43D 与 45A;公共人物:《如何从敌人那里获益?》86C,《论感觉好》(各处),《论不令人讨厌的自我称赞》539E、539F、541C、542D 与 545E,《论流放》(各处),《老年人应否应当担任公职》(各处),《政治准则》(各处)。

㉖ 关于 philologia 这个概念的起源与使用的一部杰出研究是 Dihle(1986),特别是页 204-207,亦参 Aboott(1941)、Nuchelmans(1950)与 Kuch

写作为的是那些文化及政治精英,而不是专业哲人。

然而,刚才引用的这一段不仅告诉我们谁是普鲁塔克的预期读者,也传达出这些读者如何形塑文本的印象。㉗ 确实,普鲁塔克提及他的预期读者群,证明了他的资料选择是正当的:普鲁塔克对全面研究人们可能如何忽视他们的身体不感兴趣,他选择聚集于精英们不得不面对的难题。换句话说,这部作品是为预期读者们量身定做的,[25]其资料是考虑到这些读者可能要面对的难题而选择的。普鲁塔克的其他实践伦理学著作也是如此,它们选择并处理与希腊—罗马精英有关的主题。例如,像《政治准则》(*Political Precepts*)这样的政治文本没有提供关于最佳政制的普遍性或理论性探讨,而是为上等阶层的成员如何在他们的城邦与罗马帝国中践行政治提供指导:文本采取一种精英视角,展现出对罗马统治下希腊政治具体处境的清晰认识。㉘ 在写到谄媚时,普鲁塔克并没有采取谄媚者的视角,而是采取了有成为谄媚牺牲品风险之人的视角。普鲁塔克明确表示,他关注的焦点并非是像自私的食客(self‑serving table‑

(1965);关于 philologia 在普鲁塔克作品中的含义的简要研究可见 Panagopoulos(1977)页 227。例如在《不要借别人的东西》第 6 - 7 节,普鲁塔克在告诫他的读者中最穷困的人(参下文注 30)选择一门职业不像借债那么可耻时,他提到了手工业、教授文学或成为一名教师,但没有提到教授哲学。

㉗ Van der Stockt(1999a)页 577 注 10 指出如下事实:"πρέπον[清晰]要求普鲁塔克提出适合其题献对象需要的观念",并给出关于这一问题的更多参考文献。

㉘ 关于《政治准则》中辉煌的过去与完全不同的现在之间的张力:Duff(1999)页 291 - 298,Vasunia(2003)页 379 - 381,Trapp(2004)页 191 - 192,Roskam(2005);地方精英在罗马帝国中的角色:Bowersock(1969)页 30 - 42,特别是页 30 - 31 与 41 - 42,Jones(1971)页 43、111 与 119,Aalders(1982)页 5 - 7 与页 26 - 27,Quaß(1982),Carrière 与 Cuvigny(1984)页 33 - 40,Alcock(1993) attendants)这样的肤浅谄媚者(50C),而是那些老谋深算的(sophisticated)谄媚者,即使是饱学之士(educated people)也可能会屈从于他们。普鲁塔克的兴趣在于那些不是指向所有人而是指向"广屋豪宅、丰厚家业,甚至王国霸权与领导地位"的谄媚(49C)——此处提及精英所用的文字尤其体现在这篇文本的题献对象菲洛帕普斯身上,正如我们前面所言,菲洛帕普斯具有王室血统,作为雅典执政官与罗马执政官而执掌大权。菲洛帕普斯的多面身份为认识普鲁塔克作品《如何区分谄媚者与朋友?》的具体社会—历史框架提供了另一条清晰的线索:关于友谊的希腊观念与罗马观念并非始终一致,由此引出的不同期望常常是成问题之关系(problematic relationships)的基础。㉙ 普鲁塔克聚焦于他那个时代希腊—罗马精英的难题的另一个明证,见于《不要借别人的东西》(*That One Ought Not to Borrow*)。我们可能不容易将这一主题与精英阶层联系起来。不过,即便[26]普鲁塔克反对借别人的东西,在提出这一建议之前,他还是预先说明,他针对的不是那些贫乏之人,而是那些自己确实拥有资源却为了过得更悠闲、更奢华而从别人那里借贷的人。㉚ 这部作品的第四节还提出,债权人常常是海外人士,他们仿佛在向希腊

页 18 – 19,Quaß(1993),Hope(2000),特别是页 130 – 138,以及 Stephan(2002);罗马统治下希腊世界的政治局势:Millar(1983),Gauthier(1985),Desideri(1986),Sartre(1991),以及 Millar(1993);普鲁塔克对帝国城市中精英阶层的呈现:Lo Cascio(2007)。

㉙ 参 Whitmarsh(2006),特别是页 106 – 111,页 96 – 97 也指出在友谊的后古典讨论中谄媚的重要性。

㉚ 在《不要借别人的东西》的全篇中,普鲁塔克确实强调贷款只是给那些有财产的人的(如参 827F 与 830D)。在这篇著作接近结尾的地方,他对那些有钱人(第 8 节)与没钱人(第 6 – 7 节)给出了不同的建议。然而,即使是后

城邦进军,通过利息与债务奴役希腊人。因此,《不要借别人的东西》探讨的不是任何人在任何时候都可能发现自己会面对的财务问题,而是罗马帝国中的希腊精英由于其社会地位而时常遭遇的具体问题,他们的地位使他们看不起任何一种劳动,因此他们往往为了维持舒适的生活方式而向别人借贷。换句话说,普鲁塔克在这些作品中的方法是特定的,不是普遍的:这些文本的目的不是向人类传播哲学的永恒真理,而是向特定的一类人提供帮助,这类人处在特别的社会与历史情境之中——㉛这些作品实在就是实践伦理学或称应用伦理学著作。

普鲁塔克实践伦理学著作中处理的问题由精英个人与他们生活其间的社会之间的张力引起,精英个人与社会彼此通过抱负(ambitions)联系起来——φιλοτιμία[抱负]这个词在这些文本中确实相当突出㉜——然而,没有能力达到社会期望的挫折感以及对社会控制的[27]恐惧感又使精英个人与社会互相对立起来。有产阶层接受外国人的借款,因为他们感到不得不维持某种生活标准(《不要

一群体,也由那些不必为了生存而不得不工作的人,以及为了奢华(比较 τὴν πολυτέλειαν,830D;ἡ τρυφή,830E)而不是出于需要而借贷的人组成。而且,正如 Ingenkamp(即将出版的 b)所表明的那样,这一文本针对的是那些可能不十分富有但拥有良好教育的人。很清楚,普鲁塔克的读者中即使是"最穷困的"人总归也处于一种相对有特权的地位中。比较 Russell(1973)页 171。

㉛ 关于古代大众智慧的情境性与执行性研究方法(situational and executive approach)以及与当代伦理学的区别,参 Morgan(2007)页 179 – 182。

㉜ 《伦语》中词根φιλοτιμ-出现了 154 次,其中 74 次是在实践伦理学著作中。实践伦理学著作中仅有的没有出现该词的几篇是《婚姻准则》、《论好奇》、《慰妻书》、《哲人尤其应该与当权者交谈》以及《致一位无知的统治者》。关于《伦语》中普鲁塔克对φιλοτιμία的使用,参 Panagopoulos(1977)与 Roskam(2004)。

借别人的东西》);有些人变得愤怒,因为他们认为自己没有得到应得的(《论制怒》,460D),还有些人出于竞争而不能与兄弟和睦相处(《论兄弟之爱》,486A – E)。在普鲁塔克寻找人们为什么损害自己健康的原因时,他还提到因上层官员垂顾某人而产生的"不可避免的社会义务(social engagements)"(《健康呵护准则》,123E),这显示了对社会压力的清醒认识。[33] 同样,政治对于普鲁塔克时代的许多希腊人来说也是成问题的,这不仅因为他们没有能力达到他们过去所拥有的政治权力的水准,如普鲁塔克在《政治准则》的一个著名段落中指出的那样(813E),也因为他们在当时的政治抱负中感到受挫——既然声望与权力被限制在他们自己城邦中而不是帝国层面上,就像普鲁塔克在《论感觉好》中提出的那样(470C)。普鲁塔克在《健康呵护准则》中说,演说家与智术师们常常过度使用他们的嗓音从而毁了他们自己,他说有些人这样做"是因为名声与抱负,其他人则是由于金钱回报或政治竞争"(οἱ μὲν ὑεὸ δόξης καὶ φιλοτιμίας, οἱ δὲ διὰ μισθοὺς ἢ πολιτικὰς ἁμίλλας,131A),如此,我们对于他们不顾后果之行为的原因就毫不怀疑了。教育和文化并非精英们无害的装饰;毋宁说,它们也可以作为一种符号资本(symbolic capital)[34]加以有效利用,以使人获取荣誉与声望——尽管也伴随着投资本身所包含的风险。这样,在普鲁塔克实践伦理学讨论的所有主题中,导

---

[33] 在《科里奥拉努斯列传》(Life of Coriolanus)4.5,普鲁塔克甚至说名声是美德的目标(ἡ δόξα τῆς ἀρετῆς τέλος)。关于普鲁塔克赋予名声在政治家生活中的作用的讨论,参 Ingenkamp(2004)。亦参 Panagopoulos(1977)页 207。

[34] 关于不同种类的资本及如何获得并有效利用的叙述,尤参布尔迪厄(Bourdieu)(1983)。关于布尔迪厄对该主题的观点的清晰叙述,参 Schmitz(1997)页 26 – 31 与 Bryson(1998)页 16 – 18。关于文化作为获取声望的工具,尤参 Zanker(1995),特别是页 206、214 与 251,Schmitz(1997)各处,以及 Whitmarsh(2001b)。

致难题的是精英阶层的抱负与期望:换句话说,在普鲁塔克的实践伦理学中至关重要的是读者的精英资格。

[28]那么,哲人如何解决社会压力带来的张力呢?一般来说,㉟古代哲人似乎常常将已被人们接受的社会价值观与他们必须提供的哲学价值观强烈对立起来,同时给予后者(哲学价值观)以特权。仅举几个广为人知的对立:普通人的行为大抵受其情感影响,哲人则跟随理性的引导;社会据说重视意见(opinion, δόξα),哲学则寻求真理;社会复杂而不断发生变动,哲学则热切渴望永恒(Eternal)与不变(Unchanging)。用更学术性的术语讲,哲学常常教导说,社会的价值观在终极意义上是无需在意的(廊下派)或只是建基于空洞的信仰之上(伊壁鸠鲁主义)。哲学居于完全不同的立场这一观念由犬儒派最清楚地体现出来,他们为了过一种哲学生活而抛弃所有社会规范与价值观。㊱即使在罗马帝国的统治下也是如此,"拥抱哲学(philosophia)——至少如 philosophoi 这个词表现的那

㉟ 虽然哲人与社会之间的关系主要是在政治哲学(参 Clark 与 Rajak 合编[2002],以及注 46 中参考的著作)或哲学教育方面(参 Hadot[1995a]或 Hadot 与 Hadot[2004])得到了研究,这里仍然有进一步研究的空间。Hahn(1989)提供了关于哲人如何在社会中看待自身的论述,但另一方面,关于哲人如何看待他们提供给受众的哲学与受众生活其间的社会之间的关系,其叙述要少得多。Dillon(2002)聚焦于哲人的社会地位,Haake(2007)聚焦于碑铭中提及哲人的文字,Trapp(2007),尤其是页 216 – 225,聚焦于哲人的政治参与,但也指出了"哲学(philosophia)在日常价值及习俗方面的不定和含混状态,它一方面迫切想要把自己确立为一套激进的选择,另一方面又意欲要求在已确立的体系中占据核心位置"(页 225)。

㊱ 关于犬儒派以及他们从社会中的隐退,参 Hahn(1989)页 172 – 181,Bracht Branham 与 Goulet – Gazé(合编)(1996)中的论文,以及 Moles(2000)。关于以沉思生活自娱的其他宗派的哲人,参 Griffin(1989)页 20(伊壁鸠鲁派与廊下派),Zanker(1995)页 287(穆索尼乌斯),Whitmarsh(2001a)与(2001b)

样——意味着转向一整套与习俗、传统、日常世界截然不同的价值观"。㊱ 众所周知,爱比克泰德致力于引起从非哲学价值观到哲学价值观的彻底转变。㊳ 阿尔西诺斯(Alcinous)[29]等柏拉图主义者强调,柏拉图的幸福"不在属人之善(goods)中,而在神圣之善与神佑之善中"。㊴ 塞涅卡虽然提出——例如——美德之后必有荣耀跟随,在利用其读者的前哲学(pre-philosophical)感觉上走得比之前的廊下派更远,但即便是他,也停留在廊下派正统观念的范围之内:他脑海中的荣耀不仅仅是某个同源概念的不同标签,而是世俗名声的哲学替代品。㊵

普鲁塔克的实践伦理学著作则展现了哲学与社会之间一种完全不同的平衡。他就公众演讲问题给其读者的建议在这一方面效果显著:

> 如果恶行(vice)遭到痛斥与责难,那么我们将会惊奇地看到大众有多么愿意戒除恶行;相反,如果恶行有了好的名声,并且如果在恶行的快乐与好处之外又加上荣誉与名望,那么,没

页 133 - 180(穆索尼乌斯、金嘴狄翁、法沃里努斯)。

㊱ Trapp(2007)页 233,亦参 Nussbaum(1994)页 356 - 357,Hadot(1995a)页 346,Trapp(2007)页 31、236 与 243。

㊳ 比较 Gill(1988),Kamtekar(1998),特别是页 155,Wehner(2000),Bowie(2002)页 47,Long(2002),特别是页 231 - 258,Graver(2003),Hadot 与 Hadot(2004),以及 Scaltsas 与 Mason(合编)(2007)。

㊴ Alcinous,《柏拉图主义手册》(The Handbook of Platonism) 27.3, Dillon 译本(1993)。

㊵ 参 Newman(1988),他提供了对塞涅卡关于名声的思想的杰出分析。亦参 Habinek(2000),Mattern - Parkes(2001)。Sherman(2005)已经阐明塞涅卡在他的哲学著作中如何考虑礼貌和外在礼仪。

有一个(人的)天性足够幸运或足够强大,能够不屈服于它。因此,政治家必须反对……对那些邪恶行为的赞扬。(《论不令人讨厌的自我称赞》,545E)

这一段显示,普鲁塔克从现实地评价人们的前哲学价值观和行为开始:他承认,如果恶行的名声不好,那么即使普通人也会避而远之,相反,如果恶行的名声更好,那么即使最好的人也不会喜爱美德胜过恶行。然而,与前代哲人形成对照的是,普鲁塔克没有反对这些社会价值观。相反,他建议读者将社会价值观作为他们影响听众的起点——如果他们要谈论他们自己与其他人的话。我们[30]在下一章将看到,普鲁塔克本人在他的整个实践伦理学著作中恰恰采用了同样的技巧:他常常诉诸读者的社会敏感,以便为了他自己的目的说服读者。因此,普鲁塔克并没有改变读者的动机,而是替换了读者的恐惧和愿望,其目的是在读者中推销他自己和他的哲学。当然,这意味着哲学与社会之间一种完全不同的平衡。事实上,尽管普鲁塔克与塞涅卡都经常激起意味深长的(loaded)两极对立,如政治与哲学、活动与闲暇、城市与乡村、呵护身体与呵护灵魂、关注他人与关注自己,或外向与内向,但与塞涅卡不同,[41]普鲁塔克的偏好并不是先验地站在传统的"哲学极"(philosophical pole)一方。普鲁塔克的建议事实上根据语境、视角或论说内容而有所变化。《论流放》或许偏向哲学,《论感觉好》与《政治准则》则为政治辩护。《论流放》赞美闲暇,《健康呵护准则》则说,不进行政治活动这一代价太高,不能为了健康付出这样的代价。关于城市与乡村,《论好奇》似乎不鼓励人在城市中游荡,《论流放》则举荐出许多可以在流

---

[41] 一个清楚的例子见于《书简》90.19、27–29 与 34。

放后居住的城市。《论好奇》设想身体是灵魂的阻碍,《健康呵护准则》则强调人不应当忽视自己的身体。《论好奇》建议人少关注他人,《论饶舌》则建议人多关注他人,等等。与相关论题的那些似乎传统的哲学立场相反,普鲁塔克没有主张社会价值观内在地就是坏的,或应当要么完全抛弃,要么彻底变革。

就此而言,普鲁塔克的实践伦理学相当保守:㊷他没有批评社会,更不要说鼓动革命了。因为事实上,[31]我们已经说过,虽然普鲁塔克在这些作品中处理的难题是那些个体发现他们自己会遭遇到的(难题)——就他们嵌入在社会中而言——但值得注意的是,普鲁塔克与许多当代的应用伦理学不同,而与其他古代哲人相似,他只在个体层面上寻求解决方案:根据普鲁塔克,丧子是不是一件坏事完全取决于你(you);你是那个允许谄媚者接近你的人;你决定你需要多少钱以及你要怎么花它。换句话说,你是你自己在社会中的幸福的最大威胁。㊸因此,在社会中生活得好不好的责任被归于个体,而不在社会,普鲁塔克在这些著作中的哲学治疗也相应地以个体、自我为中心,针对个体而不是针对社会。关于这一点,一个清

㊷ 普鲁塔克的保守主义多半很合那些政治上活跃的读者的胃口,因为他们在政治权力与政治机构中常常面临很大的风险,参 Pavis d'Escurac(1981),特别是页 290,Gómez Espelosín(1990),Trapp(2004)页 199。常常有人说,早期帝国的哲人们普遍不赞同社会—政治革命,参 Shaw(1985),Veyne(1987)页 45,Zanker(1995)页 181,Habinek(2000)页 288 - 289,Trapp(2007)页 217 与 233;但早期帝国时期元老院中的反对派——常常与廊下派哲学有关——提供了一幅非常不同的图景。参 Griffin(1989)页 21,Reydams - Schils(2005)页 5 - 10,Trapp(2007)页 226 - 257。

㊸ 可以在下述事实中找到清晰的说明:《如何区分谄媚者与朋友?》这篇文章在所有实践伦理学论文中可能被认为是最与他人相关的,但即便在这篇作品中,自爱($\varphi\iota\lambda\alpha\upsilon\tau\acute{\iota}\alpha$,48F、49A、65E 与 66E)也扮演着主要角色。

楚的迹象是,我们在第二章将会看到,普鲁塔克虽然采用了一些与个人治疗有关的相当专门性的术语,但并没有发展出任何专门术语来描述他所描述的社会现象,如参照群体(reference groups)、[44]炫耀性消费(conspicuous consumption)或文化资本(cultural capital)等。普鲁塔克的方法证明是个人性的(personal),而非结构性的(structural):他的目标不是颠覆社会机制,而是在个体内部引起转变。

在本章剩余部分,我们要看一下,对普鲁塔克来说,这种转变牵涉到什么、不牵涉什么,以及这种转变对他向读者提供的那种哲学意味着什么。我们可以在《论感觉好》的一段中找到很好的起点,这一段提出了三个重要问题:

> [32]正如鞋随着脚转动,而不以其他方式转动,同样,人们的态度决定了他们的生活是什么样的。事实上,正如某些人所言,对那些已经选择最好生活的人来说,并不是习惯使得它令人愉快;毋宁说,审慎使得同一种生活既是最好的生活又最令人愉快。所以,让我们清洁我们内部感觉好的源泉,好叫我们把外部环境看作可亲而友好的,从而把环境转变为我们的益处。(《论感觉好》,466B – 467A)

这一段中,需要注意的第一点是βίος[生活]这个词反复出现。

---

[44] 比较 Merton(1957)页 279 – 440。现代社会学家所说的参照群体之重要性,古代作者亦指出,这方面的其他例子有盖伦(Galen),《论解毒剂》(*On Antidotes*)14. 24. 14 – 18, Cassius Dio 71. 35. 2,或卢奇安(Lucian)《反驳无知的书籍收藏者》22。

自毕达戈拉斯——这里普鲁塔克参考了他㊺——以来,古代哲人已经讨论了人应当过哪一种生活。㊻柏拉图区分了以获取智慧、荣誉或财富为目标的人。㊼亚里士多德则发展出一套更专门的术语,谈到享乐生活、政治生活与理论生活。㊽在亚里士多德之后,这一主

㊺ 普鲁塔克本人在《论流放》602B 处将这一观念归于毕达戈拉斯派,如同彭提乌斯(Herclides Ponticus)残篇 88(Wehrli 版)、第欧根尼·拉尔修(Diogenes Laertius)8.8 与扬布里柯(Iamblichus)《毕达戈拉斯生平》(Life of Pythagoras)12.58 – 59 所做的那样。比较 Helmbold(1939)页 179 注 d,以及 Dumortier 与 Defradas(1975)页 103 注 3。然而,Apelt(1926)页 9 – 11 与页 40 注 20 认为普鲁塔克这里是参考塞涅卡,Hirzel(1879)页 367 则认为普鲁塔克是参考德谟克利特。

㊻ 关于这一论题,最全面的分析依然是 Joly(1956),但亦参更新近的 Demont(1990),特别是页 347 – 357 与 384 – 395,Trapp(1997)页 133,以及更多的一手及二手文献,Scholz(1998),Duff(1999)页 66,与 Trapp(2007)页 216 – 217。关于毕达戈拉斯的观点,参 Joly(1956)页 21 – 52。

㊼ 《王制》581c – d。关于柏拉图对不同种类生活的看法的杰出研究,以及对理论与实践之间关系的精确内容的论述,可参看 Huber(1985)页 26 – 32。进一步可参看 Jaeger(1948)页 430 – 435,Snell(1951)页 14 – 18,Joly(1956)页 69 – 104,Festugière(1971)页 126 – 132,Hentschke(1971),特别是页 336、344 – 345、355 – 356、388,Gigon(1973)页 84 – 87、148 – 149、152 – 153、156 – 161,Eriksen(1976)页 14 – 21,Demont(1990)页 306 – 319 与 325 – 328,Hadot(1995a)页 104 – 107,以及 Scholz(1998)页 73 – 121。

㊽ 在《尼各马可伦理学》1095b15 – 19 可以找到一个清楚的段落。Ackrill(1974)、Huber(1985)与 Taylor(1995)页 248 – 252 提供了对亚里士多德关于该主题思想的睿智的综合分析。此外,参 Jaeger(1948)页 435 – 444,Snell(1951)页 18 – 19,Grilli(1953)页 125 – 133,Joly(1956)页 105 – 127,Lobkowicz(1967)页 4,Festugière(1971)页 129 与 132 – 134,Hentschke(1971),特别是页 330 – 345,Gigon(1973)页 65 – 83 与页 154 – 155,Kenny(1978)页 192 – 195 与页 203 – 210,Eriksen(1976),Demont(1990)页 347 – 357,Hadot(1995a)页 123 – 130,Scholz(1998)页 123 – 181,以及 O'Connor(1999)页 113 – 127。关于《大伦理学》(Magna Moralia)及其与亚里士多德主义者及漫步学派关于该主题的讨论的关系,参 Walzer(1929),特别是页 189 – 193。

题成为许多“论生活”(*Περὶ βίων*)的篇章的论题,不同学派的哲人争相提出自己的观点和术语。[33]普鲁塔克在三篇著作中处理了这一主题,这三篇著作现已佚失,但他作品的各处多次反复提及该主题。⑲ 在以上这个特别的段落中,他拒绝像其他哲人那样将美好生活与享乐生活对立起来:⑳普鲁塔克的哲学并不试图将读者从他们正在过的享乐生活转变到一种哲学的、据说是美好的生活中去,反而帮助他们享受正在过的生活。确实,尽管普鲁塔克谈到了他的题献对象在政治生活方面的政治活动,(51)但他绝没有对他们提出建议,将他们拉向哲学生活。他的全部实践伦理学著作给予其读者的建议都是如此。(52) 例如,在《哲人尤其应该与当权者交谈》中,普鲁

⑲ 三篇现已佚失的普鲁塔克关于这一主题的著作是《拉姆普里阿斯目录》(*Lamprias catalogue*)105条,《论生活》(*On Lives*)(*Περὶ Βίων*)159条,《论反伊壁鸠鲁式的生活》(*Περὶ βίων πρὸς Ἐπίκουρον*)199条,《哪一种生活是最好的》(*Τίς ἄριστος βίος*)。通常,普鲁塔克要么被看作混合人生观(mixed life)的代表人(参Joly[1956]页175),要么被当作政治生活的倡导者。如参Ziegler(1951)页820,Grilli(1953)页207,Aalders(1982)页7,Aalders与De Blois(1992)页3384,Caballero(1994)页548,Dillon(1996)页198,Centrone(2000)页576-577。关于普鲁塔克在《论苏格拉底的守护神》(*On the Sign of Socrates*)中对该论题的涉及,参Georgiadou(1995)。

⑳ 至少普鲁塔克在这里是这样呈现的。然而,应当注意到,数位哲人强调他们建议的生活是一种愉悦的生活。如参柏拉图,《王制》583b-588a,亚里士多德,《尼各马可伦理学》1177a23-1177a27,拉尔修7.85-86(Von Arnim 3.178),与伊壁鸠鲁《致美诺凯乌斯》131。Joly(1996)进一步表明所有这些哲学学派如何将其推行的生活方式也归于诸神。

(51) *Βίος πολιτικός*[政治生活]:《老年人应否应当担任公职》783C与783E;《政治准则》800E。

(52) 亦参Centrone(2000)页576。同样地,普鲁塔克的实践伦理学也不符合Hadot(1995b)与(2002b)对古代哲学的描述:choix de vie或mode de vie[生活方式]。即使Hadot将他的短语transformation du moi[我的转变]理解为与某

塔克明确陈述道,他的哲学论说的目标不是建立"一尊一旦放在基座上就站立不动的雕像"(776C‑D)。相反,他提出,哲学的目标是使人充满能量(energetic, ἐνεργά)、积极主动(active, πρακτικά)以及富有生气(alive, ἔμψυχα):换句话说,哲学帮助人们在社会中过好他们的生活。[34] 具体就《哲人尤其应该与当权者交谈》这部作品而言,[他认为]哲学将帮助政治家们形成正确的判断,采取正确的行动,并且掌握正确的路线。㊼ 在《如何区分谄媚者与朋友?》中,哲学显得使一个人充满力量,并能够区分谄媚者与朋友。那些想享受正常情感(euthymia)的政治上活跃的人也需要哲学(《论感觉好》)。靠着哲学,而不是禁欲主义,人才能既举办会饮也保持健康(《健康呵护准则》)。因此,普鲁塔克没有让读者为了献身哲学而脱离正常生活,相反,他将哲学呈现为一种能够提升他们的生活质量,进而提升其社会地位的工具:普鲁塔克没有将哲学与社会对立起来,由此使个体面临两个相互排斥的选项之间的选择,他在这些作品中将哲学呈现为能够缩小个体与社会之间鸿沟的桥梁。㊽ 当然,这种

种与习性(habitus)的改变相当类似的东西,正如 Sellars(2003)页 111 注 19 主张的那样,choix de vie[生活方式]这一短语的选择依然是不愉快的,因为它意味着在(相互排斥的)义项之间的选择。这一印象由下述事实得到强化:Hadot 主要提及那些事实上选择了哲学生活的人,也就是哲人。普鲁塔克唯一一篇谈论哲学生活的作品是《论流放》(βίος φιλόσοφος, 603E),但正如我们将在第五章中看到的那样,即使在那里,普鲁塔克的目标也不是将读者变成哲人。

㊼ Trapp(2007)页 223 谈到了普鲁塔克,把他作为十分肯定地倾向于政治活动的哲人的典型。

㊽ 在这一方向,具有说服力的是他同廊下派的区别,对廊下派而言,"转向自我是在两套平行的规范——哲学的与社会政治的——之间持续终生的平衡行为,这两个规范可能造成严重而深远的冲突"。比较 Reydams‑Schils(2005)页 91。尽管廊下派将哲学呈现为一种不同的价值观体系,用于替代前

理解与普鲁塔克活跃的精英读者趣味相投,不过,它是不是对普鲁塔克也有用?普鲁塔克是不是有意将拥有最卓越的(par excellence)文化资本的生活——哲学生活——留给了自己?对这一问题作出肯定回答可能只是对他的行动方式的片面解释,但其中也可能有某些真实性:毕竟,匮乏至少部分决定了一个人的资本的价值。[55]

第二点与普鲁塔克建议的内容有关:如果普鲁塔克的实践伦理学著作并不试图说服其读者抛弃社会价值观而采纳哲学的生活,那么为了解决读者的难题,它们的提议是什么?[35]在《致一位无知的统治者》的第五节,普鲁塔克版本的"当亚历山大遇上第欧根尼"的故事很好地抓住这一点,它提出哲学将使亚历山大能够"在态度上(in attitude)成为第欧根尼,同时在机运上(in fortune)依然是亚历山大"(ἐξῆν οὖν φιλοσοφοῦντα καὶ τῇ διαθέσει γίγνεσθαι Διογένην καὶ τῇ τύχῃ μένειν Ἀλέξανδρον,782B)。[56]哲学不会使亚历山大的角色和机运受影响(比较 μένειν),但会改变(比较 γίγνεσθαι)他的态度。态度(διάθεσις)确实是普鲁塔克实践伦理学的关键词。[57]然而,普鲁塔克提议的这种态度改变与什么有关呢?在上引明确提到态度改变的

哲学的价值观,但普鲁塔克的实践伦理学几乎将哲学呈现为为了实现一个人的(前哲学的)目标的(必要)手段。

[55] 比较布尔迪厄(1983)页 187–188。可以说,下流到更低阶层的危险潜伏在每个地方,普鲁塔克 avant la lettre[在还没有"文化资本"这个词语之前]可能对之已有所认识。

[56] Ἐξῆν 倾向于指在过去未被利用的可能性。参 KG,页 204–206。亦比较 Cuvigny(1984,页 44)的法语译文:Eh bien, la philosophie lui eût permis de devenir moralement un Diogène sans cesser de conserver sacondition d'alexandre[这种哲学允许亚历山大在道德上成为第欧根尼,而不会使亚历山大停止他作为亚历山大的条件]。

[57] 这个词出现在 466F、468C、474D、474E、475E 与 476A 处。

段落中,普鲁塔克提出,我们内在满足的源泉(ἐν αὑτοῖς…ἡμῖν)将帮助我们更好地利用外在环境(τὰ ἐκτός):因此,为了处理好来自外部的压力,读者必须改变他内在的某些东西。每篇文本中讨论的具体问题不同,所需要的内在改变的确切形式当然有所不同,但根本线索始终是以自知(self-knowledge)取代自爱(self-love)。自爱(φιλαυτία)怂恿人通过问问题来炫耀卖弄,而不是从倾听中获益;自爱误导人们相信任何东西、任何人都不应当从他们那里被拿走,因此使他们往往生出过分愤怒或过度悲伤;自爱使希腊政治家将自己与过去古典时代的伟大政治家相比,从而有引起罗马人愤怒的危险。同样,自爱使我们往往流于谄媚,诱使我们以可厌的方式称赞自己,并产生对兄弟的憎恨。事实上,φιλαυτ-在普鲁塔克全部作品中出现了二十次,其中十七次在实践伦理学著作中,两次在《列传》中,一次在一篇理论哲学文本中。[58] 另一方面,自知[36](比较 γνῶθι σεαυτόν)[59]则据说能够帮助人区分谄媚者与朋友,也可以阻止人以招致攻击的方式责备别人,并阻止人以导致社会排斥的方式不停唠叨。但在普鲁塔克实践伦理学中,自知的重要性远比这些以及其他的明确说明更大。在《健康呵护准则》中,普鲁塔克强烈建议

---

[58] 《论倾听》40F,《如何区分谄媚者与朋友?》48F、49A、65E 与 66E,《论制怒》461A,《论感觉好》468E 与 471D,《论兄弟之爱》491B 与 492C,《论饶舌》514A,《论不令人讨厌的自我称赞》546B 与 546E,以及——如果是真作的话——《慰阿波罗尼乌斯书》111E。关于"自爱"在普鲁塔克灵魂治疗类作品中的重要性,比较 Ingenkamp(1971)页 131–144,在《如何区分谄媚者与朋友?》中的重要性,比较 Opsomer(1998)页 150–155。

[59] 对"认识自己"这一原则的明确提及见于《年轻人应当如何学习诗歌》36A,《如何区分谄媚者与朋友?》49B 与 65F,《如何从敌人那里获益?》89A,《慰阿波罗尼乌斯书》116D,《论饶舌》511B 以及《论好奇》517A。关于更多的参考文献,参 Stadter(2000)页 503–504 以及注 23。

人要认识自己的身体(136E-F);在《论顺从》中,他谴责通过颂扬一个人的恶习而欺骗自己的行为(529E);⑥⁰在其他地方他也强调,一个人想生活得好,重要的是认识到自己在家庭中的地位(如《婚姻准则》)、在社会中的地位(如《不要借别人的东西》829F)、在历史中的地位(如《政治准则》813E)以及在宇宙中的地位(如《论感觉好》477C-D)。乍一看,普鲁塔克对一般意义上内在自我的关注,尤其是赋予自知以重要性,使其实践伦理学与帝国早期的其他哲学文本一致——福柯以"关注自我"这一术语对此进行过描述。⑥¹ 与其他哲人的作品相似,普鲁塔克的实践伦理学著作确实预设了对哲学教育的持续关注,举荐了诸如实践练习、讨论以及阅读之类的活动,并把身体与灵魂二者进行对比。⑥² 虽然这些作品由此稳固地植根于帝国早期哲学的传统之中,但就此下结论说普鲁塔克的实践伦理学是一种"朝向内心的转向"(conversion à soi),[37]似乎还不能完全评价这些作品。事实上,与福柯的《关注自我》(Le souci de soi)全书提出的相反,普鲁塔克的实践伦理学没有将哲学置于社会之上。福柯虽然说关注自我并不意味着一个人必须放弃所有其他活

---

⑥⁰ 对"颂扬"的谴责在其他地方也有出现。比较《论制怒》462E-F。

⑥¹ 比较 Foucault(1984b),特别是页 55-94。

⑥² 对哲学教育的关注:《论感觉好》464E,《婚姻准则》138C,《论制怒》453D;讨论:《年轻人应当如何学习诗》15B,《如何从敌人那里获益?》86C,《健康呵护准则》122B-C;阅读:《如何从敌人那里获益?》86D,《论流放》605F-606B,《论感觉好》464E;医学类比:《论温顺》535B,《老年人是否应当担任公职》788E。关于实践与精神训练的更多方面,参第二章;关于医学类比的更多方面,参 Jaeger(1957),Pigeaud(1981),Gill(1985)页 320-321,Nussbaum(1994),特别是页 13-77,Hirsch-Luipold(2002)页 228-234,Sellars(2003),特别是页 41-42、64-68、84 以及 102,Trapp(2007)页 23 以及页 79-80 注释中的参考文献,Tsouna(2007)页 60-68。

动,但他强调"一个人应当为自我设立的主要目标要在自我内部、在自我与自我的关系中寻求"。㊃ 我们已经看到,普鲁塔克远没有建议读者放弃他们的日常活动,他考虑到了他们的生活与日常活动,并将哲学呈现为一种更成功地履行其社会职责的方式。哲学可以教导他们如何在自己所处的具体社会情境中履行好职责。

关于上面引用的段落,我要说明的最后一点与普鲁塔克向读者提供的那种哲学有关。确实,在强调为了过一种好的、愉快的生活必须要有哲学时,普鲁塔克选择使用了 $\varphi\varrho o\nu\varepsilon\tilde{\iota}\nu$ [审慎]而非 $\sigma o\varphi\iota\alpha$ [智慧]这个词,由此强调他的建议的实践本性。本书讨论的这些作品的目标首先是实践性的:我们将在第二章看到,这些作品的目标在于改变人,而非教导人。但在我们转而研究普鲁塔克实践伦理学著作的这一方面之前,我想提请(读者)注意其实践倾向的三个更进一层的内涵。第一个内涵与普鲁塔克的主题选择有关:他的实践伦理学著作没有讨论技术性(technical)哲学的理论问题,㊄例如对灵魂的生成或道德德性的本质(nature)的正确哲学解释等,而是讨论了罗马帝国精英生活中的种种现实问题,包括教育、友谊、财政、政治、演说、健康呵护及婚姻等方面的难题。㊅ 尽管在某些情况下,诸如愤怒、心灵平静或友谊等问题亦是传统的哲学议题,但他所讨论的许多问题,如好奇、借贷或如何倾听演说等,此前还没有被[38]哲

㊃ Foucault(1984b)页89,Hurley 英译本(1988)页64-65;亦参 Foucault(1984b)页118-119 与页315("由自我关注主导的存在的艺术")。关于 Foucault 的关注自我,参 Gill(2006)页334-335。

㊄ "技术性"在这里用来翻译 Ziegler 的"科学—哲学类作品"这个术语(比较 Ziegler[1951]页636 与744),不是具体指这些作品"与技艺($\tau\varepsilon\chi\nu\eta$')有关",如在 Sellars(2003)中那样。

㊅ 比较 Trapp(2007)页53 与注110。

人们(如此详尽地)处理过,或者说它们与其他事物而非哲学联系在一起,正如健康呵护或公共演说术的情形那样。其次,这些作品放在一起并没有构成一套系统、全面的伦理学理论。将这些作品与处理相似主题的其他作品进行比较会很有启发。例如,塞涅卡的《致卢西利乌斯的信》(*Letters to Lucilius*)由相同的题献对象统一起来,向他(题献对象)提供了一系列循序渐进的、要求越来越高的哲学性建议。⑥⑥ 又比如在亚里士多德的《尼各马可伦理学》中,我们可以发现十几种道德德性及其对应的恶习(vices)的系统清单,这些恶习被定义为过度(excess)或不足(deficiency)的倾向。由此,个体的情感、德性及恶习被呈现为更大系统的一部分,在这个更大的系统中,它们有其确定无误的位置,对它们的处理方式也正是从这个更大的系统中演绎出来的。另一方面,普鲁塔克单挑出某些特别的情绪来详尽处理,又在处理教育或政治这样的难题时顺便提及其他情绪,但他没有将每一种情绪都整合进一个定义明确的系统性的道德理论中,并赋予它们以具体位置。确实,虽然据说普鲁塔克不同实践伦理学著作中讨论的某些主题是相互关联的,⑥⑦但它们并未呈现为系统处理日常生活所有方面的整体规划的一部分。⑥⑧ 换句话说,这些主题被提出,不是因为它们是一个伦理学系统的一部分,而是因为它们可能在精英的生活中成为问题。普鲁塔克实践伦理学的彻底实践性的目标与性质的第三个内涵是,它要求一种不僵化(non

---

⑥⑥ 比较 Griffin(2007)与 Morgan(2007)页 289 – 290。

⑥⑦ 比较本书下文所论好奇与饶舌之间的联系。

⑥⑧ 所讨论的问题并未与个人的生活相联系,普鲁塔克也没有写一位当代人的《列传》。与《列传》更深层的区别将在第二章有所讨论。还要注意,普鲁塔克没有与他的任何一位题献对象建立长期的教育(pedagogical)关系,正是这种关系将塞涅卡的《致卢西利乌斯的信》变成了一套循序渐进的哲学课程。

-rigid)的哲学方法。⑲ 与普鲁塔克全集中的[39]其他作品相似，这些作品从根本上透露出对柏拉图的忠诚，仅举几个突出的例子：灵魂被认为有一个理性部分和一个非理性部分；为了诉诸权威而相当频繁地明确援引柏拉图；传统意义上的廊下派与犬儒派的论题被赋予一种特殊的柏拉图色彩。⑳ 然而，柏拉图并不是这些作品的叙述终点。在柏拉图身旁，其他哲人也在积极意义上被提及，与不同哲学学派有关的论辩也受到欢迎。因此，在《如何从敌人那里获益？》中，普鲁塔克提到第欧根尼、克拉底斯（Crates）以及芝诺（Zeno）作为很好地处理厄运的例子（87A）。在《论兄弟之爱》中，在给出爱兄弟的例子时，他将自己列为与伊壁鸠鲁、漫步学派的阿波罗尼乌斯（Apollonius）并列的哲人（487D）。在《论流放》中，普鲁塔克甚至走得更远，他向读者明确呈现了不同学派的哲人，将他们作为

---

⑲ 同样的，普鲁塔克的实践伦理学著作与早期帝国的普遍倾向相一致，强调人在一般意义上对哲学的熟悉和兴趣，而非特别重视对某一特定学派的哲学忠诚。比较 Zanker(1995)页 240 – 241 与页 260 注 57 中对福柯(1984b)与 Hadot(2002a)的提及。然而，要注意，学者们倾向将普鲁塔克看成一位明确的论辩性(polemic)哲人。比较 Trapp(2007)页 14 – 15，那里着重强调普鲁塔克在反廊下派(anti – Stoic)与反伊壁鸠鲁派(anti – Epicurean)作品中的实践，同时却忽视了实践伦理学著作中普鲁塔克的实践。本书正是要对这种解释作出回应，因此才揭示了普鲁塔克对待其他哲学学派态度的完全不同的方面。

⑳ 关于普鲁塔克的柏拉图主义，参 Jones(1980 = 1916)，Dörrie(1969)，Froidefond(1987)，Dillon(1988)，Babut(1991)，Hershbell(1995)，Dillon(1996)页 184 – 230，Swain(1997)，Gallo(1998)页 3529，Opsomer(1998)，Pérez – Jiménez、García López 与 Aguilár(合编)(1999)的论文，Ferrari(2004)，Bonazzi(2005)页 217 – 224，Gill(2006)页 229 – 230，Karamanolis(2006)页 85 – 126 与 Opsomer(2007a)。即使像《论制怒》这样的作品，Dillon(1996，页 189)也在其中读出了一种相当廊下派的态度，但事实上它完全是柏拉图主义的。比较 Babut(1969)页 94 与 Laurenti(1988)页 40 – 56。关于柏拉图在第二代智术师中的流行，参 De Lacy(1974)。

怀有不同哲学信念的读者的榜样(605A – B)。因此,我们讨论的这些作品的哲学要旨并不僵化,虽然主要是柏拉图主义的。如《论廊下派的自相矛盾》或《反驳科洛特斯》这些普鲁塔克作品中的精髓正是哲学论争,但这类论争在本书讨论的这些作品中至多组成 thema[论题],但从来不会是 rhēma[主题]:它们从来不是普鲁塔克想要说明的主要论点,至多在"页边"出现。[71]

导言已经说过,普鲁塔克的实践伦理学著作没有提出一种系统的、定义清晰的[40]哲学理论,这一事实常常使学者们将这些著作视为非原创性的而置之不理,或将普鲁塔克看成二流哲人。但普鲁塔克的其他作品,如《论〈蒂迈欧篇〉中灵魂的产生》、《柏拉图问题》、《论伊希斯与俄赛里斯》、《论道德德性》等,表明他能够像帝国早期任何一位柏拉图主义者一样出色,一样具有系统性。可见,使这些作品不那么系统或不那么僵化的原因不在于知识或能力的缺乏。恰恰相反,我要提出:如果我们考虑到普鲁塔克心里的预期读者及实践目的,本章分析的这些作品的特征就不再是缺陷,而是不可或缺的优点。我们已经看到,我们细查的这些文本是为公共人物和文人创作的,其对象并不是专业哲人或者甚至像塞涅卡的题献对象卢西利乌斯那样的人——卢西利乌斯曾长期从事要求高得多的哲学训练。普鲁塔克没有像他之前的哲人那样,努力改变这些人,

---

[71] 关于"论题"与"主题"之间的对立,也就是已知的或不重要的信息与新的、重要的信息之间的对立,参 Welte(1974)页141,Nickel(1979)页75 – 76,Geerts 等(1984)页911 – 917。当然,这些作品中的哲学忠诚不是主题的这一事实,并不意味着这些作品不能从这一视角进行研究;事实上,它们时常被人从这一视角进行研究,艺术的状态已使这一点变得清晰。不过,我现在强调的是这并非这些作品唯一的甚至也不是首要的目标。[译按]"论题"与"主题"是布拉格学派语言学家马特修斯(V. Mathesius,1882—1946)所用概念。

使这些人转向哲学生活或转向某一特定的哲学学派,而是让他的作品去适应这一特别的受众:他没有将他们的价值观与他必须提供的哲学价值观对立起来,从而冒着失去同情(sympathy)的危险,他在这些作品中的目标是展示哲学能够帮助他们生活得更为成功。在下一章,我们将看到普鲁塔克运用什么样的论证和策略来说服读者。

第二章 推行哲学的策略

[41]在上一章,我们已经看到,普鲁塔克向他的精英读者们呈现了一种非常实践性的、非系统的、不僵化的(non‑rigorous)哲学,这种哲学旨在引起读者的内在转变,从而帮助他们在希腊—罗马帝国社会中更加成功地过他们的生活。然而,如何说服这些品第高贵的(high‑profile)读者采纳一种更哲学的态度?换句话说,普鲁塔克试图如何将他的哲学推行给他的读者们?

按照导言的方法,我们来看《论制怒》中的一段:

> 我不知道我做的是否正确,但就个人而言,我通过观察别人身上的愤怒而开始了自己的治疗过程,就像斯巴达人在希洛人(Helots)身上观察到醉酒是多么糟糕一样。首先,希波克拉底说过,最坏的疾病是下面这种疾病——在病中病人的脸变得最不像它平常的样子。与此相似,我注意到人们被愤怒弄得心烦意乱,他们的眼神、面色、步伐与嗓音发生了改变。我自己构想出了情绪的这幅画像,并对下述念头感到厌恶:我在朋友、妻子或[42]女儿们面前显得如此糟糕、失常,不仅看上去野蛮、不正常,而且发出刺耳、粗粝的声音——正如我遇到我的其他朋友,他们在愤怒的影响下,无法保持他们品性、仪表、言谈的优雅,甚至无法保持谈话中的可信与愉快。(《论制怒》455E‑F)

这一段显示,普鲁塔克的实践伦理学著作部署了高度复杂的策略将读者牵涉进来。一开始,这一段中说话的人是方达努斯(Fundanus),一位罗马政治家,他日后将成为执政官。方达努斯说话的对象是他的朋友苏拉(Sulla),一位受过良好教育的迦太基人。当然,写这篇文本的人是普鲁塔克,但他没有以他自己的声音发言。那么,方达努斯与苏拉这两个人物的作用是什么?第二点需要注意的是,这一段并没有提供直接的教导:尽管《论制怒》很明显聚焦于激励并帮助读者控制其愤怒,变得更加温和,但这一段中并没有命令或明确的鼓励。那么,普鲁塔克在他的实践伦理学著作中向他的读者提供了什么样的帮助?最后,方达努斯呈现的不是对愤怒的内在之恶(intrinsical badness)的哲学评价,而是在描述情绪所引起的外在改变以及在他人身上产生的印象。接下来,普鲁塔克又运用了什么样的论证来说服他的读者?下文试图回答的正是这些问题及类似的其他问题。

普鲁塔克的每篇实践伦理学著作中都呈现出如下场景:他自己或其他某个人正对着或正在与一个或多个人说话,有时候则正在谈论一个或多个人。表面上看,这些文本因此应当首先且首要地引起文中提到名字的收信人、题献对象、叙述者或受述者的兴趣。毕竟,普鲁塔克为之写下《论流放》这篇文章的人在流放中过得不幸福,或菲洛帕普斯自大到无法分辨朋友与谄媚者,这些事实要读者操什么心呢?尽管文本为其中提到名字的人提供帮助或表示敬意,[1]这

---

[1] Russell(1973)页11强调普鲁塔克给予他在作品中提到名字的人的正面呈现。另外还要注意普鲁塔克本人(《如何区分谄媚者与朋友?》66E – 74E)意识到直率的批评常惹来责怪。比较Ahl(1984)页174。然而,如《论倾听》44C所暗示的那样,毫不吝惜于赞扬别人可能也是一种微妙却聪明的方式,目的是表明自己拥有"大方和富裕的名声"。亦比较Korenjak(2000)页183。

一点可能往往是正确的,但我想,这些人物还有更多意蕴,[43]我建议首先把他们当作戏剧角色来阅读。② 这不是说这些戏剧角色必然是虚构的(确实,人们会期待他们看起来与现实对应);③毋宁说,戏剧角色的概念是为了强调下述事实:普鲁塔克文本中描述的这些人物的首要作用是驾驭真实读者的反应。例如,在对话《论制怒》中,苏拉向方达努斯赞扬了他在控制愤怒方面的进展——由此对读者暗示,控制自己的愤怒在希腊—罗马精英的眼中是值得赞扬的事情:如果读者模仿方达努斯的话,他将会受到同侪的称赞。换句话说,方达努斯被呈现为读者的榜样人物。方达努斯被要求说出他如何达到这一结果,他首先给出许多发怒之人的例子,说明愤怒是多么可怕与荒谬。紧接着就是本章开头引用的那一段,在那里方达努斯重述了他如何通过观察他人的愤怒来开始自己的治疗过程。④因此,在这一段中,方达努斯向读者建议了应当如何阅读普鲁塔克的文本:如果方达努斯通过观察他人的愤怒开始了这一显然非常成功的治疗过程,那也就是强烈建议读者将普鲁塔克文本中给出的愤

---

② 关于研究柏拉图对话的相似进路,主要参看新近 Scott 编的论文集(2007);在同一方向上更早的先驱之作有 Ferrari(1987),Klagge 与 Smith 合编的论文集(1992),Rutherford(1995)与 Gill(1996)。

③ 虽然有几个人物——如在《论好奇》中让人想到的匿名的戏仿式"好奇者"——明显是虚构,但大多数人物都带有真实人物的名字,这表明如果普鲁塔克不想丧失他作为作者的可信度,那些人物就应当表面上与现实相对应。就这些人物也从其他来源为我们所知而言,普鲁塔克对他们的描绘确实从未与其他来源的信息不一致。

④ 比较普鲁塔克在他的《埃米利乌斯与提摩利昂列传》(*Lives of Aemilius and Timoleon*)序言1.1及《人如何意识到美德的进步?》85B 如何论到以历史上伟大的军事或哲学人物作为镜鉴。关于那些段落与镜子的比喻,参 Duff(1999)页30-34及更多参考文献。

怒的不当行为的例子作为起点,开始自己的治疗。⑤ 因此,方达努斯不仅是控制愤怒的榜样人物;[44]他也向读者表明,读者可以怎样阅读普鲁塔克的文本并将其用于自身。

常常,主要发言者——一般情况下是普鲁塔克,虽然并非总是——体现了大体上可以称为哲学启蒙的世界观(a philosophically enlightened world-view),其他人物则被描述为较少受哲学的激发。这种对立的结果是,读者(也就是真正的读者,你和我)发现他自己处在与不同人物的动态关系之中。⑥ 就此而言这些人物不仅邀请读者检视他们、他们的品性与差别,也提出了关于读者本人以及读者的身份与地位(这些身份与地位同文本中描述的不同的选择有关)的问题。例如,在对话《健康呵护准则》中,宙西普斯(Zeuxippus)向他的朋友莫斯基翁(Moschion)重述了前一天他与同伴进行的哲学讨论,当时他们的另外一个熟人——格劳库斯(Glaucus)指出哲人不应当讨论健康呵护,打断了他们的谈话。很明显,《健康呵护准则》开篇场景的人物塑造发生在一场辩论的背景下,这场辩论探讨的是哲学与医学之间的关系。通过将这些境况具体化于真实人物身上而不是抽象的可能性上,普鲁塔克不仅鼓励读者评价这些

---

⑤ 引用的段落因此构成了开篇观察(显示愤怒有多么可怕)与文本主要部分(显示人能够怎样摆脱愤怒)之间的联结点。单独抽出来的话,第1节与6-16节将是相当单纯的个人化叙述,对其他人没有实践方面的益处;然而,在2-5节,普鲁塔克设法确保将他的读者牵涉进来。亦比较Van der Stockt(2003)页116。

⑥ 虽然普鲁塔克的读者中很少有人像菲洛帕普斯那样富有,或像方达努斯那样有权力,但他们常与文本中描述的人物有某些相似之处,例如在社会—经济地位或文化教育方面。在其他地方,我以"同心朋友圈"(concentric circles of friends)这一术语来概念化地描述普鲁塔克《论制怒》的读者群,圆圈中心就是作品中出现的人物。比较Van Hoof(2005)页152。

人物与他本人,而且,我们在个案研究中将会看到,普鲁塔克也引导读者作出他的判断。

如果说对话中的发言者某种意义上就是明确的典范,那么普鲁塔克在他的书信和论说文中也为他的读者提供了榜样人物。因此,正如我们在详细讨论书信《论感觉好》时将会看到的那样,帕西乌斯(Paccius)与普鲁塔克代表关于"心情愉快"(euthymia)的两种截然不同的态度,邀请读者依据与这些人物的关系为自己定位,由此间接地将他置于通往适意(contentment)的路上。另外,在普鲁塔克的书信《慰妻书》中,提莫克塞娜(Timoxena)因着在他们的小女儿去世后的反应而受到称赞。[45]其他人在类似情境下的反应与此比较,从而引导读者反思这些不同的反应。此外,既然文本称赞提莫克塞娜,这肯定构成了对她的赞扬,但这也可以理解为是在鼓励其他读者(也是对她的鼓励,就那件事而言!)在类似情况下表现出同一种值得赞美的行为。⑦ 在论说文《论兄弟之爱》中,尼格里努斯(Nigrinus)与奎埃图斯(Quietus)兄弟的角色也非常相似:

> 尼格里努斯与奎埃图斯,以相似的方式,我也将这篇作品《论兄弟之爱》题献给你们,作为你们兄弟俩应得的礼物。因为你们已经将这里所提倡的[道理]付诸行动,你们似乎已经是这道理的典范,而不是受其鼓舞。你们在你们正确行事中的快乐将增强你们的忍耐,因为你们似乎将被好人及可敬之人的共同体判定为成功。(《论兄弟之爱》,478B)

---

⑦ 关于狄翁的《王政演说》中通过道德赞扬而进行的类似规劝,参 Moles(1983)与(1990)。

普鲁塔克说,尼格里努斯与奎埃图斯配得上他的题献,因为(γάρ)他们已经将作品所包含的建议付诸行动。因此,他们将为那些建议提供证明,而不是受其鼓舞。或者至少,如普鲁塔克所言,情况似乎(比较δόξετε)将是这样。出于两个原因,这个助动词的添加并非无足轻重。一方面,文本由此表明,即使是尼格里努斯和奎埃图斯,也会获益于他们在普鲁塔克的论说文中读到的建议:被人视为典范而带来的快乐将增强他们在兄弟之爱方面的良好风范。⑧同样,既然他们仍有上升的空间,那么他们只是似乎(seem)达到了兄弟之爱的理想境界。另一方面,普鲁塔克的论说文确保[46]其他人——不仅是普通人(比较 χρηστοῖς καὶ φιλοκάλοις)——可以观察(比较 θεαταῖς)他们,也确保尼格里乌斯与奎埃图斯对其他那些人来说似乎是好哥俩。如果这为尼格里乌斯与奎埃图斯提供了快乐,并帮助他们继续行在善道上,那么,反过来,观察他们的人也将被激励去模仿他们,或至少反思兄弟之爱问题并在这方面省察自己。

所以,普鲁塔克实践伦理学著作的策略,与他在《列传》中呈现给读者的挑战性的道德主义有着惊人的相似。在这两类作品,普鲁塔克都为读者描绘了一个人或一群人,通过戏剧性的性格描述,生动地激发读者反思这些人物面对的问题。在对话《论制怒》中,苏拉准确地指出了这种自我提升的机制:

> 但是人不可能不时离开自己然后又回来,打断他自我认知

---

⑧ 恕我与 Dumortier 和 Defradas(1975)页 142 以及 Helmbold(1939)页 247 的观点不同,我并不将τῇ κρίσει理解为间接宾语,指尼格里乌斯和奎埃图斯的判断,而是理解为工具与格或方式与格,指他们将在"旁观者"身上产生的积极印象:尼格里乌斯和奎埃图斯将通过好人们的判断(τῇ κρίσει)在他们的好行为方面(而不是在他们的好判断方面)得到坚固。

的连续性,这实际上就使得每个人在判断自己上不如旁人。次好的选择将是不时检查他的朋友们,也让自己供他们检查,不是来看某个人是否突然变老,或某个人的健康状况是变好还是变坏,而是检查他的行为与品性,看时光是否增添了什么有用的东西或带走了什么卑劣的东西。(《论制怒》,453A)

苏拉在这一段中说,与画家对其画作所做的相反,人不能为了更好地观察自身而离开自己。换句话说,最终,人自己的风度将变得不证自明,他也不再是关于他自己的良好判断者。苏拉提议的解决方案是朋友之间不时地相互观察。我们已经看到,如果这篇文本描写的苏拉已经观察了方达努斯和他在愤怒问题上的态度,那么同样的机会也通过普鲁塔克的文本提供给了读者。[47]在其他文本中,他将能够观察面对不同难题的其他人物,结果,读者将会成为自己的更好的判断者。普鲁塔克实践伦理学中建议的"面对他人"在不止一种意义上是刺激性的(provocative)。首先,读者面对的不是一个世纪前或更早的人物,而是他的同时代人。而且,他似乎与这些同时代人分有许多共同的品性特征和经验,因此与他们处于直接的竞争之中,比如在政治领域。⑨ 其次,我们已经看到,至关重要的问题不是普遍的或非历史的真理,也不是戏剧性的战争场景或英雄式的征服,而是罗马帝国的希腊—罗马精英们——包括读者在内——在日常生活中很可能遭遇的具体难题。最后,普鲁塔克的实践伦理学著作在改造读者的诉求上非常直接:富含修辞技巧与话语策略,旨在吸引与改造读者。

---

⑨ 在这一方面,要注意的是,《列传》的主角们在地位上要高于普鲁塔克读者中甚至最有权势的人,因此所引起的直接威胁要少一些。

在《论饶舌》中,普鲁塔克自己解释了他计划如何去改变读者的愿景。用前十五节说明饶舌的灾难性后果之后,普鲁塔克向读者详细解释了他们可以怎样使自己免于饶舌:

> 不要以为这是对饶舌的指控:这是对它的治疗。事实上,我们通过信念(conviction)与操练(exercise)战胜我们的情绪,但首先到来的是信念。没有人习惯于从他的灵魂中避开、排斥他不厌恶的东西,但一旦在理性上认识到我们的情绪带来的危害与耻辱,我们就会厌恶它们。(《论饶舌》510C – D)

在这一纲领性段落中,普鲁塔克通过向读者解释他们可能怎样被治疗,捍卫了他在此前段落中对饶舌的灾难性后果的详细叙述。[48] 他说,治疗过程包含两个步骤,分别称为 krisis(conviction,信念)与 askēsis(exercise,操练)。在第一个步骤中,读者通过理解这些情绪导致的伤害和耻辱,开始厌恶[10]那些征服他们的情绪。只有当他们用他们的心灵认识到这一点时,他们才准备好使自己习惯于从灵魂中驱逐所讨论的情绪。[11] 如果这就是读者必须经历的两个步骤,普鲁塔克就如此设计他的实践伦理学著作,使之可以影响读者的治疗过程。

将治疗划分为信念与操练[两个部分],就灵魂治疗性作品来说,[这一划分]已由 Heinz – Gerd Ingenkamp(1971)进行了最广泛的研究。然而,贯穿普鲁塔克的所有实践伦理学作品也能发现相似

---

⑩ 关于术语 δυσχεραίνειν [厌恶] 可能的柏拉图式含义,参 Ingenkamp(1971)页 88 – 90。

⑪ 关于普鲁塔克有些不同寻常然而"一贯的把 apatheia[无动于衷]与 metriopatheia[中道]理想的结合",参 Gill(2006)页 229 – 238 及更多参考文献。

的模式。例如,《论倾听》在教导读者以使自己获益的方式倾听之前,先强调了听觉本身固有的危险。《老年人是否应当继续担任公职》既主张在老年阶段抛弃公共生活可耻,又给出老年人应当如何在政治中行动的建议。还有,《论交友》在谴责追逐过多的朋友与鼓励同少数至交的真正友谊上花了同样多的努力。所有这些文本中,普鲁塔克都指责了坏的态度或行为,并教导他的读者们怎样做更好。不过,信念与操练并没有表现为这些文本中界限分明的不同部分,二者之间的平衡也在相当程度上有所变化。普鲁塔克实践伦理学的其他作品也是如此。其中一些作品主要给出建议,并指导读者对于友谊或政治现象的态度;其他作品首先与首要地是安慰并引导读者在诸如死亡或流放等困难情境中的态度;另外还有一些作品主要纠正在愤怒或温顺等问题上的错误态度,或在不同程度上将所有这些关注点结合起来。[12] 与普鲁塔克实践伦理学著作所表现的不同体裁——论说文、书信与对话——的惯例结合起来,我们在下一章将详细看到,起点的不同[49]与普鲁塔克如何掌控《论饶舌》中描述的过程大有关系。例如,我们能够很容易地想像,书信《慰妻书》据称是不在家的时候写的,为的是在他们的女儿去世后抚慰他的妻子;《政治准则》是应梅尼马库斯(Menemachus)要求为他写的论说文;对话《论制怒》中方达努斯叙述了他对怒气的治疗。虽然论说文《论交友》似乎没有明显地应某人的要求[而写],但根据普鲁塔克所言,每个人都可以从中获益。所有这些作品都以相当不同的方式把人推向信念。另外,虽然普鲁塔克所有实践伦理学著作的目标都是改变读者的态度,但其中一些作品,如《致一位无知的统治者》、《不要借别人的东西》或《论爱财》等,更强调使读者信服,另外

---

[12] 关于实践伦理学不同的古代分支,参 Gill(2003a)页 42–43。

一些作品,如《政治准则》、《论温顺》与《健康呵护准则》等,则专注于实践。然而,在普鲁塔克的所有实践伦理学著作中,他都采纳了旨在将读者牵涉进来、使读者信服、帮助读者做得更好的策略与技巧。我们现在就要转而讨论这些问题。

显然,普鲁塔克认为,在提议任何操练之前,有必要使他的读者相信他们应当改变自己。因此可以理解,既然普鲁塔克的实践伦理学著作戏剧性地将一位发言者——通常是普鲁塔克——置于其他一位或多位人物的对立面,后者也就几乎从不直接对作为表演对象的读者发言。⑬ 因此,普鲁塔克需要以某种方式使这些读者牵涉进来。而且,我们已经看到,这些读者至多是爱文辞者(philologoi),而不是爱智慧者(philosophoi,哲人)。换句话说,他们是这样一类人:虽然他们可能熟悉某种哲学教育,但不能就此想当然地认为他们始终知道什么是错的、什么是对的;如果他们知道的话,那他们可能首先读了别的东西。除了被牵涉进来之外,这些人可能也需要以某种方式被教导、被说服。普鲁塔克在他称之为"信念"的术语下做的正是这些事。然而,为此普鲁塔克采用了哪些论证?在引自《论饶舌》的纲领性段落中,普鲁塔克声称当人们[50]在理性上理解了他们的行为所产生的危害和羞耻时,他们将感到厌恶,并由此达到"信念"的阶段。⑭ 作为之所以不可赞同某事物的标准,危害(比较 βλάβας)与羞耻(比较 αἰσχύνας)使人想起亚里士多德已经提出的有

---

⑬ 一个值得注意的例外是《论好奇》第三节中第二人称单数的惊人使用。参下文,页 196 – 197。

⑭ 普鲁塔克强调了情绪对一个人的身体健康与社交健康的危害,及由此导致的恐惧与羞耻,关于这一强调,Ingenkamp(1971,特别是页 74 – 90,以及 2000,特别是页 258 – 265)进行了更广泛的讨论。关于一般意义上希腊文学中的荣誉与羞耻,参 Cairns(1993)。

关选择与价值评价的负面标准,即羞耻($αἰσχρόν$)、有害($βλαβερόν$)以及令人痛苦($λυπηρόν$)。同样,这些的对立面——高贵($καλόν$)、有益($σύμφερον$)与令人愉快($ἡδύ$)是亚里士多德以及其后几乎所有哲人都认可的选择标准。⑮ 事实上,这些相同的哲学标准明确地贯穿普鲁塔克的实践伦理学著作,反复出现。⑯ 与此一致,文中提及对这些后果的理性的(比较 $τῷ λόγῳ$ [理性地])理解,这就指向一个完全理性的过程。这里无需讨论这些哲学论辩的细节:对它们的精细分析,至少就它们在灵魂治疗性作品中的出现而言,可参 Ingenkamp 于 1971 年出版的专著。在那本书之后很久的一篇补记中,Ingenkamp(2000)重新检视了普鲁塔克《论制怒》与西塞罗《图斯库兰辩论集》中对愤怒的谴责,并提出,普鲁塔克的灵魂治疗与其说是哲学性的,不如说是修辞性的:⑰在普鲁塔克的治疗中,理性论辩远不是核心,甚至也不是起点,而只是许多要素中的一个。下文论述的正是这些其他策略与技巧,它们不仅出现在《论制怒》或灵魂治疗性作品中,而且贯穿整个普鲁塔克实践伦理学著作。

[51]首先,普鲁塔克向他的读者们呈现了模仿的正面典范,也呈现了他们应当避而远之的负面典型。当然,从榜样身上学习是帝

---

⑮ 亚里士多德,《尼各马可伦理学》1104b32。比较 Ingenkamp(1971)页 74–75, Kenny(1978)页 207 与 Morgan(2007)页 191–200。注意柏拉图《王制》363e–364a 已经提到同样的标准。

⑯ 例如《年轻人应当如何学习诗歌》20B,《如何区分谄媚者与朋友?》66A,《如何从敌人那里获益?》88D,《论交友》94D,《论感觉好》476F,《论温顺》533F 与 536D,《慰妻书》609B,或《政治准则》805B 与 815B。关于普鲁塔克灵魂治疗类作品中这三种分类的重要性,参看 Ingenkamp(1971)页 78–79。

⑰ 正如 Ingenkamp(2000)页 265 已经显示的那样,所引用段落的哲学特质本身可能是一种修辞行动。

国文化中一种重要的教育手法,⑱普鲁塔克在他的《列传》中广泛运用了这种手法。⑲《论不令人讨厌的自我称赞》中的一段文字提供了普鲁塔克实践伦理学如何运用这一手法的几个例子:

> 然而既然大多数人强烈反对称赞自己的人,对他发火,但不反对那些称赞别人的人——在那种情况下,他们常常会欢呼雀跃,并且自发地表达他们的一致意见——有些人就以一种聪明的方式称赞那些同他们自己所想、所做十分相像的人,以便让听众支持他们,将注意力转移到他们身上……因此亚历山大通过赞颂赫拉克勒斯(Heracles),旃陀罗笈多(Androcottus)通过赞颂亚历山大,使他们自己以类比的方式得到尊崇。另一方面,狄奥尼修斯(Dionysius)嘲笑盖隆(Gelon),使盖隆成为西西里的笑柄,但他的嫉妒也无意中毁了他自己手中权力的伟大与威严。(《论不令人讨厌的自我称赞》,542C-D)

为了劝导读者通过称赞他人而间接称赞自己,而不是直接称赞自己,普鲁塔克举了一些例子。第一个例子是亚历山大赞颂赫拉克勒斯。普鲁塔克提出,这一行为的结果是亚历山大也赢得了人们对他自己的高度尊敬。第二个例子显示旃陀罗笈多向亚历山大进献颂词,得到同样的正面结果。[52]添加第二个例子,在某种程度上

---

⑱ 参 Whitmarsh(2001b)页 41-89,Morgan(2007)页 122-159,Trapp(2007)页 58。

⑲ 关于普鲁塔克本人对通过模仿的学习过程的叙述,参他的《伯利克勒斯传》序言。Duff(1999)页 34-45 提供了对这一段落的富有启发的讨论,而 Van der Stockt(2005)则强调了这一过程中抱负的重要性。亦比较 Swain(1996)页 85。

是为了教导读者如何模仿亚历山大的著名榜样:旖陀罗笈多与亚历山大的做法相似,称赞别的某个人而不是自己,与此相似,读者自己也应当模仿这一实践。最后,第三个例子,旨在劝阻相反的行为:[20]狄奥尼修斯通过嘲笑盖隆而伤害了自己。狄奥尼修斯对盖隆的讥讽在普鲁塔克的《狄翁传》第 5 节再次出现。通过插入狄翁(Dion)对狄奥尼修斯的批评,普鲁塔克在那里请读者树立自己对狄奥尼修斯行为的观点。这与普鲁塔克本人关于《列传》如何通过模仿来教育读者的叙述相一致:"普鲁塔克声称,《列传》不仅逐步培养模仿的愿望,而且在实际中改变或塑造品性($\mathring{\eta}\theta o\pi o\iota o\tilde{\upsilon}\nu$)。这一点通过旁观者不是简单地观看,而且也研究、思考、检验而实现。"[21]虽然普鲁塔克的实践伦理学著作显然也有改变读者的目标,像在《论不令人讨厌的自我称赞》中出现的轶事通过明确地将(读者的)注意力转移到狄奥尼修斯的行为所带来的负面后果上,从而以更直接的方式鼓励读者远离狄奥尼修斯。然而,在其他许多情况下,普鲁塔克实践伦理学以更为间接的方式鼓励读者模仿或拒斥某些行为。例如,行为模式常常意味深长地与不同类型的人联系在一起:普鲁塔克所要劝阻读者采取的行为与粗野的动物、无知之人或大众相联系,[22]他想让他们采纳的行为和态度则与有教养之士相联系。[23] 这些联

---

[20] 关于从反面事例中学习,参普鲁塔克为他的《德米特里乌斯与安东尼列传》所作的导言,Duff(1999)页 45 – 49 对此进行了讨论。

[21] Duff(1999),页 39。

[22] 坏行为与粗野动物的联系:参《如何区分谄媚者与朋友?》61D,《论爱财》525E,或《政治准则》809D;与无知之人的联系:《论倾听》46B,《婚姻准则》138A,或《论感觉好》467B;与大众的联系:《论交友》95E,《论不令人讨厌的自我称赞》547B,或《慰妻书》611A。

[23] 关于与有教养之士的联系,例参《健康呵护准则》136C,《论流放》600D,或《论感觉好》473C。亦参 Korenjak(2000)页 183 关于普鲁塔克在《如何

系[53]是鼓励远离(distancing)与同化(assimilation)的巧妙的修辞策略:如果某事被认为是明智之人所为,那么,做此事则是使此人显为明智之人的方式,反之亦然。㉔

普鲁塔克策略性利用的另一种手法是特殊语法人称。例如,在《论制怒》中,方达努斯开始时以第一人称单数谈到学习控制怒气。逐渐地,他作出越来越多的普遍性陈述,在动名词和无人称动词的使用中能够反映出来。㉕ 不过,这篇文本通过从头至尾使用第一人称单数而保持着个人叙述的印象。例如,在方达努斯第一次用无人称动词δεῖ作出普遍性陈述时,他首先强调,这只是他个人的观点(οἶμαι)。㉖ 贯穿文本各处,相似的插入语反复出现,时常在方达努斯思想的框架中放入普遍性陈述。《论制怒》中这类特征的另外一个明显的例子是谈到实践练习时,从第一人称单数到第一人称复数的巧妙切换。尽管方达努斯在谈到他个人对怒气的反思时,几乎只用第一人称单数(第 6 – 10 节),但在涉及实际操练的后续章节中(第 11 – 16 节),他开始向所谓的"联系格"(sociative)的第一人称

倾听演说》中向他的读者建议的 Verhaltenskodex[行为规范],及 Ingenkamp(2000)关于《论制怒》中 Standesethik[阶层伦理]的作用。我没有将对特定人群行为特征的提及看成是对先存的社会规范的描述,而是强调其策略方面:普鲁塔克有效运用这些,作为鼓励读者进行分离(dissociation)或模仿的言说行动。关于在菲洛德穆斯那里可堪比较的治疗技艺,参 Tsouna(2007)页 86 – 87。

㉔ 关于在教育与社交过程中微妙(subtleness)和掩饰(dissimulation)的重要性,参 Schmitz(1997)页 28 及注 60 中关于布尔迪厄的参考文献。

㉕ 动名词:459A、460E、461C、461E(2)与 463B;δεῖ:453D、454A、460A、460C、460D、460E、461D、462B 与 463D。

㉖ 453D。无人称动词δεῖ是直陈式而不是连于οἶμαι的不定式,这一事实清楚地表明,这里方达努斯是在进行普遍性陈述而不是表达他的个人观点。

复数转换。㉗一开始,他巧妙地插入几个复数,但逐渐地,他转变为只用复数——除了最后一段提供的结语用了第一人称单数外。㉘尽管方达努斯首先是在与苏拉谈话,而第一人称复数严格来讲可以主要指[54]这两个人物,但真正的读者在读到第一人称复数时会不可避免地将自己也包括进来。这样,读者不仅在不知不觉间被更直接地牵涉进来,也被更有力地引导。在许多情况下,这一作用通过普鲁塔克对比使用第一人称复数与第三人称单数而得到增强。例如,在《论好奇》中,普鲁塔克以第三人称单数画了一幅最坏可能的好奇心的漫画。他使第一人称复数与那幅漫画形成对立。㉙ 就此而言,普鲁塔克不仅创造了"我们"与"他"之间强烈的对立感,也强迫读者采取某种特定的行为方式——如果读者想属于前一类人("我们")的话。㉚

最后但并非最不重要的是,普鲁塔克还通过强调其他人对一个人行为的认识,努力将他的读者牵涉进来并引导他们。在本章开头引用的《论制怒》中,方达努斯对他的治疗开端的叙述就是一个清楚的相关例证。确实,那一段从头至尾,怒气都同改变一个人面容

㉗ 关于联系格复数的概念,参 Slotty(1927)与(1928)。
㉘ 在第 6 到 16 节中指示代词、人称代词与反身代词的单数与复数之比为:节 6:7/0;节 7:2/0;节 8:0/0;节 9:3/0;节 10:2/1;节 11:7/5;节 12:1/3;节 13:0/3;节 14:0/6;节 15:0/2;节 16:19/2。
㉙ 教诲诗中"学生——他必然还没有掌握诗人想要传授的知识——与隐含读者(implied reader)——诗人吁请他们作为同盟来对抗不服从的学生,无论读者是否已经掌握了知识"——之间的明晰区分,与这里的情况很相近。比较 Lowrie(2008)。
㉚ 比较 Stadter(1988)页 293 与 Morgan(2007)页 185,但亦参 Edwards(1993)页 12 – 17,Gleason(1995)页 70 – 72,Schmitz(1997)页 26 – 66,Goldhill(2001)页 17 与 Whitmarsh(2001b)页 90 – 130,特别是页 96 – 108。

($πρόσωπον$)的疾病进行了比较:怒气改变一个人的眼神($ὄψιν$)、面色($χρόαν$)、姿态($μορφήν$),并使人显得野蛮、看上去不正常($ἰδεῖν$)。此外,这篇文本不仅指出怒气影响之下一个人嗓音($φωνήν$)的变化,也指出他的言辞内容的变化:普鲁塔克坚称,人在发怒时既不能保持说话的优雅($λόγου χάριν$),也不能保持迷人的、彬彬有礼的风度($τὸ πιθανὸν καὶ προσηνὲς ἐν ὁμιλίᾳ$)。例如,与塞涅卡形成强烈对比,在论说文《论愤怒》的开头,普鲁塔克/方达努斯没有谈到怒气内在的丑陋或伦理上的恶,而只谈到它的外在表现:他憎恶的是会被其他人——尤其是被朋友和家人——察觉处于发怒状态中(比较 $πάνυ$ $δυσχεραίνων$ $εἰ$ $φοβερὸς$ $οὕτως$ $καὶ$ $παρακεκινηκὼς$ $ὁρῶμαί$ $ποτε$ $τοῖς$ $φίλοις$ $καὶ$ $τῇ$ $γυναικὶ$ $καὶ$ $τοῖς$ [55] $θυγατρίοις$)。最后,怒气,又一次与"他人"联系起来,连同醉酒与——在社会上劣等的——希洛人(Helots)的联系,再次强调怒气影响之下人的非同寻常的($ἀσυνήθης$)特征,这种强调在"我们"与"他们"之间形成了强烈对比:由此有力地引导读者控制怒气,好继续成为"我们"中的一员,而避免被视为"他们"中的一员。

在分析普鲁塔克一系列旨在说服读者的最重要的策略和技巧时,有一个共同特征很引人注目:它们都强烈作用于读者的荣誉感,诉诸读者的抱负或其朋辈的期望。爱比克泰德这样的哲人是"领导学生采纳旁观者视角观察他们自己,同时使他们摆脱了实际的旁观者如何看待他们的忧虑",[31]普鲁塔克却是利用读者对别人看法的敏感,以说服他们采纳更加哲学的态度。可以说,为了将他的读者带到他想让他们去的地方,普鲁塔克将读者合乎人之常情的、前哲学的动机作为讨论的基点。如果我们转向普鲁塔克相当明确地这

---

[31] Kamtekar(1998)页137,但亦特别参看页155–160。

样做的段落之一,这一做法将变得更加清晰:

> 那么,无论何时,当身边有什么稀奇的或豪华的享受方式时,人都应当因节制而自豪,而不是因享受而自豪。(《健康呵护准则》,125C)

据普鲁塔克,这一段的上下文是,许多人消费精致的食物,只是为了能够夸耀曾经吃过这些食物。普鲁塔克告诉读者不要这样做,而应当表现出自我控制。然而,他用来构成人应该自我控制的论证,不是在讲在食物方面的荣誉毫无意义,而是在讲人对稀奇食物的自我控制是满足其荣誉之爱($φιλοτιμητέον$)的更好方式。[32] [56] 换句话说,在普鲁塔克的实践伦理学中,哲学并未呈现为实现人的社会抱负的阻碍,而是一种帮助。一方面,这暗示普鲁塔克在认可读者的前哲学价值观方面比其他哲人走得更远,那些哲人强烈反对他们读者的世俗抱负。然而,另一方面,普鲁塔克利用其读者的荣誉感,是为了悄悄引入他想逐步灌输给读者的哲学价值观:将哲学呈现为获取声望的途径乃是服务于下述目的——使他的哲学建议在精英读者眼中更容易被接受。[33] 虽然向读者承认荣誉的价值,但

---

[32] 自我控制可以是一种将自己与较少自我控制的他人区别开来的方式,这一点已由 Elias(1939)针对公元 1200 与 1800 年之间的西欧礼仪准则进行了详细说明。关于在古代自我控制的重要性,参 Chadwick(1962),福柯(1984a)与(1984b),Hadot(1995c)页 324 – 327;关于普鲁塔克作品中美德与名声之间的联系,参 Ingenkamp(2004)页 67 – 81,特别是注 15。

[33] 比较 Trapp(2007)页 212,那里谈到在狄翁的《亚历山大演说》中也有类似的转移,在那篇演说中狄翁的策略是"足够贴近地吻合他们(即他的听众)对生动的、有趣的事物的品味,来使听众信服于他的仁慈和同感(empathy),但并没有贴近到违背他的关键立场"。

普鲁塔克重新定义了什么是光荣。㉞这也解释了常被提及的普鲁塔克关于抱负的思考中的含混:抱负若保持在哲学认可的限度内,就将促使人取得伟大的成就;若不加约束,抱负则可能是危险的,正如那么多伟人的生平(《列传》)——就此而言——说明的那样。㉟由此,在保留(一种经哲学重新解释的形式的)荣誉的同时,普鲁塔克也谴责了对传统形式的荣誉的过于强烈的渴望。

[57]哲学价值观也通过读者的同辈群体而逐步灌输,在普鲁塔克笔下,这些群体总是完美地展示了他想让其读者采纳的态度。因此,普鲁塔克对读者的同辈群体的呈现不是对现实的描述,而是策略性地旨在改变读者的言说行动:㊱如果说读者的前哲学价值观决定了他渴望接近的同辈群体,那么普鲁塔克没有建议读者改变参照群体(reference group),但他确实运用他作为作者的权力,对读者的同辈群体珍视什么、如何行为给出了自己的呈现。当然,这也是对读者采纳普鲁塔克建议的哲学态度的一个强烈激励。

㉞ 考虑到"名声意味着一个人深刻了解在社会眼中有意义之行为的规则"(Braudy[1986]页587),我们可以说普鲁塔克重新定义了什么是在社会上有意义的事,由此将赞扬转变成了一种有效的"形塑社会或个人品格的方式"。比较 Ingenkamp(2004)页 71。或正如 Trapp(2004)页 196 所表述的那样:"euergesia[善行]、philotimia[爱荣誉]、epimeleia[照管]与 philanthropia[爱人类]方面的用语都出现在普鲁塔克的作品中,但同时——这一点更少被人注意到——我们可以认为普鲁塔克是要做出决定性的努力以调整这方面用语的所指"。

㉟ 特别参看 Duff(1999)页 83-87。关于普鲁塔克作品中抱负的否定性方面与含混地位,进一步参看 Wardman(1974)页 115-124,Frazier(1988),Warsh(1992)页 219-220,Stadter(2002b)页 231 与 Bearzot(2005),所有这些研究集中关注的都是《列传》——处理的当然是拥有伟大荣誉之人。

㊱ 关于言说—行动理论,参上文导言注 41。关于"准备好面对文本的观众与影响观众的文本"之间的张力,参 Pelling(1995)页 218。

然而,想改变自我是一回事;真的这样做是另一回事。㊲ 有效地改变自我不仅需要关于什么是、什么不是值得向往的行为的知识;它也意味着一个人要内化一种新的思考方式并整合伴随而来的行为。为了在治疗过程的实际实现中帮助、指导读者,普鲁塔克在他的实践伦理学著作中纳入了练习(比较 ἀσκήσει,510C)。㊳ 更准确地说,普鲁塔克向读者提供的不是一种而是两种有明显区别的练习。第一种练习可以命名为 epilogismos,㊴ 即反思(reflection)。接下来这一段话[58]讨论《论饶舌》第十六节中的纲领性陈述,它对普鲁塔克使用这一术语所表达的含义提供了很好的说明:

> 我们马上理解了就饶舌者来说,他们为人憎恨,尽管他们渴望被人爱慕;他们令人厌烦,尽管他们想取悦别人;他们被人嘲笑,尽管他们想受人赞扬;他们花了钱却一无所得;他们错待他们的朋友,帮了他们的敌人,也毁了他们自己。因此,针对这

㊲ 在《政治准则》的开头,普鲁塔克自己批评了那些只鼓励(προτρεπομένους,798B)人们从事哲学,但不为他们提供任何实践教导的哲人(διδάσκοντας δὲ μηδὲν μηδ᾽ ὑποπτιθεμένους,798B)。

㊳ 术语 ἄσκησις 在普鲁塔克实践伦理学著作中重复出现,是指为了获得好的态度所必需的训练。例如参看《年轻人应当如何学习诗歌》34C,《如何从敌人那里获益?》90C、90D、91B 与 92D,《论制怒》459B,《论饶舌》510C 与 515A,《论好奇》520D、521C、521E 与 522B,以及《论温顺》530E、531B 与 532C。关于普鲁塔克作品中 ἄσκησις 的可能含义,参 Alesse(2005)。

㊴ 这一术语反复出现在《年轻人应当如何学习诗歌》30F、《论倾听》60B,《如何从敌人那里获益?》92F,《论制怒》456E 与 463F,《论感觉好》471C,《论饶舌》514E,《论温顺》532C,或《慰妻书》611A 等处。菲洛德穆斯作品中也有 epilogismos,他将这一概念理解为"对现象的一种调查、评价或评定……它使我们能够在现象中建立一种相似性,并且在此基础上作出推论",参 Tsouna(2007)页 55–57。

种情绪的第一种疗法与药物就是:反思紧跟着它而来的令人羞耻、使人烦恼的后果。其次:反思它的对立面,始终倾听、记忆对缄默的赞美,并让这样的赞美之言总在自己近旁。(《论饶舌》,510D)

这一段对读者来说几乎没有什么是新的:饶舌的有害的、产生不良后果的作用已经强调过了,例如504E以非常相似的术语作了强调,而对缄默的赞歌也在502E、504A尤其是505D–506C唱响。Epilogismos[反思]正在于对自己一遍又一遍地重复这些论证,[40]以使它们从普鲁塔克的文本中转移到读者心里(比较κατα-νοοῦμεν,或,其他地方,ἐν-νοεῖν):[41]为了将普鲁塔克以krisis[信念]一词表达的论证逐步灌输到读者心里,反思是必要的。

然而,单纯的反思还不够:人也应当学习在行动上有所改变。普鲁塔克的许多实践伦理学著作就特定情境下如何行动给出了相当具体的建议:父亲去世时,兄弟们应当一同哀悼,以避免争论他们将要继承的遗产(《论兄弟之爱》,483C);如果[59]要作出一个重要但有争议的决定,政治家应当寻求与朋友中最有势力的人或有势力人士中最高贵的人结成同盟,因为他们拥有智慧,不会受到对手的影响(《政治准则》,819B);如果需要在公共场合谈到自己,人应当将赞扬与责备结合起来(《论不令人讨厌的自我称赞》,543F–544C)。那些处理具体情绪——常常通过习惯得来——的作品[42]提供了更

---

⑩ 比较ἀκούοντας ἀεί καί μνεμημένους καί πρόχειρ ἔχοντας,但亦参看《论制怒》456D与463F。

⑪ Κατανοεῖν:《年轻人应当如何学习诗歌》29B,《论制怒》456F;ἐννοεῖν:《论好奇》523B,《慰妻书》611B。

⑫ 普鲁塔克关于这一点最明确的评论可以在《论好奇》520D找到,但亦

广泛的训练或称 ethismos,目的是"通过练习($\dot{\alpha}\sigma\kappa\dot{\eta}\sigma\varepsilon\iota$)来驯化、克制一个人非理性的、不受抑制的部分"。㊸ 例如,在《如何区分谄媚者与朋友?》中,普鲁塔克建议,改变自我并观察(将要成为的)朋友是否也改变(第8节)。另一方面,在《论制怒》464C 处,普鲁塔克建议读者应当努力让不发怒的时间持续得越来越长。在《论温顺》中,他甚至向读者提供了由一系列难度逐渐增加的实际操练组成的全面治疗(方案),来帮助读者克服过分的羞耻感。㊹ 那一系列(练习)中反思性练习的整合显示,反思与训练,即 epilogismos 与 ethismos 相互加强,共同帮助读者获得更加哲学的态度。

鉴于信念与练习以及反思与训练在普鲁塔克的治疗中的协同作用,这种治疗是 Christopher Gill 近来称之为"教育的柏拉图—亚里士多德模式"的典型代表:㊺与其对灵魂的观点一致,学园派和漫步学派并没有像廊下派及伊壁鸠鲁派做的那样,将教育局限于理性的发展,而是强调习惯[60]的重要性,目的是教育灵魂的非理性部分。㊻ 普鲁塔克的实践伦理学著作显然采纳了这种二元论观点,然

参《论感觉好》475B 或《论温顺》534A,在那里他提到人们对坏习惯习以为常。另一方面,《论流放》600E 则提出教育在于使儿童养成好的态度。

㊸ 《论制怒》459B。名词 $\dot{\varepsilon}\theta\iota\sigma\mu\acute{o}\varsigma$ 在普鲁塔克实践伦理学著作中只出现了几次(也就是《论制怒》459B,《论饶舌》511E 与 514E,以及《论好奇》520D)。出现得更加频繁的是动词 $\dot{\varepsilon}\theta\acute{\iota}\zeta o\mu\alpha\iota$,然而,它不仅指 ethismoi[训练],也指一般意义上的 askēsis[练习]。

㊹ 关于普鲁塔克的"练习"的渐进性质,参 Rabbow(1954)页 223-249,Ingenkamp(1971)页 105-118 与 Hadot(1995b)页 59、86。亦参下文第 7 章。

㊺ Gill(2006),特别是页 132-136。普鲁塔克灵魂治疗方法的柏拉图—亚里士多德先例已由 Ingenkamp(1971)指出来,特别是页 88-89、96-98。

㊻ 例如,在《王制》关于护卫者的教育的讨论中,柏拉图强调,为了训练灵魂的非理性部分,所需要的不仅仅是理性教导。在《法义》中他则便进一步

而并非以一种不证自明的方式这样做。事实上,并非普鲁塔克式的 krisis[信念]代表治疗的理性部分而 askēsis[练习]代表治疗的非理性部分,毋宁说,治疗的这些部分都既针对读者的理性部分,也针对他的非理性部分。就 krisis[信念]而言,我们确实已经看到普鲁塔克如何试图通过修辞论证说服他的读者,一点不亚于通过哲学论证:普鲁塔克对诉诸读者的荣誉感与理性地说服读者同样重视。就 askēsis[练习]而言,将普鲁塔克与塞涅卡的制怒练习进行比较会很有启发:㊼

> 当快乐已经腐蚀了心灵和身体以后,人就什么都忍受不了,不是因为受这种苦很艰难,而是因为受苦者是个软骨头。为什么别人的一声咳嗽或一个喷嚏,由于疏忽没赶掉的苍蝇,挡在路上的狗,或者从粗心的仆人手里掉落的钥匙,就能一下子把我们扔进愤怒中去呢?(塞涅卡,《论愤怒》2.25.3,Cooper、Procopé 译[1995],页 63,有改动)

根据塞涅卡,人多怒不是因为受到不可忍受的冒犯,而是因为他们已经被宠坏了,因此很容易被触怒。塞涅卡的解决方案建议

谈到大多数人能够通过习惯而不是通过知识作出(表面上的)有美德的行为。参 Dodds(1951),页 212:"无论如何,在《法义》中,普通人的美德显然不是建立在知识的基础上,甚至可以说也不是建立在真实的意见的基础上,而是建立在一种适应(conditioning)或习惯化(habituation)的过程的基础上,通过这一过程,他被引导去接受某种有益的信念,并照其行事。"关于论辩与习惯的相对重要性,亦参 Annas(1993)页 54。

㊼ 关于塞涅卡的《论愤怒》,参 Cupaiuolo(1975),Fillion – Lahille(1984)与(1989)页 1616 – 1638,Van Hoof(2007)。

(读者)问一个问题:当一个人发怒时,他应当问,愤怒在多大程度上是由于所受到的冒犯,在多大程度上要归于他自己的软弱。[61]其预设是:这将导向对他内在愤怒的真正原因的理性认识,而这种认识又将引导心灵不去赞同直接导致愤怒的起始冲动,由此避免这种情绪。塞涅卡的练习都是以这种方式起作用,首先集中于对自己辩解他没有受到不公正的冒犯(《论愤怒》2.22-2.36),然后集中于审视愤怒本身并判断它有多么可怕(3.5-3.38)。在练习过程中,虽然作者也涉及具体的日常情境,但这些训练自身在性质上最终仍然是智识性的。㊽ 普鲁塔克的 epilogismoi[反思]也是这样,它倾向于在读者心里逐步培养对愤怒的坏印象。然而,我们已经看到,普鲁塔克也建议进行实际训练:

> 持续、频繁的怒气发作,大部分由自爱与难相处的、宠坏的、软弱的性格在灵魂中逐渐形成和产生……因此,我们应当通过简朴的生活方式,使我们的身体习惯于变得忍耐而自足,因为那些需求很少的人,不大可能需要很多东西。先就食物而言,安静地享受手头的食物,而不是大发雷霆、惹起事端、给自己和朋友端上愤怒——一种令人不快的调料,这并不可耻。(《论制怒》,461A-C)

普鲁塔克对愤怒原因的分析与塞涅卡很相似,但他提议的练习

㊽ 注意在每一节的开头(agenda *est contra se* causa[应当为……辩护而反驳……],2.22.4;*vitia irae nobis*…proposuerimus *et illam bene* aestimaverimus.[我们给自己展现愤怒造成的缺点并正确地给予评价]3.5.3)与贯穿文本各处所提到的智识活动(例如 cogitantes[带着这一认识],2.28.4;excutiemus[我们应该探究],2.30.1;cogitanda…*exempla*[当把……理解为范例],3.22.1)。

却完全不同:不是建议读者在发怒之前想一想(think),而是建议他们使身体习惯于(ἐθιστέον)弃绝奢华。除[62]此之外,他还提议一种特别的练习,这种练习将帮助他们这样做:试着吃简单的食物,并且安静地吃。我们前面看到,这显然是对灵魂的非理性部分的训练,甚至——普鲁塔克在这里明确指出——是对身体($τὸ\ σῶμα$)的训练,在塞涅卡的《论愤怒》或在爱比克泰德的《论说文集》(Discourse)1.18 这样的廊下派作品中则没有这样的训练。

对普鲁塔克《论制怒》与塞涅卡《论愤怒》的比较也能够说明下面两种区分的差异:普鲁塔克在 krisis[信念]与 askēsis[练习]之间所作的区分,以及廊下派在 decreta($δόγματα$)[教条]与 praecepta($παραγγέλματα$)[戒令]之间所作的区分,后者大体说来就是理论教导与实践应用的区分。[49] 这两部作品中提议的练习之前都有相当篇幅的文本为其作准备,然而,这些预备部分起作用的方式截然不同。塞涅卡在简短的、高度修辞性的引言(1.1.1–1.2.3)之后,[50] 首先检视了愤怒的不同定义(1.2.4–1.4.3),并支持与其他定义相对立的廊下派的定义,然后检视这种情绪是否应当被许可(1.5.1–1.31.4)。鉴于对这一问题的否定回答,塞涅卡接下来提供了广泛

---

[49] 关于 decreta[教条]与 praecepta[戒令],参 Inwood(1999)与 Sellars(2007)页 122。教条与戒令之间的差别似乎不仅是在目标上(理论与实践),而且也是在方法(描述与规劝[paraenesis])及内容上(普遍原理及具体应用)。这些不同的标准形成一幅复杂的图像。虽然我认为塞涅卡的《论愤怒》结合了教条与戒令,而普鲁塔克实践伦理学则集中关注戒令,但情况有点复杂:《论愤怒》第一部分中塞涅卡的理论教导的终极目标是实践性的,而不是理论性的,另一方面,正如此前提出的那样,普鲁塔克选择让方达努斯叙述他自己的故事,也必然要求采用描述性语言而非规劝性语言。

[50] 比较 Ingenkamp(2000)页 265–266 关于修辞段落在西塞罗《图斯库兰辩论集》4.36–4.37 反对愤怒的哲学论证中的作用。

的证据来证明消除愤怒不但可能,而且值得向往(2.1.1 – 2.17.2)。然后,在著作的第二部分,塞涅卡为读者提出了关于如何这样做的实际建议(2.18.1 – 3.43.5)。虽然塞涅卡《论愤怒》的终极目标当然也是从诺瓦图斯(Novatus)的灵魂中去除愤怒——也就是说,是一个实践目标而不是理论目标——但至少这部著作的第一部分提供了关于愤怒的普遍性的理论教导,而不是实践建议。乍一看,[63] 普鲁塔克对 krisis[信念]与 askēsis[练习]的区分看上去似乎与塞涅卡的《论愤怒》的两个部分很相似。然而,我们已经看到,普鲁塔克作品的这两个部分都旨在改变读者,而不是教导他,[51]并且使用了修辞论证,而不是哲学论证。因此,比起塞涅卡《论愤怒》的第一部分来,普鲁塔克的 krisis[信念]所起的作用一方面更具修辞性,一方面也更间接,我们已经看到,为了巧妙地引导读者的态度与行为,《论制怒》有效运用了许多话语策略与修辞手法。它预设了一些哲学知识,但它本身很难被归类为理论本身:普鲁塔克把对灵魂本性的(柏拉图式)理解视为当然;他提到多种不同愤怒定义的要素,但他自己没有给出任何定义;有一处,普鲁塔克甚至引人注目地拒绝让一个还没有掌握生活技艺的人进行理论讨论。[52] 因此,我们可以说,塞涅卡的《论愤怒》包含了教条与戒令两方面,普鲁塔克的《论制怒》则集中关注后者。[53] 普鲁塔克的实践伦理学著作提供

---

[51] 比较法庭演说——首先与首要的目标在于打动(movere)读者——与广场(symbouleutic)演说——主要目标是教导(docere)读者——之间古代修辞术的差异。关于在区分普鲁塔克不同著作方面古代修辞术的用处,参本书结论部分。

[52] 参下文页114。

[53] 当然,普鲁塔克的《论制怒》可能也提供了推论教条,然而,保存下来的片断却是谈到训练($\mu\epsilon\lambda\acute{\epsilon}\tau\eta$,片断 148 = Stobaeus 3.20.70),这种训练似乎也指向《论制怒》中的实践而非理论建议。

戒令而不是教条，这一点被下述事实所证实，那就是其中有三部作品在传统上被称作提供了戒令（分别关乎保健、婚姻与政治），(54)但没有一部作品被认为提供了教条。(55)

［64］在新近一份关于廊下派哲学的研究中，John Sellars 认为如果哲学被概念化为一种生活技艺（*τέχνη περὶ τὸν βίον*），那么一个人不仅需要学习哲学理论（logoi），也需要践行那些使他能够将理论化入行动（erga）的练习（askēsis）。古典哲学文本本身并没有局限在理论之中，它们也建议了练习，或向读者展示了行动。(56) 很明显，普鲁塔克的实践伦理学著作也属于这类首先和首要地关注练习的哲学作品。(57) 就此而言，它们与其他普鲁塔克作品截然不同。一方

---

(54) 尽管“准则”这个词只在《健康呵护准则》与《婚姻准则》的标题中出现，但普鲁塔克重复使用这一术语是为了既在那部著作内部（《政治准则》798C 与 818A）也在《如何从敌人那里获益？》86C 谈到他的政治准则。除此之外，他还在《论倾听》42F 与 48D，以及，如果是真作的话，在《慰阿波罗尼乌斯书》116E 用“准则”一词指他自己的建议。

(55) 在《论感觉好》476C，普鲁塔克提到伊壁鸠鲁派哲人兰普萨库斯的梅特罗多鲁斯（Metrodorus of Lampsachus，公元前 331—前 278）运用哲学理论来使自己对抗财富（*δόγμασι καὶ λόγοις*）；然而，他虽然建议读者学习梅特罗多鲁斯的榜样，却从来没有建议他们也学习这样的理论，正如我们将要看到的那样：他积极地阻止帕西乌斯去学习理论哲学。

(56) Sellars（2003）页 127、173 以及（2007）页 135。尽管集中关注像爱比克泰德《手册》（*Handbook*）或马尔库斯·奥勒留的《沉思录》这样的廊下派著作，但 Sellars 也谈到普鲁塔克。然而，相当奇怪的是，他谈到的是普鲁塔克的技术性哲学作品，而不是实践伦理学著作。虽然爱比克泰德《手册》的实践性水平可能确实在这两类作品之间，但普鲁塔克的实践伦理学著作当然有着与爱比克泰德《手册》共同的关注——练习。

(57) 比较 Sellars（2003）页 121。关于这些练习的概念、词源、功能、机制与形式，参前揭，页 110 – 128。Sellars 采用了“精神练习”（spiritual exercises）这一标签，然而“精神的”这一术语就爱比克泰德与塞涅卡所建议的练习而言，可以被标记为“没有帮助的”，就普鲁塔克的“练习”而言，特别是就*ἐθισμοί*而言，这

面,它们将自己同普鲁塔克的技术性哲学(technical philosophy)作品区分开来,后者提供理论性的讨论。这两类作品确实有着非常不同的目标:技术性哲学的首要目标是教导读者,即,使读者信服于某一特定观点的真理,而普鲁塔克的实践伦理学著作的首先与首要的目标则是改变读者的行为,即,使读者信服于他应当采取某种行为方式而不是其他方式。实践伦理学著作通过关注练习而将自身与其区分开来的另一类作品是《列传》:《列传》与实践伦理学著作在很大程度上有着影响读者的道德行为这一共同目标,但其途径不是通过练习而是通过展示往昔名人的行动。乍一看,将这种练习与展示之间的差别,与 Pelling 观察到并由 Duff 阐述的规劝性或解释性道德主义(moralism)与[65]描述性或探索性道德主义之间的差别等同起来,这种做法似乎很有吸引力。[58] 前者提供了关于一个人应当做什么、不应当做什么的直接教导,后者则"提供了反思——一种最终可能影响受众行为的反思——的素材"。[59] 然而,这两类道德主义的形式并非两个(相互排斥的)选项,而只是连续量表的两个极端:《列传》更靠近探索性的一极固然不错,但普鲁塔克的实践伦理学著作的道德主义也并不像通常认为的那样简单或直白。[60] 当

个术语则完全是误导性的。

[58] 参 Pelling(1988)页 15,Duff(1999)页 68 – 70。

[59] Duff(1999)页 69。最近,Morgan(2007)页 200 – 204 强调,在罗马帝国大众道德的背景中,简单的命令与更巧妙的伦理指导之间有差异,这些伦理指导会陈述世界的自然(nature),会通过叙述故事来告诉人什么是必需的以及什么是不可能的;正如 Morgan 已经指出的那样,这些指导都没有给读者留下很多做决定的空间。

[60] 正如我在其他地方已经显示的那样,普鲁塔克的《论制怒》比塞涅卡的《论愤怒》采纳了更多的描述性道德主义。比较 Van Hoof(2007)页 71 – 72。

然,它的确通过命令、明确的鼓励及机械性练习的形式包含了许多直接的教导,但本章显示,这些都通过一系列修辞技巧、话语策略与复杂得多的指导联合起来。

第三章　普鲁塔克作为社会中的哲人

[66]普鲁塔克于公元 45 年前后出生在离德尔斐不远的喀罗尼亚。他的家族是镇上最显赫的家族之一，作为该家族的一名成员，他接受了很好的教育，并在雅典继续学习哲学。随后他去小亚细亚和埃及旅行，小亚细亚是第二代智术师的家乡，普鲁塔克很可能在那里独立发表过演说；旅行之后，他回到喀罗尼亚。后来，普鲁塔克去罗马和意大利访问了几次，并获得罗马公民权。根据《苏达辞书》(Suda)——一部十世纪的辞典，普鲁塔克从图拉真(Trajan)手上接受了领事饰物；根据尤西比乌斯(Eusebius)(约公元 263—339)，普鲁塔克从哈德良(Hadrian)手上接受了阿凯亚(Achaea)(荣誉)行政长官的职位。① 无论在历史上是否真实，这些断言都暗示普鲁塔克受到罗马重要人士的高度尊敬。不过，我们知道普鲁塔克最终是在希腊中部度过了他一生的大部分时光：普鲁塔克在喀罗尼亚担任过许多职务，是德尔斐的一名阿波罗祭司，于公元 120 年左

---

① Su, s. v. Πλούταρχος 与尤西比乌斯 apud Syncellus, 659 Dindorf。关于这些证词，参 Bowersock(1969)页 112, Jones(1971)页 29 - 30 与 34, Babut(1975)页 207, Fein(1994)页 167 - 168, Swain(1996)页 171, Duff(1999)页 289 注 7, Lamberton(2001)页 12, Stadter(2002a)页 13, Bowie(2002)页 52, Zecchini(2002)。另一方面，Bowie(1997)集中关注普鲁塔克与哈德良的关系。关于对文化上的卓越人士以饰物加以奖赏，参 Talbert(1984)页 369 - 370。

右去世。因此在许多方面,普鲁塔克的生活与他笔下的人物很相似:②他们都属于精英阶层,享有财富与教育特权,并且至少在地方层面发挥着政治影响力。普鲁塔克没有[67]像他们中的大部分人一样展开辉煌的政治生涯,③但他以另一种方式使自己在他们所有人中卓然不群。因为事实上,尽管普鲁塔克拥有财富,有过多次旅行,担任过许多职务,但他首先且首要地是一位多产作家。在普鲁塔克的著述中,我们能够发现其他一些著作,包括古物研究著作、文艺批评著作、科学著作、修辞学论文以及会饮集(symposia),但最主要的部分是哲学著作,包括《列传》、理论哲学著作以及实践伦理学著作,分别涉及对行动、理论和践行(exercises)的描述。

如果这些就是普鲁塔克生平的关键事实,如我们能从关于作者(指普鲁塔克)的任何一般性研究中读到的,④那么,问题在于普鲁塔克在实践伦理学著作中如何把自己呈现给读者。首先应当注意,

---

② 比较 Stadter(1988)页 293。关于在罗马帝国中哲人的精英地位,参 Hahn(1989,特别是页 79)、Dillon(2002,特别是页 33)。

③ 比较 Stadter(2002a)页 1 与页 19,以及 Bowie(2002),特别是页 48 - 50,阐明了普鲁塔克与阿里安(Arrian)的区别。关于普鲁塔克对一流政治家们的间接影响,尤参 Bowie(2002)页 51,Stadter(2002a)页 1、6 - 7、11 及其(2002b)与(2007)。同图拉真的关系:Fein(1994)页 167 - 171 与 Bowie(2002)页 51;同哈德良的关系:Fein(1994)页 171 - 174 与 Bowie(1997),进一步肯定了 Swain(1991)所强调的关于他同哈德良关系的关键之处。此外,普鲁塔克可能做过德尔斐的外交官。比较 Stadter(2004)。关于哲人—外交官,参 Haake(2007)页 284 - 285;关于罗马帝国统治下智识人(intellectuals)的政治活动,参 Desideri(1998)。

④ 关于对普鲁塔克的一般性研究,包括从《苏达辞书》、其他几位古代作者以及碑铭 SIG 829A 与 843 中所收集到的信息,参上文注 1。关于普鲁塔克的政治生涯,可进一步参看 Jones(1971)、Russell(1973)、Boulogne(1994)、Centrone(2000)页 575 - 576,De Blois(2004)、McInerney(2004)、Stadter(2002a)页 8 - 13 与(2004)。

在所有这些文本中,普鲁塔克都没有以他自己的声音发言。确实,在属于这一类别的两篇对话中,⑤普鲁塔克没有参与谈话,也没有被对话者提到名字:在《健康呵护准则》中,宙西普斯对他的朋友莫斯基翁谈论卫生保健,而在《论制怒》中,方达努斯对苏拉叙述他如何学习控制他的愤怒。例如,与其宗教作品相反,⑥[68]在这两篇关于实践伦理学的对话中,普鲁塔克都没有把自己描绘成在与其他人一起追寻真理。毋宁说,普鲁塔克是以一种旨在改变读者的方式,通过其他人物来表达他自己的观点。然而,最终他们使读者前行的方向正是普鲁塔克想让读者朝向的方向:一个人不会在写作哲学著作时讲述他完全不同意的观点,除非他能够清楚把他自己与那些观点区分开来,或者用一种彻底反讽的方式来讲述那些观点;而在这两个文本中,丝毫没有这两种情况的标志。恰恰相反,在《健康呵护准则》中,宙西普斯明确说他正在告诉莫斯基翁的是他们的同伴的观点,也就是普鲁塔克的观点。在《论制怒》中,我们已经看到,下述印象——即正在讲述的一切都是方达努斯对他自己的治疗过程的叙述——在他对苏拉的回答中并没有始终一贯地得到保持:虽然开始时方达努斯以第一人称单数叙述他的思想,但他逐渐转换到联合性的第一人称复数,使读者参与进来,或使用无人称的一般性论述(generalizations),由此追求一种远超他自身的权威。在这些

---

⑤ 关于对话在普鲁塔克作品中作为一种文类,参 Hirzel(1895)页 124 – 237、Ziegler(1951)页 890 – 893、Flacelière 与 Irigoin(1987)页 ccxvii – ccxxii、Barigazzi(1988)、Gallo(1996)页 11 – 14 与(1998)页 3522 – 3523、3528 – 3531,以及特别是 Van der Stockt(2000)。

⑥ 因此,Russell(1993)页 430 所作的论断"普鲁塔克对话的特征之一是他自己常常是一位发言者"并不适用于他的实践伦理学著作。还要注意到,在实践伦理学著作中,对话体作品的数目与所占比例都比在宗教作品中小得多,在宗教作品中,超过一半是戏剧体或叙述体对话。

对话的戏剧场景中普鲁塔克并不在场,但他的权威依然处处闪耀。在其余实践伦理学著作中,普鲁塔克则通过自己的声音发言。理论上,我们能够从中区分出书信⑦与论说文,⑧但这种区分并没有始终一贯地得到保持。普鲁塔克三部实践伦理学著作的开头部分都是传统的书信用语,《婚姻准则》写给波里阿努斯(Pollianus)与欧律狄刻(Eurydice),《论感觉好》写给帕西乌斯,《慰妻书》写给提莫克塞娜(Timoxena)。[69]而且,这些作品都含有某些古代书信的传统惯用语,如提到一封已收到的信或谈到寄信的事。⑨ 然而,这些本该是书信的作品中没有一封含有传统的书信结束语。相反,至少有些论说文与书信非常接近:⑩

---

⑦ Deissamann 于 1923 年最先提出的"真实的"(Brief)与"虚构的"(Epistel)书信之间的区分,早已经得到修正。例参 Sykutris(1931), Koskenniemi (1956)页 88-90。近来,这种区分被 Rosenmeyer(2001)页 5 明确地悬置 (eingeklammert),他说道:"关于真实性的棘手问题可以忽略,代之以对书信中的自我表现、书信形式的功能,以及作者(们)与读者(们)之间关系性质的更仔细的观察。"关于普鲁塔克书信的讨论,参 Ziegler(1951)页 894-895, Flacelière 与 Irigoin(1987)页 ccxvi, Fabrini(2000)。

⑧ 关于普鲁塔克的论说文作为一种文类,参 Ziegler(1951)页 893-894, Flacelière 与 Irigoin(1987)页 ccxvi, Gallo(1996)页 14-15 与(1998)页 3523-3525、3531-3534 与(2000)页 14,以及 Cerri(2001)页 424。另一方面,Donini (2000)只讨论了那些在语言和内容两方面都达到某种技术性和严谨性水准的文本——在他看来,只有《论感觉好》与《论制怒》符合这一标准。关于哲学论文的起源,参 Frede(1996)。

⑨ 谈到已收到的信:《论感觉好》464E,《慰妻书》608B;谈到将要寄信的事:《婚姻准则》138C,《论感觉好》464E。关于在古代书信写作中这些惯用语以及其他惯用语的使用,参 Koskenniemi(1956)页 74-82。

⑩ 这一点首先适用于那些有具体收信人的论说文,这可以解释普鲁塔克实践伦理学著作中大约一半的论说文。在第七章中,我讨论了没有具体题献对象的某些原因(页 193)。那些没有具体题献对象的论说文,有时与某些普鲁塔克更修辞性的作品——如《论妒忌与憎恨》或《恶行是否足以导致不幸》

> 我亲爱的尼坎德(Nicander),我已经写了一篇关于倾听演说的文章,并把它寄给你了,以便让你可以知道怎样正确倾听劝导的声音。既然你已经穿上成人的装束,现在你就不再屈服于权威了。(《论倾听》,37C)

在其著作《论倾听》开头,普鲁塔克不仅对一位朋友说话,还说那篇文本即将寄给他,就像人写信时所做的那样。⑪ 上述三封书信似乎也不能通过作者与收信人之间更加亲密的关系与论说文区分开来。⑫ 这不是说书信体裁没有任何功能或效果。相反,与对话的情形一样,《婚姻准则》、《论感觉好》和《慰妻书》采用的格式,构成了读者阅读这些文本的框架,由此非常强烈地影响、指导他的阅读。例如,我们可以想像,如果将《慰妻书》变成论说文,与书信相比它造成的印象会有多么不同:[70]《慰妻书》被呈现为一位丈夫在他们的一个孩子死亡之际写给妻子的一封信,这一事实不仅将普鲁塔克(以及他的妻子)描绘成有经验的、因此是权威的角色典范,⑬也同时保持了个人语调以及他们的女儿之死就发生在最近的印象,由此避免建议显得没心没肺,或可怕地利用别人子女的死。尽管在文

很相似。然而,它们通过不同的目标和策略把自己与这些著作清楚地区分开来。比较页 256。

⑪ 关于《论倾听》的"书信体前言",比较 Hillyard(1981)页 37-38,以及进一步的参考文献。

⑫ 尽管我们可以料想普鲁塔克同他的妻子提莫克塞娜的关系——比如说——比他同菲洛帕普斯更近,但先不说帕西乌斯,就他与波里阿努斯和欧律狄刻的关系来说是否也如此,情况就远没那么清楚了。

⑬ 比较 Russell(1993),页 429。

类以及作者角色上有所不同,但在论说文与那些可称为书信——论说文(letter - essays)⑭的作品中,普鲁塔克的权威地位未必有根本区别。

在整个普鲁塔克的实践伦理学中,他确实把自己呈现为他所处理的主题的权威。因此,涉及"老年人是否应当担任公职"的问题时,普鲁塔克担心他的朋友欧芬尼斯可能认为老年是不再担任公职的借口,他说他要为欧芬尼斯提出建议:

> 因此我认为和你讨论我不断仔细思考的、关于老年人在公共事务中的活动的想法,是我的责任。(《老年人是否应当担任公职》,783C)

在这一段中,普鲁塔克坚定地将自己描述为这一至关重要问题的权威:他坚持认为他应当($οἴμαι\ δεῖν$)⑮对欧芬尼斯提供他关于老年人是否应当参与政治的观点。然而,他没有解释他在这一问题上的权威源自何处,也没有解释他的观点为什么会与欧芬尼斯及其他读者有关。当然,或许有意见认为,[71]普鲁塔克认为他对这一问

---

⑭ 即,被认为是为某个特定的人写作,并要把作品寄给对方,从而或多或少有些系统化地处理某个明确主题的作品,比较 Betz(1978)页 199。关于比较对象,我们可以想一想柏拉图与伊壁鸠鲁的书信,它们可以被定义为"软"(softened)哲学论文。比较 Costa(2006)页 181。关于这类的书信,亦参 Edwards(1997)页 24 – 25、Goldhill(2002)页 64、Inwood(2005)页 xii 及注 2 – 5、(2007a)页 xix 与(2007b)中的进一步的参考文献。相反,Carrière 与 Cuvigny(1984)给《政治准则》和《老年人是否应当继续担任公职》贴上"公开信"的标签。

⑮ 当然,这一短语也常见于演说家那里。例如可参看德摩斯梯尼 *First Olynthic Speech* 16.6 与《第四次腓力演说》(*Fourth Philippic Speech*)34.5,或伊索克拉底《交换法》(*Antidosis*)106.8。

题有话要说,是因为他发现自己处在相似的位置上:从文本可以清楚看出,在为欧芬尼斯写这篇论说文的时候,普鲁塔克自己也即将迈入老年。⑯ 然而,这种意见并没有解决而只是推迟了他的权威问题,因为下述问题会再度浮现:为什么普鲁塔克认为他能向欧芬尼斯给出关于这一问题的建议,而不是反过来。普鲁塔克也不是凭哲学论辩、严谨性或系统性获得他的权威。相反,普鲁塔克引用其他声名卓著的哲人——柏拉图(式的)以及其他哲人——的观点,是为了建立他自己的观点:当其他哲人的教诲与他自己的观点相一致时,普鲁塔克就通过提到那些教诲,以自己的方式将自己置于那一哲学传统之中,从而建立起他的权威。⑰ 他不是从一个哲学系统推导出他的权威,而是通过提到一系列的哲人以及其他许多权威资料,归纳性地建立起他的权威。事实上,他的实践伦理学著作对历史资料的运用非常相似:⑱普鲁塔克常常引用历史轶事来说明他所说的话,证明其真实性,从而增强自己的权威。无论是对不同作者

---

⑯ 比较 783B – C 与 792F。

⑰ 因此,普鲁塔克的"折衷主义"——如果这一术语多少能够被使用的话(比较 Donini[1988]页 15 – 33,尤其是页 31)——并没有损害他的柏拉图主义,而是为了加强它。比较 Castelnérac(2007)。同样地,普鲁塔克对其他派别哲人的运用与怀疑论者(Sceptic)的"从意见分歧处的论辩"(argument from disagreement)恰恰相反:怀疑论者显示出那些教条论哲人在某一主题上的意见如何各自不同,而普鲁塔克则显示出不同学派的哲人如何协调一致,由此来支持他呈现给读者的哲学。关于怀疑主义伦理学,参 Brittain(2001)页 255 – 295。

⑱ 比较 Russell(1993)页 426:"普鲁塔克大部分引用到诗歌时的段落——除了大量的两三个词的装饰性片段之外——都是在传达一种道德教训或一条历史信息。"他在《列传》中对历史资料的运用则完全不同:在那里,历史资料不仅围绕着一个人的生平而组织,与其说它被用作建立某种观点的真理的论证,不如说被用作要加以思考的问题。比较 Duff(1999)。

的文学性引用,还是从生活中多方譬喻,都常常服务于相似的目的。[19] 相当有趣的是,Van der Stockt 已经显示,[72]对哲学学说、历史轶事、文学引文的参考与比较这些要素,常常发生在他说的"句群"(cluster)之中,正如上面陈述的那样,句群被定义为"异质性材料的重复性、结构性集合"。[20] 普鲁塔克自己事实上描述过这些句群背后的理论基础:[21]

> 我上面提出,我们通过反对著名政治家的言辞与言论减少和削弱了低劣有害的诗的可信度,以同样的方式,我们应当通过从哲人那里得到的证据与许多证词来抚育、增强我们在它们中发现的高雅有用的东西,将它们归于一种创造。如果当毕达戈拉斯与柏拉图的教诲与舞台上说的、七弦琴唱的、学校里学习的相一致时,当奇伦(Chilon)与毕阿斯(Bias)的准则指向与儿童阅读的作者相同的结论时,其可信度将在力量与地位方面得到增强,那么这是正当和有用的。(《年轻人应当如何学习诗》,35E – F)

---

[19] 例如,在《如何区分谄媚者与朋友?》49B – C,普鲁塔克开始了他对谄媚的考虑——他已经在第一段中根据柏拉图与德尔斐格言"认识你自己"警告我们反对谄媚——通过把谄媚者比作木蛀虫,以及通过引用西蒙尼德的诗,两者的意图都是要显示普鲁塔克的观点是正确的:谄媚者侍候的是重要人物,而不是无名之辈。关于进一步的例子,参 Tsekourakis(1983),页 92。

[20] 比较导言部分页 4。

[21] 恕我与 Morgan(2007,页 290)观点不同,他说:"要在普鲁塔克的论说文中鉴定出像在塞涅卡论文中那样相当深思熟虑的教学策略是困难的;格言与故事散布在他的哲学著作的各个地方,普鲁塔克以多种多样的方式运用它们,比起它们在作为整体的论文中的位置,这些方式似乎与眼下语境的关系更密切。"正如我主张的那样,句群的关键功能显然在于授予普鲁塔克在作品各个地方的论述以权威。

在这一段中,普鲁塔克自己解释了句群的内容与功能。就前者而言,他提到许多不同的资料:除了如著名政治家这样一些名人的格言之外——这些格言确实遍布普鲁塔克[73]实践伦理学著作的各个地方——他还提到戏剧、抒情诗这样的文学体裁,但也包括更广泛地提到儿童们在学校的读物。普鲁塔克作品中的文学引用确实大部分来自学校课程上的作者。然而,他似乎将头等重要的地位献给了哲学。普鲁塔克在这里描述哲学的方式中有两点值得注意。第一点是,柏拉图不是普鲁塔克参考的唯一哲人:我们已经看到,普鲁塔克实践伦理学著作不仅谈到柏拉图,也谈到许多其他哲人。第二点有趣的地方与普鲁塔克在这里挑选出来的两位哲人有关,即奇伦与毕阿斯,七贤中的两位。这两位哲人当然不是因为系统性的学说而著名,而是因为格言、警句——普鲁塔克在他的句群中经常运用的大众道德的要素。㉒ 然而,就我们当前的目的而言,更值得注意的是普鲁塔克对句群功能的说明:它们将增加(或破坏,取决于不同情况)论证的可信度($πίστιν$),并且提供某种证据($ἀποδείξεσι$)。换句话说,它们与建立权威有关。两个关键词表明它们如何行使这一功能。首先,$μαρτυρίαις$,即"提供证据":句群中的多种要素诱导性地为论述增加了证据。第二个关键词是$ἀξίωμα$或地位(status):来自文学作品的引语、著名统帅的格言以及对哲人的参引为论证增加了传统气息。因此,普鲁塔克并不是从一个哲学系统中演绎出权威,而是从许多要素中归纳性地建立起他的权威,这些要素被赋予在他的

㉒ 关于格言、警句与谚语在普鲁塔克作品中的使用,参 Fernández Delgado(1991);一般意义上在罗马帝国中的使用,参 Morgan(2007)页 23 – 56 与页 84 – 121。

时代中传统所享有的声望。㉓ 因此，句群不仅是普鲁塔克写作方式的特征，如 Van der Stockt 认为的那样，似乎也是他建立权威的方式。

　　作为作者，普鲁塔克预先占据了权威性的位置。然而，他是如何——是通过他自己的声音还是通过别人的声音——呈现自己的？通过他的实践伦理学著作，他投射出什么样的［74］"普鲁塔克"形象？㉔ 第一个引人注目的地方是，普鲁塔克在全部这些作品中始终一贯地将自己呈现为哲人。㉕ 在《论好奇》中，他讲到自己在罗马发表哲学演讲的轶事（ἐμοῦ ποτ' ἐν Ῥώμῃ διαλεγομένου,《论好奇》522D）。在《健康呵护准则》中，宙西普斯向莫斯基翁叙述一位同伴的观点，那位同伴显然被刻画为一位哲人。㉖ 甚至在《政治准则》中，普鲁塔克也没有将自己呈现为一位政治家，而是呈现为一位哲人：

㉓　关于"往昔"（past）在第二代智术师时代的威望，参 Swain(1996)页 65–100 与 Whitmarsh(2001b)页 41–89；在帝国哲学中的威望，参 Frede(1999)页 783 与 Trapp(2007)页 13。

㉔　Russell(1993)出色地研究了普鲁作品中的自传式文本。在这里我的兴趣更多在于普鲁塔克的自我呈现，而不是自我揭露，因此，Russell 的问题（页 430–431）——普鲁塔克说到自己的话在事实上是否真实——就不那么重要了。

㉕　亦比较 Trapp(2007)页 24。在其他作品中，普鲁塔克有时确实提到他自己的政治活动，然而下面这一点仍然是正确的："普鲁塔克更偏爱的立场是哲人，而不是演说家或政治家"。比较 Stadter(2002a)，页 4。亦参 Stadter(2004)页 20。相反，Fein(1994)页 14 将普鲁塔克列为一位文人而不是哲人，然而正如 Bowie(2002)已经显示的那样，普鲁塔克不写诗歌或历史的选择——再一次——强化了他作为哲人的形象。对比《漫谈录》中的情形，在那里普鲁塔克小心地把他自己呈现为"在不同的关系矩阵中发挥作用"（Klotz[2007]页 666）。

㉖　参下文，页 249。

> 所以我看出来,你渴望以一种配得上你高贵出身的方式,在你的本邦成为一名言辞的言说者(a speaker of speeches)、一名行动的行动者(a doer of actions),但你没有时间过来并观察在政治事务与公共纷争中,一位哲学的人(philosophical man)的生活在实践中是什么样的,也没有亲自观察实际的例子而不是理论模型。鉴于这一点,也鉴于你确实请求[从我这里]得到政治准则,我想我要是拒绝就完全不适当。(《政治准则》,798B – C)

普鲁塔克暗示,对梅尼马库斯来说,来到喀罗尼亚可能会有趣的原因是,他将看到的不是一个进行哲学探讨的政治家的鲜活实例,如同[75]一个人在政治著作中可能期待的那样,而是一位活跃在政治中的哲人的鲜活实例(比较 ἀνδρὸς φιλοσόφου)。因此,普鲁塔克在一部政治著作的开头部分清楚地将自己呈现为一位哲人。㉗除了将自己呈现为一位哲人之外,他也为他以哲人角色正在做的事情辩护,或证明此事的正当性(《论饶舌》、《如何区分谄媚者与朋友?》㉘),强调此事的困难(《论感觉好》、《致无知的统治者》)及必要性(《论流放》、《哲人尤其应该与当权者交谈》),并将这事描述为

㉗ 比较在 798B 处已经有了 φιλοσόφων[爱智慧者们],即哲人。亦比较 Stadter(2002a)页 4。在普鲁塔克作品的各处,他提到他自己的政治活动只有少数几次。比较《政治准则》811B 与 816D,《老年人是否应当担任公职》783C,《漫谈录》2.10,642F 与 6.8,693F,以及《德摩斯梯尼列传》2.2。

㉘ 在《如何区分谄媚者与朋友?》60E – F,普鲁塔克通过把真正的友谊与揭露朋友的错误——正如他自己在他的实践伦理学中当然时常做的那样——联系起来,表明自己是一位朋友。狄翁在他的《第三篇王政演说》12 – 24 中也提出了与之相当的观点。比较 Whitmarsh(2001b)页 194 – 195 及注 57 中进一步的文献。

一种典范(《论兄弟之爱》、《论感觉好》),被其他人广泛赞同(《健康呵护准则》)。㉙然而,更准确地说,普鲁塔克不仅将自己呈现为一位哲人(a philosopher),而且呈现为唯一的哲人(the philosopher):尽管有一系列哲人参与了《漫谈录》、《论月面》或他的某些旨在反对廊下派或伊壁鸠鲁派的著作中的讨论,但普鲁塔克是其实践伦理学著作中出现的唯一哲人。这有助于创造一幅形象:普鲁塔克是哲学洞见的唯一守门人(gatekeeper)。除此之外,普鲁塔克还赋予自己以无可置疑的典范角色。事实上,如果说联系格的(sociative)第一人称复数的运用是在读者中激发模仿的修辞手法,那么它也将作者置于分立的双方中的正确一方。导致的结果与其说是一种演说的语调,不如说是一种共同沿着某条路前行的语调。然而在那条路上,普鲁塔克显然比读者领先一步:㉚他表现出对读者可能面对的难题有着不同寻常的理解,[76]并将自己描绘成正在以一种典范的方式处理那些难题。例如,在引自《政治准则》的段落中,普鲁塔克将自己描绘成非常擅长政治活动——梅尼马库斯与其他读者可能正是在政治活动中遇上了难题——并以这种方式将自己描绘为读

㉙ 证明其正当:《论饶舌》514D,《如何区分谄媚者与朋友?》60E-F;困难:《论感觉好》468C,《致一位无知的统治者》779D-E;必要性:《论流放》599B,《论倾听》37C-E;典范:《论兄弟之爱》487E,《论感觉好》464E-F;赞同:《健康呵护准则》122E-F。

㉚ 正如 Stadter(1988)页293联系《列传》绪言所表达的:"他建立了一种友谊与平等的关系,在那种关系中,他有着最重要的位置——因着他的阅读与对更高理想的献身。"虽然他的实践伦理学著作比《列传》中含有更多第一人称的对普鲁塔克本人的提及,但普鲁塔克在《列传》中偶尔也会将自己展现为读者的角色典范。《埃米利乌斯与提摩利昂列传》的开头构成了一个很好的例子。比较 Duff(1999)页30-31。关于普鲁塔克将自己呈现为读者的典范,进一步参看 Klotz(2007),特别是页666,Trapp(2007)页58。

者要模仿的政治家典范。然而,就政治上而言,读者虽被促请模仿普鲁塔克,却永远不会与普鲁塔克完全一样:[31]即使在《政治准则》中,普鲁塔克也将自己首先且首要地描绘成一位哲人,而读者,虽然他将普鲁塔克作为政治上的榜样来追随,自己却不会成为哲人。

如果这是普鲁塔克在其实践伦理学著作中呈现自我的方式,那么这种自我呈现可能有什么样的作用呢?[32] 换句话说,这些写作,以及普鲁塔克在这些作品中唤起的文学人物,对于作为一名历史人物的他自己而言,其意涵何在?[33] 首先的事实是,普鲁塔克将自己呈现为一位哲人,这位哲人将帮助他的读者以一种更哲学的方式生活,但不会把他们转变成哲人自己。通过采取这种姿态,普鲁塔克不仅允许他的读者过好自己的生活而使他们心怀感激,[77]也使他们永远亏欠作为哲人的他,这种亏欠将远远多于他们自己成为哲人时的亏欠。这样,普鲁塔克作为哲学资本的唯一守门人的自我呈现

---

[31] 就此而言,这是一种聪明的权力策略(power strategy):一方面,权力的拥有者"需要创造一个系统,在系统中有贪图权力的人,其目的是为了使他自己和其他人相信他拥有某种东西"(比较 Whitmarsh[2001b]页 289),另一方面,他拥有的权力只是就没有太多其他人拥有同等或更大权力而言才是珍贵的。

[32] 我们的目标当然不是回到老式的传记性解释(biographic interpretation)传统;毋宁说,我们的目标接近于 Oliensis(1998)已经对贺拉斯做过的,也就是考察贺拉斯如何通过他的诗歌建立自己的权威。亦比较 Krause(2003)页 3 关于研究狄翁的一个有用的方法论附记。关于对普鲁塔克在他的《漫谈录》中的自我呈现的新近研究,参 Klotz(2007)。

[33] 这一对立由 Croce(1920)页 73-85 提出,它更多被称为字句人格(persona poetica)与实践人格(persona pratica)之间的对立:实践人格是作为历史人物的作者,而字句人格可以被定义为一位作者的不同著作中呈现出来的许多隐含作者之和。参 Van Gorp、Ghesquiere 与 Delabastita(1998)页 215。亦参 Whitmarsh(2001b)页 222。

也获得了更深层的含义:他在文字上界定并捍卫了哲学领域的边界。其次,普鲁塔克也将哲学领域作为一个整体加以推广,由此,当然也推广了作为其唯一守门人的他自己。一方面,他强调,如果政治上活跃的人们想很好地履行他们的职责,满意他们的生活,那么他们多么需要哲学,从而提高了政治领域中哲学享有的尊重。即使在处理政治问题的作品中,普鲁塔克也把自己描述为一位碰巧在政治上活跃的哲人,而不是相反(指精通哲学的政治家),从而肯定了下述事实:他的政治家—读者们绝对需要哲学,而他自己作为一位哲人,在政治事务中也是一个楷模,但他的快乐或幸福无需以任何方式依赖于政治。通过这样把自己描述为以某种方式超脱于野心和政治生活的烦乱之上,并谴责那些为了追寻帝国政治生涯而离开家乡的希腊政治家,普鲁塔克并不把自己没有辉煌的政治生涯这一事实描述为一个弱点,而是描述为一个深思熟虑的选择,因此也是力量的标志。另一方面,普鲁塔克关于哲学对文人和公共人物的重要性的强调也在文化领域中推行了哲学:为了在公共生活中很好地谈论自己,一个人需要哲学而不是智术(sophistry);尽管有很多社会事务,但如果一个人想保持健康,那么他需要一位哲人而不是医生。因此,如果哲学、修辞学与医学是普鲁塔克时代"高等教育"(higher education)的三个主要选项,而哲人、演说家和医生是争夺学生、公共认可和权威的主要竞争对手,[34]那么普鲁塔克的实践伦理学清晰地为哲学事业进行了辩护。[35]我们在[78]关于《健康呵护准则》的个案研究中将要看到,是否需要专业医学知识的辩论在普鲁塔克时

---

[34] 哲人、医生,以及语法和修辞老师确实是被给予豁免权(granted immunity)的职业群体——虽然就哲学而言,情形似乎比其他职业更为困难。比较 Griffin(1987)页 21–22 以及 Trapp(2007)页 246 与 252。

[35] 比较上文页 38 关于普鲁塔克主题选择的观察。

代是很可能发生的。既然决定写一部讨论健康呵护主题的哲学著作,普鲁塔克便不得不大力参与这种辩论。事实上,《健康呵护准则》引人注目地暗示了普鲁塔克预期的来自医生的反对。但这部著作走得更远:它巧妙地激发读者承认在健康呵护问题上哲学的价值和必要性,无论他们自己是不是医生(!)。另一方面,哲学与修辞术之间的辩论也并不更温和,智术师与哲人双方为了增加社会对自身和他们职业的尊重,都耗费了各自不同形式的文化资本。㊱ 智术师们从一个城邦游荡到另一个城邦进行演示性的演说,不仅吸引大量听众,也吸引了交纳不菲学费的学生;㊲普鲁塔克则从来没有谈到他的实践伦理学著作可能吸引的读者的数量,㊳他只是向如菲洛帕普斯、方达努斯或欧芬尼斯这样有权势的人发言,以此暗示他的

㊱ 比较 Von Arnim(1898)页 4–114,Stanton(1973),以及 Hahn(1989)页 46–53。智术师与哲人之间的界限虽然理论上是清晰的,实践中却并非同样清晰,这一点已经从下述事实中清楚地反映出来:菲洛斯特拉图斯的《智术师列传》的开头一段话就讲到"那些实际上是哲人,却被列为智术师的人"(τοὺς φιλοσοφήσαντας ἐν δόξῃ τοῦ σοφιστεῦσαι,《智术师列传》479)。亦比较 Zanker(1995)页 258,Korenjak(2000)页 13 与 193,以及 Trapp(2007)页 23–27。

㊲ 对哲人来说,向学生收取报酬似乎更加成问题。因此,哲人在社会上推销自己的方式不是通过经济资本,而是通过社会资本。比较 Hahn(1989),特别是页 67–85。这与我的下述论证相一致:普鲁塔克通过他的实践伦理学著作来推销自己的方式,是说服那些社会上的杰出人士他们也需要哲学,由此增加他自己的哲学资本的价值。

㊳ 普鲁塔克自己当然也写过赞咏式演说(epideictic speeches),在其中他有时把自己描写为在听众面前发表这样的演讲。比较《心灵的败坏是否比肉体的堕落更恶劣》501F。然而,需要注意的是,普鲁塔克并没有以这种方式开始演说家生涯,比如说,像普卢萨的狄翁(Dio of Prusa)所做的那样。参 Stadter(2002a)页 3–4。

读者的重要地位:㊴他自豪于这些文本的读者的质量而不是数量。通过将自己呈现为[79]拥有重要而有权势的人际网络的哲人,普鲁塔克清楚有力地表明了文化领域中哲学享有的社会尊重。㊵ 同时,对他的社会资本的展示,也使普鲁塔克表现得在哲学领域中富有力量,我认为,不仅对他的主要意图所针对的读者对象是这样,对那些可能通读(overread)他的文本的哲学同仁也是这样。㊶ 确实,我们已经看到,发展自己的学说来反对其他哲人的学说显然不是普鲁塔克的主要目标,但下面这一点也是事实,即在他的描写中,不是一位廊下派哲人,或甚至另一位柏拉图式的哲人,㊷而是他自己获得了奖赏。而且,我们刚刚说过,这个奖赏还不小:他写道,他的哲学建议正在被有权势的读者们阅读,因此,他是那位在政治与文化领域受人尊重的哲人——可能通读这些文本的专业哲人不会忽略这一点。就这样,普鲁塔克不仅捍卫了哲学领域的边界,在政治与文化领域推行了哲学,也在哲学领域提升了自己的地位。

这番考察普鲁塔克在其实践伦理学著作中的自我呈现及这种呈现可能具有的作用,也挑战了普鲁塔克的流行形象,这种形象把他描绘成一位书呆子式的作者。他确实阅读了很多书,并不断与更

㊴ 关于普鲁塔克的题献对象的权力和地位,参第一章,特别是页19-22,以及Stadter(2002a)页5-6。关于在罗马帝国精英阶层中的学识崇拜,参Zanker(1995)。也要注意普鲁塔克与爱比克泰德相反,例如,他主要对那些发现自己正处在职业生涯中段的成年人说话,而不是对还没有开始职业生涯的年轻人说话。亦参第八章中关于格劳库斯在《健康呵护准则》中的责备——同伴的建议是"学究式"的——的讨论。

㊵ 比较Zanker(1995)页258与Lendon(1997)页48-49。后者更明确指出:"一位杰出人士因此可能向其他人致敬来诱使其他人向他致敬"(页57)。

㊶ 关于通读者(overreader)的概念,参Oliensis(1998)页6-7。

㊷ 关于哲人内部学派的竞争,参Lim(1995)页31-69。

早的文学作品进行互动,但我的解读表明他是一位能够操纵(manipulating)他的文学与哲学遗产来达到自己目标的老练的作者。[43]可以说,如果我们把普鲁塔克的书从图书馆拿出来,并在他的社会—文化背景中阅读他,那么实际上会出现这样一幅图像:这幅图像显示他与其说像传统描绘的那样,是一位 $\varphi\iota\lambda\acute{\alpha}\nu\vartheta\varrho\omega\pi\sigma\varsigma$ [爱世人者],[44][80]不如说他是一位社会中具有自觉意识的行动者,他为了提升其在社会中的地位,机敏地投入他的哲学资本。虽然普鲁塔克在这些作品中将自己表现为一位哲人,而不是一位社会人,但他激活哲学是为了议定他自己在社会中的地位这一事实,足够吊诡地表明,他最终像其他任何人一样深地嵌在那个社会之中。

---

[43] 即使 Panagopoulos(1977),在页 200 处也不得不承认:"普鲁塔克尽管偶尔表现出某种故纸推式的博学,却不失为他那个时代的生活的伟大见证者。"

[44] 例如,参看近来 Mossman(1997,页 x),谈到"他通过他的作品的各个地方如此好地呈现出的合乎人情的、令人愉快的人格(persona)",或 Stadter(1999a,页 481)将他描写成:"好脾气的、不急于挑人毛病、充满人性的温暖,是一个爱人类者(philanthropia)"。我绝不是要否定普鲁塔克作为爱人类者的传统形象:我只是希望表明,普鲁塔克从他的作品中还显示另一副外观,即他是社会中的一位机敏的且常常自觉的哲人。

第二部分

普鲁塔克的实践伦理学

第四章 《论感觉好》

[83]构成本章主题的文本与 εὐθυμία(转写形式为 euthymia)有关。① 在第一段中,普鲁塔克将这一概念描述为"灵魂的安逸与不受烦扰的生活"(比较 ἀλυπία ψυχῆς καὶ βίος ἀκύμων, 465A)。② 我们将要看到,文本的剩余部分通过将 euthymia 与诸如平和、宁静这些概念联系起来而证实了最初的理解,当把它与喜乐联系起来时又增添了更加积极的含义。在更现代的语言中,euthymia 可释为满足(contentment)和信心(confidence),它在最好状态下同乐观主义与幸福结合在一起:一种持续性的积极感受——从各方面来说,一个人知道并且满意于他在世界中的角色与位置,不是因为他试图去除其所有消极方面,而是因为他接受并且试图充分利用这些消极方面。这种感受意味着:当别人做得更好时,他不会感到妒忌或愤怒;他有弹性去处理并正确看待不幸;他相信他做得很好,相信最终一切都会变好,生活是美好的。感觉好(euthymos),是抑郁、焦虑、紧张、自卑情结、不安、完美主义、不满、悲观主义、情绪低落、害怕失败、惊恐以

---

① 作为名词、形容词或动词,euthym 在文本各处出现不下 18 次,具体如下:464E、464F、465C(两次)、465D(两次)、466A、467A、467E、469A、469E、470A、471D、473B、473E、476B、476E 与 477D 处。关于对古代该概念的讨论,参 Weische(1974)。

② 关于将灵魂比作海洋,比较 Hirsch – Luipold(2002)页 239 及注 38,以及 Duff(1999)页 105 – 106 及注 20。

及消极倦怠这些情绪的对立面,这些词汇刻画了二十一世纪初许许多多人的[84]情绪。③ 因为它与今天如此切身相关,所以我选择将 euthymia 译成"感觉好"(feeling good),这样不仅非常接近于 εὐ-θυμία 的精确翻译,而且我也希望它比"心灵平静"(tranquillity of mind)或"心满意足"引起当代人的更多注意。

在文本的开头,普鲁塔克说他已经"从我从前为自己做的笔记(hypomnēmata)中搜集了一些关于感觉好的资料"(464F)。对于十九世纪后期和二十世纪早期的学者来说,这一著名陈述④足以将普鲁塔克的《论感觉好》还原为关于这一主题的更早文本的支离的混合物:⑤普鲁塔克主要的或唯一的资料来源,有些人认为是德谟克利特,其他人认为是帕奈提乌斯(Panaetius),还有一些人则认为是另一位廊下派哲人或伊壁鸠鲁主义者。⑥ 然而,下面这点很快就清

---

③ 比较 Toohey(2004)页 123 – 125 如何以恶心(nausea)与无聊(boredom)来解释塞瑞努斯(Serenus)与帕西乌斯的难题。

④ 这里提供的译文是基于 Van der Stockt(1999a)所解释的对这一笔记陈述的理解。这句话还有更早期的、相当不同的译文,参 Van der Stockt 与 Van Meirvenne(即将出版)。

⑤ Van der Stockt(1996)页 265 – 266 以及注 3 中的进一步阅读文献指出了一些指向快速写作的文体要素,而 Van der Stockt 与 Van Meirvenne 即将出版的书则强调了下述事实:《论感觉好》含有许多不总是完美整合的句群。Ingenkamp(即将出版 a)也提醒人们注意他所谓的"跳板(springboard)论证",这些论证与直接上下文并不是始终表现出清楚的联系,但主要功能是提供推动力以朝向作者想确立的重要论点。亦比较 Morgan(2007)页 290 – 291。然而,所有这些研究都未能说明,在这些方面,《论感觉好》在何种程度上与其他普鲁塔克作品有着实质性的不同。

⑥ 德谟克利特:Siefert(1908),Paton、Pohlenz 与 Sieveking(1929),以及 Hershbell(1982)页 84 – 89;帕奈提乌斯:Siefert(1908),Paton、Pohlenz 与 Sieveking(1929),Hirzel(1879),Broecker(1954),特别是页 201 – 214,以及 Barigazzi(1962);希俄斯的阿里斯托:Heinze(1890)与 Hense(1905b);伊壁鸠鲁主义者:

楚了:普鲁塔克可能运用了取自不同(哲学)角度的资料,⑦人们也发展出更巧妙地处理普鲁塔克资料来源的方法。例如,Karl - Hans Abel(1987)令人信服地论证,想从普鲁塔克关于该主题的著作去重构帕奈提乌斯的著作《论感觉好》,会带来无法克服的困难。更细致的考察表明,普鲁塔克也没有不加批评地追随德谟克利特,他的柏拉图主义随处可见。同样地,Christopher Gill[85]研究了帕奈提乌斯、塞涅卡与普鲁塔克关于εὐθυμία的作品中"成为你自己"(being youself)这一观念的发展,他在其中归于普鲁塔克的是一种广义的"研究 euthymia 的'哲学'方法,这种方法对廊下派和伊壁鸠鲁主义者有着相似的征引,所用措辞的柏拉图主义或漫步学派的色彩与廊下派或伊壁鸠鲁主义者的色彩一样浓"。⑧ 对这些新颖解释的证实来自不同方向,Luc Van der Stockt 更仔细地考察了《论感觉好》中普鲁塔克关于自己创作技巧的陈述,并下了这样的结论:"该陈述绝没有证明普鲁塔克在《论感觉好》(De tranq. an.)中依赖的是某个单一资料来源,它提到ὑπομνήματα[笔记],就像那是普鲁塔克自己的智识与文学资产。"⑨可见,这些 hypomnēmata[笔记]是普鲁塔克在阅读、教学或思考时做的笔记,他可以在创作不同著作的时候使用它

Pohlenz(1905)。另一方面,Tsekourakis(1983)页 77 - 117 看到了来自长篇抨击(diatribe)的鲜明影响,尤其在第 3 - 4、6、10 - 13 节。

⑦ Fowler(1890)、Helmbold(1939)页 164、Betz(1978)页 200 以及 Hershbell(1982)页 84 与 93 都强调普鲁塔克可能使用了许多不同的资料来源。

⑧ Gill(1994)页 4624,亦比较 Sirinelli(2000)页 145。

⑨ Van der Stockt 与 Van Meirvenne(即将出版),强调为笔者所加。之前,Ziegler(1951)页 787、Tsekouraki(1983)页 114 - 117 以及 Dorandi(2000)页 27 - 28 已经指出普鲁塔克本人对他的笔记的贡献。关于普鲁塔克的笔记—陈述的进一步解释可以在下列地方找到:Fowler(1890)页 151、Heinze(1890)页 497、Siefert(1896)页 53、Pohlenz(1905)页 275、Seidel(1906)页 33、Siefert(1908)页 3、

们。

因此,试图界定普鲁塔克在写作《论感觉好》时的资料来源是一个复杂的任务,现阶段的学术研究还不能给出最终回答:普鲁塔克显然使用了不同的资料,其中有许多我们已无从得知,而且,他用一种创造性的方式解释、描述了这些资料,以适合自己的目的。因此,下面我要做的不是研究这些资料来源是否以及如何在《论感觉好》中出现,我将集中关注作者写这部著作时的创造性和计划:我感兴趣的不是该文本来自何处,而是它将导向什么。换句话说,我打算探讨该文本作为一次演说行动——也就是作为一篇作者试图在读者中产生某种特定效应的论说文——的动态变化。为什么《论感觉好》被构想为致帕西乌斯的一封信?这一呈现对更广泛的读者有什么样的含义?普鲁塔克关于《论感觉好》的整体计划是什么?为了实现这一计划,他采用了什么样的修辞策略?

第一节　帕西乌斯,或再议《论感觉好》

[86]"感觉好"这一概念远不是普鲁塔克的"发明",它在希腊文献尤其在哲学中已经有了很长的历史。柏拉图、亚里士多德及早期廊下派哲人都附带讨论过它,⑩品达、色诺芬及亚历山大的斐洛

Helmbold(1939)页163-164,Broecker(1954)页15,Barrow(1967)页109-110,Dumortier 与 Defradas(1975),Betz(1978)页200,以及 Hershbell(1982)页93。

⑩ 柏拉图:《法义》792b7;亚里士多德:《问题集》954a25、955a1、955a16以及955a25;SVF 3,105(残篇432)。关于该词的早期历史,参 Poltera(1997)页

(Philo of Alexandria)一再使用了 euthymia 这个词,⑪有三位哲人就该主题写了一整部著作:⑫其中德谟克利特⑬与帕奈提乌斯⑭以希腊语写作,塞涅卡⑮则以拉丁语写作。该主题在哲人中间——包括普鲁塔克的一些年长的同时代人,如斐洛(逝于公元 50 年)和塞涅卡(逝于公元 65 年)——的流行使得普鲁塔克对该主题的兴趣很容易理解:如果哲人们写了关于"感觉好"的作品,那么出版一部关于该主题的书就成了一种将自己呈现为哲人的方式。然而,另一方面,这种流行又引出下述问题:既然近来关于这一主题已经写出如此多的著作,普鲁塔克为什么还要决定再写一部关于它的著作?⑯

479-480 以及 Sotiriou(1998)页 30。关于德谟克利特,参下文,注 13。另一方面,伊壁鸠鲁似乎并没有用过这一术语。

⑪ 关于柏拉图作品中的 εὐθυμία[感觉好],参 Betz(1978)各处,尤其是页 204。

⑫ 关于雅典诺多鲁斯写《论感觉好》著作的可能性,参下文,注 30。

⑬ 关于德谟克利特对感觉好的观点,比较 Bailey(1964),Guthrie(1965)页 489-497,Steckel(1970)页 208-212,Dumortier 与 Defradas(1975)页 90、191-199,Laurenti(1980),Hershbell(1982)页 84,Demont(1990)页 271-275,Gill(1994)页 4610-4611,Hadot(1995a)页 287 与 Salem(1996)页 307-318。关于该主题的进一步文献,参 Annas(1993)页 18 注 34。

⑭ 关于这一残篇著作,参 Siefert(1908),尤其是页 39-70,Grilli(1953)页 137-161,以及 Brocker(1954)文本各处,尤其是页 201-214,Long(1974)页 211-216,Dumortier 与 Defradas(1975)页 91,Rist(1969)页 196 注 5,Abel(1987),Flashar 等(合编)(1994)页 648-649,以及 Gill(1994)页 4609-4616。

⑮ 关于塞涅卡的这部著作,参 Griffin(1976)页 222-223,Cavalca Schiroli(1981),Castiglioni(1984)页 11-30,Maurach(1991)页 123-132,以及 Gill(1994)页 4616-4624。

⑯ 长期以来,《论感觉好》的绝对日期被定为公元 79 年之前,相对日期被定为《论制怒》之前。比较 Siefert(1908)页 62 与 Broecker(1954)页 31。Jones(1966)页 61-63 与页 73 令人信服地显示了此绝对日期可能要迟得多,

普鲁塔克[87]明确表明他写这部著作是应某人的要求,从而为自己提供了一个借口:《论感觉好》看上去是普鲁塔克写给他的一位名叫帕西乌斯的朋友的信。[17] 虽然经确认当时有不止一位帕西乌斯,但我们无法作出确切的身份鉴定,因此,我们关于这位题献对象的仅有了解来自普鲁塔克的文本。[18] 第一节中普鲁塔克对其收件人的赞赏为我们提供了一个很好的起点:

> 我要祝贺你,因为你虽然享有领袖人物的友谊,也拥有不亚于任何法庭演说家的名声,但没有身陷悲剧中墨洛普斯(Merops)的命运:与他相反,"大众称你为一位幸福的人这一事实"并没有"驱使"你不近人情。相反,你仍然记得你经常听到的那些话:鞋不能保护人免受痛风;昂贵的戒指不能保护人手上不长倒刺;王冠不能保护人不头痛。(《论感觉好》,465A)

这段话强调了帕西乌斯的四个品性特征,它们在文本的其他地

而 Van der Stockt 与 Van Meirvenne(即将出版)认为这一日期也很可能晚于《论制怒》。恕我与 Sirinelli(2000)页 140 的观点不同,无论如何这个日期似乎可能晚于大约公元 100 年。另一方面,塞涅卡《论平静》的日期可能应该定在公元 60 年前后。比较 André(1989)页 1730 与 Maurach(1991)页 123 注 135 以及更多参考文献。

[17] Betz(1978)页 199 明确地称《论感觉好》是一篇书信—论说文,Tsekourakis(1983)页 114 也类似地将其称为 ἐπιστολή-πραγματεία[书信—论文]。关于普鲁塔克实践伦理学著作中的书信文类,参上文页 68–70 以及注 7、14。

[18] RE 18.2,页 2063–2066 中提到的帕西乌斯有好几个是普鲁塔克的同时代人,然而正如 Ziegler(1951)页 693 所指出的那样,没有证据表明普鲁塔克书信中提到的帕西乌斯是他们中的一位。关于帕西乌斯,请进一步参考 Kroll(1943)页 2063、Jones(1971)页 59 以及 Puech(1992)页 4865。

方得到证实,也使他被塑造为普鲁塔克实践伦理学著作的典范读者。首先,他活跃于富人的圈子中:这里普鲁塔克提到他同重要人士的友谊,⑲并提到元老靴(senatorial shoes)、昂贵的戒指以及王冠。⑳ 在文本的其他地方,也有[88]对富人世界的含蓄暗示,㉑财富本身作为世界上最显而易见的事物也被反复地明确提及。㉒ 其次,这一段提到演说术,清楚地表明帕西乌斯过着活跃的生活,如后面文本确切证实的那样。㉓ 普通人基于他的极为成功的生活而认为他是幸福的,普鲁塔克用帕西乌斯的公众活动与成功来 captatio benevolentiae,即激起他的读者的善意。这一事实进一步说明,帕西乌斯为他的这些活动和战功感到自豪。第三,普鲁塔克引用了一句诗文,但没有觉得需要解释引文来自欧里庇得斯的悲剧《法厄同》,或解释墨洛普斯是埃塞俄比亚国王、法厄同的父亲,这一事实提示帕西乌斯受过良好的教育。这一点由散布于文本各处的类似引文以及普鲁塔克的陈述——《论感觉好》是给帕西乌斯的一封信的回

---

⑲ 关于同重要人士的友谊,亦比较 467D、471E 与 472B。

⑳ 与 Kroll(1943)页 2063、Jones(1971)页 59、Swain(1996)页 170 注 100 以及 Stadter(2002c)页 125 等处的观点不同,Puech(1992)页 4865 已经令人信服地显示出这一段并不能得出帕西乌斯属于元老院的结论。

㉑ 例如在 471E 处提到奖品马。关于马作为财富的标志,参上文第一章注 9。

㉒ 例如 471B、472B、472D、472E、474C 以及 474D。注意同塞涅卡的强烈对比,后者在《论平静》8、9 节中强调了金钱对感觉好的坏影响。

㉓ 在 468B–C 中,普鲁塔克确实暗示帕西乌斯的问题可能是在事务领域($\check{\alpha}...\pi\rho\acute{\alpha}\tau\tau\epsilon\iota\varsigma\ \pi\rho\acute{\alpha}\gamma\mu\alpha\tau\alpha\ \pi\epsilon\pi\iota\sigma\tau\epsilon\upsilon\mu\acute{\epsilon}\nu o\varsigma$)由事务助手(比较 $\tau\tilde{\omega}\nu\ \pi\epsilon\rho\grave{\iota}\ \tau\grave{\alpha}\varsigma\ \pi\rho\acute{\alpha}\xi\epsilon\iota\varsigma\ \upsilon\pi o\upsilon\rho\gamma\tilde{\omega}\nu$)所引起或恶化的。虽然在 Mason(1974)《罗马机构的希腊术语》(*Greek Terms for Roman Institutions*)的研究中,$\upsilon\pi o\upsilon\rho\gamma\acute{o}\varsigma$[帮手]没有作为专业术语(terminus technicus)出现,但前面加上 $\pi\epsilon\rho\grave{\iota}\ \tau\grave{\alpha}\varsigma\ \pi\rho\acute{\alpha}\xi\epsilon\iota\varsigma$[关于行事]则清楚地表明,普鲁塔克谈论的是事务上的助手,而不是个人的仆役。

复（比较 σου τὴν ἐπιστολήν, 464E）——所证实。最后，这段话也强调帕西乌斯已经受过哲学教育（比较 πολλάκις ἀκηκοώς）。他对普鲁塔克——一位哲人——相当了解，足以让普鲁塔克为他写些东西，这一事实也证实了这种印象。

然而，生活在罗马、像帕西乌斯这样既受过教育也受过哲学训练的人，很可能已经接触过一部或更多现有的论感觉好的哲学著作。比如说，德谟克利特著作的忒拉绪洛斯（Thrasyllus）公元一世纪版本，以及塞涅卡《论平静》的抄本，毫无疑问也在罗马流传。[24] 然而，普鲁塔克暗示，帕西乌斯请求他就"感觉好"写点东西，普鲁塔克于是基于早先的笔记答应了这一请求。[89] 那么，为什么以前那些论感觉好的著作让帕西乌斯这样的人失望呢？对于帕西乌斯这样的人，普鲁塔克认为他能为他们提供什么东西，是他的先驱者无法提供的？[25]

在《论感觉好》中，普鲁塔克明确拒斥了此前关于该论题的建议。在介绍性段落之后，他首先批评了"感觉好的人不可参与很多事务，无论是私人事务还是公共事务"（δεῖ τὸν εὐθυμεῖσθαι μέλλοντα μὴ πολλὰ πρήσσειν μήτε ἰδίῃ μήτε ξυνῇ, 465C）这一观念，由此开始对"感觉好"的处理。我们从其他来源得知，这句格言来自德谟克利特。[26] 因此，普鲁塔克通过反驳就该主题写论文的第一位作者的陈

---

[24] 比较第欧根尼·拉尔修 9.45。

[25] Tsekourakis（1983）页 116 提出普鲁塔克想写下一些更好的文字，最重要的是要更适合帕西乌斯的具体情况。在本章中，我将分析为了实现这些目标，普鲁塔克如何架构他的文本。然而，我将帕西乌斯视作一位典范读者，而不是（唯一的）目标读者。

[26] 比较塞涅卡《论平静》13.1，以及 Stobaeus 4.39.25 = 残篇 68 B3 DK。亦比较 Hirzel（1879）页 377, Heinze（1890）页 498, Pohlenz（1905）页 275, Paton、Pohlenz 以及 Sieveking（1929）, Helmbold（1939）页 170 注 a, Barigazzi（1962）, 特

述,开始了他的文本。他提到德谟克利特的方式不是直称其名,而是以 ὁ μὲν οὖν εἰπώ[某个人说](465C)这样的词语,由此指出这句古老格言是多么为人熟知、广为流传:像帕西乌斯这样的人,以及普鲁塔克的更广泛的读者,在阅读德谟克利特本人的论文或其他哲学文本时,很可能已经碰到过它。㉗ 普鲁塔克没有试图隐瞒其他关于"感觉好"的讨论已在流传这一事实,而是从一开始就强调他的处理将完全不同。确实,他在引用德谟克利特之后,紧接着就分三个步骤进行了彻底的反驳。首先,普鲁塔克说,为了感觉好而怠惰,这一代价太过昂贵,正如麻醉对于受伤是一种坏的治疗。接下来,他说,"那些不参与众多事务的人感觉很好"这一说法并不正确。为了证实这一点,他举了妇女的例子,她们虽然[90]在家室之中度日,但并不因此更少受妒忌和其他情绪的影响,还有拉厄耳忒斯,在奥德修斯离家期间一直住在乡下,但他并不因此更加幸福。最后,普鲁塔克指出,即使伊壁鸠鲁——他被广泛认为或至少被他的论敌描绘为宁可从公共生活中退隐——也没有无条件地反对政治与公共事务:对渴求荣誉与名望的人来说(τοὺς φιλοτίμους καὶ φιλοδόξους,465F),静息不动本身可能是"感觉好"的阻碍,甚至使一个人感觉

别是页113与115,以及Tsekourakis(1983)页81。

㉗ 普鲁塔克对副词小词 μὲν οὖν 的运用或许提示,帕西乌斯在写给普鲁塔克的信中已经提到过这句格言:根据Denniston(1966),该词项下,μὲν οὖν 确实可以用于如下情况:"第二位谈话者,尽管同意第一位谈话者已经说过的话,但通过以一种更强的表达形式加以替代,从而表明他认为这还不够"。然而,这句格言如此著名,在公元一世纪已有一位拉丁作者原原本本地(ipso facto)引用了它,这一事实表明,要想知道德谟克利特的这句话,不一定非要读完他的(所有)著作。

很不好($εἰς\ ἀθυμίαν\ καθίστησιν$,465E)。与其他哲人[28]相反,普鲁塔克没有建议人们为了感觉好而放弃他的活动。在普鲁塔克实践伦理学的读者中,这种不同的进路显然有其市场,这些读者与帕西乌斯很相似,不仅在公共事务中很活跃且有抱负,也对哲学感兴趣,关注他们自身的精神幸福。确实,当其他论"感觉好"的著作建议他们削减他们的活动时,这些读者发现他们被置于斯库拉与卡律布狄斯之间:要么为了感觉好而放弃活动,要么继续他们的活动但感觉很不好。普鲁塔克看到这些读者进退维谷的艰难,也看到这为作为哲人的自己所提供的机会:他暗示,这些读者中有一位——虽然他很熟悉关于该论题以前的作品——请求他就感觉好写点特别能帮助他的东西(比较 $σοί\ τι\ γραφῆναι$,464E)。

德谟克利特的陈述曾被多位哲人采纳,且首先是被改动。例如几位伊壁鸠鲁主义者似乎曾利用德谟克利特的权威,来支持他们关于公共活动对感觉良好的有害影响的论证。[29]甚至廊下派的雅典诺多罗斯(Athenodorus,公元一世纪)也得出结论,在一个败坏的世界中,如果一个人想感觉好的话,不可选择政治。[30] [91]通过批评在

---

[28] 例如,将普鲁塔克的第二点与第三点理解为对菲洛德穆斯的反驳是很有道理的,后者举出行动中的不幸者为例来反驳下述观念:平静是政治家和军事统帅的特权(《论财产管理》22.20 – 28)。关于对菲洛德穆斯这一段落的讨论,比较 Tsouna(2007)页 188 – 189。

[29] 比较 Dumortier 与 Defradas(1975)页 300。

[30] 雅典诺多鲁斯关于该论题的观点可以在塞涅卡《论平静》第三节读到。基于这一段落,Philippson(1931,页 47 – 55,特别是页 52 – 53)、McGann(1969,页 28)以及 Lotito(2001,页 14 与注 5)认为,雅典诺多鲁斯写过一部《论感觉好》的著作,然而塞涅卡的文本没有明确说明雅典诺多鲁斯在什么地方推广了他关于该主题的观点(ut ait Athenodorus)。亦比较 Hense(1893)。

活跃生活与感觉好之间假想的不可兼容性,㉛普鲁塔克也反驳了这些哲人。然而,另一些人则采取了不同立场。正统廊下派就是一个相关例子。例如,根据塞涅卡,德谟克利特的格言只是指那些"琐事",而不是指一般意义上的公共活动(ad supervacua scilicet referentem, 13.1)。事实上,塞涅卡的《论感觉好》中相当一部分用于论证参与公共事务的生活是值得选择的生活。㉜普鲁塔克选择一位罗马人作为题献对象,这清楚表明,对普鲁塔克的读者来说,甚至对他们中的罗马人来说,㉝塞涅卡的文本还不够,这是为什么呢? 在《论感觉好》第三节中,普鲁塔克参与了一场辩论,反对"那些相信某种特定的生活可以远离痛苦的人,有些人相信是农夫的生活,其他人相信是单身汉的生活,还有人相信是国王的生活"(τοὺς μὲν γὰρ ἀφωρισμένως ἕνα βίον ἄλυπον νομίζοντας, ὡς ἔνιοι τὸν τῶν γεωργῶν ἢ τὸν τῶν ἠϊθέων ἢ τῶν βασιλέων, 466A)。普鲁塔克是否知晓塞涅卡的《论平静》,㉞他是不是特别反对这部著作,这些都不清楚,㉟但他的确反对下述观念:某一种生活方式(比较 ἕνα βίον, 466A)可以自动导向感

㉛ 关于这里普鲁塔克对德谟克利特的解释,参 Dumortier 与 Defradas (1975)页300,Tsekourakis(1983)页101与注66。

㉜ 塞涅卡《论平静》4.1–6.8。比较 Gill(1994)页4619。

㉝ 拉丁人的希腊知识似乎比希腊人的罗马知识更有限。比较 Balsdon(1979)页123–136,以及 Rochette(1997),特别是页163–164。

㉞ 关于普鲁塔克的拉丁知识,参 De Rosalia(1991),Strobach(1997)页33–46,以及 Geiger(2002)。虽然普鲁塔克在他的《伽尔巴传》20.1.1与《论制怒》461F提到塞涅卡,但没有迹象表明他读过这位前辈的著作。

㉟ 有几位诗人似乎也已经以枚举衬托(priamel)的方式阐述这一观念。贺拉斯的第一《讽刺诗》及他的第一《颂诗》是著名的例子。关于更多例子与更多文献,参 Schmid(1964),Nisbet 与 Hubbard(1975)页1–3,以及 Race(1982)。亦比较"谁是最幸福的人"(τίς εὐσεβέστατος)这一更普遍的、更著名的问题,关于该问题,参 Joly(1956)页17。

觉良好,其他生活方式则不能:

> [92]正如那些在大海上受恐惧和晕船之苦的人认为,要是他们从一艘小船转移到大船上,然后再转移到军舰上,他们就会更舒服。但因为他们总是带着怨恨与怯懦,他们这样做都徒劳无功。因此,从一种生活方式转变为另一种生活方式并不能解除灵魂的痛苦与悲伤——也就是,缺乏经验、不理性、缺乏能力和知识去好好利用给定的环境条件。这些缺陷在富人与穷人身上同样地引起骚动,这些缺陷既折磨已婚者,也折磨未婚者。正因为如此,人们从公共生活中逃离却仍然无法保持平静;正因为如此,他们在宫廷中寻求晋升,但一旦达到目标,又会感到低落……理性,一旦产生,将带来对每一种生活方式的开放与适应。(《论感觉好》,466C–D)

不开心时,有些人试图通过选择不同的社会位置或不同的生活方式来解决他们的难题。然而,根据普鲁塔克,这种改变并不能给他们带来任何缓解。如果说这一段的开头包含一个否定性的论断,那么在结尾则呈现了一个肯定性的观点:每一种生活(ἕκαστον βίον)都有使人感觉良好的潜在可能。因此,与此前关于该主题的作品相反,普鲁塔克的《论感觉好》并没有引导读者趋向某种生活方式而不趋向其他生活方式;㊱一个人是否心满意足并不依赖于他的社会

㊱ 名词εὐδαιμονία[幸福]引人注目的缺席似乎与此相一致,正如应当选择何种生活方式这一问题在讨论古典伦理学的这一重要语词中曾发挥了相当重要的作用。例参亚里士多德《尼各马可伦理学》1.5。亦比较 Joly(1956)页12–18,以及 Annas(1993)页365–366。另一方面,这个词的缺席可能是另一条线索,指出这不是一部高等哲学的著作。比较 Morgan(2007)页199–200、333。

角色或地位,而是依赖于理性($\lambda o\gamma\iota\sigma\mu\acute{o}\varsigma$ versus $\dot{\alpha}\lambda o\gamma\iota\sigma\tau\acute{\iota}\alpha$)与"利用好给定的环境条件的能力与知识"(比较 $\mu\grave{\eta}\ \delta\acute{v}\nu\alpha\sigma\vartheta\alpha\iota\ \mu\eta\delta$' [93] $\dot{\epsilon}\pi\acute{\iota}\sigma\tau\alpha\sigma\vartheta\alpha\iota\ \chi\varrho\tilde{\eta}\sigma\vartheta\alpha\iota\ \tau o\tilde{\iota}\varsigma\ \pi\alpha\varrho o\tilde{v}\sigma\iota\nu\ \dot{o}\varrho\vartheta\tilde{\omega}\varsigma$)。接下来的例子显示,普鲁塔克倡导的态度无可逃避地与哲学联系在一起。有三位哲人,虽然人人都认为他们所处的境况更糟,但比起显然更受命运眷顾的另外三个人,他们似乎过得更加快乐:克拉特斯为他的钱夹和斗篷而幸福,亚历山大却因为还没有征服整个世界而哭泣;第欧根尼并不在意被卖为奴隶,而阿伽门农的王权带给他的只有麻烦;苏格拉底很享受狱中与朋友们的哲学探讨,法厄同却因为没被允许驾驶他父亲的双轮马车而伤心。㉟ 因此,普鲁塔克的读者不应当去改变他们的社会地位或角色,而应当获得一种更哲学的态度。这一观点在文本稍后一点的地方再次出现:

> 因此,让我们洁净自身内部那使我们感觉良好的源泉,以便我们把外部环境看作熟悉的、友好的去就近,且不带任何的不安,从而把外部的环境转变成我们的益处……因为柏拉图把生活比作一场骰子游戏,在游戏中,我们既应当掷出好的数字,也要在掷完之后利用好掷出来的数字。尽管我们无法控制掷的结果,但如果我们明智的话,无论命运给予我们什么,以合适的方式接受它是我们的职责,也就是说,给每样东西分配一个位置,在那个位置上,适合于我们的东西将发挥最大的用处,而如果我们不希望的事情发生,也将带来最小的危害。(《论感觉好》,467A – B)

㉟ 关于这些成对例证可能的讽刺文的起源,参 Tsekourakis(1983)页94 – 95。

通过第一人称复数的劝告(ἐκκαθαίρωμεν),这一段第一次明确鼓励读者采取行动。即将带来的变化是一种内在的改变,这种内在改变将导致对外界事件的不同反应。[94]对这一行动步骤的解释是通过把人生比作骰子游戏给出的。以前的文学作品也曾运用过骰子游戏,这里普鲁塔克明确参考的是柏拉图的运用。在《王制》卷十关于诗的讨论中,苏格拉底提出下述观点:诗是坏的,因为它描写人们如何情绪化地应对发生在他们身上的一切。相反,苏格拉底建议,"仔细考虑(βουλεύεσθαι)发生在我们身上的一切,并且就像在骰子的掷落中一样(ἐν πτώσει κύβων),根据出现的数字决定我们的事务的运动,依照理性(ὁ λόγος)指示的方式将是最好的"(《王制》604c-d,Shorey 译本,1935,页 455)。在柏拉图这里,骰子的意象是为了强调,比起情绪化反应,他更偏爱理性反应。普鲁塔克将我们能控制的与我们不能控制的对立,嫁接到理性反应与非理性反应的对立上面:我们无法逃离人的境况(比较οὐκ ἐφ' ἡμῖν),但我们应当利用好(比较ἡμέτερον ἔργον ἐστίν)发生在我们身上的一切。虽然什么取决于我们、什么不取决于我们,这之间的区分已由亚里士多德描述过,㊳但普鲁塔克在这一段中对该区分的运用让人想起廊下派哲学,正如爱比克泰德作品中的骰子意象也附加了同样的信息(比较ἐμὸν ἔργον,《论说文集》2.5.3)。然而与爱比克泰德相反——对他来说,一个人身上无论发生了什么都无关紧要(比较ἀδιάφοροι,《论说文集》2.5.3)——普鲁塔克的观点不是要使人摆脱他的愿望和快

㊳ 例如《尼各马可伦理学》1114b-1115a。比较 Hankinson(1999),特别是页 531-534。

乐,而是要让每件事物都变成他的益处。㊴ [95]对于像帕西乌斯这样的人来说,比起将每一桩灾难都看作无关紧要之事,这种观点当然更容易接受,也更容易接近。考虑到其他读者同他的相似,他们很可能也发现普鲁塔克的论证同样有感染力。在这一段的末尾,普鲁塔克甚至更进一步,主动利用了读者的荣誉感(比较 ἂν εὖ φρονῶμεν),将坏事物的良好运用归于明智之士。在接下来的那句话中,他提出,对外界环境反应糟糕的人缺乏"关于他们应当如何生活(ἀνοήτους περὶ τὸν βίον)的技能(ἀτέχνους)和理智(sense)",而"明智的人"(οἱ δὲ φρόνιμοι)则能利用好各种环境条件。在其他段落中,㊵普鲁塔克将帕西乌斯包括在例示或至少激励良好行为的联系格的(sociative)第一人称复数中,以此邀请他"加入好人行列"。在其他地方,㊶帕西乌斯则被认为可能还不属于他想属于的类别。第二章已陈明,所有这些联系格都是修辞策略,以图使读者更加热切

㊴ 注意同爱比克泰德《论说文集》1.17 的区别,在那里他建议"尽量好地组织那些在我们权力范围内的事物,至于其他的事物,则接受(χρῆσθαι)其到来":爱比克泰德联系消极之事所用的动词(χρῆσθαι)很少像普鲁塔克那样着重于正面、有利的结果,普鲁塔克则强调正面结果,他用了 χρῆσθαι καλῶς συμφέρηται[利用来好好地安排],以及 ὠφελήσει[有助于]。塞涅卡(《论平静》11.3)甚至比爱比克泰德走得更远,他用下列词语提出一个人应当放弃命运一朝赐予他的财富:"为了我占有的和拥有的而感谢你。我利用了你的礼物,但付出了巨大的代价(magna... mercede):然而考虑到你命令我做的事情,我归还它们,并感激地、自愿地声明放弃它们。"另一方面,普鲁塔克的建议与欧里庇得斯比较一致,欧里庇得斯《希波吕托斯》718 行引用骰子意象(ὄνασθαι πρὸς τὰ νῦν πεπτωκότα),目的是为了强调即使是坏事也能够用来发挥好的作用。然而,通过参考柏拉图而不是欧里庇得斯,普鲁塔克使我们注意在他自己的著作《论感觉好》中所采纳的柏拉图式的观点以及一般意义上理性与哲学的作用。

㊵ 例如 467A、468F、469A、469E、470A、471A 以及 476E。

㊶ 例如,这就是在 468B、468E、469A、469F、471A 以及 472F 处的情况。

地改变他的态度。下面,我们将要看一看读者事实上需要做什么。

第二节 普鲁塔克关于感觉良好的哲学建议

在上一部分,我们已经看到普鲁塔克如何小心地使他的感觉良好的方法——适应于帕西乌斯这样的人的需求——与以前那些哲人的方法相分离:与以前那些哲人相反,普鲁塔克没有告诉他的读者要过哪一种生活、不要过哪一种生活。相反,他暗示哲学将引起一种内在改变,这种改变将允许读者过他自己选择的生活,同时充分利用外界事件。然而,甚至在普鲁塔克进入与感觉良好(第2－5节)的竞争性方法的讨论之前,他就已经非常清楚地提出[96]这一计划(第1节)。确实,尽管帕西乌斯在世人眼中非常成功,但他没有忘记衣服或珠宝并不能保护人免受痛苦与疾病;普鲁塔克祝贺帕西乌斯还记得这些,然后解释了为什么浮华与外界环境不能为感觉良好提供稳固的基础,以及反过来,什么东西能够提供这样的基础:

> 如果说财富、名声或在宫廷中的影响这些东西,其存在对其拥有者来说并非总让人愉快,而当其消失后,人对这些东西的渴望又总是接踵而至,那它们怎么能有助于灵魂的平静或不受烦扰的生活呢?如果不是通过理性,人还能够通过什么其他方式确保这一点呢?理性经受训练,是为了在灵魂的情绪性或非理性部分突破界限时——这经常发生——迅速将其控制住,不允许它因眼下的境况惊惶失措,或被环境打击得一蹶不振……明智的人应当在情绪产生之前就为自己提供帮助应对这些情绪的论证,以便让这些论证更有效率,因为是提前就已

经准备好了的……当灵魂中的情绪狂野暴躁的时候,要使其平复不是一件容易的事,除非手头就有熟悉的、习惯的论证来控制其激动。(《论感觉好》,465A – B)

我们在本章前面以及第一章中看到,财富、名声和社会资本,都是普鲁塔克实践伦理学的读者们——包括《论感觉好》的题献对象——生活的重要成分。[97]严格说来,普鲁塔克并没有谴责这些外在属性,但他确实暗示这些不足以让人感觉良好:如果一个人想享用他的好运并且感觉良好,他就必须学习用理性来控制他的情绪。㊷ 这显然是一个长期的任务:长时间的训练㊸将确保一个人随时可以有合理的论证来平息他的情绪。然而,这一学习过程的目标并非要像廊下派或伊壁鸠鲁主义哲人做的那样,使读者认识到财富、名声以及重要人士的友谊最终都是无关紧要之事或只是基于空虚的信念;毋宁说,是要帮助读者在拥有外在优势时不过于兴奋,在缺乏或失去这些时也不一蹶不振,从而可以最大限度地利用这些。换言之,读者必须学习理性地而不是情绪化地应对发生在他身上的好事或坏事。通过这种方式,他将获得对自己生活的主动控制(比较 *ἐπιλαμβάνεσθαι ταχὺ καὶ μὴ περιορᾶν*),而不是被所发生的任何事情任意摆布(比较 *ἀπορρέον, καταφερόμενον*)。

㊷ 在《论感觉好》其他地方,普鲁塔克确实强调说,如果加以很好利用,外在的优势也是可喜悦的。例参 469F – 470A。

㊸ 比较 465B（*εἰθισμένος καὶ μεμελετηκώς, ἐπιμελεῖσθαι*）、466D（*λόγος...ἐγγενόμενος*）、467C（*ἀσκεῖν καὶ μελετᾶν*）、468E（*ἐθισθείς*）、475B（*ἐθιζόμεθα καὶ μανθάνομεν*）、476D（*μελετᾶν καὶ δύνασθαι*）。就普鲁塔克强调理性是为了在情绪产生之前的准备论证(*πρὸ τῶν παθῶν... ἐκ πολλοῦ παρεσκευασμένοι* 465B)而言,同帕西乌斯相比,普鲁塔克的建议至少同样适用于其他读者,而对帕西乌斯来说,这建议在某种意义上已经太迟了(比较下文页 102 与注 71)。

与这一初步计划一致,在鼓励读者为达到感觉良好而采取行动之后(467A),普鲁塔克用两节篇幅建议读者如何对外部事件作出反应(第6-7节)。首先,读者应当学习对坏事作出正面的回应(比较 τοῦτ' οὖν δεῖ πρῶτον ἀσκεῖν καὶ μελετᾶν, 467C)。普鲁塔克给出的第一个例子,可能也是他全部作品中最令人难忘的例子之一:如果一个人想用石头砸狗,却击中了他的岳母,[44]他应该说:"这样也不坏(οὐδ' οὕτως…κακῶς, 467C)"。在直接对读者发言之前,接下来的文本是第欧根尼和芝诺的著名例子,他们[98]在受到伤害之后都转向了哲学:

> 那么,是什么阻止我们模仿这样的人呢?你曾经努力谋求一官半职却没有成功?那么你将能够生活在乡下,照管你自己的事务。或者,你曾经追求一位重要人士的友谊却遭到拒绝?那么你的生活将远离危险与烦扰。或者再说一次:你曾经身陷那些占据了你的全部时间并导致悲伤的事情吗?那么,与一定权力相结合的名声与荣耀将使"劳作令人愉快、辛劳也变得甜蜜"。相反,不幸与耻辱是不是因为诽谤或嫉妒才出现在你面前?那么,风的吹动都将利于你朝向缪斯和学园的方向,正如当柏拉图在追求狄奥尼修斯的友谊的过程中遇到风暴天气时风对他做的一样。(《论感觉好》,467D-E)

根据这一段落,读者应当模仿(μιμεῖσθαι)过去那些著名的榜样。第二章曾指出,模仿对普鲁塔克来说是一种重要的教学手段,在他

---

[44] 关于岳母的喜剧原型及普鲁塔克对这一原型的运用,参 Hawley (1999)页121。

的《列传》与实践伦理学著作中都是如此。在本例中,普鲁塔克明确提出,读者们能够如何应用第欧根尼与芝诺的例子。但在这个特别的实例中,他的做法非常重要:读者们模仿第欧根尼与芝诺,不是要转向哲学生活,而是要学会把坏事转变为正面的机会。虽然所举的例子描绘了哲人,但它是要应用于普鲁塔克实践伦理学著作的读者们所过的生活。对于像帕西乌斯这样充满抱负、过着积极生活的人来说,没得到想要的职务,无法与某位重要人士建立友谊,被耗时的活动完全占据,这些一定是他们很熟悉的失落和挫折。成为指控或讽刺的对象,没有孩子,陷入穷困、摊上一个堕落的妻子或女儿,来自朋友、家人、上司与敌人的诽谤、愤怒、忌妒、邪恶或妒羡,这些也同样为他们所熟悉。[99] 普鲁塔克指出,面对这样的事件,许多人作出非常情绪化的反应:愤怒、痛苦、忌妒、恐惧、迷茫、悔恨,甚至眼泪。㊵ 考虑到感觉良好同平静($γαλήνη$,476A 与 477A)、沉着($εὐδία$,477A)以及安适($ἑαστώνη$,477D)等概念联系在一起,它们显然是所列那些情绪的对立面,而理性对情绪的控制就成了感觉良好的关键。因此,感觉良好就是处理好(比较 $εὐ$-)的情绪(比较 -$θυμία$)——尽管我们在这一小节的后面将看到,还不止于此。就此而言,这也可以看作普鲁塔克不同的灵魂治疗性努力的总和,《论感觉好》是一部统类性(generic)著作,不仅《论制怒》、《论好奇》、《论饶舌》、《论不令人讨厌的自我称赞》、《论温顺》这些作品,而且像《论倾听》、《如何区分谄媚者与朋友?》、《如何从敌人那里获益?》、

㊵ 例如,愤怒:467A、468B 以及 471E;痛苦:465D、465E、466B、466C、466D、467B、467E、468C、468D、472C、472D、473B、474F、475B、476F 以及 477A;忌妒:475E;恐惧:474D、476A 以及 476D;迷茫:465C、465D、466A、466C、467B、473B、474E 以及 476C;悔恨:469D、470D、477B、477D 以及 477E;眼泪:466E、469D 以及 470C。

《论爱财》,甚至《慰妻书》或《论流放》这些作品,其重要方面都是它的具体应用。⑯

考虑到感觉良好在普鲁塔克实践伦理学中的中心地位,下面这一点将不再令人意外:在批驳对事件的情绪化反应的两节的最后,普鲁塔克将感觉糟糕的原因追溯到自爱($\varphi\iota\lambda\alpha\upsilon\tau\acute{\iota}\alpha$,468E)。因此,《论感觉好》相当大的篇幅都在谈自爱与其对立物——自知(第 8 - 19 节)。术语$\varphi\iota\lambda\alpha\upsilon\tau\acute{\iota}\alpha$在 471D 强调性地再次出现,在那里自爱被说成"使人在每件事上都渴望成为第一和胜利者,同时不知足地从事每一件事情"($\varphi\iota\lambda\omicron\pi\rho\acute{\omega}\tau\omicron\upsilon\varsigma\ \pi\omicron\iota\omicron\tilde{\upsilon}\sigma\alpha\ \kappa\alpha\grave{\iota}\ \varphi\iota\lambda\omicron\nu\acute{\iota}\kappa\omicron\upsilon\varsigma\ \dot{\epsilon}\nu\ \pi\tilde{\alpha}\sigma\iota\ \kappa\alpha\grave{\iota}\ \pi\acute{\alpha}\nu\tau\omega\nu$ [100] $\dot{\epsilon}\pi\iota\delta\rho\alpha\tau\tau\omicron\mu\acute{\epsilon}\nu\omicron\upsilon\varsigma\ \dot{\alpha}\pi\lambda\acute{\eta}\sigma\tau\omega\varsigma$,471D)。⑰ 这两个方面:成为第一的愿望与从事每一件事情的愿望,在文本中,尤其分别在第 10 - 11 节与第 12 - 13 节受到关注。

成为第一的愿望当然是十足的社会抱负:那是想要比别人更好的愿望。许多人确实有一种强烈倾向:不去考虑他们自己与他们的优势,而是把自己与他人进行(不利的)比较。由此,普鲁塔克主张将焦点从想要别人拥有的东西,转变为满足于自己已拥有的东西:

> 确实,这对于感觉良好来说也是非常有益的:首先且首要

---

⑯ 普鲁塔克在《论感觉好》476B 说,他刚刚陈明的普遍性原则适用于诸如疾病、不幸的情境或流放等这样一些坏事,"正如致力讨论这些题目的论文所显示的那样"($\dot{\omega}\varsigma\ \dot{o}\ \kappa\alpha\vartheta'\ \ddot{\epsilon}\kappa\alpha\sigma\tau\omicron\nu\ \dot{\alpha}\pi\omicron\delta\epsilon\acute{\iota}\kappa\nu\upsilon\sigma\iota\ \lambda\acute{o}\gamma\omicron\varsigma$,476D),此时他可能正在指后面这些作品甚至甚至是最后两篇论文。《论感觉好》与其他许多实践伦理学著作相关的特殊地位也能够——至少是部分地——解释将《论感觉好》与其他那些著作联系起来的大量句群,由此证实了 Van der Stockt 对笔记—陈述与普鲁塔克工作方法的解释。

⑰ 关于$\varphi\iota\lambda\omicron\pi\rho\omega\tau\acute{\iota}\alpha$[爱—第一],参 Schmitz(1997)页 98 注 4;关于$\varphi\iota\lambda\omicron\nu\iota\kappa\acute{\iota}\alpha$[爱—争斗],参 Frazier(1996)页 101 - 110 及页 132 - 133。

地是全神贯注于自己和自己的事务,或者看看那些情况更糟糕的人,而不是像大多数人做的那样,拿自己与情况更好的人进行比较。例如,牢犯说自由人幸福,自由人说生而自由者(free-born)幸福,生而自由者说公民幸福,公民又说富人幸福,富人说总督幸福,总督说国王幸福,国王说神幸福……希俄斯、加拉提亚或比西尼亚的人要是在同胞公民中没有某种名声、权力,他就会不开心,因为没穿上贵族靴而哭泣。㊽ 要是他真的穿上贵族靴,就会因为没能在罗马掌握军权而哭泣;[101]要是他真的掌握了军权,就会因为他还不是执政官而哭泣;要是他成了执政官,则会因为被宣布是第二执政官、不是第一执政官而哭泣。(《论感觉好》,470A－C)

在一种前文字(avant la lettre)的社会学分析中,普鲁塔克观察到人们想要成为社会—经济水平上刚好比自己高的人——这是从与参照群体进行比较而来的相对缺乏(relative deprivation)的一个范本:㊾囚徒们想要自由,自由人想要成为生而自由者,生而自由者想要成为公民,依次类推。为什么许多人会感觉糟糕,其原因可以在他们的社会抱负中找到:与其他人比较,没有人会满足于他自己、

㊽ 希腊语词汇 πατρίκιος 用于翻译拉丁语 patricius calceus——一种特别的半长靴,它是元老院成员的专用服装。自早期帝国以来,皇家赞助逐渐推动越来越多富有的、受人尊敬的外省居民——特别是来自巴埃提卡(Baetica)与纳尔旁高卢(Gallia Narbonensis)的居民,后来是来自北非与东方行省的居民——进入元老院。比较 Hammond(1957),Syme(1958)页1－23,Eck(1970),Halfman(1979),特别是页16－81,Saller(1982),特别是页147－204,Talbert(1984)页29－38,Swain(1996)页170以及 Schmitz(1997)页25注51。

㊾ 关于这些概念,参第一章注44。

他的名望和权力(δόξαν ἢ δύναμιν)。(50) 如果普鲁塔克给出的第一张清单——从囚徒到国王——还相当普遍的话,第二张清单——从地方政治到罗马执政权——则提供了针对当时政治情境的具体应用:在普鲁塔克的时代,希腊人——尤其是东方希腊人,不再局限于地方政治生涯(比较ἐν τοῖς ἑαυτοῦ πολίταις),而向往罗马帝国内部的军事或政治生涯(比较Ῥωμαίων)。(51) 在其他地方,普鲁塔克曾从政治视角谴责这一做法;(52)然而在这里,他则强调这样做对个人的有害后果:如果其他人得到了他自己没能得到的地位,他就会感到不幸。因此,普鲁塔克建议读者应当要么把自己与那些社会地位不如自己的人比较(第10节),要么想一想社会地位优于他的那些人较不如意的方面(第11节)。普鲁塔克强调,这两种解决方法都指向同样的结果:读者将会意识到与其他人比起来,在其他人眼中他自己还算好运(ζηλωτὸν εἶναι μᾶλλον ἢ ζηλοῦν ἑτέρους,470E)。普鲁塔克并没有贬低名望与权力的重要性,也没有打消读者想要超过其他人的愿望,而是利用其读者的特权社会地位,也利用[102]读者赋予这一地位的重要意义,以使读者改变立场,转向一种更哲学的态度,这种态度将使其感觉良好:普鲁塔克提出,一种更哲学的态度——其中包括对自爱的意识——将比读者的当前行为更能让人心满意足。

---

(50) 关于在帝国社会中这两个概念之间的内在关联,参 Lendon(1997),页30-106,特别是页52-73。

(51) 关于这一段落,参 Jones(1971)页116与注50,Russell(1973)页9,Swain(1996)页169-171,Stadter(2002c)页124-125,以及 Bowie(2002)页52与注49。关于希腊人逐渐进入罗马元老院,参上文注49。

(52) 比较《政治准则》814D。在《德摩斯梯尼传》序言中,普鲁塔克将他自己描述为生活在一个小城中,并经深思熟虑后选择待在那里,“它就不会变得更小了”(ἡμεῖς δὲ μικρὰν οἰκοῦντες πόλιν, καὶ ἵνα μὴ μικροτέρα γένηται φιλοχωροῦντες,《德摩斯梯尼传》2.2)。

普鲁塔克在《论感觉好》中强调的自爱的第二个方面是参与每一件事情的愿望。然而，他解释了这是不可能的。首先，参与每一件事情的愿望是不会餍足的（比较 $ἀπλήστως$），因此严格而言永远不会实现。但更重要的是，有些愿望完全相互排斥：

> 确实，根据它们真正的性质（nature），有些追求是无法共存的：毋宁说，它们相互对立。例如，进行修辞术训练与致力于学习的前提条件是从事务中解脱且有闲暇，而如果不受束缚，不付出努力，政治权力与同君王的友谊就不会到来……持续的努力和关注钱财可以增加一个人的财富，但对钱财的忽略与蔑视却是走向哲学的重要一步。因此，不是所有的追求都属于每一个人。毋宁说，一个人应当遵从皮提亚的铭文，认识他自己，然后投身于适合他的天性的那桩事情：人不应当暴力地对待自然——拉着自己一会儿模仿一种生活方式，一会又模仿另一种。（《论感觉好》，472C）

在这一段中，修辞术与学习的前提条件同政治生活、社会生活的前提条件恰恰相反，财富的前提条件也与哲学的前提条件相反。帕西乌斯仿佛体现了这一陈述的正确性：他提出的从普鲁塔克那里寻求建议的问题证明，成为一名演说家同时又追求重要人士的友谊，拥有财富的同时又对哲学感兴趣，都会导致难题。帕西乌斯面临难题的一个重要原因是他的不同兴趣将他拉向不同的方向。根据[103]普鲁塔克，重要的是作出一个（$ἕν$）选择，然后坚持那个选择。相似的建议也能在爱比克泰德的《论说文集》3.15.8–13 中找到，在那里，不同追求之间的不可兼容性同样引向这一结论：人应当只做一个人（$ἕνα…ἄνθρωπον$）。然而，这两位哲人得出的结论完全不同。

爱比克泰德向读者提出这样的选择:要么成为一位哲人($\varphi\iota\lambda o\sigma\acute{o}\varphi o\upsilon$ $\sigma\tau\acute{\alpha}\sigma\iota\nu$),得到"恬静、自由与平静"[53]($\dot{\alpha}\pi\acute{\alpha}\vartheta\epsilon\iota\alpha\nu,\dot{\epsilon}\lambda\epsilon\upsilon\vartheta\epsilon\rho\acute{\iota}\alpha\nu,\dot{\alpha}\tau\alpha\rho\alpha\xi\acute{\iota}\alpha\nu$),要么成为别种人,像收税人、演说家或官员等,但放弃哲学生活的好处。根据爱比克泰德,感觉良好是那些选择哲学生活的人的特权。普鲁塔克则没有通过任何方式告诉他的读者应当作何种选择:他应当选择适合其天性的生活方式(比较 $\ddot{o}$ $\pi\acute{\epsilon}\varphi\upsilon\kappa\epsilon$)。我们看到,在前面的文本中,普鲁塔克已经强调,感觉良好在每一种生活方式中都是可能的,在《论感觉好》全篇中他也反复强调,所有的生活方式都有其优点与不足。[54]

当然,发现哪一种生活方式适合一个人的本性意味着完全的自知(比较 $\alpha\dot{\upsilon}\tau\grave{o}\nu$ $\kappa\alpha\tau\alpha\mu\alpha\vartheta\epsilon\tilde{\iota}\nu$)。确实,如 Christopher Gill 强调的那样,感觉良好暗示了灵魂的自我意识的一种基本形式:它'预先假定了某种反身(reflexive)观念,也就是说,关于我们所说的自我的观念,当然也预先假定了某种反身实践'。[55] 在普鲁塔克的文本中,有三个方面特别重要。首先,人应当对自己持有全面的观点(第 8 – 9 与 14 – 15 节)。人应当集中注意他的好运,而不是聚焦于坏运气或好运的缺乏或丧失。一个人应当认识到,从共时性的(synchronic)视角看,在任何特定的时间点上他都还有许多有利条件。对那些看不到多少有利条件的人而言——[104]有些人会说:"我们有什么好

---

[53] 译文采自 Long(2002)页 108 – 109,那里也讨论了这个段落。

[54] 普鲁塔克将行动与闲暇并列起来,以强调二者都能(或都不能)导致良好感觉的获得。清楚的例子参 467D – E、469E、472B – C、472F 以及 473C – D。因此,Joly(1956)页 10 – 11 批评 Grilli(1953)将 $\varepsilon\dot{\upsilon}\vartheta\upsilon\mu\acute{\iota}\alpha$[宁静]与理论生活混淆起来,这一批评是正确的。

[55] Gill(1994)页 4628,亦参页 4624 – 4631。关于希腊文学中自我的"客观参与者"(objective – participant)观念,参 Gill(1996)。

东西呢?"(469D)——普鲁塔克列举的好处包括:健康、房子、名声、朋友,以及选择一个人在社会中的角色与职业的自由。他也建议了一种精神练习:他提议,一个人应当想像这些好处都没有了,并且提醒自己健康对病人来说多么珍贵,朋友与名声对异乡人来说有多么珍贵,诸如此类($\varphi\alpha\nu\tau\alpha\sigma\acute{\iota}\alpha\nu\ \lambda\alpha\mu\beta\acute{\alpha}\nu\omega\mu\varepsilon\nu,\ \acute{\alpha}\nu\alpha\mu\iota\mu\nu\acute{\eta}\sigma\kappa o\nu\tau\alpha\varsigma\ \alpha\acute{\upsilon}\tau o\grave{\upsilon}\varsigma\ \pi o\lambda\lambda\acute{\alpha}\kappa\iota\varsigma$,469E)。另一方面,从历时性(diachronic)的视角看,人应当看一看他的整个人生以及它在过去、现在与未来包含的所有好东西。普鲁塔克支持一种能够使人像享受现在一样对待过去和未来的态度,而不是忘记过去或对过去感觉糟糕以及恐惧未来,从而没有能力享受现在。㊱ 在采自艺术领域的几个意象中,普鲁塔克概括了他关于全面自我观的整体看法:人应当把生活中的好因素与坏因素混合起来,如同音乐家混合低音与高音、语法家混合辅音与元音那样,使我们生活中好的方面胜过坏的方面,正如在一幅画中亮色要胜过暗色(473F)。由此,Gill 所描述的"对我们自己生活的准审美态度",在普鲁塔克的《论感觉好》中获得了一种特殊的地位。

如果说这一态度能追溯到对感觉良好的德谟克利特—伊壁鸠鲁的理解进路,那么,在《论感觉好》中提到的自我意识的第二个方面,则显示出同廊下派思想的更多相似之处,至少初看如此(第16－18节)。普鲁塔克在文本的这一部分向读者们建议的第一种练

㊱ 一个关键段落是473C－D,在那里普鲁塔克提出,我们应当将过去、现在与未来的线"编织"起来,以便形成统一的自我感觉。关于这一段的哲学含义,参 Sen(1995)与 Sorabji(2000)页 231－232。亦比较塞涅卡在《论人生之短暂》10.5 的评论。另一方面,道德进步的观念则引起了某种不连续感(sense of discontinuity),正如普鲁塔克本人在他的《论制怒》开篇 452F－453B 处借苏拉之口清楚表明的那样。关于"不连续的自我"(discontinuous selves),参 Sorabji(2000)页 246－248;关于帝国时期自我概念的连续性与不连续性之间的张力,参 Trapp(2007)页 117－119。

习是模仿阿纳克萨戈拉,即在命运的打击来临之前就预想到它。就像阿纳克萨戈拉面对他儿子的死时说,他知道他儿子必有一死,人也应当知道他的财富并不牢靠,[105]他的领导地位可能会受到挑战,或者——《论感觉好》中另一个厌恶女人的玩笑?——他的妻子是……一位女人。㊄ 对未来坏事的预先设想是廊下派灵魂治疗的传统要素,如许多评注者注意到的那样,阿纳克萨戈拉的格言,普鲁塔克很可能取自帕奈提乌斯的《论感觉好》。然而,为了表明所有这些为什么有用,普鲁塔克参考了(怀疑论)学园派的卡涅阿德斯(大约公元前 214 – 129 年),㊇后者强调,我们常常悲伤是因为我们没有预料到($τὸ\ ἀπροσδόκητον$,474F)坏事会发生。然而,考虑到人的境况,坏事发生时人其实不应当感觉惊讶:

> "'哎呀!'——'你哎呀是什么意思?这就是人类的命运。'"确实,当灵魂被打倒或跌倒的时候,没有什么能像下面的论证那样有效地限制灵魂的非理性部分:让我们想一想我们共同的身体需要——人通过他的肉身与这需要绑在一起——这是他提供给命运的唯一控制他的地方,同时他在最重要、最伟大的部分上仍然是安全的。(《论感觉好》,475C)

作为人,受苦势必是我们的命运。因此,预料到那些坏事当然更好,因为那将使坏事不再那么令人惊讶。然后,普鲁塔克建议,没有什么比使人记起人自身构造的论证更有用:只有人的最低等的、

㊄ 参 Van der Stockt 与 Van Meirvenne(即将出版)著作的标题:"'我的妻子是女人'——普鲁塔克论意外"。

㊇ 474E。注意卡尼阿德斯的名字在 477B 再次出现,因此,这名字仿佛构成了《论感觉好》这一部分的框架——暗示出普鲁塔克的柏拉图主义。

肉体的部分会遭受命运的打击,他最好的部分是安全的。普鲁塔克主张,人应当认识到受苦甚至死亡只针对人的身体。如前一部分末尾表明的,这一思想路线为廊下派哲学所熟悉。例如,爱比克泰德的第一部《论说文集》讨论了什么取决于我们、什么不取决于我们,并且主张没有什么东西是我们应当害怕的——鉴于我们无法在前者的领域受到伤害。[106]然而,普鲁塔克的观点是以更柏拉图式的术语表达的。⑤ 例如,比爱比克泰德更进一步,普鲁塔克强调,身体是人的一个部分——虽然被承认是一个微不足道的部分,但依然是一个部分(比较 μικρὸν μέρος τοῦ ἀνθρώπου, 475D)。⑥ 与此一致,普鲁塔克也将更多的受苦当作现实来接受。因此,在谈到自然的受苦与想像的受苦之间的传统对立时(φύσει versus δόξῃ, 475B),普鲁塔克在前一个类别中列举了疾病、不幸境遇以及朋友和孩子的死亡——而爱比克泰德至多称这些为"不为人所喜的无关紧要之事"(non‑preferable indifferents)——从而又一次在认可读者的前哲学价值观上比其他哲人走得更远。

最后,《论感觉好》中自我意识的第三个方面将此前的两个方面结合起来:人在过去良好行为的记忆中感到喜悦(第 19 节)需要两个前提,一是对人之构造的洞见,二是对自己的生活采取全面视

---

⑤ 文本简要涉及了普鲁塔克关于灵魂的基本观点:人由身体和灵魂组成,灵魂比身体更重要,灵魂有一个理性部分与一个感性部分,前者应当控制后者。关于普鲁塔克在灵魂问题上的柏拉图式观念,参 Pinnoy(1967),Babut(1969)页 2 - 43,以及 Gill(2006)页 229 - 238。普鲁塔克本人在他的《论道德德性》中以最理论性的术语处理了这一论题。

⑥ 例如可对比爱比克泰德《论说文集》1.1.12。关于爱比克泰德在这一方面的准二元论(quasi‑dualism),参 Gill(2006)页 96 - 100。

角来看待。[61] 普鲁塔克说,为了感觉良好,下面这一点非常重要:尽管认识到人无法摆脱恶,一个人还是能够决定自己不做任何恶行。这样,人就可以避免悔恨——所有痛苦中最糟糕的:尽管理性提供了良好应对所有其他恶的基础,但悔恨本身就是由理性引起的,不能被理性治愈(476F)。因此,戒绝恶的行为和意图会对感觉良好做出最大贡献:

> [107]昂贵的房舍、充裕的金钱、显赫的家世、巨大的权力以及言谈的优雅或雄辩,这些都不如摆脱了坏的行为和意图的灵魂那样,能提供生活的平静和良好感觉,这样的灵魂拥有一种不受打扰的、未被损害的品性作为生活的源泉。从这一源泉涌流出好的行为,包括充满灵感与快乐的活动、活动中的自豪以及比希望更甜美、更稳固的记忆——根据品达,希望将支撑人的老年。(《论感觉好》,477A – B)

这一段开头又一次明确指向普鲁塔克的精英读者的世界。它使我们回忆起上文讨论过的开篇场景,在那里,普鲁塔克声称盛大的仪式不足以产生好的感觉。在文本开头反驳过多行动将导致感觉糟糕这一观念时,普鲁塔克也提出,行为的数量不如行为的质量重要。这一观念也是刚才所引段落的核心。因此,文本绕了一圈后回到原位,然后,普鲁塔克进行了概括。对于为什么好的行为对感觉良好如此重要的解释,确实使我们回想起前面讨论的某些核心观念。在句子末尾,普鲁塔克谈到甜美的记忆(μνήμην),从而再一次

---

[61] 就此而言,这部作品将德谟克利特—伊壁鸠鲁主义与廊下派的材料结合起来,然而,起最后决定作用的仍是学园派。

强调历时性的全面自我观的重要性。此前,他强调好的行为将导致自豪($μέγα\ φρονεῖν$)这一观念。普鲁塔克又一次利用了读者的荣誉感:他没有向读者提供这样的选择——要么实现社会抱负、要么感觉良好,相反,他的建议宣称要同时做到这两点。最后,做出好的行为的第一个好结果是"充满灵感和快乐的活动"($ἐνέργειαν\ ἐνθουσιώδη\ καὶ\ ἱλαράν$)。对活动的强调证实了《论感觉好》开头普鲁塔克的建议,他在那里建议有抱负之士不应当放弃他们的活动。然而,加在它前面的形容词指向前方而不是背后:这些形容词使读者对著作的庄严终曲做好准备,在终曲中,神圣的灵感与快乐确实是重要的要素。

文本最后一节的中心是一个比喻,将生活㉒比作最终的、神秘的入教仪式($τὸν\ βίον\ μύησιν\ ὄντα\ καὶ\ τελετὴν$ [108] $τελειοτάτην$, 477D),世界是圣坛($ἱερόν$, 477C),太阳、月亮、星星、水、土地、植物与动物是在神秘祭礼中显露的东西($τὰ\ δεικνύμενα$,这里比较 $θεατής$, 477C)。这一意象传达出两个重要信息。第一个是明确得出的结论——生活应当充满欢乐($γήθους$, 477D):人不应当只是等待宗教庆典给自己带来欢乐和放松。通过延续这一宗教比喻,感觉良好被比作好的宗教态度,感觉糟糕则显得同迷信显著地相似。例如,感觉糟糕的人与迷信的人都害怕死亡,并对他们身上所发生的一切都作不好的解释;他说迷信的人即使在节日里也没有能力享受生活。普鲁塔克这里说,对好人来说,每一天都是节日。㉓ 因此,感觉良好所包含的

㉒ 这是不同寻常的,因为这里提出的入教仪式与生有关,而不是像过去那样,常与死亡或灵魂去往来世的旅程有关。比较柏拉图《斐多》81C,普鲁塔克《慰妻书》611D-E,卢奇安《下到冥府》22,奥里根《驳斥塞尔苏斯》4.10 与 8.48,以及普罗提诺《九章集》1.6.6。

㉓ 害怕死亡:《论迷信》第 4 节;更坏的解释:《论迷信》第 6 节;没有能力享受节日:《论迷信》第 9 节。而且,我们能够注意到,迷信与感觉糟糕都与烦

不仅是没有痛苦和苦难,《论感觉好》也不仅是灵魂治疗法的简单相加:⑭感觉良好意味着快乐的活动,就此而言,它成了关于人应如何生活的总概念。⑮ 第二点与哲学的作用相关。神秘的入教仪式经常被普鲁塔克和其他古代哲人用作哲学自身的隐喻,哲人被[109]描绘成秘法家(mystagogue)。⑯ 然而,在《论感觉好》中,普鲁塔克明确说神是我们的秘法家(ὁ θεὸς ἡμῖν ἑορτὰς χορηγεῖ καὶ μυσταγωγεῖ, 477D)。不过他依然强调了(柏拉图式)哲学的重要性。一开始,太阳、月亮以及人能够在生活中沉思的其他事物都是"神圣心灵展示给我们的可理解事物的可见影像"这一观念,被明确归于柏拉图(477C)。它使哲人认识到生活就是进入神的造物的入教仪式。普鲁塔克提出,与此相似,为了从这一观念中得出正确的结论,许多人

扰(ταρακτικόν,《论迷信》167B 与《论感觉好》465D、466C 与 473B)明确联系在一起,且错误的意见(δόξα)在二者之中都起着作用(比较《论迷信》165B、165C、165F、167B、169F、170D、170F 与 171E 以及《论感觉好》474B)。关于普鲁塔克作品中神秘祭礼与迷信之间的关联,参 Van Nuffelen(2007)。

⑭ 比较 Gréard(1866)页 183,他把普鲁塔克《论感觉好》中的格言称为"一切规条的加冕礼"。Trapp(2007)页 88 指出,《论感觉好》超越了其他论情绪控制的普鲁塔克作品,因为它"集中关注灵魂的状态——情绪是它的障碍——而不是关注情绪本身"。

⑮ 比较欢乐(τὸ χαῖρον,477B;与γῆθος,477D),玩笑(παίζειν,466E),欢笑(γελᾶν,466E),欣喜(εὐφραίνειν,468C 与 474C;以及χαίρειν,470A),享有乐趣(ἀπολαύειν,470A)。Barrow(1967)页 108–109 坚持认为感觉良好中的"欢乐"因素是普鲁塔克的讨论中所特有的。关于伴随着向内转而来的欢乐,亦比较福柯(1984b)页 91:"一个最终做到真正亲近他自己,那他就是他本人所喜欢的对象。不仅仅是说他满足于自己的样子或接受自己的限度,而且意味着他讨他本人的喜欢。"

⑯ 比较 Humbel(1994),Roskam(2001),以及 Pérez Jiménez 与 Casadesús Bordoy(合编)(2001)中的其他论文。

都将需要一位哲人。确实,虽然神愿意引导这一入教仪式,许多人却拒绝在这一节日中尽情欢乐:

> 他们自己不想从任何地方为自己提供任何休息或安逸;相反,即使当其他人规劝他们这样做时他们也不接受任何建议,这些建议将帮助他们毫无怨怼地承受当下发生的一切,珍惜过去的记忆,积极展望未来,摆脱恐惧或猜疑,并怀着欢乐、闪光的希望。(《论感觉好》,477F)

《论感觉好》的最后一句话强烈谴责一些人不仅拒绝看到生活必然提供给他们的好处,而且拒绝接受敦促他们这样做的人的建议。换句话说,如果一个人不能独立地使自己感觉良好,他就应当接受这方面的指导。暗含的信息是,那些发现自己很难感觉良好的人应当留意普鲁塔克在《论感觉好》中给出的建议。他们若这样做,就能够处理当下发生在他们身上的任何事情,就会对他们过去的记忆感到快乐,并且怀着希望、没有恐惧地期待未来。普鲁塔克以这一积极的评论结尾,而不是以消极的、批评性的评论[110]结尾,从而实践了他自己的建议——让善胜过恶。

第三节 普鲁塔克、帕西乌斯及读者

正如我们刚刚看到,普鲁塔克《论感觉好》的最后一句话包含对读者的强烈鼓励,鼓励读者留意普鲁塔克关于感觉良好的建议。虽然以积极的评论结尾,但这一鼓励首先以一种责备的形式表达出来,责备那些尽管并非感觉良好却不接受别人指导的人。与这些人

相反,帕西乌斯成为其他读者应当如何接受普鲁塔克建议的正面典范。因此,值得更仔细地考察普鲁塔克对帕西乌斯及其问题的呈现:

> 我刚刚收到你的信,在信中你恳求我就感觉良好及需要仔细解释的《蒂迈欧》中的元素问题为你写下一些东西。然而,这同时发生了一件事情,使得我们的朋友爱若斯(Eros)迅速坐船去了罗马:他收到一封来自方达努斯——那位伟人——的信,信中催促他赶紧动身去,这对他而言也并不奇怪。因此,我没有时间像我所愿的那样,把自己奉献给你的愿望。但我也不忍让你看到从这里出发到达你那里的人两手空空,因此,我从我碰巧为自己做的笔记中搜集了一些论感觉好的文字。因为我想你请求得到这篇论说文,不是为了听到一篇追求言辞华美的著作,而是为了实践的用处。(《论感觉好》,464E)

传统上对这一段落的分析将普鲁塔克提及帕西乌斯的问题解释成帕西乌斯的荣幸,[111]以及普鲁塔克在表现谦虚。另一方面,普鲁塔克重复帕西乌斯的问题,使读者想起他写下其回答的境遇,这一事实则被理解成古代书信的惯用写法,不仅维持了一封"真正的"书信的印象,在本例中,如我们已经看到的,也使我们对普鲁塔克的写作方法有所认识。虽然所有这些都对,但我想,开篇这一场景还有更多含义。因此,在本章剩余部分,我将集中关注三个相互关联的要素,即帕西乌斯与普鲁塔克的文学表现,这两个人物之间的权力关系,以及对《蒂迈欧》的提及,由此来分析开篇场景对《论感觉好》及其读者的重要意义。

在《论感觉好》的开篇,普鲁塔克将自己介绍为[67]被人恳求给出哲学性的建议,并基于他已有的关于该论题的笔记写下回答。鉴于帕西乌斯居住在罗马,读者应想像普鲁塔克自己是在家中——喀罗尼亚——写下这封信的。[68] 由此,希腊的平静与罗马的拥挤繁忙形成对立:普鲁塔克自述他在希腊可以阅读,可以在想起来的时候做笔记,[69]能够在任何需要的时候利用这些笔记;而在罗马,帕西乌斯正需要关于感觉良好的建议,[70]方达努斯则被描写成一位有权势的大人物,一分钟也不容浪费。[71] 这里看起来似乎有一系列对立关系:普鲁塔克与帕西乌斯、希腊与罗马、[112]平静与匆忙、哲学与权力,以及,至少就文本此处而言,感觉良好与感觉糟糕。乍一看,文

---

[67] 普鲁塔克确实以他自己的名字开始了《论感觉好》这篇著作:Πλούταρχος Πακκίῳ εὖ πράττειν[普鲁塔克向帕西乌斯问好],464E。

[68] 普鲁塔克没有明确说他在哪里,但帕西乌斯的信"被带给"他(ἐκομισάμην,464E),以及他能够很容易地求助于他碰巧为自己所作的笔记,这些事实都提示普鲁塔克是在家乡,即在喀罗尼亚。

[69] 注意 ἐτύγχανον 的添加(464E,"碰巧"),这似乎表明普鲁塔克不是有目的地或在匆忙之中作笔记,而是想起来才作。

[70] 恕我与 Gréard(1866)页 190 以及 Abel(1987)页 129 的观点不同,我认为普鲁塔克清楚地将帕西乌斯描写成一位感觉不好的人。比较开篇处帕西乌斯的问题(464E),普鲁塔克的暗示,即帕西乌斯请求得到一些论感觉好的文字是为了要有实践的用处(465A),以及普鲁塔克明确提及帕西乌斯正面临的难题(468B)。

[71] 形容词 κράτιστος——我把它翻译为"伟大的"——用来表明一般性的卓越(LSJ, s. v. 2),但就其词源来说总带有权力的含义(LSJ, s. v. 2)。虽然我不想走得太远,以至于认为这一形容词是指方达努斯的执政官资格,由此把公元 107 年定为普鲁塔克《论感觉好》的时间起点(terminus ante quem),但我同意 Jones(1966,页 62),认为这里指的是公共生活中的权力,正如我们在上文中看到的,几行之后指的是帕西乌斯。关于方达努斯,参 Groag(1932)页 1820 - 1826, Ziegler(1951)页 691,以及 Puech(1992)页 4861。

本似乎暗示感觉良好是那些像普鲁塔克一样把时间花在希腊哲学上的人的特权。这一印象被帕西乌斯向普鲁塔克提出的问题所证实:帕西乌斯从罗马给普鲁塔克发了一封信,信中请求普鲁塔克就感觉良好与《蒂迈欧》写一些东西。可见,帕西乌斯是在希腊以及在哲学中寻求其难题的解答,并将普鲁塔克视为典范。就感觉良好而言,普鲁塔克当然体现了每一位读者热切向往的理想。在这一问题上,他说明他为自己作了关于感觉良好的笔记(比较 ἀνελεξάμην περὶ εὐθυμίας ἐκ τῶν ὑπομνημάτων ὧν ἐμαυτῷ πεποιημένος ἐντύγχανον)⑫——这份笔记对他具有实践用途(比较 καί σέ),从而强调了他的专业知识。另一方面,帕西乌斯是读者的实际(real)典范,因为普鲁塔克实践伦理学的读者在帕西乌斯身上比在普鲁塔克身上更可能认出他们自己,至少就社会—经济地位和活动而言是这样。然而,普鲁塔克所描绘的帕西乌斯——一个与他的读者们非常相似的人——欣赏他关于感觉良好的建议,因此变成了引导读者要如何跟随普鲁塔克的理想典范。

乍一看,普鲁塔克对帕西乌斯的问题和他回答问题的情境的叙述,证实了上文简略勾勒的对立联系:帕西乌斯显然拥有强烈要求(παρεκάλεις)普鲁塔克写东西的权力,而比起普鲁塔克,方达努斯显然在他们共同的朋友爱若斯⑬及爱若斯的旅行计划上拥有更大的权力(比较 μήτε...ὡς προῃρούμην)。虽然打着友谊的旗号,但普鲁塔克的哲学输出似乎只是在服从他更有权势的罗马朋友的命令。然

---

⑫ 注意与《列传》的对比,在那里普鲁塔克说他开始写作时是为了他人,但最后是为了他自己的乐趣(《埃米利乌斯传》1.1)。

⑬ 关于爱若斯,参 Puech(1992)页 4847。关于古代书信写作技巧与原则的实例,参 Koskenniemi(1956), Thraede(1970), Stirewalt(1993), Zelzer(1997)页 328 - 332, Miles(2000)页 40 - 41,以及 Rosenmeyer(2001)页 19 - 24。

而，在《论感觉好》中，普鲁塔克完全颠覆了这些权力关系。例如，在第一句中，他已经暗示他[113]最好拒绝帕西乌斯的请求，但他对帕西乌斯心存怜悯，因此决定作出答复："我不忍让你看到从这里出发到达你那里的人（也就是爱若斯）双手空空"。帕西乌斯的命运似乎掌握在普鲁塔克手中：尽管有那些世俗权力关系，但从《论感觉好》开篇，普鲁塔克就显得是更强大的人物——问题可能来自罗马，然而罗马的问题要依靠希腊得到回答。在文本的末尾，普鲁塔克通过再一次使用动词"请求（to urge）"明确说明这种替代性的权力关系：《论感觉好》的开头暗示帕西乌斯认为他能够"请求"普鲁塔克为他写下一些东西，现在则是普鲁塔克"请求"（παρακαλούντων，477F）读者阅读其文本。

《论感觉好》中最富力量的行动之一是普鲁塔克的陈述，帕西乌斯要求的不仅是关于感觉良好的一些文字，还有"关于《蒂迈欧》中需要相当仔细解释的那些要素"的文字。一开始被请求（或把自己描绘成被请求）解释关于《蒂迈欧》的问题，便将他定位为哲学领域公认的权威。这一点被下述事实所强化：普鲁塔克特别提到"《蒂迈欧》中需要相当仔细解释的那些要素"。由此，《论感觉好》开篇提及《蒂迈欧》，就将普鲁塔克呈现为一位技术性哲学领域的专家。普鲁塔克虽然在《论感觉好》的末尾插入了对《蒂迈欧》的清晰引用，从而证实了他关于《蒂迈欧》的知识，[74]但他没有依从帕西乌斯的请求写下一些论《蒂迈欧》的文字。[75] 既然他不打算费力去

---

[74] 《论感觉好》477C 提到《蒂迈欧》92c。比较 Helmbold（1929）页 239 注 b，Paton、Pohlenz 与 Sieveking（1939）页 219，以及 Dumortier 与 Defradas（1975）页 128 注 1。

[75] 对通信者的要求不作回应确实是一个强烈的声明。比较 Lendon（1997）页 50 - 51。在本例中可能还有更多的含义，因为普鲁塔克事实上写过

讨论这问题,为什么还选择提到它呢?⑯ 我认为这里有三个原因。首先,帕西乌斯的请求与普鲁塔克的拒绝又一次证实了《论感觉好》中建立的[114]权力关系:普鲁塔克是做决定的人,而不是帕西乌斯。其次,普鲁塔克拒绝同帕西乌斯讨论《蒂迈欧》这一事实划了一条清楚的线:帕西乌斯需要的是实践性的帮助(比较 χρείας βοηθητικῆς),而不是关于造物主(Demiurge)和宇宙(Cosmos)的复杂讨论。换句话说,帕西乌斯一类人要坚持普鲁塔克《论感觉好》中提供的那种实践哲学,而不是冒险进行像柏拉图《蒂迈欧》中那样的大宇宙理论的研究。因此,如果说帕西乌斯向普鲁塔克请求关于《蒂迈欧》的一些文字,并认为这样的哲学研究将提供对感觉糟糕的解决方法,那么,普鲁塔克则把他重新引向希腊哲学的一种定义明确的形式,也就是普鲁塔克自己的实践伦理学。⑰ 普鲁塔克划下这条界线的事实不应当引起惊奇:我们已经看到,普鲁塔克后来在文本中明确说,不仅财富与哲学或从事研究与享有权贵友谊的前提条件互相排斥,像帕西乌斯这样的有抱负之士如果采取一种不同的生活方式,也将会感觉更糟而不是更好。《论感觉好》的读者们不

一部名为《论〈蒂迈欧〉中灵魂的产生》的著作,但将此书题献给了自己的儿子,即奥托布鲁斯与普鲁塔克。

⑯ 无论《论感觉好》是否首先作为一封"真正的"书信被寄给帕西乌斯,下面的论点都正确:在这两种情况下,关键都在于普鲁塔克提到了帕西乌斯的要求但没有遵从。

⑰ 与此相似,普鲁塔克没有提到那些哲人的名字——那些哲人关于感觉良好与行动之间关系的观点正是他要反驳的(比较上文页 89)——这可能是为了表明帕西乌斯不应当使自己卷入错综复杂的哲学论争,而应当在更具有实践面向的作品,如普鲁塔克的《论感觉好》中寻找帮助。普鲁塔克不具体说明这些哲人的名字,从而暗示帕西乌斯从谁那里得到这些观念并不重要:重要的是,他要摆脱它们。

会变成哲人:普鲁塔克不想把"帕西乌斯们(Paccii)"打造成"普鲁塔克们(Ploutarkhoi)"。因此,开篇场景中的对立联系证明既是暂时性的,也是不可逾越的:与读者可能想的相反,感觉良好并非排他性地与普鲁塔克—希腊—哲学一极联系在一起,相反,如果读者想感觉良好,他们不需要来希腊⑱并采纳普鲁塔克安静的生活方式——献身于哲学。普鲁塔克明确说明,帕西乌斯是要学习感觉良好,而不是教别人这样做:"确实,不要认为改正那些错误是你的工作,顺便说一下,这也不是一桩容易的工作。"⑲这位普鲁塔克——哲人,是在通过与读者保持距离来保卫他自己的工作吗?[115]这位普鲁塔克是在强调实践哲学需要的才能不比理论哲学少吗?从头读完普鲁塔克文本的哲人,对后一种说法可能有特别的共鸣。对这些(以及其他)读者而言,普鲁塔克《论感觉好》开头对柏拉图《蒂迈欧》的提及,最后还可能有另一个作用:从一开始就使人注意到著作的柏拉图式倾向。确实,尽管有不可否认的帕奈提乌斯、廊下派或德谟克利特—伊壁鸠鲁主义的影响,⑳但普鲁塔克的文本仍将自身呈现为完全柏拉图式的,展示了灵魂的二元论概念,贯彻了柏拉图主义一脉的传统主题,提及柏拉图的名字不下六次。㉑ 就此而言,普鲁塔克是一位先驱:虽说感觉良好这一论题已由德谟克利特从一方面、帕奈提乌斯与塞涅卡从另一方面进行了处理,但普鲁塔

---

⑱ 普鲁塔克确实给在罗马的帕西乌斯寄去了一份答复,而没有叫他为了学习如何感觉良好来到希腊和他待在一起。

⑲ τὸ μὲν οὖν ἀπειϑύνειν ταῦτα μὴ νόμιζε σὸν ἔργον εἶναι μηδ' ἄλλως ῥᾴδιον, 468C。

⑳ 比较 Gill(1994)页 4624 – 4631。亦比较上文注 6。

㉑ 提及柏拉图的名字:467A、467E、471E、472D、474E 以及 477C。

克是从柏拉图式观点处理该论题的第一人。㊷ 因此,在他的《论感觉好》中,普鲁塔克参与了同竞争观点的辩论。更特别的是,他提出其他哲人的教诲不适合他所考虑的有抱负、有权力的目标读者。通过描绘自己正在被一位并非无足轻重的、活跃的罗马人请求提供这种柏拉图式的哲学,普鲁塔克将他自己及他必须提供的实践哲学呈现为当下的选择、那些拥有权威之人的权威。

㊷ 比较 Abel(1987),但亦参 Shields(1948—1949)页 33,非常一般性的论述;以及 Van der Stockt 与 Van Meirvenne(即将出版):"就算是对帕奈提乌斯的阅读引出了普鲁塔克的反思,但从一开始,也就是在他的笔记中,他就像一名柏拉图主义者那样思考。"

第五章 《论流放》

[116]流放,即暂时或永久地离开一个或多个地方,在古代是常见现象:它是对杀人到政治阴谋等多种罪行的惩罚,可以由政府强加给人,也可以是人为了避免更坏(的命运)而自愿接受,流放或涉及个人或涉及群体。流放常常牵涉到那些具有相当地位和权力的人。雅典将军地米斯托克利(Themistocles)于公元前470年被流放,罗马政治家马凯鲁斯(M. Claudius Marcellus)在庞培与凯撒发生内战时不得不退隐到迈蒂勒尼,这些都是政治与军事领域广为人知的例子。然而同今天一样,流放也会打击文化领域有影响的人士。如果拉什迪(Salman Rushdie)与索尔仁尼琴(Alexander Solzhenitsyn)作为当代的例子被记起,那么罗马时期对哲人的流放则是古来最为人熟知的例子。①

鉴于这种普遍性,流放在古典文献中显得很突出就并不令人惊讶。② 荷马史诗就提到流放,抒情诗人呈现了关于该主题的诗歌反

---

① 对古代流放问题的一般性研究:Mommsen(1899)页68-73、964-980,Balogh(1943),Grasmück(1978),Seibert(1979),以及Roisman(1984)。亦参Gaertner所编论文集(2007)中的文章。关于当代文学中的流放,参Whitmarsh(2001b)页137注17,Russi所编论文集(2006)中的文章,Gaertner(2007)页1,及其中更多的参考文献。关于针对哲人的一般性禁令,参Whitmarsh(2001b)页134注5中提供的文献目录。

② 关于论流放的古代文学研究,参Doblhofer(1987),特别是页21-49,Claassen(1999),以及Gaertner所编论文集(2007)中的文章。

思,悲剧也探索了这一题材,如忒拜系列(Theban Cycle)神话。许多史学家、演说家和哲人都在他们的著作中简短讨论过这一题材。然而,对我眼下的目标而言,最重要的方面[117]是流放文学发展为安慰文学(consolation)的一个亚类(subgenre)。③ 从公元前三世纪的犬儒派哲人德勒斯开始,我们现在有德勒斯、穆索尼乌斯、普鲁塔克、狄翁以及法沃里努斯关于该主题的希腊文本,以及奥维德和塞涅卡的拉丁文本。④ 这些作品都使用了大量的惯用语句,已有人做了关于这些惯用语句的详尽索引。晚近以来,学者们开始承认所有这些作品都有其各自的特征,详加考察,正是这些区别产生了值得注意的结果。⑤ 除了 Jan Felix Gaertner 编辑的论文集——这些论文

---

③ 关于古代安慰文学,参 Albert(1879),Buresch(1886),Boyer(1887),以及 Kassel(1958);关于普鲁塔克的安慰文学作品,参 Aguilár(1990),主要关注了《慰妻书》与《慰阿波罗尼乌斯书》,Gannata Fera(1991),以及 Grilli(2000)。

④ 德勒斯与穆索尼乌斯的作品都在斯托拜乌斯的《牧歌》3.40 中流传下来,而法沃里努斯的《论流放》则幸存于莎草卷 P. Vat. 11。除了以上列出的作者之外,在西塞罗的作品及卡西乌斯·狄奥 38.18-29 中也有重要的论流放的段落。关于西塞罗,参 Doblhofer(1987)页 73-75 以及 Glaassen(1999)中的相关章节;关于卡西乌斯·狄奥,参 Glaassen(1999b)页 30-31。

⑤ 流放作品的详细列举见于 Caballero 与 Viansino(1995)页 16-17。Haessler(1935)页 35-36 列举了德勒斯、塞涅卡、穆索尼乌斯、金嘴狄翁、普鲁塔克与法沃里努斯的平行比较;Doblhofer(1987,特别是页 41-49)则列出了德勒斯、西塞罗、塞涅卡、穆索尼乌斯、金嘴狄翁、普鲁塔克、法沃里努斯以及卡西乌斯·狄奥之间的平行比较。亦参 Giesecke(1891)。每篇单独著作的特征在 Degl' Innocenti Pierini(1996)、Claassen(1996a、1996b 与 1999)、Whitmarsh(2001a 与 2001b)页 133-180 以及 Gaertner 所编论文集(2007)中受到更多的关注,Nesselrath(2007)概括了德勒斯、普鲁塔克以及法沃里努斯的流放作品的特征。另一方面,Tsekourakis(1983)页 117-134 考察了抨击文学(diatribic literature)的影响,他反对 Seidel(1906)页 65 的看法,认为虽然某些因素会使人联想到辱骂抨击,但《论流放》并不是普鲁塔克抨击色彩最浓的篇章。

构成了对古代流放文学很好的全面研究(一个值得注意的例外是穆索尼乌斯)——最重要的研究来自 Tim Whitmarsh。⑥ 在对穆索尼乌斯、狄翁以及法沃里努斯作品中该主题的令人振奋的分析中,他说明了"流放如何不单纯是一种帝国镇压工具,也被其牺牲者们(并且,毫无疑问,也被其他人)化用为一种修辞资源,通过这种资源,个人主体能够清楚地表达他们自己的哲学立场"。⑦

尽管在年代顺序上很接近,但普鲁塔克的《论流放》没有包括在 Whitmarsh 的分析之中。普鲁塔克的文本的确[118]与穆索尼乌斯、狄翁以及法沃里努斯的作品相当不同。大约四十年前,Adelmo Barigazzi 使人们注意到普鲁塔克《论流放》的独一无二之处:强调政治对心灵宁静的干扰作用。⑧ Whitmarsh 自己还指出了两个更进一步的区别:普鲁塔克没有把自己写成一位被流放者,此外他的文本特征在于有更多形而上的关怀。⑨ 最后,Jan Opsomer 则考察了《论流放》中的世界公民观念(cosmopolitan ideas),并且主张普鲁塔克在通常与犬儒派或廊下派相联系的思想序列中引入柏拉图式观念,从而煞费苦心地"改变了一种文类的历史"。⑩ 在下面的篇幅中,我将更仔细地考察将普鲁塔克的《论流放》与关于该主题的其他作品区分开来的这些特征以及其他特征。我们从中将会看到,尽管关于流放已经有了若干处理,普鲁塔克仍在构思写作另一部文本。

---

⑥ 参 Gaertner 编(2007),Whitmarsh(2001a 与 2001b)页 133-180。
⑦ Whitmarsh(2001b)页 135。
⑧ 参 Barigazzi(1966)。
⑨ 比较 Whitmarsh(2001a)页 270 注 8 与(2001b)页 137 注 12。
⑩ Opsomer(2002)页 290。

第一节 流放与政治

普鲁塔克以何种建议有益于受伤害者的普遍性反思而开始了他的著作《论流放》。直到第二节才引入著作的真正主题,在此节中,普鲁塔克提到"流放、耻辱以及丧失职位"(φυγὰς δὲ καὶ ἀδοξίας καὶ τιμῶν ἀποβολάς,599D),作为遭受痛苦的例子。⑪ 因此,从最初的引入开始,普鲁塔克就将流放与政治上被排斥以及相伴随的荣誉丧失紧密联系在一起。我们在本章接下来将看到,通过对政治生活价值的反复讨论,以及展示流放并不耻辱的长篇论证,这一视角在文本各处得以保持。这一同其他作者的对立非常显著。例如,塞涅卡的《对赫尔维娅的安慰》首先与首要关注的是[119]流放所意味的地点迁移(第6-9节),⑫然后是随之而来的贫困(第10-12节),只是在最后(也最简短)才关注由他的惩罚而来的贬黜(第13节)。政治并没有进入图景之中,塞涅卡对贬黜的安慰在于,首先,流放并不必然带来耻辱,其次,即使带来耻辱,明智的人也不会因此而更不幸福。穆索尼乌斯的《论流放》在这一方面非常相似,主张流放并非始终会导致耻辱,而且即使如此,也不会影响真正重要的东西(τῶς γε ἀληθῶς ἀγαθῶν οὐ στερίσκει,fr. 9 Hense[1905a],页50行9)。

---

⑪ τιμή这个词既能在一般意义上指"敬重、荣誉"(LSJ,s. v. 1),也能更具体地指"职衔、职务、职位"(LSJ,s. v. 3)。我选择后一种译法,因为前者已在ἀδοξία中得到暗示,也因为普鲁塔克将ἀρχαί、公共职务作为τιμῶν ἀποβολάς的对立面而提及。

⑫ 比较 Lotito(2001)页86-90,他认为,塞涅卡的《对赫尔维娅的安慰》的目标是尽可能地把流放还原成地点的变更。

政治又一次未在讨论之列。在法沃里努斯的《论流放》中，政治上被排斥是与耻辱一起讨论的，然而同时还有财富的丧失（第19－27节），这仅构成了流放对大多数人来说难于接受的四个原因中的第三个，其他原因包括丧失母邦（第7－14节）、对朋友和家人的思念（第15－18节）以及缺少自由（第28节及其后）。法沃里努斯的回答主张职位和荣誉都只是来自神的暂时借贷，如果神要求的话，我们应当高兴地归还，而神最大的礼物——美德与理性是无法拿走的（节21.5－22.3）。我们在普鲁塔克与这些作者之间能够看出如下两个主要差别。

首先，从政治中被排斥在普鲁塔克的文本中地位相对突出得多：[13]其他作者至多将其作为流亡者要面对的一系列难题之一进行简略讨论，但普鲁塔克认为被排斥在政治之外从一开始就是流亡者痛苦的主要原因。而且，与塞涅卡相比，普鲁塔克的"不名誉"概念更加紧密地与被排斥在政治之外联系起来：塞涅卡更多关注由流放判决造成的耻辱，普鲁塔克则谈到担任公共职位的人要付出的荣誉丧失。从普鲁塔克最初把不名誉（dishonour, ἀδοξία）等同于丧失职位（τιμῶν ἀποβολάς），以及从他将这些描述为"花环、公共职位以及前排特权"（στεφάνους καὶ ἀρχὰς καὶ προεδρίας, 599D）的对立面，都可以清楚地看出这一点。

[120] 第二个主要区别与对不名誉以及从政治中被排斥的评价有关。塞涅卡、穆索尼乌斯以及法沃里努斯所提供的可称为典型的哲学性安慰：他们认为荣誉的丧失或从政治中被排斥并没有太糟糕，因为荣誉和政治在终极意义上并不重要。真正重要的是德性，缺乏政治荣誉并不会损害德性，正如它们存在时也不会增进德性。

---

[13] 已比较 Barigazzi(1966)，页257。

这些作者的回答强调了他们从社会价值观的疏离,并证实了他们的哲学人格:用 Whitmarsh 的话来说,流放获得了一种隐喻性的角色,作者们"不仅在地理意义上迁到了别的地方,而且在概念上也与正常社会的规范和习俗相分离"。⑭ 但普鲁塔克的《论流放》完全不同。从一开始,普鲁塔克就没有谈到他自己的流放,⑮ 而是对一位流放的朋友给出建议。普鲁塔克没有说出他的谈话者的名字,然而,重复的第二人称单数叙述,⑯ 以及明确和隐含的提及,创造出一位富有、出身高贵且受过良好教育的来自萨迪斯的普鲁塔克朋友的画像。⑰ 因此,与《论感觉好》类似,《论流放》也是献给罗马帝国精英阶层中的一员的。虽然没有讨论此人流放的原因,但他从萨迪斯被流放这一事实强烈暗示他以前在他的城邦政治中十分活跃。因此,与塞涅卡、穆索尼乌斯以及法沃里努斯相反,普鲁塔克的文本处理的是一位政治家的流放,而不是一位哲人的流放。这能够解释他对政治的强调——将政治作为他提供建议的起点。在德勒斯的作品中,同样的起点也清晰可辨,通过回答作为流放结果的政治影响

⑭ Whitmarsh(2001b)页 145。

⑮ 恕我与 Seibert(1979)页 276 处意思不同,他在此处说道:"他(普鲁塔克)在流放时期获得了必要的安宁与闲暇,从而得以完成他的著作",混淆了普鲁塔克自己的境况与他的题献对象的境况。关于普鲁塔克本人是否曾牵涉进流放的问题(由于他与某些人士的友谊),参 Flacelière(1963)页 43,Jones(1971)页 24-25,以及 Stadter(1999b)页 ix。另一方面,Grasmück(1978)尽管只用了不超过三页的篇幅来讨论普鲁塔克的《论流放》,却强调了由于作者与流放者的不同身份而导致的普鲁塔克的特殊位置。

⑯ 参 600A、600B、600E、601B、602D、603F、604B 以及 607B。

⑰ 富有:600A、601F、602C、602F 以及 603F;出身良好:605D;受过良好教育:604D;朋友:599A、599B、600B、600C 以及 604B;萨迪斯人:600A、601B、604B 以及 607E。关于这一起源地可能具有的含义,参 Carrière 与 Cuvigny(1984)页 31-33。

丧失的两个问题,德勒斯开始了他[121]对流放的处理。⑱ 拒绝流放的第一个理由是流放者"没有职位(οὐκ ἄρχουσιν),不被权重者信任,也不能享受言论自由"(残篇 3,Hense[1969]页 15,行 16)。德勒斯的回答列举了三个当代人的例子(καθ' ἡμᾶς,残篇 3,Hense[1969]页 16,行 6),他们从城邦中被流放,但随后在多个希腊法庭上获得政治影响。⑲ 理论上,罗马帝国提供了相似的可能性,特别是对那些拥有罗马公民权的人来说。鉴于普鲁塔克的卓越以及同罗马人的多次交往,他在《论流放》中描写的人物确实很可能拥有双重公民权。⑳ 人从自己的城邦中被流放常常不影响罗马公民权,罗马公民权主要与地位及财产有关,公民权也主要在地方范围行使:人出生的城邦往往是人扮演政治角色、在集会上演说或担任职务的地方。因此,即使是对一个像普鲁塔克的朋友那样的人来说,从家乡被流放也意味着他的[地方]政治生涯的终结。㉑ 普鲁塔克

---

⑱ 虽然德勒斯的《论流放》是通过斯托拜乌斯流传下来的——由某位名叫西奥多鲁斯删节的版本,但其原始结构似乎保存完好。比较 Nesselrath(2007)页 88-91。

⑲ 所列举的例子是:来自意大利的 Lycinus,他在贡那塔斯(Antigonus Gonatas)手下担任驻军指挥官;希波墨冬(Hippomedon)在公元前 241 年(自愿地?)逃离斯巴达,后来成为色雷斯总督,为托勒密服务;以及雅典的克里摩尼德斯(Chremonides)、格劳孔兄弟,他们俩在克里摩尼迪安战争(公元前 267—261 年)之后在托勒密的法庭上同样获得影响力。比较 Fuentes González(1998),页 299-307。

⑳ 比较 602C 与 604B。关于双重公民权及其具体体现,参 Sherwin-White(1973)页 291-306,特别是页 304,Millar(1977)页 477-490,以及 Balsdon(1979)页 82-96。关于因为流放而丧失公民权,参 Balsdon(1979)页 102-113。

㉑ 理论上,一个人当然可以求助于罗马皇帝来取消他的流放(比较 Rivière[2008]页 48),然而,普鲁塔克不仅反对让自己的城邦过分吸引罗马的注意(比较《政治准则》第 19 节),而且相当保守:与那些写到本人流放的作者

绝没有否认这一点,也没有建议他的朋友努力在罗马或别的地方再开创新的政治生涯,普鲁塔克认为,对他的朋友这样的人来说,从政治中被排斥是流放最难以接受的后果。对古代希腊人来说,的确怎么也不会高估被允许参与城邦[122]政治的重要性。[22] 德勒斯似乎也意识到他最初的回答为进一步的反对——"流放者在他们的母邦不再担任职务"（ἔν γε τῇ ἰδίᾳ οὐκ ἄρχουσιν οἱ φυγάδες, 残篇 3, Hense (1969)页 16, 行 8 - 9）——留下了空间。与塞涅卡、穆索尼乌斯以及法沃里努斯相反,普鲁塔克和德勒斯都同意下述事实:对他们的目标读者而言,从城邦政治中被排斥是流放最具挑战性的方面之一。然而,他们的回答却有霄壤之别。德勒斯的回答在他的反问中得到概括:"你是否担任职务终究有什么不同呢？"（τί δὲ καὶ διαφέρει ἄρχειν ἢ ἰδιωτεύειν; 残篇 3, Hense [1969]页 16, 行 12 - 13）。据德勒斯,人不应当因为流放让他排斥在政治之外而沮丧,原因在于政治最终是无关紧要的事物。与此相反,普鲁塔克明确说道,除非被流放,"否则抛弃一个人自己的城邦而居住在其他城邦被认为既不正派也不正当"（οὐ...καλὸν οὐδὲ δίκαιον, 602B）:[23]邦国要求一个人纳税、

相反,普鲁塔克并没有质疑这一惩罚的起诉者的权威,更不要说宣扬抵制了。比较 Grasmück(1978)页 143 - 144。这与普鲁塔克顺从罗马统治的路线相一致。比较 Jones(1971)页 118 - 120,以及 Swain(1996)页 183。

[22] 关于一般意义上政治参与在古希腊的重要性,参 Lonis(1994)各处,特别是页 291:"对一名古希腊人而言生活在城邦里就是自我感觉在共同体里具有一定的重要性。"恕我与 Caballero 观点不同,Caballero(1991,特别是页 231 -232)似乎忽视了选择一个新父邦的政治后果。

[23] 普鲁塔克强调,即使一个人的城邦籍籍无名,问题缠身,由于宗派之争和暴动而分裂,这一原则也同样适用(602B)。注意与塞涅卡的对比,塞涅卡在他的著作《论闲暇》中指出并不存在可以活跃[从政]的好国家,以此证明他选择沉思生活的正当性。

作为使节前往罗马、接待总督,并为国家服务(εἰδένεγκαι, πρέσβευσον εἰς Ῥώμην, ὑπόδεξαι τὸν ἡγεμόνα, λειτούργησον, 602C)。因此,政治活动以及人对母邦的善行绝非无足轻重,普鲁塔克把这些描述为他朋友那样的人必须履行的责任。因此,普鲁塔克的文本比其他论流放的作品更多承认政治的重要性和价值。

如此,《论流放》就与普鲁塔克的其他"政治性"作品相一致,都强调出身高贵的人应当参与城邦政治(《政治准则》798B),即使在老年也要继续这样做(《老年人是否应当担任公职》783B – 797F,特别是 785C 与 791C – D),并且不赞同那些为了追求罗马执政生涯而抛弃自己所出生的城邦的人[123](《政治准则》814D)。㉔ 不过,《论流放》中也有大量关于政治的负面评价:政治家们易受骚乱、暴动与敲诈的伤害(602B、602E、603E、603F、604B),他们须服从总督(602C、602F、604B),并且不得不完成各种任务和职责(602C、603F、602F、604B)。因此,《论流放》常常被认为仅仅是一部修辞性的篇章,甚至是一部伪造的文本,因为它同普鲁塔克在其他地方表达的观点相矛盾。㉕ 那么,这些负面评价的目的是什么?它们怎样与《论流放》其他地方以及普鲁塔克其他作品中加诸政治的重要性相关联?我们已经看到,普鲁塔克挑选出从政治中被排斥以及随之而来的荣誉丧失,作为人们在流放中所受伤害的首要来源。普鲁塔克并没有像其他哲人那样,为了安慰读者,就认为政治与荣誉不重要,

---

㉔ 在《论感觉好》470C 也可以读到对这一点的可能的暗示。参 Russell(1973)页 9。关于在古代老年人的政治参与,参 Timmer(2008)。

㉕ 比较 Hartmann(1916)页 368 – 373,Ziegler(1951)页 820,Grilli(1953)页 207,以及 Aalders(1982)页 7。Swain(1996)页 185 已经指出"《论流放》肯定了普鲁塔克在《政治准则》中表达的对待罗马的态度的关键方面"。亦比较 Caballero(1994),页 548。

但他批评了人们看待流放中政治丧失的方式：

> 那么好，请用"我不再卷入派别之争了，我没有耗尽自己的命运，我不用被束缚在总督的前厅里；谁被分配到我的省份，他是否易于发怒或者在其他方面难于相处，这些对我来说现在都不重要"这样的想法来抵消"我没有职位了，我不是议事会的一分子，我不再主持竞技了"这样的想法。然而……我们集中关注流放的一个方面，具体说来就是不名誉，而忽略不谈流放中职责、闲暇和自由的丧失。(《论流放》,604C)

与其聚焦于荣誉以及政治的积极含义——流放使这些不复存在——读者不如这样考虑，[124] 流放使他免除了政治的一些消极方面：流放终结了他的公民荣誉，但也使他免除了职责和政治的悲哀。事实上，如果正确评价的话，献身政治的积极生活包含的不仅有荣誉，也暗含困难和危险，各种各样的烦扰和要求，为了他人利益的无用活动，以及如影随形的悲哀。㉖ 普鲁塔克的其他实践伦理学著作中也能够找到同样的观念。例如，在前面讨论过的两个段落中，《论感觉好》指出，政治家或公众人物的生活充满了邀约和费心尽力（οὐκ ἄνευ πραγμάτων οὐδ' ἀσχολιῶν, 472C），相反，未能获得某个职位或某位领袖人物的友谊则使人可以退隐下来，照管他远离危险和烦恼的个人事务（467D）。在《如何区分谄媚者与朋友？》中，普鲁塔克让克拉特斯向流放中的法勒鲁姆的德米特里（Demetrius of Phalerum）指出，他应当高兴于"从危险和不安定的事务中解放出来"（69D）。甚至在《政治准则》中他也强调，在罗马帝国统治下的

㉖ 亦参 602C、602E、602F、603E、603F、604A、604B、604D、605C、606A–B。

地方搞政治并非易事:政治家们时常不得不在统治他的同胞与被罗马人统治之间寻找平衡(813E)。按照这种观点,流放可以变成一种机会,使人摆脱投身政治的积极生活所固有的忙乱和悲哀。如果说普鲁塔克强调了政治生活的消极含义,那么这是为了使人注意流放可能具有的积极作用。流放必然会给人提供的最重要的礼物是宁静($\dot{\eta}\sigma v\chi\acute{\iota}\alpha$,602E、603F、605B):

> 但最重要的是:现在你将常常能够得到其他人渴求的——宁静。在家中,当我们从公共场合退下来下跳棋的时候,马屁精和好事之徒会追踪找到我们。他们在我们的郊区庄园与园子中[125]找到我们,强把我们驱回市场和法院。然而,没有人会坐船到岛上来打扰我们,向我们问话,借东西,要我们保护他们或在选举游说中帮助他们:只有我们的亲属与亲戚中最好的那些人才会出于友谊和柔情坐船到岛上来。人若接受并学习利用闲暇,他剩余的人生将是不受侵扰的和神圣的。(《论流放》,603E–604A)

普鲁塔克从下述预设开始:平静与宁静是人们高度向往的东西。在家中,人们试图通过退居乡下来得到宁静,然而他们将会被人追逐,被强迫回到事务中。在《论流放》中,普鲁塔克确实进一步明确说,有名声和权力的人在家里也无法享受安静($\dot{\eta}\sigma v\chi\acute{\iota}\alpha v, \dot{\eta}\varsigma\ o\dot{v}$ $\pi\acute{\alpha}v v\ \mu\acute{\varepsilon}\tau\varepsilon\sigma\tau\iota v\ o\check{\iota}\kappa o\iota\ \tau o\tilde{\iota}\varsigma\ \dot{\eta}v\tau\iota v\alpha o\tilde{v}v\ \delta\acute{o}\xi\alpha v\ \ddot{\eta}\ \delta\acute{v}v\alpha\mu\iota v\ \ddot{\varepsilon}\chi o v\sigma\iota$, 605B)。[27] 因此,对像他的朋友那样的人来说,流放变成了享受他们渴望的宁静

---

[27] 在《论感觉好》中,政治家或政治人物的生活确实被说成是丧失了免于事务的自由与闲暇(472C),过其他生活的人们则能享受这种自由和闲暇。

的机会(比较 ἧς διψῶσιν ἕτεροι)。然而,条件是人要接受(βουλομένῳ)自己的处境,并且学习(μεμαθηκότι)[28]如何利用好闲暇时间(σχολάζειν)。[29]

第二节　流放与哲学

哲学就在这里进入画面。确实,贯穿文本各处,普鲁塔克都清楚地表明,处理好流放的关键要在哲学中寻找。在接近文本开篇的地方,普鲁塔克邀请读者用理性来使自己抵抗命运,[30]"通过适当地参与到哲学中去"(ἀμυνώμεθα [126] φιλοσοφοῦντες ἀξίως,600B)。[31]在文本各处,这种对哲学的强调,不仅通过许多哲人的轶事,而且也通过论证的结构加以确认:

> 因此,如果在我们身上发生了真正糟糕和痛苦的事,我们应当从存在的、留给我们的好东西中得到快乐和良好感觉,并以这些积极方面扫除那些消极方面。另一方面,对于那些就其本性而言并不是坏事,但完全由于空虚的观念而显得令人痛苦的事物,我们应当通过考察它们、仔细地用理性探究它们,来显

---

[28] 亦比较 601C、601F 以及 606D。

[29] 关于 σχολάζειν/σχολή,参 Stocks(1936),Mikkola(1958),Solmsen(1964),特别是 Demont(1990)各处,Isebaert(1992),以及注 1 中的文献书目。正如 Isebaert(1992)页 299 所指出的那样:"在 σχολή[闲暇]与 ἀσχολία[无闲暇]之间所存在的概念性张力决定了 σχολή[闲暇]这个词本身的全部历史"。

[30] 《论流放》599C、600E 以及 601F。

[31] 正如在《论感觉好》中那样,这里再次暗示哲学意味着自我省察。比较 599C。

示它们是多么脆弱、空虚和虚幻,就像我们以同样的方法教那些害怕面具的孩子一样:我们让他们走到面具跟前,把面具拿在手里并把它转过来,从而使他们变得理智。(《论流放》,600D-E)

在取自第五节开头的这一小段中,普鲁塔克区分了就其本性而言就是坏事的事件与因空虚的观念而显得坏的事件。㉜ 第四章已经说过,这种对立在古代哲学中很常见,而且一般用来论证命运的打击无法真正伤害一个人。在《论流放》的开头两节中,普鲁塔克似乎[127]采取了同样的进路。在第一节中,他建议读者省察他们的身体或灵魂是否变坏。理性($λόγου$,599C)将由此显明事实并非悲痛(比较$κενῶς$,599C)的基础。在第二节中,他邀请读者应用这一原则(比较$ἐξετάζωμεν$,599C),并且明确说,虽然自然($φύσει$,599D)使得石头是坚硬的、冰是冷的,但是我们自己的判断决定了"流放、不名誉以及职位的丧失,及与之相对的如花环、公共职位以及前排特权"是容易承受还是难以承受($τὴν ἡμετέραν κρίσιν$,599D)。㉝ 我们在上文已经看到,流放没有剥夺任何与灵魂或身体有关的善甚至外在的善,这种观念也重复出现在其他论流放的作品中。因此,在文本开头,普鲁塔克牢牢地把自己置于哲学传统之中。

然而,在接下来的几节中,从"流放是一件恐怖的事,像大多数

㉜ 关于《论感觉好》中这一对立的存在,参上文页106。另一方面,《论流放》暗示不是事实本身($πράγματα$,599C、599D 以及 599F;$φύσις$,599D、600D、600E、601B、601D 以及 602D),而是人们拥有的关于事实的观念($κρίσις$)使得($ποιεῖν$,599D、599F、600C、600D、601C、601D 以及 607A)流放成为一件坏事。

㉝ 因此,在某种意义上,这一论证提供了对读者通常思考方式的判断(conviction,$κρίσις$),正如其他作品提供了一种对读者通常行为的判断。

人在演说和歌谣中说的那样"(ἔστω δὲ δεινόν, ὥσπερ οἱ πολλοὶ λέγουσι καὶ ᾄδουσιν, ἡ φυγή,《论流放》599F)这一预设开始,普鲁塔克采取了相当不同的立场。至少普鲁塔克暂时从人们的前哲学价值观得出了他的起点,如在人们的言辞和诗歌中发现的那样。因此,他提供给人们的帮助是使他们在遭受厄运打击时仍感觉良好和快乐(比较 τὸ ἱλαρὸν καὶ τὸ εὔθυμον)。如果说这一目标使我们想到《论感觉好》,那么他引出的论证也使我们想到《论感觉好》:㉞

> [128]有许多食物尝起来苦涩、味道浓烈、令人不快,但若把它们与一些甜的、令人愉快的食物混合起来,我们就能去除它们引起的不快……同样的原则也能应用于不幸,就是把不幸与你当下境况中有用的、积极的东西混合起来:财富、朋友、摆脱了事务的自由以及不缺少生活必需品。我相信的确没有多少萨迪斯人不愿意拥有你的命运——包括被流放在内,不乐意在海外过你的生活,而宁愿像蜗牛那样没有痛苦地待在家里——绑在壳上但不能享受其他好处。(《论流放》,600A)

一开始,这一段倡导了我先前说的共时性的全面自我观:鼓励读者不仅要想到命运女神的打击,也要想到她的祝福。在普鲁塔克的朋友这样的流放者身上,祝福是双重的。一方面,普鲁塔克强调,他们能够继续享受流放前生活的许多特权:他们依然足够富有,不需要为了生计而工作,他们的朋友——很可能处于同样的社会阶层——可以拜访流放中的他们。㉟ 另一方面,读者被激励采纳所谓

㉞ Grilli(2000)页234注意到了《论流放》中的"幸福论"色彩。
㉟ 财富的延续性:601E、601F;朋友的延续性:603F、604A。注意同法沃

的全面的流放观,不仅看到流放的消极方面,也看到流放的积极后果。上一部分解释过,人不应当光是关注流放牵涉的政治排斥以及荣誉的丧失,而要看到它以使人摆脱事务的形式所提供的积极机会。这些全面的观点放在一起,将导向对流放生活整体的积极评价,也导向 Christopher Gill 说的"对我们自己生活的准审美态度"——我们在第四章中已经看到;这里则用食物作比来表达。㊱ 该段的末尾还符合《论感觉好》提倡的另一种策略,即把自己与那些不如自己富有的人进行比较。一方面,读者可能因为害怕像一只被束缚在壳上的蜗牛那样而想要接受流放。另一方面,普鲁塔克提出,像他的朋友那样的人[129]即使被流放,在其他许多人眼里也仍然值得羡慕。因此,《论流放》远没有反驳经济与社会价值的正当性,而是利用这种正当性让读者接受其提供的安慰。

然而,在第五节的中间部分,普鲁塔克回到一种更加哲学的论证,"从你认作父邦的地方被流放"被呈现为因为虚空的意见而显得痛苦的事件的例子($oĩov$,600E)。更具体地说,普鲁塔克认为没有所谓天然的父邦这种东西:

> 就像阿里斯托过去常说的那样,没有天然的父邦这种东西,就像没有天然的房屋、田地、铁匠铺、诊所那样。不,所有这些东西都是根据居住其中或使用它们的人与它们的关系而变成的,或者不如说,是被[人为]贴上标签并命名的。正如柏拉

里努斯的对比,对他来说,与朋友、亲人之间的距离以及财富的丧失是人们发现流放难以承受的四个主要原因中的两个。

㊱ 参上文,页104。《论流放》第3-4节运用的其他审美比喻包括混合亮色与阴影以及混合饮料。

图所言,人"不是一株扎根在泥土中的植物",也不是一个不能动的东西,"而是上天的造物"。苏格拉底表达得更好,他说他不是一位雅典人或希腊人,而是一位"宇宙民",就像其他人说自己是"罗德斯岛人"或"科林斯人"那样。(《论流放》,600E – F)

传统上,父邦是一个政治概念,指人自己的城邦,他在这个城邦中出生并拥有公民权,因此在政治上很活跃。然而,在这一段中,普鲁塔克将父邦重新定义为一个地理意义上的地方,他在那里生活过一段时间;决定一个人父邦的不是自然,而是习惯。㊲ 因此,人在世界上的任何地方都能够像在家一样。通过引用苏格拉底说自己是一位宇宙民的话,普鲁塔克清楚地表明,他在这里参考了通常见于犬儒派和廊下派文献中的世界公民论题。的确,从第欧根尼和芝诺开始,犬儒派和廊下派哲人已经指出,人首先和首要地是世界公民。虽然普鲁塔克在参考希俄斯的阿里斯托时认可了廊下派[130]的先驱者,㊳但 Jan Opsomer 已经说明,普鲁塔克通过描绘关于该论题的他自己的柏拉图主义的版本,而"小心地改变了一种文类的历史"。㊴ 确实,在以比较的方式使用阿里斯托的时候(比较 ὥσπερ),普鲁塔克将他重新定义的基础(比较 γάρ)坚定地置于柏拉图的形而

㊲ 比较穆索尼乌斯,《论流放》残篇 9,Hense(1905a)页 42,或法沃里努斯,《论流放》第 7 – 14 节。亦参 Whitmarsh(2001b)页 146 – 147、172 – 173。

㊳ 关于普鲁塔克《论流放》中更多的廊下派要素,参 Babut(1969)页 102 – 108。

㊴ Opsomer(2002),特别是页 289 – 290,以及 Nesselrath(2007)页 91 – 99。关于对其他作者作品中该主题的讨论,参 Schofield(1991),Moles(1996),Nussbaum(1997),Obbink(1999),Schofield(2000)页 452 – 453,以及 Dicke(2004)。

上学之中。对柏拉图及其形而上学的参考在《论流放》各处继续反复出现,其结果是世界主义论题完全不同的实现:廊下派主要以伦理学术语将宇宙城邦理解为作为理性存在的人(以及神)的共同体,普鲁塔克则选择了一种更为超验的解释,将上天(heaven)作为人真正的祖国,这意味着地上的人在终极意义上都是流放者(607D,又一次参考了柏拉图)。

为了使读者采纳这一观点,普鲁塔克运用了三个诉诸读者荣誉感的论证(第6-7节)。首先,普鲁塔克提出,从形而上学的观点看,在流放中不幸福的人显得就像蚂蚁或蜜蜂一样微不足道、缺乏理性,蚂蚁从某个蚁丘或蜂窝里被赶出来时也是不幸福的。为了避免给人造成这样的印象,人应当知道并学会(比较 οὐκ εἰδότες οὐδὲ μεμαθηκότες,601C)使每件事情都变得对他有利,并按照事物实际所是的那样看待它们。换句话说,人应当采纳普鲁塔克在第三节、第四节以及第二节、第五节中给出的建议。其次,普鲁塔克说,我们不仅嘲笑那些声称雅典的月亮比科林斯的圆的人,也要嘲笑波斯国王,他们不喝来自乔斯比河(Choaspes river)以外的水,由此把世界的其他地方都变成了没有水的沙漠。通过采纳联系格的第一人称复数(γελῶμεν,601c,καταγελῶμεν,601D),普鲁塔克让读者也进入他的思考方式,由此让读者别无选择而只能听从普鲁塔克关于流放的建议——如果他想继续笑话别人而不是被人笑话的话。最后,在第七节,普鲁塔克列举了法勒伦的德米特里厄斯、地米斯托克利、第欧根尼以及斯特拉托尼库斯,作为流放中[131]行为良好的著名典范。普鲁塔克指出,他们之所以成功,正因为他们聪明而理性(ἔχειν...νοῦν καὶ λογισμόν,601F)。纵贯全篇,恰当对待流放的人确实被认为聪明而有教养(600D、601F、606A、606C以及606D),而那些不能这样做的人则被加上"愚蠢"的标签(599C、601C、603B、605D以及

607A)。如果读者想给人以聪明、教育良好的印象——普鲁塔克的精英读者中谁不想这样做呢?——他就应当跟随普鲁塔克的建议。

如果说这些段落为了说服读者而运用了社会性论证而不是哲学理性的话,第八节的开头则通过邀请读者看到"没有虚空意见的真理"(ἄνευ κενῆς δόξης τὴν ἀλήϑειαν,602B),再一次使普鲁塔克的建议拥有了哲学气息。读者将要看到,住在自己母邦的人在所有其他城邦都是异方人(stranger,ξένος),待在他自己的母邦是他的责任(602B)。ξένος传统上指来自其他城邦因此不能享受公民权的人,但普鲁塔克在这里重新定义了这一概念,指不能出于自主选择而去往另外的城邦并在其中生活的人。⑩ 与此一致,自由(ἐλευϑερία)不再是描述免去完全公民权的公民,而是描述那些不用服从公民权所含责任的人。㊶ 这样的人可以自由地选择他想生活的城邦:

> [132]确实,毕达戈拉斯卓越的格言"选择最好的生活方式,那么习惯将使它令人愉快",在这种背景下也是明智和有用的:"选择最好的、最宜人的城邦,时间将使它成为你的父邦。"

---

⑩ 关于希腊文学中的异乡人,比较 Gauthier(1971)以及 Baslez(1984)与(1989)。关于罗马文学中的异乡人,参 Balsdon(1979)以及 Noy(2000)。一般意义上对异乡人的研究,亦参 Dummer 与 Vielberg(合编)(2000)中的论文。关于《论流放》中普鲁塔克更多的形而上学关怀,参 Nesselrath(2007)页 98 – 99。

㊶ 就此而言,这里的ἐλευϑερία[自由]接近于ἀπραγμοσύνη[无一事务],即没有了责任。这两个词在 604C 处确实被并列在一起。关于ἐλευϑερία的政治概念的描述,参 Wirszubski(1950),Jones(1971)页 120, Nestle(1972),Gigon(1973)页 16,Raaflaub(1984),Swain(1996)页 180 – 181 以及 Raaflaub(2004)。关于自由的哲学含义,参 Grilli(1953)页 66,Erskine(1990)页 43 – 46 论及塞涅卡《书简》8.7 的部分,以及 Gobry(2000)页 45。在流放作品之外,对ἐλευϑερία明确的重新定义可以在爱比克泰德《论说文集》4.1.1 中读到。

(《论流放》,602B–C)

我们在第一章已经看到,毕达戈拉斯是最早系统反思不同生活方式的哲人之一。这段开始时引用了毕达戈拉斯关于选择生活方式的建议:人应当选择最好的生活方式,时间将确保他在其中感到快乐。我们已经看到,鉴于《论流放》的开头提到了下述事实——许多人发现流放难以承受是因为流放终结了他们的政治生涯,读者立刻会意识到毕达戈拉斯的建议在流放背景下十分切题:如果从此以后政治生活不再可能,那么人应当选择"最好的"生活方式,对这种生活方式的熟悉将使之令人愉快。换句话说,读者以为普鲁塔克会为哲学的生活辩解,可结果他并没有以如此简单直接的方式应用毕达戈拉斯的建议。相反,普鲁塔克作了一个类比:被流放时,人能够选择最好、最令人愉快的城邦,不久之后这里就将成为他的新父邦。因此,普鲁塔克拒绝从改变生活方式的角度来设想流放,而是集中关注迁居问题。下面的段落在这一方面甚至更加明确:

> 举一个例子,当芝诺知道他剩下的唯一一艘船,包括船上的货物,已经在海上沉没时,他说道:"干得好!命运!你强迫我穿着破披风,回到哲人的生活。"在我看来,除非完全迷恋于民众或为民众而痴狂,当命运强迫一个人到一座岛上时,他不应当责备命运。毋宁说,他要赞美命运女神,因为她从他那里拿走了许多激动不安的时刻、在国外的奔波、海上的危险以及市场上的[133]骚乱。相反,她给予人一种宁静的生活,充满闲暇,没有干扰:一种完全是一个人自己的生活。命运女神为这种生活画了一个圈,圈的中心与半径由满足一个人需要的必需品决定了。对那些喜欢纵情狩猎与运动的人来说,哪一座岛上

不能提供房屋、散步、洗浴、鱼和野兔呢？（《论流放》,603D – E）

这里叙述的关于芝诺的轶事也出现在其他作者的作品以及普鲁塔克的其他著作中,[42]然而,重要的是,这是以"哲人的生活方式"(βίον φιλόσοφον)这一术语解释芝诺的"破披风"的唯一版本。一方面,这一添加将人的注意力转移到不同生活方式的主题上,[43]通过提及那些迷恋于大众的欢呼或为之疯狂的人,该主题在这一段中得到进一步强调：前一类人可能过着一种快乐主义的生活,后一类人可能过着政治生活。正如在《论感觉好》467D 中一样,他们被给予的建议不是跟随芝诺的榜样投身哲学,[44]而是想一想政治生活的消极含义,以及那些多亏流放他们才能享受的闲暇活动。普鲁塔克不想把他的读者束缚在一件仅仅是必需但并不适合他们的紧身衣中：尽管有芝诺的例子,但《论流放》并没有为拒斥政治生活提供的一切哲学生活辩护。[45] 毋宁说,它为一位流放者提供了哲学性的帮

---

[42] 对这句格言所有版本的研究可以在 SVF 3 页 63 – 63（片段 277）中找到。第欧根尼·拉尔修（7.5）谈到哲学（φιλοσοφία）,塞涅卡（《论平静》14）谈到"跟随哲学"（philosophari）,但普鲁塔克在《如何从敌人那里获益？》中谈到一件"破旧的披风"（87A）。《论感觉好》中加上了"廊下派"（467D）。

[43] βίος[生活]这个词在《论流放》中出现不少于 14 次,至少在 602C 与 603D 有技术性含义,而且在 603A、603B、603E 以及 604D 也是如此。

[44] 芝诺——哲人与过着放纵或政治生活的人之间的对立,通过小品词 μέν…δέ….得到了强调。

[45] 恕我与 Caballero（1994）页 548 处的观点不同,他在对普鲁塔克关于不同生活方式之对立的思想的全面研究中,简短地讨论了《论流放》,并将这部作品解释成一部为βίος σχολαστής[闲暇生活]辩护的著作。我也不同意 Nesselrath（2007）页 93 处的观点,当时他把φιλοσόφως[爱智慧]（600B）解释为"像一位真正的哲人那样"。

助,这位流放者本人过去不是、将来也不会成为一位哲人。普鲁塔克并不想把他的读者变成[134]哲人,他是想使读者相信,为了从今往后生活得好,读者需要采纳一种更哲学的态度。换句话说,读者要采纳的是芝诺的思考方式而不是他的生活方式。另一方面,他详细说明了芝诺的破披风应当解释为哲人生活的象征而不是贫穷的象征,这既反驳了将流放看成经济地位恶化的解释,也强调了流放前与流放后生活的连续性。如果说前面所引用的段落先是非常节制地提到人需要的生活必需品,那么,最后一句则提到房屋、洗浴、散步以及狩猎和运动。在《论流放》稍后一点的地方,普鲁塔克提到,被流放者也可以将时间用于阅读(604D)、㊻旅游(604D),或只是用来休息(604D)。因此,普鲁塔克提出,流放将给像他朋友那样的人更多时间(比较 $\sigma\chi o\lambda\alpha\tilde{\iota}o\nu$, $\sigma\chi o\lambda\acute{\eta}$, 603E、604A、604C 以及 604D)享受帝国之下精英生活的典型要素:㊼与有些人想的相反,文化与文明可能并不会随着流放而停止。

㊻ 关于书籍与流放的联系,例参菲洛斯特拉图斯《智术师传》页 488 有关金嘴狄翁的部分。《论流放》中含有大量来自不同作者的文学引文。除了向读者提供这些文学段落,由此可能激起他们更多地阅读之外,《论流放》也教导读者如何对待文学作品。比较下文页 141–143。而且,通过激励读者阅读,普鲁塔克可能也在推广他本人的著作。

㊼ 至少阅读与狩猎似乎已经成为罗马帝国典型的精英活动。例如,从阿里安的《论狩猎》与普林尼的《书信》中(例如 1.6、5.6、5.18、9.10、9.16 以及 9.36)能够清楚地看到,在公元一世纪到二世纪,狩猎确实是精英们流行的消遣活动。关于古代世界中的狩猎,进一步看参 Orth(1916),Anderson(1985),Green(1996)以及 Barringer(2001)。另一方面,散步与洗浴似乎更为流行。关于散步作为一种日常活动,比较 Carcopino(1986)页 363–370;关于在普鲁塔克时代洗浴综合设施的结构与社会—文化功能,参 Marrou(1965)页 198–200、365 与 394,Carcopino(1986)页 371–385,Yegül(1992)页 30–47,Fagan(1999)以及 Farrington(1999)。

除了活动之外,普鲁塔克也提出了一个人可在流放中前往的许多地方。在罗马帝国治下,流放采取不同的形式。[48] 最温和的一种被称为 relegatio,只涉及从一个或少数几个地方被驱逐。另一极端是 deportatio,它将一个人限制在某个特定的地方,常常是[135]在一座岛上,[49]并且意味着财产与公民权的丧失。虽然普鲁塔克的《论流放》清楚地假定人的财产不会受影响,[50]但刚才引用的段落提到那些被驱逐到一座岛上的人($συνελαυνόμενος\ εἰς\ νῆσον$),这清楚地指向流放的更严酷的形式之一。普鲁塔克不仅指出,即使最小的岛也提供了所有的生活必需品以及许多精英生活用品,他还给出四个论证,说明为什么被驱逐者不应当哀叹他们的境遇(第9–11节)。首先,他论证小岛既是神话中伟大人物的家乡——普鲁塔克提到厄菲阿尔特斯(Ephialtes)、俄托斯(Otes)、俄里翁(Orion)、阿尔克迈翁(Alcmaeon)(602D)以及瑙西托俄斯(Nausithoüs)、米诺斯的孩子、科德鲁斯(Codrus)的孩子与涅琉斯(Neileus)的孩子(603B)——也是当代历史伟人的家乡,例如提比略就退隐到了卡普里岛。一方面,读者们能够选择居住在同样的岛上,使自己与这些伟人结为同盟。另一方面,普鲁塔克或许也暗示这些岛屿荣有一个古老的谱系,因此不像许多读者可能想的那样缺乏声望。[51] 第二个支持小岛

---

[48] 关于罗马帝国时期的流放,参 Braginton(1944),Grasmück(1978)页62–145,以及 Gaertner(编)(2007)、Prévot 与 Blaudeau(合编)(2008)中的相关论文。关于流放与 relegatio 的司法含义,参 Hartman(1916)页371,Garnsey(1970)页111–122,Balsdon(1979)页102,Kelly(2006)页17–67,Riviere(2008)以及 Delmaire(2008)。

[49] 关于传统的流放地,比较 Balsdon(1979)页113–115。

[50] 比较600A、601F、602C、602F 以及603F。

[51] 关于第二代智术师时代的城邦谱系,参 Swain(1996)页73及注14中更多的文献目录。

的论证是——如在上一小节中描述的那样——小岛使人们摆脱了在其家乡城邦中必然要面对的政治职责和难题。在这一方面，读者的日子甚至比总督的日子更好，总督们即使在卡普里岛上也摆脱不了政治事务。因此，普鲁塔克重新解释了阿尔克迈翁神话，他推测（...ὡς οἱ ποιηταὶ λέγουσιν· ἐγώ δέ ... εἰκάζω，602E）安菲阿拉俄斯（Amphiaraüs）之子在杀死他的母亲厄里菲勒（Eriphyle）之后，逃到了一个不知名的小地方，在这里逃离了政治上的麻烦，也逃离了其他一切。(52) 其次，普鲁塔克主张，过一种没有痛苦的生活（τὸν ἄλυπον βίον，603A）与生活的城邦大小没有关系：真正重要的是如何对待自己的境遇。例如，瑙西托俄斯与他的同乡们从一个满是勤快人的地区搬迁到荒岛上之后（比较ἑκὰς ἀνδρῶν ἀλφηστάων，603B），过上了最快乐的生活（τὸν ἥδιστον βίον，603B）。而缺乏思想的流放者（οἱ ἀνόητοι [136] φυγάδες，603B）不得不在这样的岛上生活时却会抱怨。普鲁塔克再次提出一个强推论（fortiori argument），他指出，即使在一座岛上，读者也比色诺芬、柏拉图以及色诺克拉底拥有更多空间，他们分别生活在斯奇卢斯（Scillus）以及属于阿卡德米的一小块地方（603B）。最后，第四个论证提供了针对下述事实的安慰：被驱逐者不允许旅行，而只能待在同一个地方。(53) 行星在运动，而恒星是静止的（比较πλάνητας与τῶν ἀπλανῶν ἀστέρων，604A），但前者并不比后者更幸福。因为毕竟，如哲人赫拉克利特教导的那样，即使行星在运动中也受到宇宙法则的限制。(54)

---

(52) 关于这种对阿尔克迈翁神话的重新解释，参 Barigazzi（1966）页 256。

(53) 在《论流放》的其他地方，过一种不必旅行的生活被明确描写为值得向往的。比较 603E。

(54) 提及行星的有限自由或许重复了普鲁塔克早先的论证：那些没有被流放的人也不是想去什么地方就能去（602B）。Opsomen 的论文以此为标题，

普鲁塔克在第十二节中明确证实,从第九节到第十一节明显是针对那些正处在流放中的人。然而,在此之后,《论流放》转向不同的方向:

> 但是,亲爱的朋友,让我们把这些论证以及相似的论证给予那些被流放到岛上的人,并且对他们重复这些论证,"灰色的、咸味的大海,违背许多人的心愿,将他们"与世界其他部分隔离开来。然而,对你来说,并不是分派你去一个地方,而是禁止你去一个地方,禁止去一个地方让你能够去所有其他地方(《论流放》,604B)。

虽然没有讨论流放的原因与审判细节,但这一段清楚表明,普鲁塔克《论流放》全篇涉及的这位被流放的朋友遭受的是贬谪,而不是驱逐。那么,普鲁塔克为什么要加入针对驱逐的安慰呢?[137]一方面,普鲁塔克在九到十一节中的推论作为强论证而起作用:(55)如果被驱逐并不是世界末日,那么贬谪当然也不会太糟。然而,关于驱逐的论证占了整篇文本的将近五分之一,这一事实使前面所说的理由不大可能是普鲁塔克唯一的理由。(56) 在本章最后一节我们将回头来讨论这一点,但现在我想指出,文本中含有关于驱逐的论证也清楚地表明:普鲁塔克有意识为之写作的是比他的朋友更为广泛的读者群。这在后面的文本中会得到证实,普鲁塔克在那

但 Opsomer(2002)页 188 对这一段落只提供了非常简短的解释。

(55) 在某种意义上,这一论证也再次邀请读者把自己与那些比自己更差的人进行比较。

(56) 这一论证在 17 节中占了 3 节,而在洛布本的 25 页中则占了 5 页。

里列举了不同学派的哲人，通过指出不同学派的哲人都按照同样的原则行事，普鲁塔克不仅给他自己关于流放的观点赋予权威，还明确表明他满足了具有不同喜好的读者的需要（εἰ τὴν Περιπατητικὴν ἀσπάζῃ μάλιστα καὶ τεθαύμακας,…εἰ τὴν Στωικήν…,605A－B）。(57)

很大程度上，普鲁塔克给那些被贬谪之人的建议与文本开头确立的一般性原则一致。有一个段落提供了很好的说明：

> 要是流放者喜欢看宏大场面的话，他可以在宗教秘仪举行时待在厄琉西斯，在酒神节时参加城邦庆典，在皮提亚竞技会开幕时去德尔斐，在地峡竞技会举办时又去科林斯……这些都有可能。要是他不喜欢，那么那里也有闲暇、漫步、阅读、不受打扰的睡眠以及第欧根尼的名言："亚里士多德在腓力想进餐时进餐，第欧根尼则在他自己想进餐时进餐"，因为没有事务、统治者或总督来干扰他规律的生活方式。（《论流放》，604C－D）

[138]一方面，这一段重复了下述建议：不要只关注流放的消极方面，而要注意积极方面。积极方面不仅包括能够继续享受精英生活的用品，还包括政治造成的不利处境已然消失。另一方面，普鲁塔克在建议流放者所去的具体地方上比以前的作者都更进一步。(58)更具体地说，他向读者建议的是一种希腊大陆上的文化之旅，即参

(57) 关于普鲁塔克心目中的"广泛得多的、次级读者群"，参 Opsomer（2002）页 290。亦参下文页 148－150。

(58) 关于从哪些地方中选择一个新的家乡，比较 599E、600F、601B、602D、603C－D、604B、604C－D、604F 或 605B－D。西塞罗也思考过在流放期间可去的不同地方。比较 Claassen（1999）页 279 注 22。

观希腊的主要城邦。然而,普鲁塔克的建议最意味深长之处在于他建议读者们去追求的事物——如果读者旅行的话,他建议读者去参加宗教与文化庆典,而不是造访哲学学校。虽然文本许多次提到雅典学园,但读者并没有被建议去那里成为哲人;普鲁塔克把皮提亚竞技会描写为可在德尔斐参加的重要事件,而没有邀请读者来喀罗尼亚同普鲁塔克一起学习哲学。[59] 与此相似,普鲁塔克在《论流放》中所建议读者在被流放而有了更多时间后要从事的活动中,也并没有哲学。因此,与穆索尼乌斯、狄翁这样一些作者的作品中的情况相反,普鲁塔克没有把流放描述成读者的"哲学传记的决定性时刻":[60]《论流放》并不比《论感觉好》更试图将读者转变为哲人。

第三节　回答读者的关注

在用长篇大论说明了流放不是真正的恶,以及即使是恶读者依然能获得良好感觉后,《论流放》剩下的段落就从[139]前面的论证推出结论,回答读者可能仍然会有的三种反对意见。首先,普鲁塔克指出,许多伟大人物都自愿离开他们出生的城邦。[61] 不仅许多"最明智、最有智慧"(τῶν φρονιμωτάτων καὶ σοφωτάτων,604D)的人这

---

[59] 与一位哲人共同生活确实被认为是一种特别好的获得哲学训练的方式。比较《政治准则》798B‑C。

[60] Whitmarsh(2001b) 页 159。关于流放与哲学的联系,参 Gaertner (2007)页 10‑11;关于在第欧根尼的叙述中该观念的起源,参 Bracht Branham (2007)。

[61] 比较 μηδενὸς ἀναγκάζοντος,604D; τίς οὖν τούτους ἐδίωξεν; οὐδείς,605B; μεταστάντες,οὐδὲ φυγαδευθέντες,ἀλλὰ φυγόντες αὐτοί,605C。

样做，㊷许多明智之士（τοὺς σοφούς，605A）以及"我们这个时代最有名、最有权力的人"（νῦν οἱ δοκιμώτατοι καὶ κράτιστοι，605B）也同样如此。如果说第一类以欧里庇得斯、埃斯库罗斯、希罗多德以及荷马为代表，如我们已经看到的那样，第二类以适合不同读者品味的不同学派的哲人为代表，那么引人注意的是，普鲁塔克没有给出后一类的具体例子。㊸关于所有这些人为什么选择远赴他乡，在异乡生活，普鲁塔克区分了两种理由：他们离开故土，或是为了追求"宁静——那些稍有名声或权力的人在家乡不容易享受到它"，㊹或是为了追求名声与荣耀（δόξαν...καὶ τιμὰς ἐθήρευον，605A）。对于修昔底德、色诺芬、蒂迈欧、巴克基利德斯这些作家来说，名声也是流放所结出的果实，他们在流放期间写出了他们最好、最有名的作品（τὰ κάλλιστα τῶν συνταγμάτων καὶ δοκιμώτατα，605C）。普鲁塔克的裁定非常清楚：

> 所有这些人以及许多其他人，从故土被流放时，并没有放弃自己或自暴自弃。相反，在命运女神将流放降临到他们头上时，他们把自己的有利背景作为命运提供的旅行供给[140]加以利用，这样他们就能在每个地方获得名声——即使在死后；而另一方面，关于那些流放、驱逐他们的人，却没有一则故事流

㊷ 与德勒斯相似，普鲁塔克也通过指出许多著名人士埋骨海外，而开始讨论那些离开母邦的名人。德勒斯接着用了相当大的篇幅来讨论埋骨海外是否是一件坏事（残篇3，Hense[1969]，页21、行2－23、行13），普鲁塔克则迅速切换到流放一方面作为追求名声的手段，另一方面作为逃离政治麻烦的手段。

㊸ 提及各派哲人可能是对普鲁塔克的某些朋友无言的致敬，如弗洛鲁斯（Mestrius Florus），他在韦伯芗和图密善统治下从政，政治生涯结束后退隐到温泉关。比较Puech(1992)页4860。

㊹ 参上文页125。

传到我们耳中。因此,认为流放就意味着耻辱的人是荒谬的。
(《论流放》,605D)

那些对别人施流刑的人已经被历史完全忘却,但流放在这一段中却被描述成被流放者获得永久名声的方式:如果一个人对流放作出正确的反应,利用好他的有利背景,流放就能够成为获取名声的手段(比较 δι' ἥν)。⑥ 普鲁塔克为了使他的读者好好对待流放,在这里利用了读者的荣誉感。在普鲁塔克相当强烈地支持将流放描述为通往名声之路时,这一点更加明确了,他的陈述如下:无疑"没有人对名声如此无动于衷或如此卑贱"(οὐδείς ἐστιν οὕτως ἀφιλότιμος οὐδὲ ἀγεννής,605E),以至于他宁愿不是地米斯托克利而是李奥波底,宁愿不是西塞罗而是克劳狄乌斯,或者宁愿不是泰摩修斯(Timotheus)而是阿里斯多丰(Aristophon),因为把这些流放者与驱逐他们的人两相比对,前一个人现在都受到更多的尊重。因此,作为一种策略手段,提到流放能带来名声是利用了读者追求名声的愿望,是为了规劝读者遵照普鲁塔克的建议,尽可能好地利用他们的流放。同时,普鲁塔克在这些段落(第 13－15 节)的长篇论证也回答了他从《论流放》一开始所认为的读者对流放的最大的反对意见之一,那就是流放意味着荣誉的丧失:引文的最后一句话明确说,荒谬的不是被流放者,而是那些取笑被流放者的人。

其次(第 16 节),普鲁塔克反对了下述观念:流放坏,因为它使

---

⑥ Bracht Branham(2007)页 74－75 强调,在一部其他方面受到犬儒主义观念严重影响的作品中,这样提及名声令人震惊。尽管其他作者也指出过某些流放者(像地米斯托克利)在海外期间享受声望,但没有一位作者竟然会提议流放可以作为一种获取声望的方式。例参德勒斯残篇 3,Hense(1969)页 15 行 11－14,或穆索尼乌斯残篇 9,Hense(1905a)页 46 行 7－10。

人丧失言论自由(παρρησία)。⑥ 普鲁塔克的反对引用并反驳了[141]来自欧里庇得斯《腓尼基妇女》的六行诗句(388–393),引文中,伊奥卡斯特与她的儿子波吕涅克斯讨论了流放主题。⑥⑦ 穆索尼乌斯(残篇9,Hense[1905a]页48–49)也参考了欧里庇得斯的同一些诗行,并将名为anaskeuē[压制,反驳]的同一种修辞工具应用其上,因此这一段就更加饶有兴味。⑥⑧

既然欧里庇得斯的话严重困扰了许多读者——因为他似乎谴责流放,那么就让我们逐字逐句地读一下欧里庇得斯写下的这段问答:

"脱离了父邦是什么滋味?你觉得很苦吗?"
"苦极了;说不出的难受。"
"什么苦?流亡者特有的苦处是什么?"
"其中最大的是没有言论自由。"
"你指的是奴隶地位:不能说出自己所想的!"
"是的,还必须忍受掌权者们的愚蠢。"

---

⑥⑥ 关于παρρησία的概念,参 Scarpat(1964),Raaflaub(2004),以及 Sluiter 与 Rosen(合编)(2004)中的论文。关于流放与παρρησία之间的联系,比较 Gaertner(2007)页16–17。

⑥⑦ 关于欧里庇得斯的《腓尼基妇女》在流放文学的运用,参 Doblhofer(1987)页163–166,Gleason(1995)页153 与注83,Bracht Branham(2007)页75,以及 Nesselrath(2007)页90–91与注14、16。

⑥⑧ 参 Lausberg(1990)页540–541。亦比较 Whitmarsh(2001a)页277–278与(2001b)页142–145。关于普鲁塔克对他所引文学作品或格言所表达的某些观点的批评立场,参 Tsekourakis(1983)页131–133。

很清楚,这些文字并没有正确或真实地评估情况。首先,"不能说出一个人所想的"并非奴隶的命运,而是聪明人在需要抑制和沉默的情况下做的……[142]其次,那些留在家园的人同样不得不忍受"掌权者们的愚蠢",他们忍受的并不比被流放者少。相反,比起已经被流放的人,留在家乡的人更害怕掌权者通过不实指控或暴行来行使不正义的权力。但最荒谬的是认为流放者没有言论自由的说法。(《论流放》,605F – 606B)

许多读者因为欧里庇得斯的这些话受到严重困扰,因为他们认为剧作家对流放的诅咒很有说服力。然而,在《论流放》前文我们所熟悉的对立关系中,普鲁塔克认为,这只是一种印象(比较δοκοῦντος),与现实的真相并不一致。[69] 这就是普鲁塔克作为一位哲人要让其读者们看到的(比较ὁρᾶς)。[70] 首先,普鲁塔克反对伊奥卡斯特将"不能说出一个人的想法"与——不自由的——奴隶联系起来。与此相

---

[69] 作者详细说明欧里庇得斯是以问答形式诅咒流放,或许可以理解为作者是在强调欧里庇得斯本人实际上并没有直接说到流放如何如何,而是让两位剧中人物来讨论这一话题。如果这样的话,普鲁塔克或许在暗示欧里庇得斯自己并不同意他的人物口中说出的观点。比较《年轻人应当如何学习诗歌》的第四节,在那里普鲁塔克说道,人们应当注意"诗人本人是否给出任何反对所表达意见的暗示,以此表明自己并不喜欢那些意见" (εὖ μάλα προσεκτέον εἴ τινας ὁ ποιητὴς αὐτὸς ἐμφάσεις δίδωσι κατὰ τῶν λεγομένων ὡς δυσχεραινομένων ὑπ'αὐτοῦ,《年轻人应当如何学习诗歌》19A)。

[70] 普鲁塔克在这里的实践与他在《年轻人应当如何学习诗歌》中关于阅读诗歌的明确建议一致,在那里他主张人不应当过分赞美诗中所说与所做的一切,尤其是悲剧(第8–9节),而应当具有批判精神,让自己的思想来决定诗中所说的话的伦理价值(第11节)。比较《论倾听》45E 普鲁塔克对读者角色的强调。亦比较 Gleason(1995)页 xxiii 以及 Said(2005)。

反,普鲁塔克主张,在必要的时候隐藏自己的观点是聪明人的特征,聪明人能够分辨什么时候以及为什么应当保持沉默——在《论饶舌》中,我们将看到普鲁塔克对此有详尽论述。普鲁塔克说的第二点与波吕涅克斯的主张有关:流放者不得不忍受掌权者的愚蠢。普鲁塔克的回答非常简短,且与《论流放》前文反复提出的论点相一致:留在家乡的人更容易成为掌权者欺诈和暴行的牺牲品。最后但并非最不重要的是,普鲁塔克否认流放者丧失了言论自由,如穆索尼乌斯的主张那样。然而,这两位作者都同意,言论自由并非区分被流放者与未被流放者的标准,他们各自提出了一种完全不同的区分作为替代。[143]对穆索尼乌斯来说,言论自由是那些不害怕死亡或惩罚的人的独特特征——也就是说,那些在权力面前也敢于说出自己思想的哲人。普鲁塔克则强调,只有明智的人——无论是哲人还是政治家——才知道如何利用好言论自由。的确,普鲁塔克给出的能够自由说出自己思想的流放者的例子,不仅包括哲人西奥多鲁斯和第欧根尼,也包括汉尼拔,他在这一段中明确称自己为一位聪明人($νοῦν\ ἔχων$,606C)。因此,在普鲁塔克的《论流放》中,这一对立是从社会的层面来表达的:"好人、有价值的人"(比较 $καλῶν\ καὶ\ ἀγαθῶν$,606D)的特征是言论自由,"卑贱的出身"($τὸ\ ἀγεννές$,606D)则使人沉默。换句话说,言论自由被看作一种社会差别的标志,而不是哲学职业的标志。

最后,在末节中(第17节),普鲁塔克又一次回到对"遭流放可耻"的反驳。普鲁塔克回答说,只有愚人($παρά\ γε\ τοῖς\ ἄφροσιν$,607A)才把流放用作指责用语,而好人即使碰巧被流放,别人也同样尊敬他们。然后,如在第十五节中那样,他表示认为流放可耻才是愚蠢的标志。随后通过一系列语法人称的巧妙变化,他引导读者与这些愚蠢的意见保持距离。事实上,在这些第三人称复数的一般性陈述之后,普鲁塔克首先切换到若干第一人称复数的评述:显然,我们看到(ὁρῶμεν,607A),忒修斯神庙的声誉不比帕特农神庙低,尽管忒修斯是被流放者而雅典娜不是;如果我们认为欧摩尔波斯——厄琉西斯秘仪的奠基者之一、来自色雷斯的移民——可耻(αἰσχυνώμεϑα,607B),那么厄琉西斯也就不剩下什么了。第二步,普鲁塔克问读者是否钦佩(οὐκ ἐπαινεῖς;607B)安提斯替尼——当别人议论他的母亲是佛里吉亚人时,他回答说神的母亲也来自同一个地区。这个以第二人称单数提出的反问,强调了读者对普鲁塔克思考方式的参与。最后,普鲁塔克用了一个以第二人称单数提出的反问,这个问题显然更多旨在引导而不是描述读者的行为:

> [144]那么,有人辱骂你是流放者的时候,你为什么不这样回答呢:"赢得无数战役的赫拉克勒斯的父亲是流放者,狄奥尼索斯的祖父被派去寻找欧罗巴时,不也是流放者?"(《论流放》,607B)

读者如果钦佩安提斯替尼的回答,就应当模仿他的行为,并以同样的方式对责备作出回应。回答的核心再一次强调了下述事实:伟人们曾经遭受过流放,或者更准确地说,过去被流放的人因为他们的流放,后来变成了重要人物。这当然给普鲁塔克当时代的流亡者带来了充满希望的讯息。第十七节中详细阐述的另一个核心观念,则通过再一次从形而上学视角看待流放提供了慰藉:从根本上说,所有人在下述意义上都是流放者——人的灵魂被限制在肉体中,"就像困在一座被海水任意冲击的岛上"(ὥσπερ ἐν νήσῳ σάλον ἐχούσῃ πολύν,607D)。通过把这句格言明确地归给恩培多克勒和柏拉图,普鲁塔克在他的《论流放》最后一节中又一次强调了哲学对于正确对待流放的作用。文本的最后一句话在这一方面非常重要，它使阿纳克萨戈拉、苏格拉底与法厄同、坦塔罗斯形成对立。⑦ 的确，正如前一组的两个人在囚禁中所显示的，即使一个人不受命运眷顾，哲学（比较ἐφιλοσόφει,607F）也能够使他快乐。与此相反，对于缺少这种知识的人来说，命运可能提供的所有好东西也不足以使他们快乐：他们会因为自己的愚蠢（ἀφροσύνη,607F）而毁灭。

在某种意义上，文本最后三节对普鲁塔克贯穿《论流放》全篇的实践来说是典范性的：哲学对于正确对待流放这样不受欢迎的境况的重要性得到了强调，而且为了说服读者，哲学论证也与社会性论证及修辞策略交织在一起。这与普鲁塔克的特定目标读者及特定目标相一致。的确，其他所有大体同时代的论流放的作品都[145]首先并首要地描写了其作者如何对待流放，但普鲁塔克的作品却没有提到自己的流放，而是提到别人的流放。这个"第二人称"所代表之人的特征是：他是来自罗马帝国东部某希腊城镇的一位富人朋友，流放前在自己的家乡活跃地参与政治，但作为其流放的结果，这种生活不再可能。为了让他更容易承受这种生活的转变，普鲁塔克指出政治生活的消极意味：这是一种充满劳作、困难和危险的生活。然而，普鲁塔克还没有走到反对政治生活价值的地步；相反，他有效利用读者对荣誉的前哲学的感觉，以便说服读者相信流放并不一定是坏事。他也没有前进到鼓励读者完全采纳哲学生活的程度：比如说，与差不多同时代的狄翁相反，普鲁塔克没有将流放描绘成完全投身于哲学的转折点。相反，普鲁塔克呈现了一种更务实的解决方案，为读者建议了一些具体的生活地点、可以从事的具体活动，并强调即便在流放期间，读者的社会特权仍然持续。

---

⑦ 法厄同与苏格拉底的对立在《论感觉好》466E 已经出现过一次。

只不过,为了享受这一切,读者需要哲学的帮助。

第四节 作为哲人的普鲁塔克的政治学

《论流放》全篇的许多地方,普鲁塔克都从下述假定开始:对不希望发生的事件,人们的自发反应是悔恨及为他们的境遇而悲伤。⑫ 为了对抗这种反应,他们需要帮助(比较 χρείαν ἔχομεν),然而并非所有的帮助都同样有用:

> [146]人们告诉我们,最好的、最能支持我们的朋友是那些与我们共处逆境、给我们有用帮助的人,对朋友来说是这样,就文章而言也是如此。确实,有许多文章留在那些不幸的人身边,对他们说话,但却是无用甚至有害的:它们就像自己不会游泳却试图救援落水者的人,紧紧抱住落水者,在水下拉他们……事实上,我们需要的不是分担我们的眼泪与悲叹的人……而是那些对我们坦诚进言的人,他们教导我们悲痛与自卑完全没用,沉溺其中既不正当亦不明智。(《论流放》,599A – B)

当朋友遭遇不幸时,许多人会分担他们的泪水与悔恨,然而我们真正需要的那些教导我们的人,他们教导我们沉溺在悲伤中既不正当亦不明智;⑬由前者带来的集体性歇斯底里(比较 συνδακρυόντων

---

⑫ 例如 599B、602C、605D。

⑬ 关于 θρηνῳδία[悲伤]与 ἰατρεία[医治]之间类似的对立,参柏拉图《王制》604d。

καὶ συνεπιθρηνούντων）没有任何作用，甚至会带来害处，而后一种建议，我们在上文已经看到，显然是一种哲学性的建议，它有用，并能提供帮助。因此，普鲁塔克《论流放》开篇是一段关于好的论说文包含什么、不包含什么的后治疗性的（metatherapeutical）陈述。一方面，这一陈述鼓励读者反思自己对待流放朋友的态度和言说。另一方面也警告读者，如果他们自己有需要，那么他们不应转向任何一位朋友，而应当转向普鲁塔克。普鲁塔克暗示他将坦诚进言，也就是说，像一位真正的朋友那样（比较 παρρησιαζομένων）。虽然普鲁塔克的口气断然而决绝，但他在这一段中唯一的论证却是取自游泳的比喻：分享个人悲伤的人就像那些自己不会游泳、想救人时只会把落水者往下拉的人。这里的含义当然是说他自己是一位专家。我们已经看到，后面的文本指出不同学派哲人的生活原则都与普鲁塔克《论流放》中建立的原则一致，从而进一步证实普鲁塔克的权威。神话和历史被用来支持普鲁塔克的观点，不支持其观点的文学作品则被证明是错误的。例如，引用的这个段落之后，[147]普鲁塔克紧接着引用了来自米南德《公断》（Epitrepontes）的一行文字来支持下述哲学观点：对不幸的理性省察（比较 ὑπὸ τοῦ λόγου ψηλαφηθέντα καὶ ἀνακαλυφθέντα, 599C）将表明，使我们沮丧的不是外部事件本身，而是我们对事件的解释。在第二节中，欧里庇得斯的《腓尼基妇女》中波吕涅克斯对流放的抱怨又一次被拿来与阿尔克曼的一首短诗形成对照，在诗中阿尔克曼对自己离开萨迪斯毫不在乎。[74] 因此，普鲁塔克运用文学作品来推举他自己的哲学言说——以及友谊[75]：与其他

---

[74] 当然，诗中提及萨迪斯可能同普鲁塔克的朋友有着特别的关联。
[75] 《论流放》的开头确实在某些点上与《如何区分谄媚者与朋友？》相同。比较 Opsomer（2002）页190。

人的友谊不同,他将自己呈现为一位朋友能够给人们提供他们需要的哲学帮助,从而使不幸更容易承受。⑯

我们已经看到,《论流放》反复对普鲁塔克的一位富有朋友发言,这位朋友已从萨迪斯被贬谪。与此一致,普鲁塔克的建议聚焦于那些过去在政治上活跃,即便被流放也仍然享有特权地位的精英们。某些建议甚至特别地与从萨迪斯流放有关。尽管如此,《论流放》表现得并不是给这个人的信。⑰ 事实上,普鲁塔克也没在任何地方提到收信人的姓名。传统上,学者们已经鉴定这位收信人为墨涅玛库斯——这位年轻的萨迪斯贵族,普鲁塔克为他写了《政治准则》。⑱ 虽然这些特征确实符合墨涅玛库斯,[148]但也同样符合任何一位来自萨迪斯的贵族。⑲ 而且,普鲁塔克没有提到任何人名这一事实本身可能就意味深长。当然,对于普鲁塔克的沉默,一种容易的解释方式是将其解释为尊重他的朋友的标志:普鲁塔克小心地

---

⑯ 就全篇而言,《论流放》似乎偏爱喜剧超过了悲剧。对喜剧的明确正面评价:比较 599C 与 600B(602B);对悲剧的负面评价或表示异议:比较 599B、599D - E、600E、605F - 606A 以及 606D - 607A。

⑰ 就算 Claassen(1996b)页 31 - 32 称普鲁塔克《论流放》为一封"书简",她运用这一标签的方式也很微妙,她补充说它是一篇"演说口吻的独白"。

⑱ 这两篇著作的"收信人"的身份由 Siefert(1896)页 74 - 75 提出,同意该观点的有 Wilamowitz(1927)页 296,Paton、Pohlenz 与 Sieveking(1929)页 512,Ziegler(1951)页 678 与 819,De Lacy 与 Einarson(1959)页 513,Barigazzi(1966)页 252 - 253,Jones(1966)页 72,Hani(1980)页 133 - 134,Tsekourakis(1983)页 118,Caballero(1991)页 229,Puech(1992)页 4859,Caballero 与 Viansino(1995)页 7 - 10,Claassen(1996b)页 43 注 19,Swain(1996)页 184,Grilli(2000)页 231,Opsomer(2002)页 286 以及 Nesselrath(2007)页 92。

⑲ 比较 Carrière 与 Cuvigny(1984)页 30。因此,《论流放》不一定必然写在《政治准则》之后。这提示 De Lacy 与 Einarson(1959)页 514、Jones(1966)页 72、Hani(1980)页 135 - 136、Caballero 与 Viansino(1995)页 8 以及 Nesselrath(2007)页 92 在相对年代学基础上假设的 terminus post quem[下限]不再可靠。

不将一部关于"消极主题"的著作题献给他的朋友,从而避免使朋友的不幸公之于众。⑧ 但这里可能还有更多意味。事实上,除了直到第三节(600A)才第一次提到一位具体的收信人之外,普鲁塔克没有提到某个具体个人的境遇与哲学偏好,这就使作品满足了不同境况与罪名的需要。因此,《论流放》不仅让像他朋友那样的人——他从萨迪斯被流放——感兴趣,也让所有在帝国不同地方以各种形式遭遇流放的精英政治家们感兴趣。普鲁塔克不仅选择了来自希腊世界的例子,也选择了来自罗马世界的例子——连罗马骑士穆索尼乌斯在写他的论流放的希腊语作品时都没有这么做——因此他心里想的似乎确实是来自不同文化背景的读者们。⑧ 然而,鉴于普鲁塔克冗长的引言——它不仅邀请读者反思哲学建议的益处,也让文本实际的主题隐藏了超过一节的篇幅才出场——我想进一步提出,普鲁塔克的《论流放》对那些本身没有遭受流放的人也有吸引力。一方面,文本大量提到人们应如何对待流放朋友。这不仅意在作为对流放者的安慰,也是对那些自己没被流放、但有朋友被流放的人的指导,例如,指导人在朋友提出建议或[149]登门拜访时应当如何举止。另一方面,文本邀请读者反思所讨论的许多问题:如果我面对不幸,我会作出怎样的反应?我要转向哪里去寻求建议?政治在我生活中的作用是什么?

---

⑧ 亦比较页 42 与页 193。

⑧ 普鲁塔克引用罗马事例见于 602E(提比略)、605E(卡米鲁斯)以及 605F(西塞罗与克劳狄乌斯)。有关汉尼拔与安条克(606C)的轶事也与对抗罗马的战争有关。这些例子在穆索尼乌斯与狄翁的流放作品中都没有,但法沃里努斯后来在这一方面沿用了普鲁塔克所给的例子。比较 Whitmarsh (2001b)页 171。不过,普鲁塔克就流放后可去之处所提出的建议都是去往希腊世界。

我们在上文看到，与关于该主题的其他作品不同，政治在普鲁塔克《论流放》中的确是一个主要论题。附加在政治上的重要性，明确与政治在普鲁塔克的题献对象在政治生活中的重要性吻合，也与政治在普鲁塔克更广泛的目标受众的生活中的重要性吻合。然而，大多数读者已经知晓，普鲁塔克自己在政治上也很活跃；他在家乡喀罗尼亚担任了多个职位，他作为使节出使罗马，并与希腊境内的罗马行省政府联系交往。虽然所有这些政治活动在《论流放》中都有提到，但普鲁塔克没在任何地方提到他本人作为一名政治家在这些方面的实践。文本开篇第一句清楚表明，普鲁塔克把他本人描绘成一位哲人，向那些不能自我救助，或被同他们相似却并非哲人的其他人救助的人提供帮助。他所给的建议正确看待政治的好处，也揭露政治的缺陷。这些论证的第一目标当然是在文本的特定目标受众面对流放时安慰他们。然而，普鲁塔克在《论流放》关于政治的言说上很可能还有更加个人化的利害关系。第三章已经说过，尽管普鲁塔克拥有财富和显贵的社会地位，但他的政治生涯并不辉煌。在《论流放》中，他抓住机会，将流放呈现为力量的标志，而不是软弱的标志。[82] 一方面，他清楚地表明，他的政治人读者们虽然都有伟大的政治生涯，但很可能也需要他给予哲学性的帮助。另一

---

[82] Barigazzi(1966)，特别是页257已经提出，《论流放》在赞扬普鲁塔克退出罗马和雅典的政治舞台、退隐到喀罗尼亚的平静中时，有几分自传色彩。然而，应当注意的是，普鲁塔克与他的题献对象之间的决定性区别在于，普鲁塔克还可以选择——事实上也作出了选择——在政治上活跃，虽然比他本来能够做的在规模上要小得多，而对题献对象来说政治则不再是一个选项。而且，我比 Barigazzi 更进一步，我认为普鲁塔克对政治的消极呈现是一种言说行动，而不是对作者内在感情的描述（比较 con grande sincerità［非常诚挚地］，Barigazzi［1966］页256）。我要强调一点：普鲁塔克对事物的呈现，其首先和首要的目标是影响读者对他本人的评价。

方面,政治与烦扰、悲哀相连,[150]普鲁塔克则将自己安全地置于这一切之上。在一个旨在引导读者对他本人的意见的修辞行动中,他暗示只有愚人(比较 παρά γε τοῖς ἄφροσι,607A)才会轻视他的位置,相反,其他的人则"急切渴望"(thirst for, διψῶσιν,603F)这一位置。普鲁塔克作为哲人的自豪集中体现在著作的最后一句话中。前面我们已经看到普鲁塔克如何将苏格拉底、阿纳克萨戈拉与法厄同、坦塔罗斯进行对比:后者享受巨大特权——法厄同被允许驾驶阿波罗的马车,坦塔罗斯则与神一同进餐,这或许反映了普鲁塔克的许多更有抱负的读者所享有的政治特权和关系。然而,缺乏哲学,他们无法长久获得真正的成功。㉝与他们相反的是苏格拉底,普鲁塔克特别说他"践行哲学并力劝他的朋友们转向哲学"(ἐφιλοσόφει καὶ παρεκάλει φιλοσοφεῖν τοὺς συνήθεις,607F)——如普鲁塔克自己做的那样。虽然选择这种生活方式没有在当时的雅典社会中给苏格拉底带来直接的成功,但他被他的朋友们认为是幸福的(εὐδαιμονιζόμενος ὑπ' αὐτῶν,607F)。同样,比起他的更有抱负的朋友们,普鲁塔克或许拥有较少的政治权力,但他将自己展现为处在一个比他们更值得羡慕的位置上——由于哲学。

㉝ 《论流放》603A 引用了坦塔罗斯所说的"学着不要把人的事情看得太重要"(γίνωσκε τἀνθρώπεια μὴ σέβειν ἄγαν,Trag. graec. Frag. , Aesch. 159)。

第六章 《论饶舌》

[151]过去一二十年间,许多出色的研究表明:在第二代智术师的时代,良好的言说能力——无论作为对语言纯洁性的追求,还是以修辞来搞即兴创作的形式——是精英地位和教育的重要标志。① 因此,精英文化的这一部分在普鲁塔克的实践伦理学中也得到许多关注,这并不令人意外。② 一方面,普鲁塔克在公共背景下处理言说。例如,《政治准则》相当大的一部分是关于政治演说的,而《论不令人讨厌的自我称赞》则就不得不谈论自己时如何避免使人不快这个问题对赫库拉努斯(Eurycles Herculanus)——既参与地方政治也参与帝国政治——提出建议。其他文本则在较少修辞的语境下集中关注言说。例如,在《论倾听》中,普鲁塔克教导尼坎德的不仅是如何倾听别人的说话,也包括如何对别人的说话作出反应:何时可以打断说话者?应当问什么样的问题?如何在苛刻批评与盲目赞扬之间取得平衡?最后一个问题在《如何区分谄媚者与朋友?》

---

① 参 Dihle(1992),Anderson(1993)页 87-94,Swain(1996)页 17-64,Schmitz(1997)页 75-96 与页 156-231,Stadter(2002a)页 2,Whitmarsh(2005)页 41-49,以及 Van der Stockt(2006)。

② 关于普鲁塔克对阿提卡风格(atticism)的灵活处理,参 Schmid(1887—1897)卷 1 页 3、26 与卷 4 页 635-685,Ziegler(1951)页 931-932,Russell(1973)页 20-23,Brenk(1992)页 4426-4429,Torraca(1998),尤其是页 3487-3489,Salomies(2005),以及 Van der Stockt(2006)页 1038-1039。

(第2、9、11-19节)中也非常重要,这部作品三分之一的篇幅通过论证表明言语坦诚是区分谄媚者与真[152]朋友的关键(第25-37节)。如果说这两篇文本分别在演讲与友谊的语境下讨论人际交流,那么,《论饶舌》——本章研究的对象——则是把言说本身作为主题。

第一节 语词、语词、语词,或:名称中有什么?

《论饶舌》的希腊文标题是 Περὶ ἀδολεσχίας。Adoleschia 这个词最早出现于公元前五世纪,传统意义上指"无用的、过多的话"。③ 因此,容易被人指责为饶舌的人群是演说家,以及——尽管是在相当不同的意义上——智术师和哲人。④ 逐渐地,这个词开始更一般地用作那些说话太多的人的标签。如果说古典喜剧与中期喜剧是用它来形容智术师或哲人,那么新喜剧则常常把奴隶描写成非常饶舌。⑤ 与此相一致的是——仅举几个例子——亚历山大的斐洛、哈

---

③ 比较 Steinmetz(1962)页 54。关于该词的词源学,参 Frisk(1973)该词项下,以及 Chantraine(1968—1980)该词项下,亦参 Pettine(1975)页 26 注 1,以及 Altamura(1990)页 222-223。斯托拜乌斯《牧歌》3.36 处含有一系列关于饶舌的著名的引语或轶事,但那里没有提到普鲁塔克论饶舌的著作。关于指涉"饶舌"的希腊词汇的更全面叙述,参 Martín García(1995)。

④ 例如,德摩斯梯尼多次感到需要把自己与饶舌者区别开来。参《斥菲利浦篇》2,32.4 与《演说集》50,2.4。比较 Dover(1974)页 25-28,Beardslee(1978)页 264-265 及更多的参考文献,Montiglio(2000)页 116-157,特别是页 116-122。从伊索克拉底《驳智术师》8 与柏拉图《智术师》225d 处能够清楚地看出,智术师们常常容易面临相似的批评。关于苏格拉底作为饶舌者,参阿里斯托芬《云》1480 与 1485,柏拉图《斐多》70c,以及色诺芬《齐家》11.3.3。

⑤ 关于奴隶同饶舌的联系,参下文注 29。

利卡纳苏斯的狄奥尼修斯以及金嘴狄翁这些作者,都将该词当作明显负面的标签,用来指没有用处、没有思想的闲谈。⑥ 对这种行为最详尽的分析可见于泰奥弗拉斯托《人物品格素描》(*Characters*),它区分了无聊的闲谈者(ἀδολέσχης,《人物品格素描》3)、[153]多嘴的人(λάλος,《人物品格素描》7)、谣言贩子(λογοποιός,《人物品格素描》8)以及诽谤中伤者(κακολόγος,《人物品格素描》28)。⑦

同泰奥弗拉斯托相比,普鲁塔克要少一些理论色彩,他不加区分地用ἀδολεσχία与λαλιά指代饶舌。因此,在本章中,我将根据语境对这些词中的每一个及其衍生词采取不同的译法。泰奥弗拉斯托作品中的另外两个饶舌形式,谣言贩子(λογοποιός)与诽谤中伤者(κακολόγος)没有出现在《论饶舌》中。关于传播谣言,可以注意到普鲁塔克表明饶舌者常常撒谎(503D),尽管他一般不强调这方面。最后,诽谤中伤这一方面在《论饶舌》中完全没有谈到。⑧ 普鲁塔克同泰奥弗拉斯托、斐洛、狄奥尼修斯以及狄翁确实有一共同之处:关注一般意义上人们的饶舌,而非演说家、智术师或哲人的饶舌。⑨

---

⑥ 例如斐洛《坏攻击好》130,哈利卡纳苏斯的狄奥尼修斯《论文学写作》26,或金嘴狄翁《第十二演说集》、《论退隐》3。

⑦ 关于对泰奥弗拉斯托"饶舌"人物的叙述,参 Altamura(1990)页 221-223。

⑧ 不过诽谤中伤在《论好奇》中确实扮演了某种角色。比较下文页 188。相反,《论饶舌》集中关注与诽谤造谣相反的喋喋不休。关于二者之间的区别,参 Hunter(1990)页 300。

⑨ 自从 Ziegler(1951)页 778 指出这部著作还没有对其进行原始资料研究——这一点也得到 Beardslee(1978)页 267 的证实——以来,Ingenkamp(1971)页 126-128 与(1978)页 829-831,Dumortier 与 Defradas(1975)页 225-226,以及 Pettine(1992)页 19-26 已经指出普鲁塔克之前以及同时代的古典希腊、拉丁文学中一些可资对比的段落。然而,这些段落常常没有采用ἀδολεσχία这个词。

普鲁塔克《论饶舌》中的第一个批评与说话太多有关:普鲁塔克强调,对饶舌者来说,任何借口都足以让他们滔滔不绝起来(502D);他描绘了一幅过分冗长的回答的生动画面(513A);他重复提到 φλυαρία,它接近于 logorrhea[多语症]所暗示的观念。⑩ 然而,进一步的批评显示,普鲁塔克批评的不仅是说话太多。在尤蒙尼斯(Eumenes)的一则轶事中能够找到清楚的说明,尤蒙尼斯是一位希腊将军兼学者,他参加过[154]继承者战争(Wars of the Successors)(第9节)。尤蒙尼斯没有告诉他的朋友和士兵们克拉特鲁斯(Craterus)正在接近,而是告诉他们奈奥普托勒姆斯(Neoptolemus)正在接近,那是一个位他们瞧不起的人。结果,他们赢得了这场战斗。这则轶事显然与无聊或过多的言谈无关,而与在特定情形下应当说什么有关。同样有趣的是普鲁塔克对尤蒙尼斯策略的评论,他说这个策略很聪明,因为不告诉朋友真相而救了他们,比告诉他们真相但毁了他们更好。因此,普鲁塔克这里的要点不在于一个人言辞的数量甚至质量,而在于言说与沉默——也就是透露信息与保留信息——的策略性运用(比较 ἐστρατήγησεν ἡ σιωπή,506E)。⑪

利用好言说的关键之一在于说话时机。例如,有个故事说有位农夫在塞琉古国王想隐瞒身份时招待了他,却被国王杀了,因为农

---

⑩ φλυαρία 这个词出现在503F、505C、508C、510C 与511D 等处,λῆρος 出现在504B 与512D。然而,应当注意的是,除了从这些名词派生而来的动词之外,普鲁塔克也使用了 λέγειν(特别参看505B、508C 与509D)。饶舌者的某些行为用该动词来表示,这一事实意味深长:暗示了普鲁塔克不仅仅关注讲废话的问题,也关注谈论那些虽然有趣的但在某些场合下应当保持沉默的事情这一问题。比较 Auberger(1993)页298-306 与 Gleason(1995)页98,作者讨论了普鲁塔克对这些不同动词的使用。

⑪ 关于普鲁塔克对言辞数量与言辞内容——或饶舌者言辞的品质——的评论,分析参 Ingenkamp(1971)页126-128 与(1978)页829-831。

夫忍不住显示他知道了客人的身份(第 12 节)。普鲁塔克认为,要是农夫再多沉默一会儿,等到塞琉古再次掌权,国王将会重赏他,不是为了他的款待,更是为了他对于何时保持沉默、何时说话的机智和审慎。这里讨论的与其说是说话的内容,不如说是说话的时机:在某个时候能够安全说出的东西在另一个时候常常不该说。

《论饶舌》中引起普鲁塔克特别兴趣的另一个利用好言说的关键是对对话者的选择。对苏拉围城和雅典劫掠的描述提供了很好的说明。Heptachalcon——雅典的主城门之一——没人看守这一事实在雅典人中间不再是秘密,但在理发店谈论这件事是不明智的,在那里密探可以听到一切。当苏拉在城墙前时,雅典人辱骂他——一位有权势的人——也是不明智的:他们应当想到他攻下城池之后的后果。在这方面,弗尔维乌斯(Fulvius)的轶事甚至更加明确,[12]他[155]把听到的奥古斯都关于皇位继承的话传给了他妻子。弗尔维乌斯的妻子又告诉了里维娅,然后里维娅用这话来反对元首。弗尔维乌斯发现这一点时,

> 他说道:"凯撒已经发现我不能保守秘密;因此,我要自杀。"他的妻子回答道:"那是你应得的,因为虽然你已经和我一起生活了那么久,但你没有考虑到或者警惕我那管不住的大舌头。"(《论饶舌》,508B)

这一段提出的第一个论点是,某些事情是 $\dot{\alpha}\pi\acute{o}\varrho\varrho\eta\tau\alpha$,意思是它们首先"不应当被告诉"任何人,因为有些事只有一个人知道才是真

---

[12] 关于名称的正确性问题,参 Paton、Pohlenz 与 Sieveking(1929)页 293,Helmbold(1939)页 429 注 b,以及 Dumortier 与 Defradas(1975)页 241 注 2。

正的秘密（比较 λόγος ἐν τῷ πρώτῳ καταμένων ἀπόρρητος ὡς ἀληθῶς ἐστιν, 507A）。就此而言，当弗尔维乌斯在场时，奥古斯都本人什么也不说才是明智的。奥古斯都说的原因可能在于，他认为他可以信任弗尔维乌斯——他的朋友（比较 Φούλβιος δ' ὁ Καίσαρος ἑταῖρος, 508A）。与此相似，弗尔维乌斯认为他可以信任他妻子。然而她向他指出——这是这一段的第二个论点——他应当考虑到（ἔγνως）她唠叨的习惯并且小心（比较 ἐφυλάξω）：应当考虑的不仅有信息的内容和时机，还有他与之谈话的人。

之所以要考虑其对话者，原因在于，说话显然是一种社会行为。普鲁塔克在 514E-F 陈明，人说话有三个理由：他们自己需要某些东西（δεόμενοί τινος），他们认为能给别人带来益处（τοὺς ἀκούοντας ὠφελοῦντες），或者他们享受彼此谈话的乐趣（χάριν τινὰ παρασκευάζοντες ἀλλήλοις... τοῖς λόγοις ἐφηδύνουσι τὴν διατριβὴν καὶ τὴν καὶ τὴν）。然而无论哪种情况，言说似乎都意味着对谈话搭档的关注。如果一个人需要什么东西而向某人询问或索要，那么根据定义这里就已暗含了还有另一个人，而原来这个人别无选择，只能依靠——因此也要调整自己以便得到——另一个人的好意。另一方面，真正使听者受益则预设了下述形式的对他人的关注：采取他者的视角并看到什么会给他带来益处。最后，就像用盐一样，人们用语言彼此提供乐趣，[156]使事务或闲暇更加宜人。⑬ 实现这一点必须靠对话（比较 ἀλλήλοις）而不是独白，为了给对方带来乐趣（χάριν），双方都必须尽心尽力。⑭

---

⑬ 相反地，饶舌者用言语毁坏了其行事可能产生的每一份乐趣。
⑭ 在文本的另一个地方，普鲁塔克指出，人提问常常不是在要求得到信息，而更是进行谈话的邀请。

虽然"给予乐趣"在理论上意味着向别人提供受欢迎的服务，但饶舌者似乎更多地关注互相受惠的观念，这一观念也已经暗含在希腊词语χάρις中：

> 语言是人与人之间最愉快、最具有社会性的纽带，但那些错误地、不加思考地使用它的人却使它变得非人性、反社会：他们想让别人愉快，却带来了痛苦；他们希望被别人赞赏，却使自己显得可笑；他们想要被人爱慕，却让人生厌。（《论饶舌》，504E）

如果运用得当，语言就是"人与人之间最愉快、最社会性的纽带"：它把人们聚在一起，带来快乐，表达柔情（φιλανϑρωπότατον）。然而，饶舌者们不加思考地使用语言，即不考虑别人的愿望和目的。他们使用语言是为了被人爱慕、受人赞赏，为了让别人对他们有所亏欠。换句话说，他们使用语言是为了个人利益，由此使语言变得非人性（ἀπάνϑρωπον）、反社会（ἄμικτον，504E）。⑮ 然而，饶舌者以错误的方式使用语言，得到的与他希望的却恰恰相反：他得罪了谈话者，显得可笑，并被人厌恶。因此，如普鲁塔克理解的那样，饶舌这个问题[157]源于人在社会中的抱负：饶舌者们的愿望显然是高度自我中心的，需要他人来助其实现。⑯ 这也是饶舌者频繁造访市场

---

⑮ 比较 Beardslee(1978)页264："《论饶舌》……《论好奇》……都将一种常见形式的反社会行为当作由哲学诊断并治疗的疾病来加以处理。"混合饮料这个比喻取自会饮活动——一种卓越精英的社交风俗：ἄμικτος 这个词指饮用未加稀释的酒。普鲁塔克不赞同这样做。参 Nikolaidis(1999)页341 与 Teodorsson(1999)页57–69。

⑯ 因此，《论饶舌》常常接近于《论不令人讨厌的自我称赞》。关于那部

(504b)、剧场(504B)以及体育场(502F)等公共场所的原因。鉴于语言的社会性质,语言无法以太直接的方式用于个人利益。饶舌者高调而自我中心的目标与语言的社会特质——这一性质已预设为了使语言有效需要关注他人——之间的冲突,恰恰是其悲剧所在。

饶舌者糟糕地运用言辞的第一个牺牲品是他们自己:没有人想听一位饶舌者说话(502D、502E 以及 503B),至少不会自愿要听(503A)。即使他确实拥有听众,他说的话也是"没有作用与没有效果的"($ἀτελὴς\ καὶ\ ἄκαρπος$,503B),因为它无法产生所有言说都意图产生的信任($οὐδὲ\ πίστιν\ ἔχουσιν\ ἧς\ πᾶς\ λόγος\ ἐφίεται$,503D)。重要的是,普鲁塔克补充道,饶舌者们即便在说真话时($κἂν\ ἀληθεύωσιν$)也会遭遇不信任,他的解释是"因为添加了大量虚言……毁坏了可信度"。然而,人相不相信某件事,也与说话者通常的可信度有很大关系。⑰ 在文本其他地方,普鲁塔克确实认为饶舌带来耻辱:

> 我的一位同邦公民,他碰巧读过两本埃弗鲁斯的书——或许三本,他总要叙述留克特拉战役(Battle of Leuctra)以及随后发生的事,把每个人都烦得要死,也破坏了每一次会饮。因此他得了一个绰号"伊巴密浓达"。(《论饶舌》,514C)

[158]这桩轶事讲的是一位来自喀罗尼亚的普鲁塔克的同乡,

著作,参 Ingenkamp(1971),特别是页 62–69,Betz(1978)以及 Gleason(1995)页 9 与页 149–150。

⑰ 比较 Goffman(1959)页 69 的社会学观察:"那些被人发觉说着厚颜无耻谎言的人,不仅在交流中丢了脸面,也会毁坏他们的脸面,因为许多听众都会觉得一个人如果能够说出这样的谎言,那他再也不应该被充分信任"。

他不停地谈论留克特拉战役。其行为最初的结果是破坏了他出席的每次会饮的气氛,⑱但最重要的是,这种社交气氛的破坏会反过来损害他自己:他得到一个绰号"伊巴密浓达"——即那位赢得留克特拉战役的忒拜将军。因此,在不同社交场合反复的饶舌会导致永久的耻辱以及——我们可以想像到——社交排斥。确实,普鲁塔克观察到,聚在一起说话的人要是看到一位饶舌者来了,就会"互相给出撤营的信号"(502E – F)。⑲ 因此,饶舌者人未至,坏名声已至,他甚至用不着开口说话就把人给吓跑了。人们形成了反对他的统一战线,⑳在共同体中这种统一战线将他排除在真正的参与之外。因此,饶舌者将没有朋友。普鲁塔克问,谁会对一位饶舌者说真心话(τίς δ᾽ ὅλως ἑαυτῷ παρρησίαν ἀπολέλοιπε, 506E)?普鲁塔克在《如何区分谄媚者与朋友?》中阐明,鉴于坦诚进言(παρρησία)是真正的友谊的特征之一,因此对饶舌者们来说,真正的、持久的友谊已不可能。

第二节　作为实践伦理学作品的《论饶舌》

《论饶舌》是一篇性质、目标和策略相当明确的文本。这部著

---

⑱ 这一点不仅被明确提出,在"秩序"这个词(πᾶν ἀνάστατον ἐποίει συμπόσιον)中也再次浮现。

⑲ 关于在圈子里这样的谈话,参 Lewis(1995b)页 434。关于这一现象的政治影响,参 O'Neill(2003)。

⑳ 用 Goffman 的术语来表达,我们可以说他被团队排斥在外,团队的成员"将通过非正式的表演性暗示来警告队友那位听众突然来到他们中间了"。比较 Goffman(1959)页 180。

作的开篇第一句话定下了基调:

> [159]当哲学想要治疗一个管不住的舌头时,它承担了一个困难、棘手的任务。因为它提供的药物——理性的言辞——需要倾听者,但饶舌者的耳朵听不进任何东西。(《论饶舌》,502B)

在《论饶舌》中,普鲁塔克的目标是治疗饶舌。㉑ 第一句话对哲学的明确提及清楚地表明这是一项哲学计划。㉒ 这在第二句话中得到了证实,那里说理性的言辞是药物。文本一开篇,饶舌也被认为是一种情感($πάϑος$,504E、505E 以及 510C－D)和欲望($ἐπιϑυμία$,502E),饶舌者被认为缺乏自我控制($ἀκρασία$,503C、503E、506F、507F、508B 以及 508F),㉓ 因为他的舌头不服从理性。所有这些似乎显得平淡无奇,但普鲁塔克事实上是第一位将饶舌带入伦理领域,并用一整篇论文讨论该主题的作者。因此,并不意外的是,《论饶舌》也提供了对普鲁塔克治疗策略的最详尽和明确的描述。我们在第二章中已经看到他在信念(krisis)与练习(askēsis)之间作的区分,以及将练习区分为反思(reflection, epilogismos)与训练(training,

---

㉑ 恕我与 Pettine(1992),页 17 观点不同,他认为:"道德及教育的目的,连同各种赞颂沉默之德或贬斥饶舌之恶的历史记载和奇闻轶事,可以给我们提供很好的借口,让我们沉浸于赏识古往今来不绝于耳的闲谈絮叨之言辞的机智有趣。"

㉒ 由于 la grandeur du vainqueur de′rive de la grandeur du vaincu[伟大胜利的彼岸是壮观的失败],要承担的任务是一桩"困难的、麻烦重重的"任务这一强调式陈述就增添了著作本身——以及作者——的声望。

㉓ 关于饶舌是作为$ἀκρασία$[不能自制],而不是作为$ἀκολασία$[无节制],比较亚里士多德《尼各马可伦理学》1177b35。

ethismos），这些区分都将普鲁塔克坚定地置于柏拉图—亚里士多德的传统中。在《论流放》中，普鲁塔克阐明了这些治疗步骤中的每一步如何进行。

在专注于信念的那部分文本中（第 1–15 节），普鲁塔克的目标是向读者展现饶舌导致的危害（比较 $\beta\lambda\acute{\alpha}\beta\alpha\varsigma$, 510D）和耻辱（比较 $\alpha\emph{i}\sigma\chi\acute{\upsilon}\nu\alpha\varsigma$, 510D），从而使他厌恶饶舌，[160]因为没有人会改变他的习惯，除非先相信这种改变对他有利。饶舌的有害后果——对饶舌者自己以及对他人——在《论饶舌》中得到了大量关注。[24] 例如，在弗尔维乌斯的故事中，当里维娅用她从弗尔维乌斯妻子那里听到的话反对奥古斯都时，弗尔维乌斯就被判处了死刑。另一方面，苏拉因为某些老人在理发店散布的战略信息而攻占雅典，且因为某些雅典人斥责他而惩罚了所有雅典人。如果伤害是对作为生物体的人的威胁，那么耻辱就是对作为社会存在的人的威胁：[25]死亡是前一类别中的最坏情况，社交排斥则是后一类别中的最坏情况。我们在上一部分已经看到，这恰恰是普鲁塔克对饶舌者的预言。在文本的其他地方，普鲁塔克指出饶舌者被人嘲笑并为人憎恶。[26] 如果说这些论点明确鼓励读者远离饶舌者，那么文本还采取了一系列更为巧妙的策略。例如，普鲁塔克说"作为你的医生，饶舌者比疾病更坏；作为你的同船伴侣，饶舌者比晕船更让人不舒服；他的赞扬比别人

---

[24] 根据 Ingenkamp(1971) 页 78："在《论饶舌》中，普鲁塔克花最大篇幅讨论了 $\pi\acute{\alpha}\vartheta o\varsigma$［激情］的后果(Kap. 7–15 各处)。"

[25] 比较 Ingenkamp(1971) 页 76："die $\alpha\emph{i}\sigma\chi\acute{\upsilon}\nu\eta$ spielt…die Rolle für den Menschen als $\zeta\tilde{\wp}ov$ $\pi o\lambda\emph{i}\tau\emph{i}\kappa\acute{o}\nu$, die die $\beta\lambda\acute{\alpha}\beta\eta$ für ihn als $\zeta\tilde{\wp}ov$ spielt。"

[26] 饶舌者被人憎恶：504E、509C 以及 510D；被人嘲笑：504E 与 512C。Celentano(2000) 将普鲁塔克《论饶舌》中对饶舌者行为的描述称之为"对正常交流的戏仿"，Palomar(2005) 页 102 也说普鲁塔克在《论饶舌》中运用了"近乎漫画"的对比。

的责备更让人厌烦"(504B)。饶舌者被说成比叛徒更坏(第 15 节),而且饶舌与教育程度不高、社会地位低下的人群㉗——如理发师、㉘奴隶㉙以及女人㉚——联系起来。[161]另一方面,读者则似乎属于社会地位更高的阶层:不仅阅读行为预设了在古代只有精英阶层才负担得起的教育程度,文本也提到了军人(513D)、在总督或国王面前谈话的演说家(513D)、文学爱好者(514A – B)、旅游爱好者(514B)以及写作爱好者(514D)。㉛ 提及下等阶层似乎是为了鼓励这一类读者良好地使用言语,以便尽可能远地与那些社会地位不如他的人保持距离。通过这种方式,文本成功地引导读者使自己与饶舌者保持距离,而没有直接说或指责他是一位饶舌者:《论饶舌》

㉗ 在 510A,普鲁塔克甚至暗示,饶舌者在自我控制方面还不如鹅。正如 Perutelli(1985)与 Horsfall(1989)所讨论的那样,地位低下之人与饶舌之间的关联,如在佩特罗尼乌斯《讽刺诗集》41 – 46 处再次出现。

㉘ 例如 508F、509A 以及 509B。亦比较 505A。关于理发师的社会功能的讨论,包括理发店里的流言,参 Carcopino(1986)页 233 – 243,特别是页 233 – 234 与注 70 – 75,那里包含了一些一手资料,以及 Lewis(1995b),特别是页 436。亦参 Hunter(1990)页 302 与 Sellars(2003)页 15 – 16。

㉙ 例如 507D 与 511D – E。其他作者也把奴隶描写得特别饶舌。例参阿里斯托芬《蛙》750 – 753,以及朱文纳尔《讽刺诗集》9.92 – 101。比较 Hunter(1990)页 304 以及 Pettine(1992)页 22。

㉚ 例如,正如塞蒙尼德斯《残篇》7,Diehl,20,朱文纳尔 6.398 – 412、434 – 456,或 O'Sullivan(1980)页 51 – 52 讨论的警句的观点所显示的那样,女人通常被认为是饶舌的。亦参 Hunter(1990)页 303,他提到新近关于一个希腊山村中闲话的研究,并给出下述引文:"男人们说闲话,但女人们被认为只说闲话。"相反,控制言语成为"获得男子气概"的一种方式。比较 Gleason(1995)页 131 – 158。

㉛ 关于饶舌的社会含义,值得提到 Beardslee(1978)页 266:"对普鲁塔克来说,这是一个主要的社会问题,对基督教来说,这只是一个次要问题(然而,基督教一进入普鲁塔克所属的同一个社交圈子,这种情况就改变了)。"

没有正式的题献对象,㉜并且以第三人称表现饶舌者。

反思(epilogismos,第16–18节与23b)的作用是将这种思考方式转移到读者自己的思想中去。因此,在第二章引用过的反思练习中,普鲁塔克切换到了联系性的第一人称复数:"我们理解了(κατανοοῦμεν,510D)就饶舌者来说,他们为人憎恨,尽管他们渴望被人爱慕;他们令人厌烦,虽然他们想取悦别人;他们被人嘲笑,虽然他们想受人赞扬;他们花了钱却一无所得;他们错待朋友、帮了敌人,也毁了他们自己。"《论饶舌》的最后一段也强烈而明确地呼吁读者:

> [162]每当我们想说话、话到嘴边的时候,都应该始终把这些实践练习与下面的提醒和反思融贯和结合起来:我如此迫切、急切地想说什么?我的舌头渴望什么?要是我说了,会有什么样的好事发生在我身上?要是我不说,会有什么样的坏事发生在我身上?(《论饶舌》,514E)

在措辞上,这项建议又一次从无人称的第三人称转变为第一人称复数,更加直接地向读者呼吁:每当我们想说话的时候,都应当在可能说话之前反思这一行为。通过那种反思我们将发现,我们自己对言语的使用可能多么接近饶舌者:我们——读者——与饶舌者之间表面上的区别可能并不是绝对的。因此,《论饶舌》试图在其读者中引发的反思,创造了一种关于饶舌的自我认识,认识到我们在通常的文明交往中多么危险地接近饶舌,我们需要时常反思该如何避免。

㉜ 这与普鲁塔克的一般做法相一致。比较上文第二章注1。

作为所有这些关于饶舌者的负面评论的对立面,普鲁塔克也为读者提供了正面的榜样和激励。事实上,这是他所建议的第二个反思练习的明确目标:

> 其次,我们应当反思它们的对立面:我们应当永远听到并记得那些对于管住自己舌头的赞美之辞,记住沉默那珍贵、神圣和神秘的性质,并把这些言辞放在手边:说话简短、简洁的人言简而意赅,他们更受赞颂和爱慕,并传递出比那些不能自制的说话者更智慧的印象。确实,柏拉图也赞扬这样的人。(《论饶舌》,510E)

在这一段中,可以看出三个论证,意在说服读者听从普鲁塔克的建议。第一,普鲁塔克声称柏拉图也有同样的观点。因此,如在他的其他实践伦理学著作中那样,普鲁塔克在这里通过提到[163]过去那些著名的哲人——尤其是柏拉图——而建立起(自己的)权威。[33] 在《论饶舌》其他地方,亚里士多德被描写为看不起饶舌者(503A-B),芝诺作为在言语方面自我控制的典范被引用两次。除了哲人之外,[34]《论饶舌》也讲述了大量采自希腊神话和希腊罗马历史的先例。例如,在后一类中,有前面说过的弗尔维乌斯与奥古斯都大帝的轶事,但也有一位反对尼禄王的阴谋者更晚近的故事,他在行事前走漏风声从而毁了这次行动(505C-D)。在希腊方面,我

---

[33] 关于普鲁塔克作品中沉默的神圣含义,参 Casel(1919)页 86-93, Montiglio(1984),Roskam(2001),Barrigón Fuentes(2005),López Salvá(2005),以及 Van Nuffelen(2007)。

[34] Beardslee(1978)页 266 处说道,对普鲁塔克来说,饶舌"与成为哲人水火不容"。朱文纳尔《讽刺诗集》2.14 将不情愿说话当作哲人的特征加以引述。

们已经看到,普鲁塔克甚至提到一件发生在喀罗尼亚的真实的当代事件。因此,饶舌显然是普鲁塔克的读者们在日常生活中很可能碰到的一种现象,无论他们是罗马人还是希腊人。

所引段落给出的第二个论证是,控制自己的舌头会受人尊敬、为人喜爱。这一点在后面的文本中得到了证实,普鲁塔克在那里提出在自己喜爱的话题上有所控制"值得赞扬"(ϑαυμαστός,514B)。与此相似,普鲁塔克指出,Leaena 参与了一项反对希琵阿斯和希帕库斯的密谋,因为她对这一密谋守口如瓶而得到一尊铜像作为辉煌的奖励(καλὸν γέρας,505D)。当然,在所引段落中,普鲁塔克的表达方式与504E 所阐述的读者的愿望有关,我们已经看到,504E 处说饶舌者使用言辞是为了受人爱慕、被人尊敬或得到报酬。换句话说,普鲁塔克说的是,由于他提供给读者们的哲学建议,他们将能够更加有效地实现他们的心愿。可见,他绝没有打消他的读者的社会关注,而是策略性地有效利用了这些前哲学的[164]感觉,以便为自己赢得读者的支持。㉟

这一段中值得注意的最后一点是普鲁塔克的建议:说话少的人似乎(δοκοῦσι)更加智慧(σοφώτεροι)。我将从言语与智慧之间的关系开始。在先前引用的关于"伊巴密浓达"的轶事中,普鲁塔克说他的同邦民"碰巧(比较 κατὰ τύχην)读了两三本"——在三十本中!——"埃弗鲁斯的书"。㊱ 那么,除了这个人说话太多这一事实

㉟ 在511A 处,普鲁塔克指出了说话简短的魅力(χάριν)和力量(δύναμιν)——由此使人想起前面提到的关于乐趣(χάρις)的论证,以及在第一章中阐述的读者对于权力的更一般性的渴望。

㊱ 比较品达的陈述"智慧的人是那些由于自然的天才就知道许多事情的人;那些饱学的,在他们的饶舌中喧嚷的人,像反对宙斯神鸟的乌鸦那样,吐出无用的话语"(《奥林匹亚颂》)2.86-9)。与此相似,朱文纳尔7.161-2 对

外,普鲁塔克也认为他对言语的运用暴露了他没有受过很好的教育。在《论饶舌》其他地方,普鲁塔克明确指出"那些受过真正高贵的皇家教育的人首先要学习沉默,然后才是开口说话"。显然,一个人必须学习(比较 παιδείας)何时说话、何时沉默。㊲ 反过来,对言语的良好运用成了"真正高贵的皇家"(εὐγενοῦς καὶ βασιλικῆς τῷ ὄντι)㊳ 教育的标志。在言语方面跟从普鲁塔克的建议,就必获得为了显得(δοκοῦσι)更加智慧——也即为了成功地利用一个人的文化资本——而需要的东西。㊴ 动词"显得"所暗示的外在表现的重要性引人注目。其他[165]段落证实了这一印象。例如,《论饶舌》两次暗示"每一位自重的、行为良好的人士"(πᾶς ἄνθρωπος αἰδήμων καὶ κόσμιος,503D 与 512C)㊵ 都强烈反对饶舌。这两个形容词中的前一

那些在每次演讲中都掺杂同一个事例的演说家的相似行为进行了批评。关于"学究作为对照",比较 Schmitz(1997)页 146 – 156,那里使我们注意 ὀψιμαθία,即后天获得的学识。

㊲ 关于普鲁塔克把沉默解释成一种"教育准则"(educative norm),参 Barrigón Fuentes(2005)。亦比较普鲁塔克在《论倾听》中给年轻人的教育建议,那些建议也强调了沉默的重要性。关于《论倾听》与《论饶舌》之间的对比,参 Ingenkamp(1971)页 81 – 82。

㊳ 恕我与 Helmbold(1939)页 421 以及 Pettine(1992)页 69 观点不同,我更倾向于用 εὐγενοῦς [出身高贵的] 与 βασιλικῆς [皇家的] 来解释和翻译 τῷ ὄντι ἀπὸ κοινοῦ [对那些国家的人],像 Dumortier 与 Defradas(1975)页 237 所做的那样。

㊴ 饶舌者想要展示他受过的教育,或许可以同关于过度补偿(overcompensation)的广为人知的社会学原理相比较。Labon(1972),特别是页 43 – 69 关于"纽约城市百货公司的社会阶层形成"的研究,以及页 244 – 245 与页 291,那里评述了下层中产阶级"太过讲究"(hypercorrect)的行为,在这方面提供了一个清晰的例子。

㊵ 关于普鲁塔克对这些概念的使用与碑铭证据之间的对比,参 Panagopoulos(1977)页 211 – 214。

个突出丑行被人察觉时的羞耻,后一个则强调外在表现的重要性。因此,使自己显得受过良好教育、在他人心里留下好印象,以及在社会中获得好名声,这些在《论饶舌》中显得相当重要。

第三节 《论饶舌》作为对饶舌的实践治疗:伦理与礼仪

如果礼仪在传统上被定义为"文明社会中个人行为的习俗性规则",㊶那么上一小节后段大部分篇幅似乎表明,普鲁塔克的《论饶舌》对我们说的礼仪比对伦理关注更多,对(外在的)规范和行为比(内在的)价值观和原则关注更多。㊷ 确实,在《论饶舌》中,由饶舌导致的耻辱比饶舌内在的恶受到更多注意,㊸并且普鲁塔克文本中给出的许多建议,在人文主义与早期现代礼仪手册上再次出现。㊹ 因此,我们[166]发现自己面对一个悖论:一部明确强调其哲学资格

㊶ *OED*,该词项下。

㊷ 也要注意饶舌与暴饮暴食之间反复的比较(512E – F、513D 以及 515A)——后者特别是礼仪的最高目标。例参 Leyerle(1995)页 126:"礼仪的任务就是为了使人类的进食与动物的进食区别开来,为此而进行干预。"在这一问题上,Leyerle 不止一次(例页 126、134 – 135)提到普鲁塔克。除了食物和饮料以外,控制饶舌也反复地与性的自我控制联系起来(503B、504E 以及 505A)。亦比较 Goldhill(2002)页 273。与此相似,Korenjak(2000)页 183 将普鲁塔克在《论倾听》中的建议称为 Verhaltenskodex[行为守则]。

㊸ Ingenkamp(1971)页 78 注意到此书对饶舌者灵魂糟糕境况的评论,"远远……比不上其他著作"。

㊹ Bryson(1998)引用了这些书的一些段落,这些段落强调了下面这些事有多么重要:使自己的言辞适应同伴(页 163),不自我称赞(页 164);亦比较普鲁塔克的著作《如何不令人讨厌地称赞自我》),在谈话中对优于自己的人作出让步(页 166),不夸耀自己的知识,等等(页 184)。

的文本,后来却把注意力更多地放在行为模式而不是道德上。这里发生了什么？普鲁塔克是不是不真诚？为了赋予一部实际上只与礼仪有关的作品以威望,他滥用了哲学的权威？[45] 或者,他对伦理与礼仪之间的关系有不同的解释,这种解释更多地将二者看成互补而非对立？在下面的篇幅中,我将通过分析普鲁塔克在《论饶舌》节 19–23a 所建议读者进行的实践训练来澄清这些问题。如果说这个文本有些地方接近礼仪手册,那么此处就是最接近礼仪手册之处,这类手册一般会确切地告知读者在文明社会中能做什么、不能做什么。

在第十九节的开头,普鲁塔克强调了训练的重要性($μέγα\ πρὸς\ πανϑ'\ ὁ\ ἐϑισμός$,511E),并解释说只有习惯能够克服疾病($ἔϑει\ δεῖ\ κρατῆσαι\ τοῦ\ νοσήματος$,511E)。此后,他建议了第一种实践练习：

> 首先,对于聚会中被提的问题,他当习惯于保持沉默,除非所有人都已经推辞不答……如果别人恰当地回答了问题,与大家一起称赞他、赞同他将是合适的,也能得到文雅之士的名声。如果没人回答,那么指出别人不知道的东西,由此来填补空白,就既不会招致不快也并非失礼。但我们要特别当心在别人被提问时不要抢先讲出他要讲的话。(《论饶舌》,511F–512A)

[167] 这一段以针对饶舌者的第三人称命令式语气开始："他当习惯于"(比较 $ἐϑιζέτω$)。然而,很快就策略性地切换成无人称动

---

[45] Bryson(1998)页 159–162 显示出这种行为常常被"谴责为不道德,而不是不文明"。

词(比较 καλῶς ἔχει)。[46] 无人称暗示了普遍的有效性,接下来的子条款对每个人都有意义,包括读者在内。最后,引文的最后一部分变成第一人称复数(比较 φυλάττωμεν, προλαμβάνωμεν)直接向读者发言。当一群人被问到一个问题时,读者被期望做的是按照明确的顺序采取一系列步骤:保持沉默;如果别的某个人知道答案,称赞他;如果没有人知道,就自己作出回答;但如果问题是专门向某个人提出来的,就不要回答了。一方面,这些指导路线相当具有实践性,也就是说,在爱比克泰德关于言语的评论中没有符合这些精确规则的内容,[47]另一方面,普鲁塔克的指导路线几乎是得体举止的机械钥匙,它向读者承诺他将在他人心目中留下举止高雅、端庄得体的印象。值得注意的是,普鲁塔克没有建议[48]读者通过让其他人回答问题来表明自己是一位好人,而是通过赞扬、赞同其他人对问题的回答来"获得一位有风度的人的名声"(δόξαν εὐμενοῦς ἀνθρώπου λαβεῖν)。在这一点上,《论饶舌》给出的建议接近礼仪规则。

第二个训练目标可以在专门向某个人提出的问题中找到。这

---

[46] 在第 16–23 节中各个地方,《论饶舌》以(匿名)第三人称或无人称方式阐述了对付饶舌的具体建议。例参 512C–D、513D、514A、514B、514C 以及 514E。作者通过这种方式又一次向读者作出呼吁,而没有给读者明确加上饶舌者的标签。

[47] 在他的《手册》33.1–2,爱比克泰德建议"在大多数时候沉默,只说必要的话,并且用词简洁"。虽然下一句对于要避免什么样的话题确实给出了一些具体说明,但如果与普鲁塔克的各种实践练习比起来,爱比克泰德的建议仍然是一般性、整体性的,正如我们将会看到的那样,普鲁塔克的练习对什么情况下人们应当保持沉默,以及什么情况下谈话是"人与人之间最令人愉悦、社交性的纽带"(504E,但亦参 514E–F)都作了说明,这些练习包含的内容从在回答问题之前等几分钟、避开一个人喜爱的话题,到用笔写作而不是开口说话。

[48] 更准确地说,他说这"是善的"(καλῶς ἔχει),由此提到了"善"这一典型的哲学价值。

种练习呈现出更为复杂的图景：

> 第二个练习与我们自己的回答有关。多话的人确实应当仔细注意那些回答，首先，在别人邀请他说话只是为了取笑、羞辱他时，他可能并非无意地给出严肃认真的回答。确实有些人捏造出一些问题，抛向饶舌者，目的是刺激他们——不是因为他们需要什么答案，而是因为他们在找乐子或开玩笑。人应当自己注意避免这种情况的发生：不要迅速地跳到一个主题上，好像你很高兴拥有这个机会，而要想一想问话者提问的方式与原因。如果很清楚他确实想得到一些信息，那就应当习惯于先等一下，在提问与回答之间留下一些时间，以便提问者如果想补充的话能够有所补充，而他自己也可以想一想他要回答什么：不应当越俎代庖打断问题，在别人常常还在提问的时候，出于过分急切而给出别的问题的回答。(《论饶舌》,512C-E)

饶舌者常常身影未到，名声已至，而其他人可能会问一些刺激他们说话的问题来拿他们逗乐。[49] 这一情形的幽默之处在于：饶舌者常常过分高兴于有机会说话，而[169]注意不到问题的真正目的，由此证明了他们的恶名是应得的。为了防止这种情况，普鲁塔克建议读者仔细注意（σκοπεῖν）其他人，借以对抗他自己说话的愿望：人不仅应当听别人问的是什么，也要反思别人提问的方式和意图。因

---

[49] 亦比较 χλευάζονται (504F) 与 καταγελῶνται (510D)。普鲁塔克把嘲弄当成反对饶舌的论证来使用，这清楚地表明在《论饶舌》中，作者的兴趣集中在饶舌的社交方面。他在《健康呵护准则》中的关注则完全不同，在那里他建议人们继续说话，即使被每个人嘲笑（ἂν πάντες καταγελῶσιν,130E）。这两部著作之间（表面上的）矛盾被 Dodds (1933) 页 106 注意到了。

此,这个建议试图通过反思克服饶舌:它没有说人应不应当回答问题,而是说到在被人提问题时,他应当考虑是否回答。在决定应当回答的情况下,普鲁塔克建议在回答之前留下一些时间,这是为了给提问者补充的机会,同时被提问的人也可以在实际回答之前想一想自己的回答。这些建议非常明确,但我们不能机械服从:判定一个问题的目的,评估人们的需要,在正确的水准上给出回答,这些都预设了灵活评估各种情境。就此而言,普鲁塔克关于饶舌的建议也在布尔迪厄的"实践"意义上是"实践的"。[50] 根据布尔迪厄,社会不是由严格的规则而是由灵活的实践手段统治的,在这方面策略与时机至关重要。同样,普鲁塔克借以对付饶舌的训练,也试图使读者创造性地对变动不居的外界情境做出应答。

普鲁塔克的第三个练习与回答问题的长度和内容有关。文本开始时再现了对苏格拉底是否在家这一问题的三种可能回答。他说,在理想情况下,可以给出友好的($φιλάνθρωπον$, 513A)回答:"不,他不在家,他在河边。他正在那里等一些客人。"然而,人们常常忽略这种回答的一方面或其他方面,要么把自己局限在严格必要的($ἀναγκαῖον$, 513A)"不,他不在"或甚至只是"不",要么扩展到过分冗长的($περισσόν$, 513A)解释:"不,他不在家,他在河边,在等一些来自伊奥尼亚的客人,他们带来了阿尔喀比亚德写给他的一封信,阿尔喀比亚德同波斯王的总督提萨弗尼一起在米利都附近,[170] 提萨弗尼过去站在斯巴达人一边,但多亏了阿尔喀比亚德,他现在开始帮助雅典人。因为阿尔喀比亚德想回到祖国,所以使提萨弗尼转

---

[50] 布尔迪厄(1972),特别是页 174-189,以及(1980),特别是页 87-109。大众道德以及——相关地——普鲁塔克的实践伦理学,在某种意义上非常适合满足外界境况的无限多样性。比较 Morgan(2007)页 187-188。关于廊下派伦理学中的灵活性与环境多样性要素,参 Inwood(1999)。

变了立场,等等。"当然,后面两种回答都不可能带来友好的谈话。惜字如金的人可能是不想与其他人有过多接触,而我们在 6.1 已经看到,饶舌者给出过分冗长的回答,则是因他希望别人因为这一回答而爱慕、赞赏他。因此,饶舌者与回答简短的人都错过了社会交往的机会,但只有前者无法实现他的愿望与抱负。乍一看,回答既要避免过分简短,也要避免过分冗长,这一建议看起来又几乎是一个机械的指导方针。然而很快,普鲁塔克补充道,人们应当将提问者的需要作为回答的中心(与内容有关)与半径(限制回答的范围)(κέντρῳ καὶ διαστήματι τῇ χρείᾳ τοῦ πυνθανομένου περιγράψαντα τὴν ἀπόκρισιν, 513C)。普鲁塔克用卡涅阿德斯和他经常去的体育场的司理之间的一则轶事说明了这一观念:

> 当他(也就是卡涅阿德斯)说"给我一个调节我声音的尺度"时,他(也就是体育场的司理)回答道:"我把和你谈话的人给你。"完全正确。因为提问者的愿望关乎对回答的调节。(《论饶舌》, 513C)

这则轶事清楚表明,善用言语的标准在于一个人的交谈对象。[51] 将别人的愿望作为言语的标准,当然意味着人要跳出自己的抱负和兴趣,也意味着对他人开放,并考虑他人的需要和情感。就饶舌者[171]被描述为只出于自爱而行动的人而言,这也意味着价

---

[51] 比较斯托拜乌斯《牧歌》3.36.22 中关于柏拉图的轶事:"当安提斯替尼有一次演讲太长的时候,柏拉图说道:'你不知道衡量言语的尺度不在演说者,而在听众吗?'"(Πλάτων' Ἀντισθένους ἐν τῇ διατριβῇ ποτε μακρολογήσαντος, 'ἀγνοεῖς' εἶπεν 'ὅτι τοῦ λόγου μέτρον ἐστὶν οὐχ ὁ λέγων, ἀλλ' ὁ ἀκούων;')

值观的转变,换句话说,一种伦理上的转变。㊾

在训练自我对抗饶舌的第四个练习中,行为与价值观之间的这一联系表达得更加明确:

> 苏格拉底过去常常规劝人们提防那些引诱我们即使不饿也吃的食物、即使不渴也喝的饮料。同样,饶舌者应当提防那些最使他高兴、他有太多话要说的主题:当它们出现时,他应当抵制它们……在涉及那些他们自认为比其他所有人都高明——因为他们的经验或习惯——的主题时同样如此。因为这样的人既然爱自己并且渴望名声,他就
>
> > 将一天的主要时光用在
> > 那些他碰巧超群杰出的事情上:
>
> 伟大的读者擅长讲故事,文学专家擅长技术性的讨论,那些在国外旅行和逗留的人擅长讲关于其他国家的故事。(《论饶舌》,513C–D 与 514A–B)

虽然任何主题都足以让饶舌者开始发言(513F–514A),但一个人喜爱的话题构成了特别的危险:出于自爱和对名声的渴望,饶舌者们有一种倾向,他们更喜欢谈论那些他们特别擅长或特别感兴趣的话题。通过谈论这些话题,他们希望向其谈话者炫耀自己,从而被他们爱慕、赞赏。然而,事实上这些[172]话题将他们变成甚至

㊾ 这至少是普鲁塔克看待事物的方式。比较第一章。近来 Buss(1999)页 798–799 指出了礼仪在去除自爱中的重要性。

比平时更加啰嗦、更加自我中心的说话者,也使他们成为嘲讽和憎恶的对象。为了避开这个陷阱,人应当提防他所喜爱的话题。因此,普鲁塔克建议鼓励读者获得更好的自我认识,我们在第一章已经看到,这是普鲁塔克实践伦理学著作中的哲学计划的主要目标之一。从更大的面上来看,自我认识也可以成为以关注他人取代自爱的第一步。所提议的这种价值观的转变清楚表明,引文开头提到苏格拉底不仅是修辞性的:普鲁塔克反对饶舌的建议不仅在于采取好的行为方式,也旨在带来伦理上的改变。

因此,《论饶舌》中伦理与礼仪之间并不相互对立,而是携手并肩紧密联合。这种对伦理与礼仪之间关系的构想方式完全不同于当代观点。今天,在哲学家与普通民众中,如果礼仪只与纯粹的行为举止有关,似乎就会遭到怀疑。[53] 古代的情况则相当不同。一方面,没有一个古代词符合我们的礼仪观念。像 τὸ πρέπον(适合的东西)与 τὸ καλόν(美好的东西)这样一些词有些接近,但 Heinz‑Gerd Ingenkamp 已经阐明,这些词也用来表示伦理价值。[54] 与此一致,另一方面,应当说作为生活技艺(τέχνη τοῦ βίου)的古代伦理概念能够相当容易地在伦理成分之外再提供审美成分。Nancy Sherman 最近关于塞涅卡《论仁慈》的研究显示,对礼仪的关注绝非必然要排除对伦理道德的真正关注。[55] 与此相似,根据普鲁塔克,饶舌是自爱的外在标志,一种明确的道德缺陷。因此,一个人在行为上类似饶

---

[53] Elias(1939)页 8‑10 引用了将内在美德与外在表现对立起来的现代作者。亦比较 Leyerle(1995)页 140,Bryson(1998)页 197‑209,Sherman(2005)页 63‑64 以及注 11 中关于伦理与礼仪之间关系的当代概念的更多参考文献,关于这些文献我发现 Buss(1999)尤其有帮助。

[54] Ingenkamp(1989)。

[55] Sherman(2005)。

舌者就暴露出下述事实：[173]他还没有得到（足够的）哲学教育，这种教育将教导人如何通过自我认识克服自爱。相反，控制自己的舌头则可以显出一个人忠于认识自我及关注他人这些价值观，同时也显出他属于教育良好人士之列。因此，伦理与礼仪成为同一枚硬币的两面：礼仪绝不是伦理的对立面，而是伦理的外在表现。㊊

第四节　普鲁塔克的饶舌

与《论感觉好》中的情况相反，普鲁塔克在《论饶舌》中没有作为人物出场；与《论流放》也相反，他没有把自己描写成一位提供哲学帮助的朋友。然而，他在这部著作中仍然在场。作为《论饶舌》的作者，他在这部著作中以第一人称发言。虽然一般来说他不倾向于强调他本人的角色，但他本人依然到处闪现，例如在关于"伊帕密浓达"的轶事中，"一个来自我家乡小城的人"（τῶν παρ' ἡμῶν τις，514C）。㊋ 除了自己发言之外，普鲁塔克在《论饶舌》中还谈到他

㊊　反过来，普鲁塔克建议的某些对抗饶舌的练习则是通过改变读者的行为来改变他的态度。Van der Stockt(2000)已经指出普鲁塔克在《漫谈录》中在礼仪方面的关注，以及"礼仪与伦理的关系的自然性"（页97）。亦比较 Van der Stockt(2006)，那里把普鲁塔克关于公共演说的思想作为"美学与伦理学"而提及。恕我与 Trapp(2007) 页 235–236 观点不同，他将哲学与修辞术相对立，因为他认为，修辞术的目标是影响门徒的外在表现，"恰恰相反，哲学性的自我塑造则是内在的，它的目标实际上是通过内在的与隐藏的事物来影响能被公开观察的事物"。

㊋　Helmbold(1939) 页 463 将 παρ' ἡμῖν 翻译为"在我的家乡小城"，Dumortier 与 Defradas(1975) 页 256 译为 chez nous[我们家]，Pettine(1992) 页 117 译为 uno dei nostri concittandini[我们同胞中的某一位]。亦比较 Hunter(1999) 页 226–227。

自己:

> 就我个人来说,那位奴隶让我感到极其惭愧,我想到注意别人所说的话、把握人说话的意图是多么让人感动。(《论饶舌》,511D)

[174]通过第一人称单数的强调代词(ἐμέ),普鲁塔克在此叙述一位奴隶给他留下的印象,这位奴隶被训练得除了被问的问题之外一句也不多说。普鲁塔克叙述道,当他想到那位奴隶的自我控制时,他感到羞愧。前文已经论证,反思对克服饶舌头等重要;另一方面,羞愧于不如一个社会地位比自己低的人也会激励好的行为。这则个人轶事位于《论饶舌》谈到精神练习的部分,普鲁塔克因此表现得非常熟悉他所建议的对抗饶舌的治疗。因此他成为一个样板,示范了读者应当如何对文本中叙述的轶事作出反应。[58] 然而,这种把自己作为病人的自我呈现引人注目,因为它呈现出这样一副图像:普鲁塔克自己就非常接近于是饶舌者。任何熟悉普鲁塔克全部作品的读者或许都会认为,普鲁塔克在这里真是一针见血:这个人写过相当多的一般意义上的文本,而在《论饶舌》这部著作中就有大量轶事,[59]这暴露出他在讲述和谈话中的快乐,这种快乐与归于饶舌者的那种快乐并非完全不同。

然而,如果说普鲁塔克把自己呈现为熟悉那种对抗饶舌的治疗,那么,他也通过表明他感到羞愧而强调了他的治疗的成功。这一事实紧接在他对耻辱的作用的方法学解释之后,表明他或许想避

---

[58] 亦比较 Russell(1993)页 436 关于提及作者本人缺点的教诲功能。
[59] 比较 Helmbod(1939)页 395 与 Celentano(2000)页 106。

免饶舌,或者至少他意识到自己有饶舌的倾向。同样的摆脱饶舌的认识甚或有意识的行动也见于普鲁塔克《论饶舌》提供的另一实践建议:

> [175]事实上,要是与文学主题有关的话,过分的饶舌就没有那么令人不快了。这样的人应当使自己习惯于写作或同自己讨论……就饶舌者而言,这样的空拳练习、对着写字桌大嚷会使他远离人群,由此一天天使他对同伴来说更易于相处。(《论饶舌》,514D)

鉴于普鲁塔克极其丰富的文学活动,如果假定普鲁塔克确实有被看成饶舌者的危险,那么取自《论饶舌》谈论实践练习部分的这一段便构成了合适的回答:谈论文学主题以及写作被呈现为饶舌的一个很好的替代品,做这些事将使饶舌者对其他人来说少一些不快,更容易相处。因此,普鲁塔克抓住写一部论饶舌的作品的机会,为自己和自己的文学活动辩护:《论饶舌》可以解读为不仅是为包含大量轶事的精心之作《论饶舌》的申辩,也是一般意义上为普鲁塔克多产的文学活动的申辩。通过这种方式,普鲁塔克本人在这部与其读者进行的(文学性)对话中,成功地激活了他自己的文化与哲学资本。

第七章 《论好奇》

[176]在《论饶舌》的一个我们还没有讨论的段落中,普鲁塔克要人们注意饶舌者的一个独特特征:

> 伴随饶舌而来的,就是爱打听别人隐私,这并不是一桩较小的恶习:饶舌者的确想听到许多东西,以便他们有许多东西可以谈论。尤其是他们会着手跟踪、查出那些秘密和隐藏的故事。(《论饶舌》,508C)

为了给自己提供谈资,饶舌者们努力获取尽可能多的信息。由此,饶舌与打听别人的隐私往往并行。① 更具体地说,据说饶舌者更喜欢把鼻子贴在那些佚闻秘史上。这不仅把无害的饶舌者与更怀恶意的侵扰者区分开来,也使普鲁塔克能够指出:好奇并不是比饶舌更小的恶习。因此,普鲁塔克不仅在[177]《论饶舌》中提到这

---

① 《论好奇》与《论饶舌》的主题相关,治疗方法相似,但显示出完全不同的结构。这两部著作虽然都被认为创作于图拉真统治时期,但522E提及图密善的残暴确证了公元96年是《论好奇》的写作上限(terminus post quem),而《论饶舌》唯一确定的写作上限是公元68年的尼禄之死(505C)。关于《论好奇》的写作日期,参Jones(1966)页72,Dumortier与Defradas(1975)页263,Inglese(1995)页29-30,以及Strobach(1997)页30;关于《论饶舌》的写作日期,比较Jones(1966)页70,Dumortier与Defradas(1975)页224,Pettine(1992)页28-29,以及Strobach(1997)页30。

种刺探别人事务的行为,也为这种行为专门写了一篇文章。正是这篇文本——《论好奇》构成了本章的主题。

第一节 《论好奇》:一个令人好奇的标题

《论好奇》以这样的论述开篇:如果一座房子没有足够的通风或光线,不能提供足够的抵御冬日严寒的防护,或者不利于健康,那我们最好离开这座房子(515B);"然而,如果由于熟悉,你变得喜欢上了这个地方,那么,调整光线、更换楼梯、打开一些门、关上另一些门,这些都是可能的:那将会使这座房子更加明亮、通风更好、更有利于健康"(515B)。开篇第一句话阐明的原则首先被应用于不同的城邦(515C),此后,则被应用于灵魂的情绪:

> 既然在灵魂中有某些不健康的、有害的、导致寒冷和黑暗的情绪,那么最好是驱逐并彻底破坏它们。那将给我们带来开阔的天空、光亮和纯净的空气。否则,我们应当转变它们的方向,以某种方式重新引导和调节它们。(515C-D)

至此,读者已经读了差不多二十行文字,但依然不知道文本要讨论什么主题。② 普鲁塔克似乎是要——足够反讽地——激起读者的……好奇心,不过,就普鲁塔克的哲学著作将要教导的内容而

---

② 在其他灵魂治疗类作品中,《论饶舌》与《论不令人讨厌的自我称赞》是开门见山地点明主题,《论温顺》在七行之后点明。《论制怒》在提到"愤怒"(πρὸς ὀργήν,453B,著作的第18行)之前有一个长一些的导言,但这或许要归于作品的对话体形式。

言,这是一种无害的好奇心。

有人或许会反对,认为包含《论好奇》的卷轴上无疑会附有一个名称标签。③ 这样读者从一开始就会知道文本[178]"与好奇有关(Περὶ πολυπραγμοσύνης)"。④ 然而,读者的好奇心并不会因为知道这一点而稍减,因为在普鲁塔克之前,πολυπραγμοσύνη这个词已经被人用于许多不同的语境,用作许多不同的意思。从语源学上说,πολυπραγμονεῖν / πολυπράγμων / πολυπραγμοσύνη指的是使自己忙于太多(πολυ-)的事(-πραγμονεῖν)。⑤ 这里"太多的事"是指超出一个人自己的事务之外,或超出别人期望他从事的事务之外,其反面就是关心一个人自己的事务(τὰ ἑαυτοῦ πράττειν)。⑥ "使自己忙碌"主要指体力活动,但若加以延伸,也涉及精神活动。περιεργία在语源学上非常

---

③ 关于卷轴与加题目标签(σίλλυβος)的习惯,参 Schubart(1921),特别是页 104,Dorandi(1984),Blanck(1992),特别是页 83。关于实际给书所加的标题,比较 Nachmanson(1941)与 Schmalzriedt(1970)。

④ 关于翻译πολυπραγμοσύνη时的困难,比较 Helmbold(1939)页 471。Gellius(《阿提卡之夜》,Attic Nights 11. 16)已经提到把πολυπραγμοσύνη翻译成拉丁文 curiositas 的困难。比较 Tasinato(1994),页 58–61。关于 curiositas 的英语译法,参 Defilippo(1990),页 479–480。关于一般意义上理解不同文化中的情绪的困难,参 Kaster(2005),特别是页 5–9。

⑤ 关于πολυπραγμοσύνη的语源学与含义,参 Demont(1996)页 28。关于一般性的古代"好奇"的历史,参 Labhardt(1960)。Volpe Cacciatore(1987)考察了普鲁作品中的"好奇"概念;Mette(1956)、Joly(1961)、Walsh(1988)以及 Lim(1995)页 149–181 集中关注普鲁塔克之后的古代时期;Blumenberg(1973)提供了从苏格拉底到弗洛伊德的研究;Bös(1995)则提供了从西塞罗到阿奎那的研究。

⑥ 亚里士多德在《政治学》1299a 比较大城邦与小城邦时,将πολυπραγματέω与μονοπραγματέω对立起来,大城邦中一位长官只管理一项事务,小城邦中则许多职位集中到少数几个人手中。

相似,普鲁塔克有时把它用作 πολυπραγμοσύνη 的同义词。⑦ 使用这些词汇的主要语境是政治:某政府或某个人采取了本来不该由其采取的行动,人们就说其好管闲事(πολυπραγμονεῖν)。⑧ 因此,雅典帝国主义的对手们(内部与外部的)可以用 πολυπραγμοσύνη 形容那种政策,⑨ 那种通常可能被进步的、极端的民主派人士[179]所拥护的政策。⑩ 在古代雅典,另一类被称为"好管闲事的"(intrusive)的人是阿谀奉承者(sycophants),⑪他们跟踪别人——大部分是富人——的事务并在可能的情况下提出诉讼。因此,教他们这样做的智术师们被伊索克

---

⑦ 例如《论好奇》516A、517E、519C、521A 以及 522B。对 περιεργία 的最详尽的处理似乎是泰奥弗拉斯托的《人物品格素描》第十三卷,其中相当正面地将 περιεργία 定义为"一种言辞与行动的好意的挪用"(a well-intentioned appropriation of words and actions)(προσποίησίς τις λόγων καὶ πράξεων μετὰ εὐνοίας)。关于泰奥弗拉斯托《人物品格素描》中的 περιεργία,参 Steinmetz(1962)页 155-156,Kapsalis(1982)页 44-45,Tasinato(1994)页 49-50、53-54,以及 Rusten、Cunningham 与 Knox(2002)页 90-91。

⑧ 例如希罗多德《历史》3.15.5;色诺芬《希腊志》1.6.3.2。

⑨ 例如修昔底德 6.87.3;阿里斯托芬《阿卡奈人》833;珀律比俄斯《通史》2.13.3;伊索克拉底《论雅典最高法庭》80.4。关于政治性的爱管闲事的讨论可参下列文献:Ehrenberg(1947),Adkins(1976)页 311-317,Allison(1979),以及 Demont(1990),特别是页 191-252;亦参 Nestle(1926),Dienelt(1953),Kleve(1964),Huart(1968),Harding(1981),Whelan(1983)页 7-20,Carter(1986),特别是页 26-50、71-77 与 99,以及 Vanhaegendoren(1999)页 63-154。

⑩ 关于好管闲事与革命之间的明确关联,参柏拉图《王制》434b7-9 以及弗拉维乌斯·约瑟夫斯《犹太古史》15.165.3。亦比较 Assmann(2005),页 37-38。

⑪ 例如阿里斯托芬《财神》913;伊索克拉底《交换法》48.2、98.5、230.3 以及 237.2。比较 Dover(1974)页 187-189,Adkins(1976)页 301-311、317-318,Lateiner(1982),Whelan(1983)页 20-25,以及 Demont(1990),特别是页 95-97。

拉底称为"好管闲事和贪婪的师傅"(πολυπραγμοσύνης καὶ πλεονεξίας... διδάσκαλοι,《驳智术师》20.10)。甚至苏格拉底似乎也被某些人归为好事者(busybody)。⑫ 在柏拉图的《申辩》中,苏格拉底回答了这样的指控。⑬ 一方面,他把自己与"传统的"好管闲事者区分开来:他不是政治家,因为他不在公民大会上采取行动(31c-e);他没有法庭上的经验(17b-d);他也不是智术师,因为他不索取任何学费(31c)。另一方面,他解释道,若他承认自己时常四处游荡、干预他人事务(πολυπραγμονῶ,31c),那他这么做也是遵照神的旨意(例37e),并且是为了省察自己和他人,促进美德(38a)。因此,苏格拉底的好奇是一种精神(mental)活动。⑭ 例如,在阿里斯托芬的《云》中,苏格拉底因为全心探究神和宇宙而被称为好管闲事者。⑮ 如果说大众为此嘲笑他,那更有教养的人则似乎会以这样的研究自豪。因此,πολυπραγμοσύνη成了一个指代研究的标准术语,或是历史性的研究,⑯或是[180]我们所谓的科学性的研究。⑰ 然而,在其他时候,好奇是一种针对那些更缺乏研究价值的对象的精神的、非政治的探询。因此,在那些被归于米南德的诗行中,我们会读到人们不

---

⑫ 例如色诺芬《回忆苏格拉底》3.11.16。比较 Adkins(1976)页319-327,Lateiner(1982),以及 Whelan(1983)页1-7、26-29。

⑬ 亦比较柏拉图对正义的著名定义"做自己的工作,不多管闲事"(τὸ τὰ αὑτοῦ πράττειν καὶ μὴ πολυπραγμονεῖν δικαιοσύνη ἐστί,《王制》433a)。关于这一定义,参 Gutglueck(1988)。

⑭ 关于苏格拉底的好管闲事,参 Dienelt(1953),Kleve(1964),Whelan(1983),Demont(1990)页301-328,以及 Isebaert(1992)页308-310。

⑮ 各处,特别是页225-234。亦比较柏拉图《法义》821a,821a-822d。

⑯ 例如珀律比俄斯《通史》3.38.2、5.75.6、9.15.7 与12.27。亦参 Demont(1990)页279-282 与 Inglese(1997)。

⑰ 例如泰奥弗拉斯托 *Physicorum Opiniones* 残篇12,Diels,页489,11.21-22。关于"科学"作为哲学一部分的概念,参 Dihle(1986)。

应当"查问别人的恶",⑱多部现在已经佚失的题为"好事者"的新喜剧可能也以相似的术语贯彻了这一概念。⑲ 以这种方式解释的好奇也吸引了哲人们的注意。例如,德谟克利特谴责那些窥探他人事务而忽视自己事务的人。⑳

第二节　对一种社会现象的实践哲学解释

既然 polypragmosynē 这个词的词义变化范围包括了从帝国主义到传播流言、从科学到侵扰人的好奇心,那么,出现在普鲁塔克文本标题中的这个词,对于读者将读到什么就没有给出明确回答。谜底直到普鲁塔克开始真正处理他的主题——对他将要处理的那种好奇下定义——时才揭晓:

> 好奇是一种想发现别人的恶的愿望,一种似乎无法免于嫉妒和恶意的疾病:
> "怀有恶意的人啊,你为什么如此敏锐地盯着别人的恶,却忽视了自己的恶?"(《论好奇》,515D)

[181]通过这一定义,普鲁塔克清楚地表明,他在《论好奇》中将讨论的那种 πολυπραγμοσύνη 是一种精神探询(比较 φιλομάθεια)。我

---

⑱　Πολυπραγμονεῖν μὴ βούλου ἀλλότρια κακά (Monostichoi 1. 583/703)。本人译出。关于米南德作品中的好管闲事,参 Mette(1962)。

⑲　关于此类作者的名单,参 Inglese(1996),页 16 注 23。

⑳　比较德谟克利特《残篇》80, DK: αἰσχρὸν τὰ ὀθνέα πολυπραγμονέοντα ἀγνοεῖν τὰ οἰκήια。

们将看到,著作各处将提及作为精神探询的好奇的所有传统变体——以某种方式,㉑但在这里,普鲁塔克特别指向喜剧和哲学。普鲁塔克的定义与上文提到的诸如引自米南德的那些诗行之间的相似之处,不仅暗示性地使人想起喜剧,而且普鲁塔克为其定义补充的引文出自一部(无法鉴定的)喜剧,也明确地使人想到喜剧。另一方面,该定义采取的柏拉图主义—漫步学派的形式,或许隐晦地暗示了哲学,㉒但哲学又是明确在场的,其方式是引入作为一种激情(πάϑος,515C、520D、522C)的好奇。此外,普鲁塔克还在打扰刺探与嫉妒和恶意——两种常被哲人讨论的情绪——之间建立起联系。

在《论好奇》中,普鲁塔克详尽描述了有些人一心想发现他人的恶的行为。通奸与放荡、平民出身、在亲戚朋友中愤怒和嫉妒的发作以及个人或公共事务的破产是激起好事者兴趣的典型现象(例517C,517E,518A)。为了发现这样的恶,好事者窥探人们的家谱、教育、财政事务以及婚姻(516B)。好事者调查这些事情显然侵扰了他人的私人生活。例如,在519F普鲁塔克写道,好事者透过邻居的墙进行窃听,或窥探他人的信件。他们试图以此发现尽可能多的

㉑ 在519B甚至可能有一处提到政治性的好管闲事,在那里普鲁塔克不仅说到μεταβολάς,一个可以指政治革命的词(参 LSJ, s. v. II3),而且也同洛克里人的立法建立了联系,在其中他无疑对"革新的愿望"作了政治性的解释。在其他地方,普鲁塔克明确地把πολυπραγμονεῖν 与 νεωτερίζειν 联系起来(比较《福基昂传》29.5.3,与《阿尔塔薛西斯传》6.1.1)。

㉒ 普鲁塔克在这部著作(515D 与 518C)中给出的 per genera et species [种和类]这两个定义确实似乎是按照柏拉图主义——漫步学派的模式打造的,这一模式给"种"下定义的方式是先表明它的共类(genus),然后"下降到连续二分的分支树",指出它的"种差"(differentiae specificae)。比较 Hankinson (1995)页125。

恶。同样的动机[182]诱使他们阅读墓碑上的每一处碑文、墙上的所有涂鸦(第 11 节),㉓从每一扇开着的门往里看(第 12 节),与尽可能多的人谈话:好事者为了得到最新的消息而拦下路人(519A),与大街上的奴隶和女人交谈(519F),对谈话比对工作更感兴趣(518F)。下面的段落在这一方面尤其能说明问题:

> 好管闲事的人总是忙于别人的事务,而毁坏、抛弃了他们自己的事务,他们很少到他们的农场去,因为他们无法忍受乡村的宁静与沉默。即使他们偶尔去农场看一看,他们也盯着邻居的葡萄藤,而不是自己的。同样,他们试图发现邻居家的牛死了多少头,或邻居的酒有多少变酸了。他们很快就能得到足够多的这些消息然后离开。相反,一位真正的好农夫甚至不会喜欢接收城市自动传来的消息,而会说:
> "然后他会在挖地时告诉我
> 在什么条件下文章得出了结论。因为
> 现在正是工作驱动着这该死的造物。"(《论好奇》,518E-F)

即使为了得到来自城市的重要消息,真正的农夫也不会为此中断自己田地上的工作,好事者则很少去他在乡下的庄园,即使去,他也不是对农业生产真正感兴趣:他不[183]照管自己的事务($τὰ\ αὑτῶν$, $ταῖς\ ἰδίαις$),却对邻居的不幸($τἀλλότρια$, $τῶν\ γειτόνων$)感兴趣,他专门

㉓ 古代城市似乎都有大量的各种碑文与涂鸦。比较 Robert(1961)页 69。当然,至于墙上铭刻与涂鸦的多样性,庞贝与赫库兰尼姆是能给出最佳证明的城市。参 Richlin(1983)页 81-83,以及 Wallace(2005)。

提出的问题是在他邻居的农场里出了什么差错($\mathring{\alpha}\pi o\tau\alpha\vartheta\nu\acute{\eta}\varkappa\alpha\sigma\iota\nu$, $\mathring{o}\xi\acute{\iota}\nu\eta\varsigma\ \gamma\acute{e}\gamma o\nu\varepsilon$)。㉔ 然而,很快他就感到厌烦,又回到城市。鉴于在城市里更有机会收集消息,㉕好事者事实上显得宁可待在城市而非乡村:他们喜欢常去集市、市场和港口(519A)这些地方,而且他们感到在剧院、赛马场这样的地方露面有着不可抵抗的吸引力(第13节)。㉖ 作为一个住在城市中的庄园主的好事者绝非什么例外:帝国早期的文学——希腊文学与拉丁文学都有——向我们展示了相当几位精英人士,㉗他们住在城市,但在乡下拥有可观的庄园,他们会不时造访那里。㉘ 例如,小普林尼反复提到他的别墅,说那是闲

㉔ 反过来,在《如何从敌人那里获益》中,普鲁塔克则简短描绘了许多人在看到"一块耕种得很好的田地或一片繁茂的花园"($\chi\acute{\omega}\varrho\iota o\nu\ \grave{\varepsilon}\varkappa\pi\varepsilon\pi o\nu\eta\mu\acute{\varepsilon}\nu o\nu...$ $\varepsilon\mathring{\upsilon}\vartheta\alpha\lambda o\tilde{\upsilon}\nu\tau\alpha\ \varkappa\tilde{\eta}\pi o\nu$,88B)时所感到的不安。比较 Gréard(1874),页171。

㉕ 除了能够得到更多消息这一事实之外(比较 Lewis[1995b]页432-441),城市中有更多的人、更多的房屋,甚至有更多的涂鸦,提供了更多搜集、散布信息的机会。关于在古代消息与信息的传播,参 Lewis(1995a),Ando(2000)页165-167 关于 acta diurna[每日纪闻]的部分,以及 Capdetrey 与 Nelis-Clément(合编)(2006)文集中的论文。关于罗马与其他城市的壮观场景方面——普鲁塔克在 520C 对此有所强调——亦参卢奇安《尼格里努斯》16。亦比较 Garland(1995)与 Whitmarsh(2001b)页255。

㉖ 关于这些中心公共区域对流言的重要性,参 Hunter(1990),页302。

㉗ 小农场主与中等规模的农场主常常自己耕作他们的庄园,但大庄园主居住在城市,他们在乡下的事务由一位专门的奴隶照管。比较 Saïd(1999),特别是页85、94-95。除了暗示好事者能够选择所从事的事务之外,他们也被描写为拥有奴隶(515E)和看门人(515E),有阅读(519F、520D、522D、522E)和骑马(519A)的能力。

㉘ 参罗斯托夫采夫(1957)页244-256。在希腊人中,这种人足够卓越,足以成为小说的类型人物之一。比较 Ramage(1973),页14。相反地,在《论感觉好》467D,普鲁塔克则把一个人能够去乡下并住在那里、自己照料庄园当作没当选某一职位的好处之一。

暇与平静的处所。㉙ 在这些书简与引自《论饶舌》的段落中都起作用的传统主题,是[184]朴素有德的农村与堕落腐败、永远骚动的城市之间的对立。㉚ 然而,为了确立自己有教养的身份,普林尼宣称他轻视城市的热闹与奢侈,好事者对社会生活的依恋则显示他既不是有教养的人,也不是勤奋工作的农夫。

普鲁塔克如此描述的行为已经吸引过前代哲人的注意。㉛ 在亚历山大的斐洛那里能够看到最引人注目的对比:

> 无价值的人在躁动不安中度过他的生命,他出没在市场、剧院、法庭、议会大厅、公民集会以及每一种聚会、集会场合;他任由其舌头进行没有节制、无休无止、不加鉴别的谈话,把混乱与杂乱带到一切事物中,他混杂真理与谬误、公开与秘密、公众与私人、神圣与世俗、理智与荒谬,因为他没有受过那样的沉默训练:恰如其时的沉默最好。他的耳朵在爱管闲事的好奇心中

㉙ 一个广为人知、清楚的例子是1.9。注意这封信是写给米尼修斯·方达努斯的,普鲁塔克在《论感觉好》中提到这位朋友,普鲁塔克在罗马期间曾与他共度时光。其他的例子如6.14、9.6、9.36与9.40。关于普林尼与他的别墅,查阅Lefèvre(1977),Kehoe(1993),以及Wolff(2003)62-66。

㉚ 关于这一传统主题,例参Ramage(1973)页122、133以下。Dover(1974)页112-114,Demont(1996)页20注39、页27,Hall(1996),以及Whitmarsh(2001b)页100-108。Wolff(2003)页62正确地注意到虽然社会中的下层民众或许会因为城市中生活质量差而咒骂城市(例如噪音、交通……),但像普林尼那样的富人抱怨城市,更多是因为在城市中打扰他们的、无法摆脱的社会责任。如比较贺拉斯的《讽刺诗集》1.9以及朱文纳尔的第三《讽刺诗集》。关于贺拉斯的《讽刺诗集》1.8与1.9及诗中对城市生活的抱怨,参Welch(2001)。

㉛ 在Friedländer(1922)页246-247、253-254、261-262以及Ingenkamp(1971)页128-129能够找到描写相似行为的进一步对比的段落。

始终保持警惕,渴望知晓邻居的事情,不管好事还是坏事,并准备嫉妒前者、庆幸后者;因为无价值的人天生就是怀着恶意的造物,是善的憎恨者、恶的喜爱者。(斐洛《论亚伯拉罕》,20-21)

在这一段中,斐洛描写了那些出于爱管闲事的好奇心而把生命花在不安的忙乱中的人。斐洛的描写[185]与普鲁塔克的《论好奇》有许多共同之处:斐洛指出好事者更喜爱社会生活,他写道,爱管闲事的人渴望听到有关别人的任何消息,并暗示在嫉妒与恶意之间有某种关联。与普鲁塔克相似,斐洛也将爱管闲事与饶舌联系起来:普鲁塔克在《论饶舌》中指出,好事者没有能力区分非秘密与秘密、理性与荒谬;也如普鲁塔克《论好奇》教导的那样,好事者不能区分私人与公共、真理与谎言、神圣与世俗。然而,与普鲁塔克相反,斐洛并没有专门为这两种社会性的恶写任何文本:上文引用的段落取自无价值的人($\delta\ \varphi\alpha\tilde{\upsilon}\lambda o\varsigma$)与有价值的人之间更大的对立,这种对立只构成斐洛的著作《论亚伯拉罕》的一小部分。塞涅卡对爱管闲事的评论也是同样的情况。例如,在《论平静》12.2-12.7中,塞涅卡描写了下述人群——他们花时间游荡在别人家里、剧院、公共场所(domos et theatra et fora),是为了发现本不该由他们发现的东西。塞涅卡说,这样的人并不从事任何真正的事务(inertiam),而过着烦躁不安的生活(inquietam)。塞涅卡在这一段中描写的行为与普鲁塔克《论好奇》中批评的行为本质上一样。[32]虽然塞涅卡明确说有许多人(magnae parti hominum)过着这种生活,在他的作品各

---

[32] 关于塞涅卡的这一段落与普鲁塔克《论好奇》之间的相似与区别,参Gréard(1866),页165-166。

处也反复提到这种生活方式,[33]但他没有建议任何解决方案,更不用说一种教导读者、使读者有能力寻求解决方案的治疗了。《论好奇》中描写的行为不是新的,但普鲁塔克是唯一专门为该主题作书的作者,著作中包括对好奇的详尽描写和指控,以及对抗它的全面治疗。[34] 又一次,普鲁塔克的实践伦理学显示其超越了[186]传统上哲学所辖之地的边界:《论好奇》的起点不是一个哲学系统,而是普鲁塔克和他的读者所可能了解的社会中的精英生活。

第三节　打一场读者的零和比赛

在上一小节,我们已经看到普鲁塔克如何将好奇定义为一种发现他人的恶的欲望。紧接在该定义之后就是下述限定条件:这样的侵扰是"一种无法免于嫉妒($φθόνου$)和恶意($κακοηθείας$)的疾病"。此后不久,他将侵扰概念化(conceptualize)为一双满怀恶意的眼睛($τῇ\ κακονοίᾳ\ τὴν\ περιεργίαν\ ὥσπερ\ ὀφθαλμὸν\ ἐντίθησι$,516A)。在 518C,侵扰与这些负面情绪之间的联系得到了澄清:

> 因为好奇是一种发现隐藏的、被遮盖的事物的愿望。然而,鉴于人们甚至会假装拥有他们实际上没有的优点,因此谁也不会隐藏一件好成就。因此,好事者既然渴望得到恶的信

---

[33] Friedländer(1922)页 246 写道:"塞涅卡的文章……几乎通篇都在抱怨罗马生活的空虚和毫无益处"。

[34] 正如在注 19 中表明的那样,几部新喜剧被取名为《好事者》,在这些剧作中,好奇将是一个主要的主题。然而,戏剧这种体裁决定了它不可能以包含解决方案和治疗措施在内的更详尽的方式处理该论题。

息,也就无法摆脱恶意的情绪,容易嫉妒、怨恨。因为嫉妒是为别人的善感到痛苦,恶意是对别人的恶感到快乐。二者都源于一种野蛮的、兽性的情绪,即恶毒。(《论饶舌》,518C)

这一段落指出,人们为了维护外表而不厌其烦:他们隐藏一切负面的东西,强调正面的优点,无论他们实际上是否拥有那些优点。普鲁塔克在下一节(第 7 节)中解释,为了捍卫自己讨人喜欢的公共形象,人们愿意放弃明显的好处,甚至忍受巨大的伤害:例如,他们拒绝告诉医生他们受的伤害。戈夫曼(Erving Goffman)在对《日常生活的自我呈现》(*The Presentation of Self in Everyday Life*)这部书的著名研究中,将这样的社会[187]交往表述为戏剧表演,其中前台与后台被清晰地区分开来。在前台区域,社会中的演员们为了给观众留下好印象而展示尽可能积极的一面。[35] 然而,在后台或许存在着关于表演的破坏性信息,暴露出演员实际上并不是他在台上扮演的人物。当然,区分前台与后台的整体观念意味着通往后台的通道受到严格限制:观众只被允许进入前台区域。然而,普鲁塔克描写的那些好事者并不尊重这一潜在的社交协定:他们会进入那些别人没想让他们进入的区域并获取信息。例如,在 516E,普鲁塔克写道,人们为了阻止陌生人贸然闯入房屋,所以才配备门环与看门人。[36]

---

[35] 关于脸是"公共的、所投影的自我形象,同时也是社会交往的基本通货"这一观念,参 Oliensis(1998)页 1 及注 1 中的更多参考文献。

[36] 关于公共领域与房屋私人空间之间的显著区分,参 Lewis(1995b)页 435 及注 20 中进一步的参考文献。在《如何区分谄媚者与朋友?》中,普鲁塔克把谄媚者侵入受害者的私人空间作为谄媚最坏的方面之一而单独提出(εἰς τὰ δωμάτια καὶ τὴν γυναικωνῖτιν ἐκτείνων…τὸ πολύπραγμον καὶ διάβολον καὶ κακοῆθες, 61D)。

但好事者偷偷摸摸地越过这些障碍物,正是为了发现那些带有门环或配有看门人的大门想对公众隐瞒的事物,例如一位穿着不得体的夫人,一个受惩罚的奴隶,或一群尖叫的女佣。在第九节开头,普鲁塔克解释了好事者如何处理收集来的破坏性信息:㊲

> 如果一个人知道的很多,结果必然是他要说的也很多……与此相似,说人坏话是爱管闲事的必然后果:因为他们喜欢听什么,他们就喜欢说什么,他们充满热情地从某些人那里得到的,也要兴高采烈地对其他人传播出去。(《论好奇》,519C)

在《论饶舌》中,普鲁塔克不仅指出饶舌与好奇之间的直接联系,也说到人们[188]倾向于谈论那些他们碰巧最了解的事物。这些预设在这里不仅再次反映出来(πολυμαθεία-πολυλογίαν),也适用于好事者:好事者喜欢说话,他们既然查探出别人的恶,也就会有许多坏事情要说(περιεργία㊳-κακολογίαν)。就好事者也饶舌而言,普鲁塔克在《论饶舌》中说的话同样适用于好事者。然而,好事者与饶舌者说的话之间有一个区别。事实上,Ingenkamp(1971,页49)已经表明,《论好奇》中的κακολογία不仅指散布坏消息,而且指在传播消息时使坏。㊴ 换句话说,虽然《论饶舌》涵盖了泰奥弗拉斯托描绘的无

㊲ 亦比较《论好奇》516F、517A 与 523A。

㊳ Ingenkamp(1971)页 49(以及页 69 – 70)指出,使用 περιεργία 而不是 πολυπραγμοσύνη 暗示出普鲁塔克正在利用写《论饶舌》时的同一份 hypomnēma 或个人笔记,在那里他只使用前一个词。然而,无论这是否正确,都应当注意到在《论好奇》中,περιεργία 还有四次出现在与《论饶舌》没有直接关联的地方(516A、517E、521A 以及 522B)。

㊴ 从下述事实能够清楚看出这一行为受到严厉反对:κακολογία 被用作法庭上的论证来反对某人(比较 Hunter[1990]页 306 – 307,以及[1994]页

聊的闲谈者、饶舌者以及——在某种程度上——谣言贩子,但好事者更类似泰奥弗拉斯托笔下的诽谤者(κακολόγος,《人物品格素描》)。[40] 因此,不难理解在本章开头所引用的段落中,普鲁塔克为什么说好奇与饶舌比起来"并不是一桩较小的恶行"。在一项人类学研究中,Juliet Du Boulay 已经表明流言——好事者说的话都可以归结为此——或许具有重要的社会控制功能:"虽然流言源自不同群体之间存在的竞争和敌意……但它的表达依赖于整个共同体共有的价值观和共享的历史。"[41]例如,如果一位好事者散布邻居家奴隶目无纲常的丑闻(516E),那么这反映并强化了人该好好掌管家庭的理想。[42] 与此相似,关于通奸的流言[189](518A)也是一种强烈的言说行动,它不仅谴责具体人士的行为,也清楚地向其他人表明共同体不赞许这样的行为,其目的是阻止他们这样做。[43] 换句话说,流言不仅包含对其对象的规范性道德主义(prescriptive moralism),也包含对其他人的描述性道德主义(descriptive moralism):Virginia Hunter 称之为管制(policing),它在"确保个体遵守群体规

---

102),在雅典,甚至存在谴责 κακηγορία 的法律(比较 Steinmetz[1962]页 318 - 319)。

[40] 关于对诽谤及其有害作用的生动描绘,参卢奇安论到《诽谤者》的片段。

[41] Du Boulay(1974)页 210 - 211,转引自 Hunter(1994)页 96。

[42] 总之,对人的家庭成员所过生活的批评可以导致对他(社会—政治)声誉的严重伤害。例参 Dio, *Euboean Oration*, 114。关于在雅典法庭上这样的批评被作为论证来使用,参 Hunter(1990),页 307 - 311,以及(1994),页 102 - 106。

[43] 妻子的行为似乎对丈夫的声誉非常重要。比较 Hunter(1990),页 315 - 321。关于在罗马对女性行为的兴趣,参 Friedländer(1922),页 261 - 262。

范"方面扮演着重要角色。⑭ 普鲁塔克指出好事者对于其敌人有用(即向敌人说明他们应当避免或改正什么),或许也指出了这一原则(516A)。但另一方面,好事者的活动也破坏了其谣言对象的声誉。这正是好事者寻求的:他想抹黑其他人的声誉。好事者这样做的动机是"竞争和敌意",或者——以普鲁塔克更哲学性的术语表述——是"嫉妒和恶意",它们分别被定义为"为别人的好运感到痛苦"和"对他人的不幸感到高兴"。⑮ 换句话说,好事者希望其他人做得不好(比较:敌意),因为他认为追求好声誉的竞争是一种零和比赛(zero-sum game,比较:竞争);⑯他认为如果他能破坏竞争者或敌人的声誉,同时提升自己的声誉,从相对的观点看,他就在社会尊敬的阶梯上上了一个台阶。因此,与普鲁塔克实践伦理学中讨论的许多问题相似,好奇背后的驱动力也是社会中某些个体的野心。

[190] 为了使人们改变他们的行为,有两种可能的策略。第一种策略在于证明社会尊敬不是一种零和比赛:如果不存在对于数量有限的好处的竞争,那么就不需要超过别人才能自己做得好。⑰ Christopher Gill(2003b)已经证明,这恰恰就是柏拉图主义者、廊下

---

⑭ Hunter(1994),页4。

⑮ 关于嫉妒与恶意之间的关联,参亚里士多德《修辞学》1387a 与《尼各马可伦理学》1108b。关于对这些情绪的讨论,参 Konstan 与 Rutter(2003)所编的论文集,在论文集中,与该主题有关的希腊文学作品的多个关键段落得到了研究,亦参 Tsouna(2007)页 124-125,以及 Mulhern(2008)。普鲁塔克在他的作品《论嫉妒与憎恨》中对嫉妒给予了许多关注。关于普鲁塔克《列传》中的嫉妒,参 Verdegem(2005)。

⑯ 关于在古代荣誉语境下的零和比赛,参 Whitmarsh(2001b)页 189 注 37 及其更多参考文献。Ben Ze'ev(2003)强调了竞争情绪中引起对比的和竞争性的要素。

⑰ 比较 Axelrod(1990),页 110-113。

派及伊壁鸠鲁主义者使用的论证,他们使用那些论证来谴责任何情形下的嫉妒、恶意这些竞争性情感。例如,特别是关于声誉问题,下述论点已经得到论证:"与gloria[光荣]——一种必然包含打击对手的零和型荣誉——相比,塞涅卡更喜欢claritas[光彩]或claritudo[显赫]——使他从无名大众中脱颖而出并非必须减弱其他罗马领袖的光彩。"[48]普鲁塔克也同意嫉妒当然是一桩恶,[49]但为了使读者远离嫉妒性的好奇,他采取了不同的策略。从下述前提——即在他和读者生活的社会中存在着为了争夺社会敬重的零和比赛——出发,普鲁塔克证明读者的战术未必会产生期望的结果:普鲁塔克在第九节末尾说,好奇常常导致危险并总是导致耻辱(πολλάκις μὲν οὐδ' ἀκινδύνως ἀεὶ δ' ἀδόξως,519F)。文本开头的各种比喻暗示了好奇的危险(οὐδ' ἀκινδύνως,517A)。[50] 在那里,屈服于好奇心被比作直视太阳或品尝毒花:[191]在好奇心得到满足之时甚至之前,这样的行为

---

[48] Habinek(2000),页266。

[49] 普鲁塔克与柏拉图主义、斯多亚主义及伊壁鸠鲁主义的理论一致性,在这里甚至比在《论感觉好》中还要清楚得多,Gill(2003b)页47-48提到这一点;然而,他由之开始的前提使他与习俗观点(以及亚里士多德)相一致,而不是与那些更激进的哲学学派相一致。

[50] 在把好事者比作鸟的比喻中(第3节)可能也指出了好奇的危险因素——如果我们像Helmbold、Dumortier以及Defradas那样,认为这个比喻并非指向忽略为自己寻觅食物的家禽,而是指所有飞进房屋的鸟。在私人房屋的窗户虽然很小但多半没有玻璃的世界中时常会发生这样的事(塞涅卡《书简》90.25把玻璃窗当作某种新奇、奢侈的东西而提及)。关于飞进房屋的鸟,比较Pollard(1977),页31与136。尽管飞进某人的房屋意味着对房屋私人空间的僭越,但对角落(εἰς δωνίαν,516D)的提及表明好事者寻找的是那些隐藏的东西,粪堆(ἐν χοπρίη,516D)代表他对恶事物的偏爱。当然,危险也在于下述事实:人们会努力把鸟从房子里面赶出去。

已经使人变盲,甚至使人身亡。另一方面,不名誉(ἀδόξως)与社会指责[51]在文本的后一部分受到更多关注,那里反复说到好事者被其他人憎恶(μισοῦνται,518E,μισουμένους,523B,亦参522F)。在这些明确的陈述之间,普鲁塔克指出好事者与收税人——一个遭人憎恶的阶层[52]——之间的相似之处(518E),并且暗示他们比谄媚者更坏。[53] 我们已经看到,传统上谄媚者被指控为爱管闲事,[54]谄媚者根据人们谋划或犯下的罪行而把他们弄上法庭,但好事者在泄露邻居的不幸中就能找到快乐,即使这些不幸事件都是偶然事故。因此,普鲁塔克说,人们宁愿把机要文件托付给奴隶或陌生人,也不托付给爱打听的朋友或亲戚(φίλοις καὶ οἰκείοις πολυπράγμοσιν,519E)。因此,好奇心适得其反:

---

[51] 恕我与Ingenkamp(1971)页79观点不同,我认为好奇的社会后果确实受到了很多关注,因为文中不仅明确提及不名誉(ἀδοξως,519F),也反复提及下述事实:好事者们常常成为憎恨的对象。憎恨是在《论饶舌》的纲领性段落(510D)的应用中被提及的情绪。比较上文页159与页160。关于人们对好事者所感到的憎恨,亦参亚里士多德《修辞学》1381b。

[52] 希腊文学中关于τελῶνες[收税者]的负面评价的确非常丰富。关于他们被憎恨的例子,参*LSJ*,该词项下;关于一般意义上的税收制度及其问题,以及关于特殊意义上的各种税收,参Jones(1940)页59、123－125,de Laet(1949),Badian(1972),Brunt(1990),Alcock(1993)页19－24,以及Sartre(2001)页819－823。

[53] 在《论流放》603F,好事者与谄媚者被合二为一,他们在乡下跟踪、追随别人,迫使他们回到城镇中。Volpe Cacciatore(1987)页142与注57对比了普鲁塔克作品中的这两个段落(《论好奇》523A与《论流放》603F),但没有注意到好事者在这里被说成比谄媚者更坏。

[54] 普鲁塔克时代的罗马帝国也有谄媚者存在:他们为了在政治上或社会上(经济上)的地位提高而出卖其他人。比较Friedländer(1922)页256－259,Ingenkamp(1971)页127,Bartsch(1994)页7－8,以及Rutledge(2001)页20－53。

[192]除了所有其他有害的后果之外,好事者的疾病还阻碍他们愿望的实现。因为所有人都小心地向他们隐瞒着什么:如果好事者能看到,他们就不会做任何事,如果好事者能听见,他们就不会说任何话。他们宁愿推迟或延迟业务的磋商和考虑,直到这样的人不再碍事。而且,在讨论秘密事项或处理重要事务的时候,如果有好事者出现,他们就会把事情放下并掩饰起来,就像在鼬鼠跑过时人们把盘碟隐藏起来一样。因此,那些别人能够看到、听到的事情,常常只有他们才不知情。(《论好奇》,519C – D)

好事者的危险不仅在于他会泄露秘密($ἀπόρρητα$),㉟还在于他会歪曲别人的话,所以人们有意地就是不让好事者知道某些事情。因此,好事者无法获得他渴望得到的信息。此外,这一段落还清楚地表明好事者——与饶舌者非常相似——在社会上受到排斥。所以,对于一个人的声誉来说,充满好奇是坏事而不是好事:好奇不能提升人的社会地位,反而会毁了他的社会形象。因此,普鲁塔克以他自己的方式表明嫉妒与好奇无助于使人获得社会尊重:他没有打消读者对荣誉的渴望,而是又一次策略性地运用了它。与此一致,他提出自己的建议,作为获取敬重的最佳途径:

> 有一次我在罗马举行讲座的时候,那位著名的鲁斯提库斯——图密善后来由于嫉妒他的声誉而杀害了他——也在听

㉟ $ἀπόρρητα$这个词确实在《论好奇》中出现了不下七次(517B[两次]、517D、518D、519C、519D以及522E)。

众当中。在演讲中间,进来一位士兵,给了他一封来自凯撒的信。当时一片沉寂,我也停了下来,以便他能够[193]读那封信。然而在我结束演讲、听众离开之前,他并没有想要打开信来阅读。因为这件事,所有人都对这个人的高贵充满景仰。(《论好奇》,522D-E)

这件轶事出现在《论好奇》接近末尾的地方,是文本中给出的唯一的当代事例,因而非常引人注目。(56) 普鲁塔克叙述了公元92年的代理执政官——鲁斯提库斯(Iunius Arulenus Rusticus)——在普鲁塔克于罗马上的一堂哲学课上展示了对自己好奇心的控制:这份好奇心关乎一封来自皇帝的信的内容。普鲁塔克说,结果鲁斯提库斯受到所有人的赞扬(比较πάντες ἐθαύμασαν,522E),而图密善则嫉妒(φθονήσας)他的声誉(δόξῃ)。将一部《论好奇》的著作明确题献给一位具体的人会有侮辱人的危险,(57)但讲述这样一件奉承的轶事作为在朋友身后向地表达的敬意,却是恰当的。然而,如果这是普鲁塔克唯一的目标,他就没有必要描写此人"正在跟普鲁塔克学习哲学"。(58) 这一事实的添加有力地强调了(普鲁塔克的)哲学对良好行为的用处和重要性:如果说鲁斯提库斯在其他方面与普鲁塔克的

(56) 与当代事例相比,普鲁塔克明显更喜欢用古典时期与希腊化时期的事例,参 Bowie(1970,特别是页16)与(2000,页44-46)。

(57) Russell(1973)页11说道"题献是一种赞美,这是基本规则"。与此相似,在《漫谈录》中遭到强烈批评的参与者多半被隐去姓名。比较 Russell(1993),页431。

(58) 关于鲁斯提库斯的哲学(廊下派)兴趣,以及这些兴趣对他的死亡的可能影响,参 Kroll(1917)页1084,Ziegler(1951)页689,Babut(1969)页239,Puech(1992)页4855,以及 Trapp(2007)页228及注10中的更多一手文献。关于鲁斯提库斯以及他同普鲁塔克的关系,亦参 Jones(1971),页23、51与62。

读者相似,那么在这里他则被描写为跟随普鲁塔克的路线而没有作好事者。就此而言,他乃是引导读者来仿效其行为的一个策略性手段。

第四节　普鲁塔克的哲学治疗

上文说,《论好奇》以下述建议开始:一所有缺点的房子,人要么离开它要么加以改变。同样,文本意在对读者的好奇心做些什么,[194]而不是仅仅描述这种好奇心。紧跟着对好奇心的定义,普鲁塔克的确命令读者——以单数第二人称的强命令语气——把他的好奇心转而向内:不是刺探他人的恶,而是省察自己的恶。如果人能通过切换光线($\mu\epsilon\tau\alpha\vartheta\epsilon\nu\tau\alpha$,515B)使一座房子更明亮,那么人也应当把注意力从别人身上切换($\mu\epsilon\tau\alpha\vartheta\epsilon\varsigma$,515D)到自己身上来治疗他的好奇心。我们已经看到,鉴于好奇心由嫉妒激发,普鲁塔克能使读者确信,他将在自己内部发现一个贮藏室,里面装满了他做过的错事以及他忽略的善举,这间贮藏室产生自羡慕、嫉妒、懦弱、小气这样一些情绪(515D – F)。这似乎是对好奇的合乎逻辑、合理的简便解决方法,但有两个难题无法避免:好事者要么看不见自己的恶,要么看见了也无法忍受。第一个难题在第二节得到了强调,那里好事者被描述成寻找弟兄眼中的刺却看不见自己眼中梁木的人:[59]好事者没有意识到打听他人的家谱、财务状况、家庭情况和谈

---

[59] 这一观念通过把好事者比作拉弥亚而得到阐明。这位神话中的公主因为被宙斯爱慕而受到赫拉的惩罚,被剥夺了睡眠。但宙斯使她能够把眼睛取下来而睡眠。拉弥亚在出门时就会装上她的眼睛,四处寻找儿童吞吃。结果,她成了育儿院的怪物。这一比喻是仔细选择的,因为拉弥亚与好事者在外

话内容有多坏。这一节接近末尾处将好事者与苏格拉底作了对比。从上文历史研究中能够清楚地看出,在与爱管闲事的关系上,苏格拉底处于含混的位置:在他的对手看来,苏格拉底很像一位好事者,因为他讨论各种私人与公共事务;但他坚持与政治生活保持距离,以显示他实际上是他们说的好事者的反面。如果他的确干涉了其他人的事务,那也是因为他试图提升他们:

> [195]苏格拉底试图弄清毕达戈拉斯采用了什么论证来说服人。也要再次提到,当阿里斯提波在奥林匹亚遇到伊斯霍玛霍斯时,他问伊斯霍玛霍斯,苏格拉底和年轻人进行了什么样的讨论,这种讨论使苏格拉底能够在他们心中产生那样的态度。当阿里斯提波听到苏格拉底言辞的一些小片段与例子后,他是如此激动,以至于瘫倒在地,变得苍白消瘦。此后,他受到强烈的渴望驱使,驾船去了雅典,喝泉眼里的水,研究这个人、他的言辞以及他的哲学,他这样做的目的是认识人自己的恶,并去除它们。然而,有些人无法忍受直面自己的生活,认为这是最令人讨厌的景象。他们没有能力让理性之光照耀自己,来省察自己。相反,他们的灵魂充满各种恶,那些灵魂瑟瑟发抖,害怕灵魂里面的东西,因此它们向外跳跃,在别人的事情上游荡,来喂养、喂肥他们的糟糕品性。(《论好奇》,516C – D)

在这一段中,苏格拉底起初似乎作为好事者被引入,他四处游

面睁着眼睛时都怀有恶意。参 *OCD*, s. v. 以及 González Terriza(1997)。拉弥亚的形象可参 *LIMC* 6,页 90 – 91。

荡,试图查清别人的事情。然而,更仔细的观察表明,事实并非如此:苏格拉底找寻的,是毕达戈拉斯如何成功地使人们信服,由此清晰地指向哲学。同样,阿里斯提波接着被描写为在询问苏格拉底如何影响那些倾听他的人。对这一问题的回答至关重要:根据文本,重要的是(苏格拉底式的)"哲学,它的目标是认识人自己的恶并去除它们"(τὴν φιλοσοφίαν...ἧς ἦν τέλος ἐπιγνῶναι τὰ ἑαυτοῦ κακὰ ἀπαλλαγῆναι, 516C)。因此,苏格拉底绝非好事者的例子,而是被呈现为提供了针对好奇的哲学解决方案。如果说普鲁塔克声称这一解决方案在于认识人的恶并去除它们,那么这些恰恰也是普鲁塔克实践伦理学著作中他自己的治疗方案的两个方面。通过把他的治疗方案的起源追溯到苏格拉底,普鲁塔克赋予自己的治疗方案以权威。然而,[196]在所引段落的末尾,普鲁塔克也考虑到,就目前建议的解决方案而言,好事者们可能会遇到第二个难题:虽然他们认识到问题所在,但他们或许宁可转过脸去,而不是面对问题。就这点而论,好事者的好奇心"事实上是一种逃离自我的方式,一种非常非哲学的态度"。⑥

因此,在文本的第二部分,普鲁塔克首先说服读者要处理他的好奇心,然后才提出另一种可能的处理方法。在《论好奇》开头,普鲁塔克一开始就预设读者们有容易好奇的倾向开始:他以第二人称单数给出除掉好奇心的顺序(515D–E),并以第一人称复数描述好

---

⑥ Nikolaidis(即出)。相反地,我们可以说,从《论感觉好》来判断,如果说人们普遍倾向于生活在他人的看法之下,而不是生活在来自我内部的看法之下,那么好事者则是病态地对他人着迷。在自我与他人(515D、515E、516A、516B、516C 与 516D)、内部与外部(515D、515F、516A 与 516D)之间确实有许多对立。然而,我们应当想到,正如前一小节所解释的那样,好事者的目标根本上是自我中心的。

事者的行为(516A – B)。为了宣布第一种解决方案的最终失败("有些人无法忍受面对",ἔνιοι...οὐκ ὑπομένουσιν)而切换到第三人称复数的时候,[传播信息的]媒介变成了信息:为了帮助无法面对自身之恶的读者,普鲁塔克现在以第三人称来描述好事者(οἱ πολυπράγμονες,516D)。在第三节中,普鲁塔克这样谈到一位好事者,他问一位埃及人对方携带的包里是什么东西,那位埃及人回答说,这正是它要被包起来的原因。如果说通过这件有趣的轶事,普鲁塔克让读者分享了好事者的可笑之处,那么,普鲁塔克突然回到第二人称单数,问读者[61]——他们刚刚还在嘲笑别人——"那么,你自己(σὺ δή,516E)又为什么要查问被隐藏的事情呢?"[62],圈套便立即落到了读者身上。此后[197],以第三人称描述的好事者们与"我们"相对(516F、518E 以及 519E),"我们"是一群对好事者极为恼怒的人,惶恐的读者将会匆忙地把自己也包括在"我们"之中。普鲁塔克用来指这种恼怒的动词"我们厌恶(δυσχεραίνομεν,516F)"在《论饶舌》的纲领性段落中也很常见:换句话说,读者由此迈出了灵魂治疗的重要一步。第五节开头最能清楚地看到治疗的结果,在那里普鲁塔克被人问到下述问题:

> 那么,什么是对好奇心的逃避呢?我已经说了,转个弯,把

---

[61] 恕我与 Paton、Pohlenz 与 Sieveking(1929)页 315、Helmbold(1939)页 480 – 481 以及 Dumortier 与 Defradas(1975)页 269 等处标点的引文不同,应当注意这句第二人称单数的责备也可能读作轶事中埃及人的回答的延续。然而正如我在这里所提出的那样,当读者读到这些责备时,它们至少也被运用到他身上。

[62] Mitsis(1994)页 124 在谈到卢克莱修时也强调了同样的原则:"当我们在愚人背后同诗人眨眼时,我们自己或许已经吞下了比我们所想的更多的诗人的药。"

我们的好奇心尤其是把我们的灵魂转向更好的、更令人愉悦的事物。探寻天上的、地上的、空气中以及海里的事物……研究太阳落到什么地方，又从哪里升起。考察月亮的变化，那就好似一个人的变化……研究更小的事物：为什么有些植物始终繁盛、保持长青，总是自豪地展示其丰盛生命，而另一些植物有时和它们一样，其他时候则一无所有，像个不善于持家的人那样，挥霍浪掷它们的财富……但或许你对探究这些事情不感兴趣，因为其中没有恶。在那种情况下，如果你的探究必须始终针对某些卑下的事情，那就将其引向历史吧。(《论好奇》,517C – E)

这里，普鲁塔克没有像他在前面所做的那样，直接建议读者将好奇心转向不同的事物，而是在开头提出一个问题，由此就把潜在的读者描绘成易于接受普鲁塔克的建议。更具体地说，[他被问到的]问题是有什么措施能避免好奇心。鉴于[198]逃离是对恐惧的典型反应，这一问题肯定了普鲁塔克前面段落中的策略的成功，我们已经看到，普鲁塔克在那里不仅强调了好事者引起的危险，而且使读者认识到他的行为是多么危险地接近一位好事者，从而震惊了读者。回应这一问题时普鲁塔克所建议的解决方案，乃是针对好事者对恶的事物的偏爱：人应当把自己的注意力转移到更好的、更令人愉快的对象上($\epsilon\pi i\ \tau\grave{\alpha}\ \beta\epsilon\lambda\tau\acute{\iota}\omega\ \varkappa\alpha\grave{\iota}\ \tau\grave{\alpha}\ \mathring{\eta}\delta\acute{\iota}\omega$)。至于可能的研究对象，普鲁塔克列举了自然界与野生生物的各种不同方面。然而，引用的段落清楚表明，普鲁塔克很快不得不承认这一解决方案或许不起作用：毕竟，好奇是一种发现恶的事物的愿望，而不是发现一切事物的愿望。因此，作为回应，他建议读者投身到历史研究中去，因为在历史中有许多关于非法情爱、家族世仇、重大灾难的恶。虽然这些事情是恶,但探索这些不会给任何别人带来麻烦或痛苦($ἐνοχλῶν$ $μηδενὶ$ $τῶν$ $συνόντων$ $μηδὲ$ $λυπῶν$,517F)。然而,这恰恰也把这一新的建议变成了非解决(non-solution)。确实,文本接下来的几节(第6-9节)阐明,普鲁塔克在《论好奇》中设想的那种好管闲事,如上一小节分析的那样,其根本目标是破坏他人的生活。鉴于历史研究并不能满足这种欲望,那就不得不采取一种不同的解决方案。

《论好奇》余下的几节形成了一种完全成熟的、双管齐下的对好奇的治疗。这种治疗的一个部分建议人做反思练习(第10、16节):普鲁塔克鼓励读者承认并记住好奇是坏的、有害的、耻辱的。在第十节中,普鲁塔克提到好事者的记忆是一个最丑陋、最丑恶的储藏室,装满了无用、无意义与令人厌恶的东西(520A-B)。[63] 在全书最后一节,他[199]又一次把好事者与各种卑鄙的人联系在一起,并且对他设想的这样做的效果深信不疑:

> 因此,对好事者来说,反思这一点并非无用,其目的是使他们因自己的行为与那些最遭憎恨、最被厌恶的人的行为相同和类似而感到羞愧。(《论好奇》,523B)

这一段认为,好事者在想到自己与那些被憎恨和厌恶的人之间的相似之处时应当感到羞愧。这句话被放在《论好奇》全篇的最

---

[63] 520B 使用的词是$γραμματοφυλακεῖον$。在 LSJ 中该词项下所给出的第一种译法是:"一个保存记录的地方"。普鲁塔克使用$γραμματοφυλακεῖον$这个词只有两次。在另一个段落,《阿里斯提德传》21 中,这个词指公共储藏室。因此,在这里它也指屋子,而不是指"记录盒"(record-box, Helmbold[1939]页501)或"档案"(dossier, Dumortier 与 Defradas[1975]页277)并非没道理——在后两种情况下,灵魂作为房屋的隐喻将会丧失。

后,是要鼓励读者远离那些带有负面形象的人群——如收税人、马屁精等。然而,文本中的终极驱邪角色的模型是"好事者"。事实上,虽然普鲁塔克的实践伦理学为了掌控读者的反应,不止一次地作出片面、夸张的陈述,㉔但《论好奇》中唤起的好事者形象是一幅直白的讽刺画:㉕持续地、排他性地只关注他人的恶,他根本就没有自己的事务需要照料。这幅漫画比任何现实中的人都糟糕得多,它促使读者——他可能分有好事者的某些特征但程度上总要轻微些——进一步远离形象如此令人反感的人物。㉖

在介绍反思练习的这两个段落之间,普鲁塔克建议人做实践训练。这一结构显示出反思与实践训练紧密相随。确实,既然第一个实践练习是鼓励读者不要读他在路上遇到的碑铭,普鲁塔克就是在暗示这么做[200]并不困难(τί γὰρ χαλεπόν, 520D),只要我们提醒自己(ὑποβάλλοντας αὑτοῖς, 520E),在那里我们发现不了任何有用或美好的东西。虽然阅读这种无意义或丑陋的东西似乎没有什么害处,但出于两个原因,应当避免这种行为。第一个原因是它会逐渐使人养成探听与自己毫无关系的事情的习惯。普鲁塔在第十一节开头解释说,好奇是一种通过习惯(ἔθει)逐渐形成的疾病。因此,好奇心最重要的治疗是实践训练(ἐθισμός)——即从最早的年龄阶段

㉔ 比较 Ingenkamp(2000),页258。

㉕ 就这点而论,这一讽刺性形象或许受到《好事者》的喜剧描绘的影响。它确实证明普鲁塔克同喜剧的共同之处不仅在于他对好奇的解释,还在于下述事实:他让那些"劣于现实存在的人"上台表演(比较亚里士多德《诗学》1448a16-18,关于这一点参 Else[1963],页82-89),尤其他还跟新喜剧一样,往往呈现类型化人物而不是细致刻画有血有肉的人物。

㉖ 因此,普鲁塔克为好事者所作的漫画具有清晰的教导—治疗目的,换句话说,它也是言说行动的明显例证。亦比较 Edwards(1993)页29 以及 Bryson(1998)页3-8。

(πόρρωθεν)开始就"训练(γυμνάζωμεν)并教育(διδάσκωμεν)自己进行这样的自我控制(ἐγκράτειαν)"。尽管涂鸦与铭文或许不会带来直接的害处,人还是应当因为它们诱生坏习惯并由此种下好奇的种子而避免阅读它们。普鲁塔克的警告——不要阅读所有东西——背后的另一个原因是,把好奇心投向太多无用且丑陋的事物会危及人"学习方面的好奇心"(τὸ πολύπραγμον τοῦ φιλομαθοῦς, 520F)。所有这些要素都在下一节(第12节)中得到详细说明,在那里普鲁塔克建议读者要养成不透过他人的门窥探的习惯。这一行为——普鲁塔克以各种方式加以强调——已经不像阅读路上的铭文那样无害。因此,更明显,它将扭曲灵魂,在灵魂中植入坏习惯,其结果是灾难性的:

> 你或许观察到,好事者一旦养成把目光撒向四面八方的习惯和行为之后,就会如何毫无差别地朝向任何景象,被其任意摆布。然而,据我看,人的目光不应该像训练不良的女仆那样在外面到处跑。相反,它应当遵守灵魂的秩序去完成任务、进行短暂的会面、传递信息,然后待在里面并[201]服从理性的统治。然而,事实上……感官并没有受到我们称之为适当的教育或训练,它们四处乱跑,并由此常常拖着理性和它们一起,使其陷在不应当从事的事情中。(《论好奇》,521B-C)

一旦养成坏习惯,人的注意力就被目光牵引着,"毫无差别地朝向任何景象"。[67] 为了改变这一习惯,普鲁塔克的建议不是把自己与

---

[67] 亦比较πανταχοῦ(521C)与εἰς ἅπαντα(522B)。注意被动语态的频繁使用。例参τραχηλιζομένους καὶ περιαγομένους(521B)与διαφορουμένης(521C)。

外部世界隔绝,只关注灵魂生活——他明确否定($\psi\varepsilon\tilde{v}\delta\delta\varsigma\ \dot{\varepsilon}\sigma\tau\iota$, 521C)这个故事:德谟克利特为了不被感觉干扰而弄瞎了自己的眼睛。[68] 相反,他建议,感觉应当受到教育(比较 $\pi\alpha\iota\delta\alpha\gamma\omega\gamma\acute{\iota}\alpha$)和训练(比较 $\check{\alpha}\sigma\kappa\eta\sigma\iota\varsigma$),[69] 将理性作为主人来服从。[70] 因为,确实如普鲁塔克在《伯利克勒斯传》中解释的那样,感觉天然地感知到所有事物,但理性能够决定什么是我们应当转向的合适对象。[71] 当然,感觉服从理性的情况是一种有自我控制的情况——普鲁塔克在其实践训练的开端所提倡的理想。在第十三节中,普鲁塔克鼓励读者要体现这样的自我控制,而不要在通常会吸引许多好事者的情境下迷失,例如 [202] 市场上有人争吵时,或者一群人聚在一起围观什么时。然而,如果

---

[68] 亦比较德谟克利特《残篇》A23、A26 以及 A27 DK。柏拉图让苏格拉底在《斐多》65a–66a 说,视觉与听觉无法产生任何可靠的知识,珀律比俄斯则强调了这些感觉对学术研究的重要性:$\Delta v \varepsilon \tilde{\iota} v\ \gamma \grave{\alpha} \varrho\ \check{o} v \tau \omega v\ \kappa \alpha \tau \grave{\alpha}\ \varphi \acute{v} \sigma \iota v\ \dot{\omega} \varsigma\ \ddot{\alpha} v\ \varepsilon \check{\iota}\ \tau \iota v \omega v\ \dot{o} \varrho \gamma \acute{\alpha} v \omega v\ \dot{\eta} \mu \tilde{\iota} v,\ o \tilde{i} \varsigma\ \pi \acute{\alpha} v \tau \alpha\ \pi v v \vartheta \alpha v \acute{o} \mu \varepsilon \vartheta \alpha\ \kappa \alpha \grave{\iota}\ \pi o \lambda v \pi \varrho \alpha \gamma \mu o v o \tilde{v} \mu \varepsilon v$ [自然赐予我们两个器官,凭借它们我们认识自己和探究万物](《通史》12.27)。虽然这里加上 $\dot{\alpha} \kappa o \tilde{\eta} \varsigma\ \kappa \alpha \grave{\iota}\ \dot{o} \varrho \acute{\alpha} \sigma \varepsilon \omega \varsigma$ 似乎不可靠,但该段落的其余部分都明确关乎作者正在谈论的感觉。另一方面,亚里士多德也强调过视觉对人的积极作用,人"天生渴望知识"(《形而上学》A 980a21–7)。

[69] 在《论倾听》中,普鲁塔克提供了对耳朵的这种教育。反过来说,好事者的糟糕状况则与无知($\check{\alpha}\gamma v o \iota \alpha$, 516A 与 516B)、昏昧(比较 $\varphi \tilde{\omega} \varsigma\ o \dot{v}\ \pi o \varrho \iota \zeta \acute{o} \mu \varepsilon v o \iota$, 516A)以及粗疏(比较 $\pi \alpha \varrho o \varrho \tilde{\alpha}$, 516A; $\dot{\varrho} \alpha \vartheta v \mu \acute{\iota} \alpha$, 516B; $\dot{\alpha} \mu \varepsilon \lambda \acute{\eta} \sigma \alpha v \tau \varepsilon \varsigma$, 516B)等有关。

[70] 在《论道德德性》451D,普鲁塔克把情绪说成灵魂的 $\tau \grave{o}\ \dot{v} \pi \eta \varrho \varepsilon \tau \iota \kappa \acute{o} v$ [仆人]。亦比较柏拉图《王制》455c 以及亚里士多德《欧台谟伦理学》1241b18–22。

[71] 《伯利克勒斯传》1.2–3。亦比较《德米特里乌斯传》1.2,关于这一点参 Duff(1999)页 45。普鲁塔克虽然是一位反经验主义者,但他确实似乎承认感觉的实践用处——如果受到理性控制的话。比较 Brittain(2001)页 229–230,修正了 Donini(1986),特别是页 205、212–214。

读者还没有足够的自我控制(ἐὰν δ' ἀκρατῶς ἔχεις,521E)[72]来克制自己,那么,为了避免好事者的这种聚集,并且训练他的好奇心服从理性(τὸ πολύπραγμον...ὑπακούειν τῷ λογισμῷ συνεθιζόμενον,521E),他就应当走开。普鲁塔克反复强调,目前为止所建议的练习都相对容易(τί γὰρ χαλεπόν,520D,τί γὰρ χαλεπόν,520D,τί δυσχερές,521E),而后面的练习则要求更高:

> 接下来,做要求更高的练习是有好处的;视若无睹地走过一座正在成功举行表演的剧院;当朋友们试图拉你进去看一位舞者或喜剧演员时,拒绝他们;当竞技场或赛马场传来阵阵欢呼时,不要转头。确实,苏格拉底建议人们当心那些诱使我们不饿也吃的食物、不渴也喝的[203]饮料;同样,我们应该当心并且远离那些抓住我们、吸引我们的图像和声响,如果我们不需要它们的话。举个例子,居鲁士不同意去看潘蒂娅(Pantheia)。"不",当阿拉斯珀斯(Araspes)说这个女人的容貌值得观看时,他说道,"正因如此我才不去:那更是一个远离她的理由。因为如果我被你说服去见了她,或许她自己会在别的时候——在我没有时间的时候——说服我去看她、和她坐在一起,而使我忽略了许多需要关注的事情。"同样,亚历山大也没有去看大

---

[72] 普鲁塔克在他的《论道德德性》445E 对缺乏自我控制给出了清晰的定义:"缺乏自我控制(ἀκρασία)即在理性的帮助下其判断力保持完好,但由于情绪比理性更强大,它变得一败涂地而无法进行判断。是故缺乏自我控制与自我放纵(ἀκολασία)不同,因为在前者之中,理性是被情绪击败了,但在自我放纵中,理性甚至没有进行战斗。"换句话说,缺乏自我控制的好事者知道他正在做坏事,但无法抑制他要发现别人的恶的愿望。比较对通奸(μοιχεία,519B、519E)的反复提及,这是缺乏自我控制的一个明显例子。参 Annas(1993),页 60。

流士的妻子——据说她非常美貌。相反,他去见了大流士的岳母——她已经老了,因为他无法忍受看到这位年轻、美丽的女子。(《论好奇》,522A)

我们前面已经看到,好事者的特点是不能错过社会上令人兴奋的事,这使他们只能偶尔、短时间地离开城市。在这一段中,普鲁塔克告诉读者不要让他的生活被社会事件所决定:要是他听到剧院里传来人们的笑声与喝彩声($εὐημεροῦντος$),他应当从旁边不驻步地走过($παρελθεῖν$);如果朋友们试图拉他一起($παραλαμβάνοντας$)去看一位(哑剧)[73]舞者或一位喜剧演员,他应当把他们推到一边($διώσασθαι$);当他听到赛马场($βοῆς γινομένης$)上的欢呼时,他不应该偏离自己的路($ἐπιστραφῆναι$)。这些现在分词以及带有介词前缀($παρ$-,$παρα$-,$ἐπι$-)的主动词的持续选用,都强调了下述论点:普鲁塔克的练习目标不是阻止读者去剧院、观看演出或竞技比赛等,毋宁说,这样的娱乐不应当使读者偏离更严肃的事务。提到苏格拉底的建议以及居鲁士的轶事证实了这一解释。苏格拉底没有鼓动人们不吃不喝,而是阻止他们吃喝那种食物或饮料——这些食物与饮料诱使他们[204]在不饿也不渴($μὴ πεινῶντας, μὴ διψῶντας$)时既吃也喝。[74] 与此相似,普鲁塔克的读者应该当心那些在他们并不需要

---

[73] LSJ 在 $ὀρχηστής$ 该词项下注明:"后来尤其指哑剧舞者";专门指这种舞者的词汇是 $παντόμιμος$。然而,普鲁塔克从来不用 $παντόμιμος$,除此之外,这里 $ὀρχηστής$ 出现于其中的高度流行的娱乐方式的顺序,似乎表明它指的是哑剧舞者。哑剧的流行在下列文献中再度出现:老塞涅卡《关于自然的问题》7.32.1,塞涅卡《论愤怒》1.20.8,以及朱文纳尔 6.63–6,参 Hahn(1989) 页 98, Jory(2007),以及 Lada–Richards(2007)。

[74] 这一解释,普鲁塔克在《健康呵护准则》124D–E 中明确提出。比较下文页 224。

($μηδὲν δεομένους$)时使他们分心的社会事件。紧随其后的关于居鲁士的轶事表达得更为明确:居鲁士拒绝去看一位美丽的妇人,因为他担心自己会在没有闲暇时($μὴ σχολάζοντα$)也受到诱惑再去看她,从而忽视那些需要他关注的事情(比较$τῶν σπουδῆς ἀξίων$)。与此相似,据说亚历山大去看了大流士的母亲,因为他承受不了面对($οὐχ ὑπέμεινε...ἰδεῖν$)敌人年轻美貌的妻子。亚历山大与许多好事者有天壤之别,那些好事者——我们前面已经看到——承受不了面对($προσιδεῖν οὐχ ὑπομένουσιν$,516D)自己的灵魂:⑦好事者忙于⑦研究那些与他们毫无关系或毫无用处的事情,因此没有时间或精力从事更有用或更有价值的研究,⑦亚历山大则弃绝了他有资格享受的乐趣,以便不从他雄心勃勃的计划上分心。与此一致,最后两个练习要求更高,它们建议读者在好奇心被许可的情境中不向好奇心屈服而训练自己。这些练习中的第一个(第 14 节)建议读者有时要试着不去听或看($παρακοῦσαι, παριδεῖν$,522B)与他自己或他的家庭有关的信息,因为好奇心的发作是"苦乐参半、无法控制的"($γλυκύπικρος καὶ ἀκατάσχετος$,522C)。例如,俄狄浦斯调查自己的出身,最终却毁了他自己与他的家庭。此外,在《论制怒》中,普鲁塔克暗示对"仆人的行为、朋友的事务、儿子的消遣以及关于妻子的传言"的好奇心($τοῦ πολυπράγμονος$,463F)会导致频繁的怒气发作。许多人愿意知道与自己有关的所有事情,但是,知晓这些事情常常导致许多不幸:

---

⑦ 《论好奇》中所理解的那种好奇心在《列传》中不存在,参 Van Hoof (2008)。

⑦ 比较 $διατρίβειν$,517E;$οὔτ' ἀσχλοεῖται$,518A;$ἀσχολούμενοι$,518E。塞涅卡《书简》与《论人生短暂》中表达了在别人的事情上浪费时间的观念,参 Goldschmidt(1953),以及 Blänsdorf 与 Breckel(1983)页 16、30 - 35。

⑦ 例如 518B、518E - F、519F、520F、521C 与 521E。

[205]普鲁塔克表示,好奇心的发作是苦乐参半的(比较 γλυκύπικρος)。好奇心的无法控制的性质在下一节(第 15 节)中得到更多注意,在那里普鲁塔克建议读者要习惯于在收到一封信时不匆忙,不一跃而起或匆忙冲出去会见到达的信使,要更喜爱有用的信息而不是小道消息。这些练习背后的理论基础在第十五节末尾得到了解释:

> 然而,若某人在被允许探问的事情上滋养了他的好奇心,使它变得猛烈狂暴,那么,出于习惯,当它遇到不允许探问的事情时,它就会失去自制,控制它也不再轻而易举。(《论好奇》,522E–F)

为了能在那些与自己无关的事情上控制自己的好奇心,一个人甚至应当在那些与自己确实有关的事情上控制他的好奇心:打听自己妻子的行为举止,或者渴望尽快拆开信件,这些行为在原则上都没什么错,但它们会养成坏习惯,由于这种坏习惯,一个人不再拥有控制力(οὐκέτι...κρατεῖν δυνατός ἐστιν,比较 ἀκατάσχετος)。⑱ 因此,普鲁塔克最困难的练习背后的逻辑,与最容易的练习背后的逻辑相当类似。

第五节 观察普鲁塔克观察旁观者

贯穿《论好奇》全篇,普鲁塔克都试图对他读者的好奇心做些

---

⑱ 自我控制的观念也在 522B 处与通奸的比较中得到强调。

什么。虽然对治疗过程还没有明确的理论反思,但从第二章所考察的《论饶舌》的纲领性陈述中能够识别出若干要素:普鲁塔克在他的读者身上激发出羞耻感和恐惧[206],并且提出了包含反思和实践训练两方面的练习。然而,《论好奇》中事情不像《论饶舌》中那样简单直白:《论好奇》中没有一个单独的部分专门用于讲"信念",而且,提出由反思作为框架的、越来越困难的实践练习的核心之前,普鲁塔克已经提出过另外两种解决方案——并且承认了它们的失败。那么,这里发生了什么?

在《论好奇》的第一部分,普鲁塔克要他的读者们省察自己和自己的恶,而不是省察他人的恶,因为省察他人的恶就表明人自己的灵魂充满恶。就此而论,他在这里的建议接近传统哲学的好奇观:人应当专注于使自己变得有德性,其他一切对他们都不真正重要。然而,至少对某些读者(ἔνιοι, 516D)来说,普鲁塔克承认这无法作为一种选择,因为他们在自己身上发现了太多的恶。因此,他提出了第二种方式:《论好奇》的第二部分建议读者转而研究自然或历史,因为对他人的恶的好奇可能带来危险。我们已经看到,虽然普鲁塔克笔下的潜在读者已为普鲁塔克的论证所深深打动,但普鲁塔克认识到读者仍然受好奇心的强烈影响,因为读者认为,这将在争夺声誉的零和比赛中对他有所帮助。通过说明好奇心不仅不能够提升人的声誉,反而会带来耻辱,普鲁塔克在向读者提供一种由反思和实践训练组成的有效治疗之前,先击中了读者的弱点。这种治疗占据了文本后面大约一半的篇幅。比其他哲人多得多的是,为了说服读者,普鲁塔克又一次将读者的社会抱负作为论据而有效运用。尤其重要的是,他也向读者介绍了一系列高度实践性的练习,这些练习可使读者通过改变日常生活的某些习惯,逐步除去有害的好奇心。事实上,这些练习的目标不是要关闭灵魂通往外在世界的窗口,以便完全献身给哲学,⑲而是在什么时候从这扇窗户往外看、为什么往外看、看多久等问题上建立理性的[207]控制(第12节)。这不是鼓励读者停止参与社会生活,而是在何时放松、何时工作的问题上建立自我控制(第13节)。最后,这也不是要除去读者可能会有的任何好奇心,而是使他将可好奇心从丑恶、有害的对象上重新定向到好的、有用的对象上。⑳ 当然,《论好奇》前面部分已经指出这样的对象。因此,一旦读者成功地经历了文本最后一部分详细制定的治疗过程,前面建议的解决方案——若在文本中早一点提出来则必然会失败——现在也就能够为读者所用了。例如,如果读者不因听到赛马场上的呼喊而从回家的路上改变方向,他就将有更多的时间和精力研究自然、阅读历史。就自然而言,普鲁塔克建议人们从事研究的主题之一是地上、空气中以及海里的事物($τά$,517C)——希腊语的中性复数形式,可能指$ζῷα$,动物? 另一个主题是月亮的样子。是不是普鲁塔克要把《论好奇》的读者引向他的其他著作,㉛如《陆地和海洋里的动物哪个更聪明》、《论月面》或——考虑到他在《论好奇》其他地方提到的其他主题——他的《自然问题》? 接下来对历史研究的提及是否可能指向他的《列传》?㉜ 另一

---

⑲ 这幅图景出现在515B、515D、515E、516A、516D、518B等处,尤其是521D,参Fuhrmann(1966)页104 – 105。

⑳ 关于为了从事科学研究,某些"好奇心"的必要性,参Rihll(2002),页13。普鲁塔克自己明确地称医生技艺的探询是有益的:$καίτοι\ σωτήριόν\ ἐστι\ τῆς\ τέχνης\ ταύτης\ τὸ\ πολυπραγμον$[确实,治疗是这样一种好奇的探究的技艺](518D)。

㉛ 在提出这一假说时,应当考虑普鲁塔克著作的相对创作年表。《论好奇》的创作上限是公元96年图密善之死。比较上文注1。所提到的著作中,没有著作能确定其创作早于这一时间,考虑到《论好奇》创作下限的缺失,我们无法知道他的其他著作中有多少是在《论好奇》之前完成的。

㉜ 注意,既然《列传》是关于"探索美德与邪恶"的(比较Duff[1999]),

方面,成功地经历了《论好奇》最后一部分建议的针对爱管闲事的治疗,也有助于读者将普鲁塔克在文本中给出的第一个建议付诸实践。确实,如果说有人不敢朝自己的灵魂里看是因为无法面对那里太多的恶,那么,普鲁塔克反对好奇的治疗将[208]将除去不止一种恶。我们已经看到,普鲁塔克在文本中给出的关于好奇的两个定义,都指出它同嫉妒和恶意的联系。在这两次定义中,这些情绪事实上都与 κακοήϑεια 相联系,我把 κακοήϑεια 一次翻译为恶意(malice),一次翻译为恶(badness)。κακοήϑεια 的字面义是"坏的(κακό-)性情(disposition, ἦϑος)",它确实也能在这两层意义上加以理解。一方面,κακοήϑεια[恶意]是一种与嫉妒、怨恨类似的特定情绪,例如,一种误导人在消极意义上解释事物的"恶意的、偏执的性情"。[83] 就好事者也是诽谤者而言,他显然就是这种人。因此,好事者也在更广泛的、"具有'坏品性'"的意义上获得了 κακοήϑεια,"坏品性"是一种更普遍的道德上的"恶",它可能包括嫉妒、恶意等竞争性情绪,但也包含不诚实、怯懦等其他情绪。普鲁塔克《论好奇》的最后一部分建议读者:不要试图通过贬低他人而在相对意义上提升自我。虽然我们已经看到,该建议没有以任何直接的方式攻击读者的竞争性情绪,但它确实显示这些情绪不会产生社会进步。间接地,它们由此削弱了像第一层意义上的 κακοήϑεια 这样的敌对性情感。如果这能帮助读者克服他的至少某些竞争性情绪,那么也

那么,它的终极目标在于读者的道德提升,阅读《列传》最终也可归结于《论好奇》中所建议的第一种解决方案。

[83] 比较 Goldhill(2002)页 275。正如普鲁塔克在《论希罗多德的恶意》(Περὶ τῆς Ἡροδότου κακοηϑείας)中的责备清楚表明的那样,这一态度似乎带走了普鲁塔克明显的反感。参 Duff(1999)页 58–59,以及 Swain(1996)页 146 关于普鲁塔克本人在《列传》中的实践。

可能使文本第一部分建议的任务更加可行。通过这种方式,普鲁塔克的《论好奇》也承诺会产生一个更好的品性——κακοήθεια的第二层含义的对立面。最终,读者将会认识到($ἐπιγνῶναι$,516C)自己的恶,并除去它们($ἀπαλλαγῆναι$,516C)。由此,通过他的著作的结构,普鲁塔克使人注意到下述事实:仅仅对哲学有所暗示对大多数读者来说是不够的。他们需要的是像普鲁塔克本人那样的哲人的帮助:多亏普鲁塔克详尽的论证($κρίσις$)和治疗($ἄσκησις$),读者将能够实现苏格拉底哲学的目标,否则这些目标将难以达到。

[209]虽然普鲁塔克在《论好奇》中不像他在《论感觉好》中那样,让自己成为其中的一个角色,也不像《论流放》那样,把自己呈现为一位提供哲学帮助的朋友,但这个例子却表明他宣称自己也在这个文本中在场。在这方面,除第一人称复数的代词与动词外,我们还能指出,他提到"我本人的城镇"($τὴν ἐμὴν πατρίδα$,515C,含有强调的所有格代词$ἡμῶν$),把它作为关于地点的很好例证,这个地方因为神话人物奇朗的整顿而变得更加健康。[84] 与此相似,早先我们曾经指出,普鲁塔克在关于鲁斯提库斯的轶事中强调了他自己的哲学教诲的重要性,如果我们现在把这则轶事与关于苏格拉底和阿里斯提波的轶事放在一起,一个惊人的对比就出现了:鲁斯提库斯之于普鲁塔克,犹如阿里斯提波之于苏格拉底。一方面,这证实读者

---

[84] 关于奇朗,参普鲁塔克《苏拉传》17,以及 Bloch(1997)页 1084。虽然文本没有强调这一点,但对奇朗——一位神话人物——的提及在作者身上传递出一种传统的氛围,由此支持了作者对权威的诉求。比较 Schmitz(1997),页 181–193。一种可与之相比较的对权威的诉求,是通过提及洛克里与图里伊的立法而进行的(519B):既然古老的、著名的(比较狄奥多鲁斯 12.11–19 关于卡伦达斯为图里伊的立法,以及狄奥多鲁斯 12.20–21 关于扎留库斯为洛克里的立法)法律谴责爱管闲事,它们也就加强了普鲁塔克的论证——爱管闲事是应当摒弃的。

应当与哲人交往。毕竟,鲁斯提库斯在好奇心方面同普通读者有别,与此相伴的是他同普鲁塔克的交往;而阿里斯提波甚至据说身体已经垮掉($τῷ σώματι συμπεσεῖν$, 516C),直到他最后坐船去了雅典,"从泉眼里汲水喝,研究这个人、他的言辞与哲学,目标是认识人自己的恶并去除它们"。另一方面,普鲁塔克本人在这一双重对比中将被视为与……苏格拉底等同!作为赋予自己权威的论证,这一等同当然自有其分量。然而,这一等同也可能进一步推进我们的解释。事实上,如果普鲁塔克把自己与苏格拉底比较,那么他或许也在唤起他关于苏格拉底所表明的看法,以便它也适用在自己身上。在与好奇的关系上,苏格拉底处在一个含混的位置,普鲁塔克不仅显示他意识到了这一含混,也以如下方式策略性地利用了这一含混:显示出苏格拉底只是表面上类似好事者,实际上恰恰是好事者的反面。[210]通过这种方式,《论好奇》或许是普鲁塔克在有意识地回答那些指责他多管闲事的指控。毕竟,在普鲁塔克的某些同邦公民眼里,他的写作实践涉及他人的兄弟关系、他们的政治困境与流放或他人的婚姻,这些写作实践使他成为一名好事者。[85]确实,这正是一个人在执行管制时所冒的风险,即使这管制也涉及管制者本人……当然,除非这个管制者是一位聪明的社会参与者。而普鲁塔克已经不止一次显示出他自己就是那样的人。

---

[85] Dodds(1933)页100确实有指出:"普鲁塔克的某些同邦公民认为他是一名好事者"。普鲁塔克自己说,有些人只在哲人不干涉他们自己生活的情况下才接受哲人(比较《论倾听》第12节)。因此,普鲁塔克的证明——苏格拉底干涉他的同邦公民的生活,但他并不是一位好事者——或许也是对他自己的实践的辩护。与之相似,声称考察历史且首先考察著名历史人物的家谱与恶行(如普鲁塔克为他的《列传》以及在他的《列传》中所做的那样)是对好奇的一种解决方法,也相当强烈地表明这样做的人不应受到爱管闲事的责备。

第八章 《健康呵护准则》

在《健康呵护准则》开篇第一节中,普鲁塔克指出这个文本将"与健康的生活方式有关"(περὶ διαίτης ὑγιεινῆς, 122C)。① 换句话说,普鲁塔克这里想教给读者的是,为了保持良好的健康状况,他们必须如何生活。乍一看,我们或许会惊讶于普鲁塔克——在我们已经研究过的其他文本中,他始终如一地将自己呈现为一位哲人②——竟然处理一个我们宁愿与医学而不是与哲学联系起来的主题。③ 普鲁塔克所给予读者的关于体育锻炼与健康饮食的许多建议,的确在诸如

---

① 关于δίαιτα 一词的词源学与含义,参 Wöhrle(1990),特别是页 31-36;关于ὑγίεια作为一位女神与一种概念的研究,参 Wilkins(2005)。

② 虽然,普鲁塔克似乎还是对医学有着显著的兴趣。比较 Boulogne(1995)页 2762-2792,亦参 Babbitt(1928)页 214, Ziegler(1951)页 791, Defradas、Hani 与 Klaerr(1985)页 93, Tsekourakis(1989)页 257-258, López Férez(1990), Senzasono(1992)页 7-8, Tirelli(1992)页 386 注 11, Durling(1995), Aguilár(2001)以及 Grimaudo(2004)。

③ 确实,如果 Montignac 食谱与 Dr Vogel 产品的鼓吹者不能够依赖他们作为医生的权威,那么它们是否还能如此风行便值得怀疑。虽然我们习惯了医学与哲学,或就此而言与其他知识分支学科之间的严格划分,但不应忘记的是,古代对医生从来没有许可证制度(Lizenzsystem)。比较 Lloyd(1979)页 86-98, Wöhrle(1990)页 95 注 4 中的更多文献,以及 König 与 Whitmarsh(2007)页 25。正如 Morgan(1998)强调的那样,对整个古代教育而言也是一样。Edelstein(1952)讨论了古代哲学与医学之间的关系。

《论养生》(在《希波克拉底全集》中流传下来)④或盖伦的《健康呵护准则》等古代医学论文中也常常能够见到。[212]事实上,除了药物学和外科学,养生学也是古代医学的三个分支之一。⑤ 然而,医生不是唯一一个声称自己拥有关于健康生活方式的知识、因而能以口头和书面方式给出建议的群体。⑥ 例如,在《王制》卷三中,柏拉

---

④ 恕我与 Smith(1979,特别是页 44-60)观点不同,普遍意见(communis opinio)并不将这部著作归于希波克拉底本人名下。关于这一问题以及一般性地关于《论养生》这部著作,参 Joly(1960),特别是页 203-209,Joly(1967)页 ix-xxxiv,Wöhrle(1990)页 60-87 以及更多文献,Craik(1995),King(2001)页 45,Nutton(2004)页 65-66 与 97,以及 Martínez Conesa(2006)。

⑤ 关于医学的三个传统分支,参塞尔苏斯《论医学》前言的第九段,或盖伦,《忒拉绪布洛斯》24 = 5.847 与 849K。比较 Lonie(1977)页 245-246 及注 47 中的进一步文献,Mudry(1982)页 66-68,亦参 Tirelli(1992)页 388,Boudon(1994b)页 1470-1477,Mudry(1996)页 303 与注 15,Mazzini(1999)页 17-18,Grant(2000)页 6-7,以及 King(2001)页 44。关于古代养生学被附加的重要意义,比较 Edelstein(1931)页 303 与 307,Joly(1967)页 ix,Defradas、Hani 与 Klaerr(1985)页 96,Wöhrle(1990)页 18,以及 Nutton(2004)页 96-97、102、125-126、141、240-241。另一方面,养生学是否曾被认为与外科学或药物学同样重要这一点尚不确定。比较 Wöhrle(1990)页 190。从文化—历史视角出发,养生学的重要性曾由福柯(1984a,页 133)与 Wöhrle(1990,页 9-11)得到强调。

⑥ 关于这一主题一定有许多作品曾经存在过(比较 Wöhrle[1990]各处,尤其是页 16 与 160),但只有少数流传下来,除了普鲁塔克《健康呵护准则》之外,还包括希波克拉底的《论养生》(如果那是一部单独著作的话,也包括他的《论健康饮食》),卡里斯托斯的狄奥克勒斯《健康生活》的实质性片段,以及盖伦的《健康呵护准则》。盖伦(《忒拉绪布洛斯》37 = 5.879K)列举了希波克拉底、狄奥克勒斯、普拉克萨哥拉(Praxagoras)、菲洛提慕斯(Philotimus)、埃拉西斯特拉图斯(Erasistratus)与赫罗菲拉斯(Herophilus)作为写过养生学著作的医生的例子。关于更全面的列举,参 Wöhrle(1990),他也提供了关于古代养生学更详细的讨论,页 12-13 处提到以前的研究。关于更新近的讨论,参 Craik(1995),Van der Eijk(1996)与(2008)页 297-300,Nutton(2004)页 125 与 140,以及 Wilkins(2005)页 136、139 以及全书各处。

图把养生学的发明归给塞吕姆布里亚的希罗狄科斯（Herodicus），一位公元前五世纪的体育教练（παιδοτρίβης，406a），⑦他把"体育与医学结合起来"（μίξας γυμναστικὴν ἰατρικῇ，406a）。⑧ 如果说柏拉图强烈反对这种通过运动呵护健康的方法，那么，他也批评医学养生学，并提出了他自己的关于人们应当如何照料他们健康的哲学观点。这场在医生、体育教练以及哲人之间进行的关于养生学的争论，似乎持续了数世纪之久。例如，塞涅卡提到医生们给卢西利乌斯开出某种锻炼[213]和食物的方子来治疗腹泻和发热，哲学提供给他的建议则是要他能够忍受任何疾病（《书简》78.5 – 29）。与关于该主题的传统廊下派观点一致，塞涅卡由此暗示健康根本而言并不重要：真正重要的是以有德的方式对待疾病。另一方面，盖伦（公元129—199/216）——他将自己既视为医生也视为哲人⑨——写过一部题为《忒拉绪布洛斯或卫生保健是医学的一部分还是体育的一部分》的著作，其中他主张养生学是医学的一部分，而不是体育的一部分。⑩ 因此，当普

---

⑦ παιδοτρίβης指由城邦雇佣并支付费用的体育教练。当体育场中的重心从军事训练转移到更普遍的教育上时，这群人就成了体育场中最重要的一类教练。比较 LAW, s. v.。

⑧ 关于养生学实践与思想的早期历史，参 Wöhrle(1990)页 18 – 116，特别是页 49 – 59 与页 105 – 107，以及 Nutton(2004)页 96 – 97 与注 69。

⑨ 盖伦写过一部《最好的医生也是哲人》的著名著作，在这部著作中，他也把希波克拉底呈现为一位医生—哲人。比较 Singer(1997)，页 33。关于盖伦本人的哲学兴趣和教育，参 Donini(1992)，Hankinson(1992)，特别是页 3505 – 3508，Aguilár(1996) 页 24 与注 3，Swain(1996) 页 357 – 379，以及 Grant(2000)页 9。

⑩ 关于盖伦在这部著作中反驳体育教练的慷慨陈词，参 König(2005)，页 254 – 300，特别是页 267 – 274；亦参 Wöhrle(1990)页 94 – 95 与 Nieto Ibáñez(2003)。也要注意到盖伦明确地对他的《健康呵护准则》的读者提到那部著作（《健康呵护准则》第 4 节）。关于体育教练们在养生学问题上争夺地位，参

鲁塔克——作为一位哲人——大约在公元 81 年之后⑪决定写他的《健康呵护准则》时,他进入了与许多不同群体的竞争中,他们都宣扬自己在这一领域的能力。⑫ 因此,在接下来的章节中,我们将看到,为了开启健康呵护问题上不同权威的宣称之间的明确争论,普鲁塔克如何策略性地有效运用对话体裁多声部的可能性,同时巧妙地操纵读者的反应,使之对他有利。

第一节　开胃菜:建立"饮食—伦理学"

[214]普鲁塔克《健康呵护准则》的开篇,是一位名叫莫斯基翁的医生与他的朋友宙西普斯之间进行的对话。开篇这一段是理解文本的重要钥匙,因此值得详细引用:

> 莫斯基翁:宙西普斯,昨天格劳库斯想参加你们的哲学谈话时,你真的把他赶走了?

Newby(2005)页 24 以及注 18 中的更多文献目录。

⑪　最高上限(terminus post quem)是提图斯之死,此事发生在公元 81 年(比较 123D)。比较 Babbitt(1928)页 215,Jones(1966)页 71,Defradas、Hani 与 Klaerr(1985)页 98,以及 Bellu(2005)页 211。Senzasono(1992)页 9 - 11 基于《健康呵护准则》与《论制怒》之间的结构相似提出了更晚日期的论证,但并不令人信服。

⑫　除了德谟克利特所著的一部可能的养生学著作之外(比较 Wöhrle[1990],页 60 注 1),普鲁塔克似乎是第一位专门就该主题写下著作的哲人。关于柏拉图与亚里士多德作品中的养生建议,参 Wöhrle(1990)页 117 - 157;关于泰奥弗拉斯托某些作品片段中的养生建议,比较 Wöhrle(1990)页 107 注 29 以及页 178。

宙西普斯：不，我亲爱的莫斯基翁，我没有赶他走，他也不想参加我们的哲学谈话。倒不如说，在他想和我们干上一仗的时候，我从他那里跑开了，避免给他这样的机会。确实，就医学而言，正如荷马所说，这个人"抵得上许多人"，但他的天性并不适合哲学。相反，他说话时，其中总是有某种粗鲁、难以相处的东西。像现在：他冲到我们跟前来，远远地就对着我们喊道，[215]这不是一件小事情，也不是合适的话题，我们开始讨论的是健康的生活方式，现在却混淆了边界……

莫斯基翁：宙西普斯，就我来说，我很高兴也很渴望听到这些事情以及其他事情。

宙西普斯：这是因为你天生就对哲学有兴趣，莫斯基翁。你会被一位对医学没有兴趣的哲人惹恼；如果他认为他被看见做这些事才更合适：即人们看见他在几何学、辩证法与音乐方面声称有资格，而不是想去探究、学习"所有在居所里面——这里的'居所'就是一个人的身体——碰巧存在的坏东西与好东西"，那么你也会为此感到恼怒的……就高雅、等级与愉悦而言，在自由艺术中，医学不逊于其他任何一种。此外，作为一份附加的礼物，它还为那些想要研究它的人带来了生命和健康的保全。因此，我们不应当批评那些讨论健康呵护的哲人，好像这是对边界的僭越。

莫斯基翁：宙西普斯，让我们把格劳库斯放在一边吧，他是如此自视过高，以至于想要变得完满自足，不需要任何哲学……

宙西普斯：好吧，我们的同伴主张……（《健康呵护准则》，122B–E）

医生莫斯基翁请他的朋友宙西普斯告诉他,前一天宙西普斯与另一位他们不具名的同伴($ὁ\ ἑταῖρος\ ἡμῶν$, 122F)讨论关于健康生活方式的话题,直到被另一位医生——格劳库斯打断的事。至于接下来发生的事,莫斯基翁已经听说了,那关于宙西普斯和他的同伴的显然相当负面的传闻。因此他现在请宙西普斯说说他自己的版本,尤其是那位同伴说了些什么。著作剩下的部分是宙西普斯的回答,一篇给出"健康呵护准则"的独白,该独白不时地表明那些准则代表的是那位同伴的观点。[13]

此前的学术研究几乎一致对开篇对话不予理会,把它当作哲学或医学观念前面的门面,并认为这些观念大概才是普鲁塔克的真正教诲:[14][216]这部著作的对话体呈现方式"仅仅是一种以略微(!LVH)更有吸引力的方式呈现论文的文学手段"。[15]然而,事实上,开篇对话并不是对文本其余部分没有更多影响的单纯的前言。像在戏剧中一样,人物彼此介绍给读者时的重复的命名称呼,清楚地泄

---

[13] 除了引言之外,特别参看122F、123B、123D、124A、135B以及135D。

[14] 原始资料研究指出,普鲁塔克在写他的《健康呵护准则》时,从一系列医学的以及在某种程度上是哲学的资料来源抽取了相关材料。关于普鲁塔克利用了柏拉图、伊壁鸠鲁主义、希波克拉底全集、埃拉西斯特拉图斯及阿斯克莱皮亚德斯作品中的材料,参Wendland(1886)页60,Babbitt(1928)页214,Boehm(1935),Ziegler(1951)页791,Defradas、Hani与Klaerr(1985)页95,Morales Otal与García López(1985)页120-121,López Férez(1990)页220,以及Senzasono(1992)页11-36。

[15] Babbitt(1928)页215。亦参Boehm(1935)页4-5,Smith(1978)页42,Defradas、Hani与Klaerr(1985)页97,Morales Otal与García López(1986)页119,以及Gallo(1998)页3522。虽然Senzasono(1992)页16-17与Tirelli(1992)页389似乎都在正确的方向上迈出了一步,但他们对文本的解释在任何地方都没有对对话形式表现出真正的兴趣。关于开篇对话反驳第二代智术师时代医学流行的非常简短的讨论,参Bowersock(1969)页67。

露了对话有意设置的场景:《健康呵护准则》不是"真实"生活的快照,而是一种文学建构。而且,通过选择对话这一体裁,普鲁塔克作了一篇清晰的哲学陈述。确实,虽然论说文可以是哲学性的或医学性的,但对话形式则是典型哲学性的:一般来说,医生不会采纳对话这一体裁,流传下来的养生著作也没有以这种形式写就的。⑯ 对话清楚地提到普鲁塔克最喜爱的哲人——柏拉图,从而加强了这一体裁的哲学信息。我们将在本章最后一小节回到这一点,但这里可以注意到普鲁塔克《健康呵护准则》的开篇场景呼应了柏拉图《王制》的开篇:这两段都用了"昨天"($\chi\vartheta\acute{e}\varsigma$)这个词以及"想要"($\beta o\acute{u}\lambda o\mu\alpha\iota$)的现在分词,甚至"格劳库斯"这个名字($\Gamma\lambda\alpha\tilde{u}\varkappa o\nu$,《健康呵护准则》122B)可能也指出普鲁塔克熟练运用了与柏拉图文本的互文关系(比较$\Gamma\lambda\alpha\acute{u}\varkappa\omega\nu o\varsigma$,《王制》327a)。⑰ 最重要的是,我们已经看到,柏拉图的《王制》将健康呵护的哲学观点与其他养生建议对立起来。普鲁塔克的《健康呵护准则》将医生格劳库斯刻画成远远地(比较 $\beta o\tilde{\omega}\nu\ \acute{e}\tau\iota\ \pi\rho\acute{o}\sigma\omega\vartheta\varepsilon\nu$,122C)对着宙西普斯和他的同伴大喊,这一事实引人们注意到普鲁塔克时代的辩论[217]是多么活跃。⑱ 格劳库斯的观点是哲人不应当涉猎养生之道,因为这意味着"边界的混淆"(比较$\sigma\acute{u}\gamma\chi\upsilon\sigma\iota\nu\ \acute{o}\rho\omega\nu$,122C)。可见,至关重要的是知识的专业化问

---

⑯ 尤其在希腊文学中,对话似乎是一种典型的哲学体裁。比较 Hirzel(1895)与 Russell(1968)页 136。关于他林敦的赫拉克利德斯,参下文注 111。

⑰ 然而,普鲁塔克的格劳库斯被刻画为非常不同于柏拉图笔下的格劳孔。比较下文页 251-253。

⑱ 关于普鲁塔克时代这一问题的重要性,参福柯(1984b)页 135-136,Tirelli(1992)页 386-387,Van der Stockt(1992)页 288,以及 Boulogne(1995)页 2771-2772。

题,⑲这是医生与哲人之争的关键,这一问题在养生学上尤为迫切,因为养生学并不像药物学和外科学那样明显地需要专业技能。例如,希波克拉底的《论古代医学》强调了医生的专业性、技术性知识与哲人的普遍性智慧之间的不同。⑳ 这一观念不仅被塞尔苏斯所附和,㉑也构成了盖伦《论胚胎结构》一书开篇谴责哲人的基础,那些哲人没有解剖学知识却要讨论这一主题。另一方面,宙西普斯则利用了哲学相对自由技艺(liberal arts)的特殊地位:他把医学置于与其他学科如几何学、辩证法、音乐等相同的水平,㉒但哲学却被置于所有这些学科之上。㉓ 既然人们接受(比较 ὁρᾶσϑαι)[218]哲人从

---

⑲ 关于古代知识的专业化,参 Kühnert(1961),Dihle(1986)特别是页 196–197,Wöhrle(1990)页 94–95,以及 Van der Stockt(1992)页 287–289。

⑳ 《论古代医学》的第二十节明确拒斥了下述观念:要想有效地治疗病人,就应当拥有一般性的关于人类本性的知识。关于这一节文本,参 Schiefsky(2005)页 293–318。在柏拉图《斐德若》270c,关于该主题的一种完全不同的观点被归于希波克拉底。

㉑ 参塞尔苏斯《论医学》节 74–75 的序言。亦比较 Mudry(1993)。

㉒ 根据瓦罗或塞尔苏斯这些作者的叙述,医学在传统上似乎被看作自由技艺之一。然而,后来自由技艺的序列从九种减少为七种,去掉了医学与建筑。关于医学相关于自由技艺的含混地位,参 Rawson(1985)页 170,Wöhrle(1990)页 241,以及 Boudon(1994a)页 1429–1431。恕我与 Tsekourakis(1989)页 257、Stok(1993)页 408 以及 Martín del Pozo(1996)页 186 的观点不同,普鲁塔克的文本——在某种程度上——似乎是含混的,正如 τῶν ἐλευϑερίων δὲ τεχνῶν [在自由技艺之中]——作为部分属格——或者同 ἰατρική[医学]连在一起表明医学是自由技艺之一,或者同 οὐδεμιᾶς[没有东西]连在一起,在这种情况下,医学将并非(必然)是自由技艺之一。关于这一难题的讨论,参 Scarborough(1969)页 103,Boulognh(1986)页 305,Van der Stockt(1992)页 288 与注 7 以及更多参考文献,Durling(1995)页 311。

㉓ 比较 Hadot(1984)与 Hahn(1989)页 62–63 注 8–9,及更多参考文献。在盖伦《学习技艺的建议》5.5 处可以见到一幅完全不同的图景,那里医生在自由技艺列表中除了医学之外,还列了哲学。

事几何学或音乐,那么,他们要是对医学感兴趣,也没有人能说他们有什么错,因为医学不仅同样具有自由技艺的高贵特质,还能提供健康。我们将看到,普鲁塔克《健康呵护准则》的开篇对话不仅突出了贯穿文本且非常重要的论争,也证明了它作为一部与养生有关的哲学作品的正当性。

开篇对话之后,宙西普斯开始告诉莫斯基翁前一天他们的同伴曾对他说了些什么[而遭到格劳库斯嘲笑]。格劳库斯嘲笑的第一个意见与人手部的体温有关(第2节)。宙西普斯讲述说,这位同伴说(ἔφη,122F),他听别人说过(ἀκοῦσαί τινος λέγοντος,122F)使手保持温暖有助健康,因为手部寒冷会使太多热量集中在身体内部而有导致发烧的危险,将这种热量传导到表面有益健康。根据 Defradas、Hani 以及 Klaerr,这一准则可以追溯到气动理论(pneumatic theory),该理论强调身体内部气体循环的重要性。[24] 这位同伴说他听别人讲过这个,由此清楚地表明他在医学方面至少受过某些教育。[25] 然而这位同伴不仅重复了他从别人那里听到的话,还明确说明了它的应用:如果我们碰巧在做某些需要用手的事情,那么所包含的运动已足以使我们的双手保持温暖;然而,如果我们没有从事这样的活动,我们也不应当允许寒冷控制我们的手指。我们在第一章中已经看到,普鲁塔克的《健康呵护准则》明确针对那些文人和公共人物发言,[26]因此,这位同伴对气动理论的应用,似乎专门针对那些偶尔(比较

---

[24] Defradas、Hani 与 Klaerr(1985),页102 注1。

[25] 这位同伴单挑出一种不仅与哲学密切联系而且似乎发源于哲学的医学理论(比较 Defradas、Hani 与 Klaerr[1985],页 95 - 96),或许是要让人们注意到医学对于哲学的依赖。

[26] 关于其他养生学著作的非专家、精英读者群,参 Wöhrle(1990),页 114 与页 240 - 241。

τυγχάνωμεν,123A)从事体力劳动但常常自由地(σχολὴν ἄγοντας,123A)从事智力或政治活动的人而言。

[219]这位同伴(παρῄνει,123B)给出的被格劳库斯嘲笑的第二个建议是,人应当预先使自己习惯于医生为病人规定的生活方式(第3节)。该准则会使读者习惯于他生病时当遵守的饮食方式,从而保证读者不会厌恶(ὅπως μὴ δυσχεραίνωμεν,123B)那些生病时不得不吃的食物。这一准则中起作用的原理,我们在《论制怒》中也能常常见到,那里表明:人在怒气发作时实施自制并不容易,除非他已经预先用对抗怒气的论证武装自己。另一方面,根据普鲁塔克在这一节中的整体策略,对厌恶的提及也呼应了第二章引用的《论饶舌》的纲领性段落。确实,为鼓励读者预先习惯(συνεθίζοντας αὑτούς,123B)[27]生病时不得不遵循的生活方式,普鲁塔克建议读者牢记(bear in mind,μεμνημένον,123C)[28]两件事情。第一件事情是有些人生病时如何感受、行动:他们因为端到面前的简单小菜而大发雷霆,大吼大叫。第二件事情是许多人——包括提图斯皇帝在内——因为无法坚持在病中为他们规定的生活方式而死去。换句话说,普鲁塔克在这里建议的是一种反思练习,这种练习将使读者认识到他的惯常行为带来的羞辱和危害,从而鼓励他训练自己,获得更好的态度。

饮食方式构成了这位同伴的下一条准则,传统上它也是古代养生学的重要方面。[29] 一方面,医学作者们描述了不同食物的性质。例如,希波克拉底《论养生》(*On Regimen*)2.40－2.56含有一个食

---

[27] 亦比较125D。

[28] 亦比较126F。

[29] 诸如《论养生》这些最古老的养生手册讨论养生的所有方面的问题,但盖伦这样后来的医生则以专门著作讨论食物方面的问题。比较Wöhrle(1990),页246。

物及其性质的真实目录,而盖伦对饮食方式赋予如此高的重要性,以至于专门用一部著作《论食物性质》来处理这个问题。㉚ 另一方面,医学作者们[220]还就吃什么食物以及何时进食给出了建议。例如,根据卡里斯托斯的狄奥克勒斯,人应当腹中空空时才进晚餐,在做了某些运动之后进餐,至少夏季要在日落之前进餐,这也是人们应当避免食用加热食物或干燥食物的季节。㉛ 所有这些医学准则背后的观念是应当洞察不同食物和饮料的性质,这一洞察使人们可以维持或恢复身体内部各种元素之间健康的平衡。㉜ 吃被概念化,成为一个人维持生存要做的事,其潜在预设是:人们食物和饮料问题上的决定,只应受他们个人健康考虑的引导。然而,在现实中,吃与喝常常嵌入社会习俗中,人们的行为和关系受到大量成文或不成文规则的规范:㉝我们只需想一想古代的会饮如何将食物、饮料以及娱乐结合在一起,并有各种潜在的或明确的规则适用于它。㉞ 然而,在医学养生学中没有会饮这样的社交习俗的位置:医生们不

㉚ 关于盖伦这部论饮食的著作以及其他论饮食的著作——盖伦自己明确将它们列于养生学之下——参 Wöhrle(1990)页 246 与注 81,Grant(2000),Wilkins(2005)页 147-149,以及 Wilkins 与 Hill(2006)页 211-244。关于描述食物性质的目录,参 Wöhrle(1990)页 78-80 与 Powell(2003)。

㉛ Fr. 182 VdE,78-82。仅举几个例子,亦比较 Galen,《健康呵护准则》6.95.2、6.125.5 或 6.186.4。

㉜ 例如盖伦,《忒拉绪布洛斯》19 = 5.839K。最明显的例子是四种体液理论,但这一观念对其他医学学派也适用。比较 Wöhrle(1990),页 191。亦参 Lloyd(1966)页 15-26,Joly(1967)页 xviii,Lonie(1977)页 237,Defradas、Hani 与 Klaerr(1985)页 96 以及 Lloyd(1991)页 60-64。

㉝ 比较 Parsons(1952)页 39 以及 Van Hoof、Van Ruysseveldt 与 Snijders(1996)页 23。关于在普鲁塔克全集中,特别是《列传》中宴会作为社交习俗的特权地位,参 Titchener(1999a),特别是页 481。

㉞ 例如,正如我们在柏拉图《会饮》176a-177a 所发现的那样,女性自由

仅不会就会饮场合中如何举止给出建议，在他们就保持健康应当如何安排生活所给出的建议中，也没有给这样的社交场合留下空间。㉟ 正是在这一方面，普鲁塔克的养生建议或许最有新意（第4－5节）：

> [221]我们应当警惕过多的食物、醉酒以及放纵，特别是在我们即将举办庆典、有朋友来访或出于无可躲避的社会责任将与某位头面人物一同进餐时，因此在天气晴好的时候就要使身体保持良好的状况、轻松愉快，以应对即将来临的风雨和波涛。因为在有朋友陪伴、兴高采烈的情况下，人很难既保持在节制与规范的界限之内，又避免在其他人眼里显得特别令人不快、使人恼怒、没有礼貌……我们应当在我们的身体内部留下（盛装）精致食物、小吃甚至——凭借宙斯的名义——烈酒的余地，从而在不可避免的社会责任到来之前提前预备好自己：我们应当带着新鲜、渴望的胃口接近这些东西。（《健康呵护准则》，123D－E）

就饮食问题，普鲁塔克在《健康呵护准则》中给其读者的建议与社交情境下的吃、喝有关。在出席宴会、招待来访的朋友或与头

民不可参加会饮，这一事实被当作潜规则而普遍接受；而关于饮酒和娱乐结合的规则或许被专门明确地确立下来。关于古代会饮的文献数量巨大，可特别参看Murray（编）（1990）与Slater（编）（1991），以及Lissarague（1991）与Davidson（1997）的研究。

㉟ 比较Wöhrle（1990）页11－15，特别是页113，提到Edelstein（1931）页260。

面人物一同进餐时,㊱人们发现他们面对两难境地:或者参与到聚会中去,但冒着损害健康的风险,或者坚持日常的饮食习惯,但(在别人眼里)显得"令人不快、使人恼怒、没有礼貌"。医生们毫无疑问会建议后一种选择,使健康优先于社交义务。㊲ 与此相似,爱比克泰德在一篇论社会交往的论说文(περὶ συμπεριφορᾶς,《论说文集》4.2)中提出,(自己)变得更有美德——即使这意味着丧失某些人的喜爱——与保有他人对自己的喜爱但在美德上毫无进展相比,前者更好。普鲁塔克则倾向于不同的解决方案。他没有选择 [222] 两难境地的某一面,他首先且首要地是教导读者如何避免这一两难境地:他们如果跟随他的建议,就能够既有蛋糕也吃蛋糕。他们需要做的就是在聚会之前少吃一点,这样在聚会上享用过多食物就不会在他们体内造成太严重的失调。㊳ 这一解决方案成功地既考虑到了健康呵护的需要,也考虑到了社会期望,但它并非适用于所有情况。确实,关于处理不可预期的社交事件——我们无法对此进行预防,普鲁塔克提供了一种不同的解决方案:

> 只要与聪明、机智结合在一起,请求原谅并不比参与(聚会)更令人不快:如果某个人在他组织的晚宴上保持节制——就像他不会在祭祀仪式上进食那样——在食物和饮料端上来

㊱ 正如普鲁塔克在《论温顺》534C – D 表明的那样,拒绝这样位高权重者的请求更加困难。

㊲ 关于对奢侈食物的普遍反对——尤其在罗马世界中,参 King(2001),页 45 – 47。

㊳ 比较伊壁鸠鲁在他的《致美诺凯乌斯》中的建议:"一份简单的、便宜的食谱能够提供健康所需要的一切,并且……在偶尔遇上昂贵食物时也使我们身体状况变得更好。"(第欧根尼·拉尔修 10.131)

时,生动愉快地说一些玩笑话,那么他将比那些参与喝得大醉、胡吃海塞的人更让人愉快。(《健康呵护准则》,124B‑C)

对照屈服于社交压力而大吃大喝然后身体不舒服,普鲁塔克教导读者如何拒绝食物、饮酒而又不引起社交不满:如果一个人在请求原谅时聪明而机智,㊴他将能够做有益健康的事,并且比那些完全投身于聚会的人显得更令人愉快。如果不可预期的社会责任不允许读者避开困境,普鲁塔克则教导读者如何克服这一困境:他的建议将使读者能够坚持日常的饮食习惯,而又不会[223]显得令人不快或没有礼貌。普鲁塔克的《健康呵护准则》不仅与个体本人享用的最健康的饮食有关,也考虑到个体的社会地位和社会角色:他绝非阻止读者冒着损害健康的危险出席那种有大量美食与烈酒的社交场合,而是教导他如何把健康呵护与社交礼仪的要求调和起来。

目前为止讨论的所有这三个准则,处理的都是我们不会期待一位哲人去讨论的主题,然而,它们同普鲁塔克的其他实践伦理学著作显示出相当明显的相似之处:普鲁塔克建议反思与实践训练的练习,这些练习将帮助精英读者——他们因为社会抱负和社会义务而遭遇健康问题——在社会中更加成功地过他们的生活。这些练习位于普鲁塔克《健康呵护准则》的开头,它们定下了或许可称作普鲁塔克的"饮食伦理学"(diet‑ethics)的基调。文本第一部分末尾已经清楚显示,这种饮食伦理学建议首先凭靠它看待健康呵护的社

㊴ 我们可以说普鲁塔克在这里像布尔迪厄描述的那样"在实践上"教育了他的读者们,在这种教育中,策略与时机极其重要(比较上文,第六章页169与注50):聪明、机智两个条件(比较 τὸ ἐπιδέξιον καὶ τὸ ἀστεῖον,124B)指向策略,而如果人想以逗乐的、玩笑的方式说到自己,以便先发制人地驳倒对方,时机当然也是非常重要的。

会性整合视角而独树一帜;尽管普鲁塔克也认识到读者常常因为社会抱负和社会期望而遭遇健康问题,但他并不认为健康呵护与社会义务相互排斥。相反,后文将多次重复,健康呵护所以如此重要,因为它是读者们过他们正在过的那种生活的必要条件。因此,与体育教练或医生们可能说的相反,读者不应当为了呵护健康而退出社会。倒不如说,他应当以一种社会可接受的方式呵护健康。这正是普鲁塔克《健康呵护准则》想要传达的教诲。

第二节 附加菜:解释饮食伦理学的原理

在给出饮食伦理学准则的一个例证之后,普鲁塔克意图解释作为饮食伦理学基础的原理(第6—15节)。他的第一个论点重回前面讨论中提出的[224]关于会饮的论争(第6-7节)。普鲁塔克从苏格拉底的建议开始,这条建议提醒人们警惕那些诱使他们不饿也吃、不渴也喝的食物和饮料。⑩ 我们在《论饶舌》与《论好奇》中也看到过这则轶事,其隐含信息在这里得到了详细解释:苏格拉底并没有禁止人们享受美食和美酒,但这些食物应当作为日常饮食被消费,而不是在日常饮食之外又去消费。在实际生活中,如果人们沉溺美食以致危害健康,普鲁塔克看到两个可能的动机:要么是"对享乐和贪食的欲望"($\varphi\iota\lambda\eta\delta o\nu\iota\alpha\varsigma\ \kappa\alpha\iota\ \gamma\alpha\sigma\tau\rho\iota\mu\alpha\rho\gamma\iota\alpha\varsigma$,124F),要么是"缺少对荣誉的品味和爱"($\alpha\pi\epsilon\iota\rho o\kappa\alpha\lambda\iota\alpha\nu\ \kappa\alpha\iota\ \varphi\iota\lambda o\tau\iota\mu\iota\alpha\nu$,124F)。前一个动

---

⑩ 这则轶事取自色诺芬的《回忆苏格拉底》1.3.6。关于苏格拉底在养生问题上的观点(尤其像在那部著作中呈现的那样),参 Wöhrle(1990),页155–157。

机后文不再关注:普鲁塔克或许预设他的精英读者已经受过足够的哲学教育,不难克服这种基本的肉欲。后一个动机得到了详细分析。许多人在面前端上精美的食物——如"牛羊乳、意大利松露、萨摩斯饼或埃及之雪"时放纵自己大吃大喝,乃是"为了能够告诉别人,并且因为他们享用过如此精美、珍奇的食物而引起别人的嫉妒"(ὅπως ἔχωσιν ἑτέροις διηγεῖσθαι, ζηλούμενοι τῆς ἀπολαύσεως τῶν οὕτω δυσπορίστων καὶ περιττῶν, 125A)。通过吃一些很难弄到(比较 δυσπορίστων καὶ περιττῶν)的稀有、昂贵、精美的(σπανίου καὶ πολυτελοῦς, περιβοήτοις καὶ σπανίοις, 124F)[41]食物,人们希望别人嫉妒自己(比较 ζηλούμενοι)。[42]由此,食物作为一种满足人们对荣誉的爱(比较 φιλοτιμίαν)的手段而被消费,身体为了满足精神的欲望而被使用。虽然文本第一部分已经使人们注意到这样的行为对健康的有害[225]影响(第 4 – 5 节),[43]但普鲁塔克现在证明这种行为暴露了一个人品味的缺乏(ἀπειροκαλίαν),以及粗俗、无教养的观念(ἀνελευθέρους καὶ φορτικὰς φαντασίας, 124F)——这些用语带有强烈的社会含义,其所呈现出来

---

[41] 又一次,文本在这里揭示了某些社会—经济学基本原理:稀有的东西(比较 σπανίου, 124F)昂贵(比较 πολυτελοῦς, 124F);既然并非每个人都能够负担得起它们,获取它们就成为一种使自己出人头地的方式;而差别又导向威望,由此满足了一个人对荣誉的渴望(比较 φιλοτιμίαν, 124E)。比较 Veblen(1998 = 1899)页 68 – 101 论炫耀性消费——也就是消费的比所需要的更多或更好——的部分。

[42] 关于不同食物模式所造成的差别,亦参布尔迪厄(1979),页 204 – 215。关于食物在古代作为社会地位的标志,参 Wilkins 与 Hill(2006),页 73 – 74。

[43] 正如我们对一部探讨健康和疾病的著作所期待的那样,对伤害的提及主要与身体上的不适有关。痛苦(πόνος):128C、128E、129E、129F、131A、132D、135D、136A、136B 以及 136F;疾病(νόσος):123B、123C、126B、126C、126D、127D、129B、129F、135B、135D 以及 136D。

的东西显然与读者追求的完全相反。㊹ 对那些在别人家作客时拼命吃昂贵食物的人,普鲁塔克显示出特别的不赞同。根据普鲁塔克,这一行为显露出小气与贪婪($\mu\iota\varkappa\varrho o\lambda o\gamma i\alpha\ \varkappa\alpha i\ \gamma\lambda\iota\sigma\chi\varrho\acute{o}\tau\eta\varsigma$,125E):花别人的钱来消费暗示出主人能够并且确实负担了客人不能或没有负担的东西,由此在主客之间建立了某种等级关系。用 Thorstein Veblen 的著名术语说,它包含了"代理消费"(vicarious consumption),即由别人付费进行的消费,它提升了付费人的社会地位而不是本人的社会地位。㊺ 然而,普鲁塔克并没有反对食物问题上对荣誉的爱,他提出"如果有人想在这些事物方面争取荣誉,为了健康的缘故,通过自制去争取会更好"($\varepsilon\check{\iota}\pi\varepsilon\varrho\ \varphi\iota\lambda o\delta o\xi\varepsilon\tilde{\iota}\nu\ \pi\varrho\grave{o}\varsigma\ \tau\grave{\alpha}\ \tau o\iota\alpha\tilde{\upsilon}\tau\alpha,\ \dot{\varepsilon}\gamma\varkappa\varrho\acute{\alpha}\tau\varepsilon\iota\alpha\ \varkappa\acute{\alpha}\lambda\lambda\iota\sigma\tau o\nu\ \acute{\upsilon}\pi\grave{\varepsilon}\varrho\ \acute{\upsilon}\gamma\iota\varepsilon\acute{\iota}\alpha\varsigma$,125E)。根据普鲁塔克,他的饮食伦理学建议将使人在保持健康的同时实现他在社会中的个人抱负。㊻ 因此,如在我们已经考察过的其他实践伦理学著作中那样,普鲁塔克在这里激起读者的荣誉感,是为了说服他在饮食问题上实行自制($\dot{\varepsilon}\gamma\varkappa\varrho\acute{\alpha}\tau\varepsilon\iota\alpha$)。

自制当然是一个为哲人所偏爱的概念。然而,普鲁塔克接下来解释,在养生问题上的自制本身并不是目的:

[226]在其他时候,我或许不得不反对享乐,而展示自制的内在之美和高贵;但是,当前这篇论说文支持许多极大的快乐。(《健康呵护准则》,126B)

㊹ 比较佩特罗尼乌斯的小说中的著名晚宴,在晚宴上暴发户(!)特立马乔一道接着一道往肚子里堆集奢侈的菜肴。

㊺ 比较 Veblen(1998 = 1899),页 75 – 85。

㊻ 比较在第二章页 55 – 56 处已经引用过的来自《健康呵护准则》的类似建议。

听到对自制的典型哲学概念的诉求时,与许多人可能想的相反,普鲁塔克这里明确否认他是在为了哲学的缘故推行自制:这或许是其他作品的论点,但《健康呵护准则》却将自制呈现为享乐的一个条件。㊼ 换句话说,与普鲁塔克的其他实践伦理学著作相似,《健康呵护准则》将自制作为实现读者的前哲学欲望的一种手段加以推行。确实,虽然疾病据说并不妨碍人去搞哲学,或者成为军事或政治领袖,但它们不容人享受任何肉体快乐(126C)。由情爱、美食、沐浴或美酒产生的快乐与其说取决于女子的体型、食物和酒的质量或浴汤的温度,不如说取决于我们自己的身体状态:如果身体状态很差,即使最美丽的女子、最白的面包、最温暖的浴汤也会产生黏液和胆汁(128D-E)。虽然普鲁塔克清楚地表明,他对那些被认为是疾病基础的物理元素和过程有所认识,但他在这里清晰地把自己与医学养生学区分开来,特别是像《论食物性质》的目录中提出的那种医学养生学:某些东西是甜还是苦,是否宜人,更多取决于我们自己而不是食物。

鉴于普鲁塔克坚定地把良好健康与肉体快乐的关键都定位于我们自身内部,照顾好自己的身体就极其重要。普鲁塔克特别提出三个方面,各通过一个航海学的比喻加以解释。首先,他鼓励读者将身体保持在持续的良好状况中(第9-10节)。他说,他们不应当像那些在船上装了太多货物而必须不断地舀出海水的船主那样(127C)。换句话说,他们不应当让身体负担如此多的食物以至于需要泻药[227]来救命,而应当在任何时候都使身体保持在良好的

㊼ 相应地,在普鲁塔克《健康呵护准则》中,没有痛苦似乎也是一个主旋律:ἄλυπος 重复出现不下七次(130E[2次]、131C、133E、134F、137A 以及 137B)。

状况中,这样身体即使处于压力之下,也能像软木塞那样再迅速浮起来:

> 我并非不知道人们也会因为疲劳、过热、过冷而发烧。然而……可以说是身体本身给了这些外部诱因和始动因素起作用的物质和实体……因此我们不应当……填满身体,使它沉重,然后又用泻药和灌肠剂,而应当使身体保持良好的状态,这样身体即使处于压力之下,由于弹性它也能像软木塞那样再次迅速地浮起来。(《健康呵护准则》,127B-D)

在这一段中,普鲁塔克声称他完全了解(比较 οὐκ ἀγνοῶ)发烧的较间接的原因,如疲劳、极端的热或冷。[48] 这一面反驳了对其饮食伦理学的可能批评,即它或许是基于对疾病背后更为复杂的外在原因缺乏理解,一面暗示技术性的知识并不能阻止人们生病。[49] 据普鲁塔克,健康的首要关键在我们身体内部,在于那些我们能够控制的因素(比较 τὸ πλῆθος ὑποκείμενον)。如果这样,那么显然,哲人——他们传统上关注的问题就是"什么取决于我们"[50]——在给出健康呵护建议方面就处于比医生更有优势的位置。

普鲁塔克促进身体呵护的第二个方面所关注的是,在出现前兆

---

[48] 关于普鲁塔克在疾病原因上的观点和常常是技术性的知识,参 Tsekourakis(1989)。

[49] 事实上,普鲁塔克在他的《健康呵护准则》中使用许多技术性术语时的犹豫,与他在 129D 给读者的建议一致。亦比较 Scarborough(1969)页 103,Tsekourakis(1989)页 258,以及 López Férez(1990)页 221。此外,注意在开篇讨论中,宙西普斯两次(οὐ μετὰ σπουδῆς,122C,以及 οὐ πάνυ μετὰ σπουδῆς,122E)强调,他在前一天参加的关于健康生活方式的哲学谈话并不是系统地进行的。

[50] 比较上文第四章页 94。

症状、出现宣告疾病即将到来的感觉时采取预防措施(第 11 节)。普鲁塔克暗示,许多人[228]不管不顾这样的症状,拖着病体去洗浴,就像拖着朽坏有洞的破船去出海。另一方面,羞耻感也阻止他们在风暴使他们晕船时回到岸边或待在岸边。普鲁塔克明确指出(127D),希波克拉底已经指出什么样的症状表示疾病。(51) 再一次,医学养生学仍是从下述预设出发,即人们将只受对自身健康的关注所引导,然后去解释哪些食物或什么样的生活方式能够阻止疾病发生。普鲁塔克则从人们常常不依从健康的行动路线这一观察出发。与前面一样,普鲁塔克的分析提出两种可能的动机,第一是贪食(*οἱ μὲν ὑπὸ λαιμαργίας καὶ φιληδονίας*,127E)。同前面一样,他相当迅速地略过这个动机,而通过将第二个动机作为“不那么粗俗”(*οἱ δὲ κομψότεροι*,127E)的动机引入,普鲁塔克要么假定读者已经克服了前面的肉体欲望,要么是在敦促读者去克服它们。“不那么粗俗”的动机在于社会压力和社会抱负:当别人邀请他们一同去体育场时,羞耻心(*αἰσχυνόμενοι*,127E)阻止他们说不。而且,人们一厢情愿地想着用酒来醒酒、用头痛来去除头痛,如一句著名的谚语所说的那样(比较*ἐλπίς*,127F),仿佛这是他们缺乏自制和放纵的借口。普鲁塔克抬出老加图的建议来应对这种大众智慧——老加图当然是由于他节俭的生活方式著名:人应当“大事化小、小事化了”(128A)。如果人按照这一原则行事,简单的标准就足够了:

> 有些人认为,身体出现可疑的前兆症状时,若整天待在床上,不在桌上用餐,就会降低身份。这样的人将不得不在床上

(51) 例如,关于种种前兆症状及其可能指示的身体状况,可以在《论养生》3.70－3.85 以及整个第四卷中找到,那里讨论了梦的含义。

极不体面地待上许多天,接受灌肠与敷药的治疗,对医生低三下四,唯命是从。(《健康呵护准则》,128B)

[229] 如果前兆症状暗示一个人可能生病了,普鲁塔克建议他卧床休息一天。然而,读者或许认为不在桌上用餐有失身份(ἀγεννές)——一个带有强烈社会含义的术语,从社会接纳的角度来看,是这样。然而,当疾病继续发展并使他们完全依赖医生时,如普鲁塔克策略性地预示的那样,疾病将带来更多的耻辱。㊾ 通过将羞耻用作一种论证,普鲁塔克既说服了读者,也最有利地抬出自己的饮食伦理学建议来反对医学上的做法:普鲁塔克承诺人若通过简单的措施照料自己就会带来快乐,医生们则会用权威强迫人接受诸如灌肠、敷药这样痛苦的医学干预,而使人陷入羞耻之中。

将人的身体比作船只的航海上的比喻,简洁概括了照料身体的最后一个方面。天气好的时候应当充分发挥船只的功能,一旦有风暴的预兆,就要立刻把船拖回港口(128F)。㊿ 因此,在文本的这一部分(第 13–14 节),普鲁塔克提倡一条介于过度担忧健康与丝毫不在意健康之间的中间路线:人应当根据身体需要调整对他健康的呵护。虽然首先提到过分注意健康呵护的问题(128E–F),但普鲁塔克眼下对此未加关注,反之,我们将要看到,没有节制的生活方式(ἡ...ἀκριβὴς σφόδρα καὶ δι᾽ ὄνυχος λεγομένη δίαιτα, 128E)将在剩下的文本中扮演主要角色。另一方面,对健康呵护的忽视也在这里受到更多关注。普鲁塔克在这里的建议部分重复了他在前兆症状预示疾

㊾ 在 124E、125B、128A、134B 以及 136E 也提到了耻辱。
㊿ 130C 处给出了这种适应身体状况的良好例证,在那里普鲁塔克区分了谈话练习的不同程度:如果身体健康,一个人应当参与谈话或讨论,但如果身体不健康,就应当只限于做些阅读或朗诵类的事。

病时采取行动的论证。比前面更进一步,普鲁塔克这里列出了一系列警告信号:从食欲改变、失眠到反常的情绪发作(129A – C)。与此相伴,这里对自我观察(比较 φυλάττειν τὸ σῶμα, δεῖ σκοπεῖν... καὶ μνημονεύειν)给予了比先前更多的关注。

[230]在普鲁塔克提出饮食伦理学准则之前的最后一节中,后一方面得到了更为系统的解释(第15节)。普鲁塔克首先鼓励读者在朋友生病时观察他们。这样做的目标不应该是炫耀:为了给朋友们留下深刻印象而展示自己对医学术语与医学作品的熟悉(ἐπιδεικνύμενον ἰατρικῶν ὀνομάτων καὶ γραμμάτων ἐμπειρίαν, 129D),这是被明确摒弃的。㊴ 读者不应当对他人发表长篇大论(μὴ σοφιστικῶς μηδὲ περιέργως, 129D),㊵而应当努力自己学点什么:如柏拉图建议的那样,他应当搞清朋友生病时遵照着什么生活方式,并且在自己身上改正他在别人身上观察到的错误。贯穿《健康呵护准则》全篇,普鲁塔克确实把他在健康呵护问题上的权威首先且首要地建基于哲学:七次提到柏拉图,三次提到苏格拉底,另外还多次提到其他哲人。㊶ 与他在

㊴ 比较 Aulus Gellius,《阿提卡之夜》16.3,法沃里努斯看望一位生病的朋友时谈论埃拉西斯特拉图斯的医学理论,以此来炫耀自己。比较 Gleason(1995),页 140 – 141。与此相似,在《阿提卡之夜》1.2,一位年轻的哲学学生为了炫耀他的知识而使用不常用的术语,赫罗德斯·阿提库斯使他有了自知之明。

㊵ 即使没有περιέργως这一术语——我们已经看到,这个词也出现在《论饶舌》中——这个在看望生病朋友时炫耀自己熟悉医学的人也与饶舌者很相似:他不想倾听,而是自己说话(λαλοῦντα, 129D);他学究式地炫耀他碰巧读过的东西;这种行为给他自己招来嘲笑:虽然他想使用诸如"堵塞"(stoppages)与"闯入"(irruptions)这样的医学术语,但这些实际上是"老生常谈"(trite generalities, κοινότητας, 129D)。

㊶ 《健康呵护准则》中提到名字的哲人有苏格拉底(124D、124E 以及 130E)、柏拉图(125B、127A、129C、135D 以及 137E)、克拉特斯(125e)、阿凯西

别处的做法一致,普鲁塔克在这里也提到了著名的政治家和作家。㊄然而整篇文本引人注目地只提到一位医学权威,即希波克拉底[231](127D)。㊅普鲁塔克显然不认为有必要把自己的权威建基于以前的医学作者的权威之上:他认为,指出历史、文学——尤其是哲学——都站在他这一边就足够了。129D 明确提及作为模仿榜样的柏拉图,从而又一次把人的注意力转移到医学与哲学的对立上:普鲁塔克暗示,医学不是获取荣誉的好途径,哲学则表现得能使人既从朋友那里获益,也从敌人那里获益。㊆在文本的这一关键点上,两个忠告使普鲁塔克健康呵护建议的哲学性质得到进一步加强。第一个忠告鼓励读者成为反思练习的教科书式的典范:看到别人因疾病而受苦时,他应当牢记($\varepsilon\nu\sigma\eta\mu\alpha\nu\varepsilon\tilde{\iota}\tau\alpha\iota\ \pi\rho\dot{o}\varsigma\ \dot{\varepsilon}\alpha\upsilon\tau\dot{o}\nu$,129E)健康多么

劳斯(Arcesilaus,126A)、普罗狄库斯(Prodicus,126C)、德谟克利特(129A 与 135E)、希俄斯的阿里斯托(Aristo of Chios,133D)、亚里士多德(133F)、色诺克拉底(135C)、泰奥弗拉斯托(135C 与 135E)、伊壁鸠鲁(135C)以及赫拉克利特(136B)。

㊄ 《健康呵护准则》中的历史轶事与下列人物有关:提图斯(123D)、腓力大帝(123E)、亚历山大与迈迪亚斯(124C)、提图斯与雷古鲁斯(124C)、德马德斯(126D)、吕西马库斯(126E)、泰摩修斯(127A)、亚历山大(127B)、老加图(127F 与 131D)、尼格尔(131A)、福基昂(135C)、德米特里厄斯(135C)、伊巴密浓达(136C)以及提比略(136D)。提到的文学权威有:荷马(122C、126D 与 133E)、西蒙尼德(125D)、赫西俄德(127D)、欧里庇得斯(132A)以及米南德(133A)。

㊅ 有的作者在说明自己的资料来源时也类似地作出了深思熟虑的选择,参 Chahoud(2007),那里谈到诺尼乌斯·马尔采鲁斯不提帝国时期的语法家。注意与盖伦《健康呵护准则》的对比,这部著作首先而首要地提到了希波克拉底和其他医生。比较 Wöhrle(1990),页 245 - 246。

㊆ 普鲁塔克建议从别人的错误当中学习,这确实与他在《如何从敌人那里获益?》92F 所给出的建议非常相似。

宝贵,因此他需要保持健康。第二个忠告建议一个实践练习:在放纵而过度地使用身体之后,即使身体没有给出任何警示信号,读者也应当采用简单饮食进行补偿。普鲁塔克给出的理由是缺乏自制(ἀκρασία,130A)导致过剩和过量(περίττωμα...καὶ πλῆϑος,130A)。于是,这个圆圈完整了:对缺乏自制的提及与先前对自制的坚持匹配,对过度拥挤的评论呼应前面关于保持身体处于良好状态的建议。

第三节　主菜:普鲁塔克的饮食伦理学建议

普鲁塔克给了读者关于饮食伦理学原则的洞见,并使读者相信这将帮助他实现对于荣誉与快乐[232]的渴望,同时又使他保持良好的健康状态,之后,他才最终着手陈述他关于健康呵护的饮食伦理学准则。因此,在接近文本中途的时候,普鲁塔克建议再把每个主题拿出来讨论一下。[60] 他处理的第一个主题(第16–17节)是"适合文人的体操锻炼"(περὶ γυμνασίων φιλολόγοις ἁρμοζόντων,130A)。我们已经看到,鉴于体操锻炼可能已经是希腊养生学的基础,它在普鲁塔克的《健康呵护准则》中占据非常重要的地位——与在其他养生学作品中一样——并不令人惊讶。[61] 如果说体育锻炼原本被视

---

[60] 养生学处理那些"身体与之持续相互作用的因素——无论我们是否喜欢它——以及下述问题:即其中哪些因素拥有帮助或伤害身体的能力——周围的空气、睡或醒、休息与运动、饿或吃、渴或喝,或介于二者之间的某个状态"。比较盖伦,《忒拉绪布洛斯》18 = 5.837 – 8K,但亦参 35 = 5.872K。

[61] 虽然盖伦在他的《健康呵护准则》中详尽地处理了体育锻炼,但他在《忒拉绪布洛斯》(41 = 5.885 – 6K)中小心地强调道,竞技锻炼只是体育的一小部分,体育又只是养生学的一小部分,而养生学则是医学的三个部分之一。

为军事行动的准备,那么后来它则很快其因自身的缘故而成了日常生活的重要方面。既然重点已从军事训练转移到对运动、身体健康以及精神健康的兴趣上来,㉂体育场也就提供了越来越多锻炼、按摩、洗浴的可能性,由此成为重要的聚会场所和智力教育中心。㉃罗马人在传统上把洗浴看得比锻炼更重要,但他们逐渐对希腊竞技更感兴趣。㉄ 因此罗马人常常把体育场的功能整合进大的浴室[233]综合体中去,㉅希腊世界则通过建造许多私人浴室与独立的公共浴室(balaneia)——除了体育场中原本用来供访客使用的浴室之外——反映了这一演化过程。㉆普鲁塔克在《健康呵护准则》中

㉂ 士官团(ephebia)的演变历程相当好地说明了这种一般发展:首先被视为公民—战士组织,很快进化为"一种教育型的学校"(Marrou[1965],页168),在希腊化世界中,最终演变得"更贵族化而非平民化,更体育化而非军事化"(Marrou[1965],页171)。关于士官团的演变,参 Marrou(1965)页165 - 173 以及 Pelekidis(1962)。关于体育场中军事训练的重要性的变化,参 Van Wees(2004)页89 - 93 以及 König(2005)页45 - 63。

㉃ 关于体育场及其结构以及体育场在希腊世界的重要性,参 Delorme(1960), Finley 与 Pleket(1976)页116 - 122, Owens(1991)页155, Vanhove(1992)页56 - 77, Yegül(1992)页1 - 5 与页7 - 24,以及 König(2005)页47 - 63。

㉄ 传统罗马人更偏爱洗浴而非锻炼: Edelstein(1931)页308, Marrou(1965)页351 - 352 与页364 - 366,以及 König(2005)页217 - 225;希腊竞技在罗马帝国中的流行性: Farrington(1997), Van Nijf(2001), Scanlon(2002)页40 - 63 以及 Newby(2005)。

㉅ 关于罗马浴室与洗浴过程,参 DeLaine(1999)页7 与注4, DeLaine 与 Johnston(合编)(1999),以及 Yegül(1992)页30 - 47。

㉆ Cartledge 与 Spawforth(1989)页135 将温泉浴室在斯巴达的建成看作生活方式罗马化的标志。关于在希腊洗浴上罗马影响的更详尽的研究,参 Woolf(1994)页117、126 - 130, Farrington(1999)以及 König(2005)页49、214。从锻炼到沐浴的重心转移似乎在希腊化时期已经开始了。比较 Marrou(1965)页201 - 204, Yegül(1992)页21 - 29 以及 Farrington(1999)页57 - 58。

探讨体育的进路,要对比体育锻炼的实施及其作用的演化过程来理解。普鲁塔克建议的主要锻炼,是文人在他们日常生活中无论如何每天都会付诸实施的一种锻炼:说话。⑰ 普鲁塔克说,即使按摩师也会承认呼吸产生力量。尽管竞技运动的目标是"角斗者的力量,使肌肉发达,产生像建筑物墙壁一样的外在强壮"(130A – B),但普鲁塔克相信,说话包含的气息运动足以产生"与生命最密切相关、最重要部分中无孔不入的力量和真正的紧张"。虽然这种对体育养生学的批评明确呼应了反对体育教练的传统论证,例如柏拉图与伊索克拉底提出的那些论证,⑱但普鲁塔克建议了一种相对简单的锻炼方式,这也与罗马帝国治下身体训练的兴趣降低一致。虽然如此,普鲁塔克依然强调了进行他所建议的锻炼的重要性:他说,人在旅行及待在旅馆时⑲不应当因为害怕被水手、骡夫或旅馆主人嘲笑而放弃说话。[234]那种人不认为通过打球⑳或空拳练习来锻炼的人

---

⑰ 关于说话作为一种日常锻炼,比较 Gleason(1995)页 92。普鲁塔克推荐说话作为一种锻炼,这与关于 πνεῦμα[呼吸](130B)的古代理论有关,该理论也强调了灵魂呼吸的重要性。比较 Defradas、Hani 与 Klaerr(1985)页 95 – 96 以及 Sellars(2003)页 125 – 126。除了说话以外,普鲁塔克也提到了散步(130D、130E、133E、133F 与 134A)。

⑱ 伊索克拉底《颂词》1 与柏拉图《王制》410b,也被盖伦《忒拉绪布洛斯》36 = 5.875K 所引用。关于对运动养生学的批评,参 Wöhrle(1990),页 117 – 124。

⑲ 对旅行时生活方式的关注并非不同寻常:Dieuches(公元前 4—3 世纪)就人们在海上旅行时的生活方式写下作品,狄奥克勒斯(公元前 4—3 世纪?)对那些陆上旅行的人给出了建议。比较 Wöhrle(1990)页 170 与 201。关于古代的旅行,参 Casson(1974)与 Constable(2003),特别是页 11 – 39 关于旅馆的糟糕名声。

⑳ 盖伦著名的短篇文本《论利用小球进行锻炼》阐述了作为锻炼方式的球类游戏的流行情况。

有什么错,却嘲笑通过说话来锻炼自己的人,虽然这种练习同时也能教育人、考验人、助人学习以及训练记忆力。普鲁塔克总结道,在这样的人面前羞怯或困窘,要比被他们嘲笑可耻得多(αἴσχιον τὸ δεδοικέναι καὶ δυσωπεῖσθαι ναύτας καὶ ὀδεωκόμους καὶ πανδοκεῖς, 130E)。这一建议诉诸读者的荣誉感,鼓励读者不要在意下等社会阶层人的看法,但普鲁塔克也警告将说话作为表达尊严的手段而过度使用的倾向。在第一章中(页27),我们已经看到普鲁塔克如何指出演说家与智术师常常"由于声誉、抱负、经济报酬或政治竞争"过度使用他们的嗓音,从而毁了自己。他给出的具体例子是一位来自喀罗尼亚的名叫尼格尔(Niger)的智术师:[71]

> 当我们的尼格尔在加拉提亚做智术师的时候,有一次他碰巧吞了一根鱼刺。然而当另一位国外来的智术师露面并发表演讲时,他害怕给人留下他向对手屈服的印象,结果虽然鱼刺还扎在他的喉咙里,他仍然发表了演讲。结果发生了严重、顽固的感染,他无法承受这种痛苦,然后接受了从外部的很深的切割手术:鱼刺确实从切口拿出来了,但切口处开始疼痛、化脓,从而导致了他的死亡。(《健康呵护准则》,131A–B)

[235]尽管尼格尔身体状况很糟糕,但他仍然想通过发表演讲来提升自己的地位。事实证明他做了错误的决定:他不仅没有——

---

[71] 关于尼格尔,参 Ziegler(1951)页679,Babut(1969)页252–254,Defradas、Hani 与 Klaerr(1985)页120注1,Puech(1992)页4863–4864,以及 Senzasono(1992)页107注101(页175–176)。关于当时的轶事及其中所带出的关于智术师彼此竞争的信息,参 Schmitz(1997)页114–115,以及 Gleason(1995)页4。

从普鲁塔克所讲的关于他的轶事来看——得到想要的声誉,而且严重地伤害了自己的身体,以至于丧了命。恰如普鲁塔克在《健康呵护准则》中敦劝的那样,通过手术的医学干预[72]对他并无帮助:他应当预先注意自己的身体状况。在这则轶事之后,普鲁塔克进展到洗浴主题。洗冷水澡被称为是"炫耀的和孩子气的"($ἐπιδεικτικὸν\ καὶ\ νεανικόν$,131B),[73]而温水浴则"为了寻找借口"被说成"可提供许多好处"($θερμολουσία\ δίδωσι\ πολλὴν\ συγγνώμην$,130C)。[74] 只有少部分文本讨论洗浴这一事实,证实洗浴显然没有激起普鲁塔克的热情:冷水浴遭到完全的反对,普鲁塔克也没有主动鼓励读者洗温水浴,而只是承认洗温水浴或许有充分的理由。事实上,他甚至建议,如果人身体状况好,他应当完全拒绝洗浴,代之以在火旁用油擦遍全身。那么,与罗马帝国境内当时的习惯相反,事实上普鲁塔克似乎是在提倡一种相当传统的希腊式的洗浴方式。[75]

普鲁塔克给出的第二组准则与营养有关。在食物问题上(第18节),普鲁塔克在先前给出的建议上增加了两条。首先,他提出人们可以通过减少食物数量并降低食物的质量($τῇ\ ποιότητι$,131D)来减轻食物负担:不仅像肉、奶酪、无花果干或煮鸡蛋等油腻食物应

---

[72] 关于在尼格尔身上施行的手术,参 Renehan(2000)。

[73] $Eπίδειξις$[炫耀],在《健康呵护准则》全篇中,无论言辞上还是行为上的炫耀,确实都受到反复的指责。参 123B、129D、131B 与 133E。

[74] 比较 Babbitt(1928),页 261。正如 Amyot 提出的那样(比较 Defradas、Hani 与 Klaerr[1985],页 121 注 1),这一段落并不是十分清楚。前面一句话是关于下述事实的:冷水浴强制人采取一种严格的生活方式,即使最轻微的偏离也会造成某些恶果($εὐθὺς\ ἐξελεγχομένου\ πικρῶς\ παντὸς\ ἁμαρτήματος$,131C);之后的现在这句话或许事实上也是说,温水浴允许一种更加放松的生活方式,这种生活方式不时为某种放纵留下了空间。

[75] 关于传统的希腊浴室与洗浴过程,参 Yegül(1992),页 24-29。

当少量食用,还应当吃像蔬菜、家禽和鱼等脂肪含量低的更为清淡的食物。医学养生手册是在系统分析这里列举的不同食物的具体特性,普鲁塔克[236]则是借这种分析向读者提出从中得出的实践性结论。食物问题上的第二点与肉有关:普鲁塔克建议读者只吃一点肉,或者最好一点也不吃。在《谈肉食》中,普鲁塔克也展示出同样的对素食的偏爱。在那部著作(995E – F)与《健康呵护准则》(132A)中,他都指出肉削弱精神。然而,《谈肉食》是强调食肉违背自然,《健康呵护准则》则承认食肉已经成为一种"非自然的第二天性"(unnatural second nature, φύσις τοῦ παρὰ φύσιν γέγονεν, 132A),⑯从而考虑到了习俗。因此,根据普鲁塔克的预防性建议,读者不应当完全放弃食肉,而是要把肉当作其他食物之外的补充,不是像野生动物那样只为了食欲的满足。通过简短地提及牛奶——普鲁塔克说牛奶应当看作食物而不是饮料,他转向对饮料的讨论,更具体地说,是酒和水(第19节)。关于这些饮料,《论养生》简短地指出水性凉而湿,酒则温而燥,然后转而讨论不同种类的红酒、白酒的具体性质(2.52)。⑰普鲁塔克也对比了酒和水:

> 因为酒是猛烈、浓烈的,它增强身体的不安,恶化、刺激受影响的部分,这些部分需要舒适与缓和;水则能提供上述一切

---

⑯ 关于在《谈肉食》与《健康呵护准则》两部作品中普鲁塔克在素食问题上的观点之间的其他区别,参 Senzasono(1992)页8 与 Tirelli(1992)页391。关于一般意义上普鲁塔克的"素食主义者"倾向,参 Tsekourakis(1986)与(1987),以及 Waegeman(1988)。关于古代饮食中的素食倾向,参 Osborne(1995),Garnsey(1999)页85 – 91 以及 Wilkins 与 Hill(2006)页140 – 163。

⑰ 关于酒的医学用途,参 Capriglione(1999)与 Calderón Dorda(1999),后者也讨论了醒酒药物的应用。关于一般性的古代的酒与饮酒,参 Wilkins 与 Hill(2006)页164 – 184。

……因为水温和而性平静,酒则燥而性烈,对新鲜伤口既没有好处也不宜人。(《健康呵护准则》,132E)

[237] 普鲁塔克没有描述酒与水的物理特性,而是赋予其伦理价值:⑱描述酒所用的词语呼应了《论制怒》中普鲁塔克对愤怒的描述,水的效果则描述了节制愤怒之人的特征。⑲ 虽然在《健康呵护准则》中也简短地提到酒令人愉快的、有用的特质(132B),但普鲁塔克在饮料问题上主要推荐了水,这一点不令人惊讶。与一开始推荐读者要使自己习惯于病人食谱的建议相一致,读者被告知要使自己习惯于(ἐθιστέον,132B)每天喝几杯水:水应当成为他的日常饮食的一部分(παρὰ τὴν καθ' ἡμέραν δίαιταν,132B),这样当不得不喝水的时候他的身体就不会拒绝。另一方面,酒则应当始终通过酒与水的好的混合物(εὐκρασίας,132B)⑳来饮用,而且饮用这种混合物(τοῦ κεκραμένου,132B)应当与喝清水交替进行。这些准则使我们清晰地想起普鲁塔克在前面的文本中所展示的对会饮欢宴的兴趣。㉑

---

⑱ 关于酒与水的负面伦理性质,参 Davidson(1997) 页 156, Nikolaidis (1999), Teodorsson(1999), 以及 Wilkins(2000) 页 243 - 256 与(2006) 页 166。

⑲ 例如 πλήκτης 比较 πληγῶν, 459D; ὀξὺς 比较 ὀξύτητος, 453B; ἐπιτείνει 比较 ἐπιτείνοντες, 463F; ταραχάς 比较 ταραχάς, 464C; τραχύτερα 比较 τραχύτερον, 453D; παροξύνει 比较 παροξύνουσιν, 463D; λειότητος 比较 λείως, 457C; ἤπιος 比较 ἠπίως, 457C; εὐμενῆ 比较 εὐμενές, 464D; φιλάνθρωπον 比较 φιλάνθρωπον, 464D。

⑳ 关于普鲁塔克(酒、水)混合的理想,参 Wardman(1974) 页 59 与 Duff (1999) 页 89 - 94。

㉑ 普鲁塔克《漫谈录》中的若干问题讨论到酒的摄入、品质和作用(1.7、3.3、3.5、3.7、3.9、5.4、6.7)。关于普鲁塔克对酒的看法,参 Montes Cala、Sánchez Ortiz de Landaluce 与 Gallé Cejudo (合编) (1999) 中的不同论文,特别是 Alcalde Martín(1999)、Gómez 与 Jufresa(1999)、Ingenkamp(1999a)、López Salvá (1999)、Nikolaidis(1999) 以及 Teodorsson(1999)。

在下一条准则中,会饮实践得到了更进一步的探讨(第 20 – 21 节),该准则处理晚餐之后的学术活动问题,使人清楚地想起普鲁塔克在他的《漫谈录》中处理的若干问题。[82] 通过主张文化讨论对健康有益,《健康呵护准则》不仅强化了《漫谈录》中也可以见到的观点,也支持了普鲁塔克[238]在九卷《漫谈录》中所承担的计划。确实,普鲁塔克在《健康呵护准则》中列举的适合晚餐讨论的主题,与《漫谈录》中涵括的主题大部分一致:《健康呵护准则》不赞成复杂的主题(133C),而是推荐人们考察几何图形(133A)或自然科学问题(133E),阅读文学作品与书籍(133A 与 133E),讨论乐器(133A 与 133F),或探讨历史问题(133E)。此外,通过强调绅士式的讨论和对话,饮酒作乐的理念也得到了强调:人不仅应当自己说,还应该倾听他人(ἀκοῦσαι καὶ εἰπεῖν,133F,λαλεῖν τι καὶ ἀκούειν,134A)。普鲁塔克虽然承认"那些最终演变成浮夸之谈或争竞的事务、悲伤或诡辩式讨论"(μήτε πράγμασι μήτε φροντίσι μήτε σοφιστικοῖς ἀγῶσι πρὸς ἅμιλλαν ἐπιδεικτικὴν ἢ κινητικὴν περαινομένοις,133E)在宴会上没有位置,但也强烈反对男按摩师和体育教练(ἀλειπτῶν…καὶ παιδοτριβῶν,133B),[83]他们把所有智力活动都从餐桌上排除出去:

但是,如果他们不让我们进行任何其他探究和哲学交谈,或者不让我们在餐桌上读一些不仅优美、有用,而且有着某种

---

[82] 第一个问题——"在酒宴上谈论哲学问题是否得当?"(《漫谈录》1.1,612E – 615C)马上跳到我们的脑海中,但亦参《漫谈录》7.8,711A – 713F,关于《在宴会上什么样的娱乐最合适》。关于普鲁塔克作为一位会饮作者,参 Martín García(1983),Teodorsson(1990),Stadter(1999a)以及 Klotz(2007)。

[83] 比较普鲁塔克《关于罗马的问题》40,274D – E 对竞技训练与饮食作用的简短但绝对负面的描述。

愉快、甜美的文字，那我们应当命令他们不要打扰我们，远远地走开，在散步场所和竞技场把这些事情告诉运动员们。这些人已经被他们扯着远离了书本，习惯于在玩笑和粗鄙中度过时光，变得像体育场里的头像方碑（herms），表面光亮，却是用石头做的。（《健康呵护准则》，133C－D）

探究、哲学讨论以及书籍是——文中如此陈述而非论证——优美、有用和令人愉快的。如果按摩师与体育教练不想让我们从事这些活动，"我们应当命令他们不要[239]打扰我们，而是远远地走开"。这一裁决是强硬的：我们应当命令（κελεύσομεν）他们走开。这句话接下来的部分甚至在体育教练自己的生存环境中起诉了他们：与人们彼此从事探究或讨论的餐桌旁的文化氛围相反，散步场所[84]和竞技场则生产出粗笨的运动员。这些人或许外表光鲜照人，但他们从来没有对内在自我下过功夫；他们很美，但这可能意味着他们并不真正有生气。普鲁塔克的体育健康呵护图景暗示出对文化活动以及社交生活的忽视，这可能足以告诫《健康呵护准则》的受过良好教育的目标读者，使他们远离体育养生学。[85] 根据普鲁塔克，推荐餐桌上的文化活动有两个原因。第一个原因是文化活动对于控制人过度的食欲有很大帮助（ἀγνώμονα καὶ δυσπαραίτητον ἐπιθυμίαν，

---

[84] ξυστός or ξυστόν是一种散步场所，常常在体育场中，可能有顶篷覆盖，也可能没有。参 LSJ, s. v, I 1 与 2。

[85] 柏拉图（《王制》407b－c）已经提出竞技养生没有给智力活动留下任何时间。Young（1984）主张运动竞技不止对精英阶层开放，也对更多的人开放，Pritchard（2006）最近则反驳了那篇关于雅典的论文。然而，这两位作者都聚焦于竞技竞赛与古风及古典时期。关于帝国时期精英阶层在竞技节庆中的角色与参与，参 Van Nijf（2001），特别是页 321－327。

133A, τὸ κυνικὸν καὶ θηριῶδες τῶν ὀρέξεων, 133B)。因此，如果普鲁塔克的目标读者们克服了大多数人屈从的肉体欲望，这要归功于如普鲁塔克在《健康呵护准则》或《漫谈录》中建议的那些文化活动。换句话说，通过阅读与哲学获得的文化资本将在健康方面产生益处。建议在晚餐后进行哲学讨论的另一个原因在于，这种讨论构成了晚餐与睡眠之间的完美消遣。与体育教练相反，普鲁塔克通过建议在进餐与睡眠之间留一些时间，使自己与医生们结成了同盟（αὐτοὶ δὲ πειθόμενοι τοῖς ἰατροῖς παραινοῦσιν ἀεὶ τοῦ δείπνου καὶ τοῦ ὕπνου λαμβάνειν μεθόριον, 133D）。然而，除了这个一般性的劝告之外，普鲁塔克还指出，关于一个人到底应当做什么并没有一致意见：像拳击、摔跤这样的剧烈运动肯定是不好的，但一个人是应当像亚里士多德建议的那样通过散步来保持身体的温暖呢，还是应当像[240]其他人主张的那样避免任何运动，因为运动会干扰消化过程（133F–134A）？普鲁塔克建议的文化活动则能够同时满足这些选项：身体保持安静，思想则温和地从事愉快的讨论。医生们或许证明了体育教练是错的，但还需要一位哲人来提出完美的会饮活动，使其既有益于个人健康，也顾及社交欢乐。

正如普鲁塔克建议的那样，这一完美的会饮活动是在餐桌上过多智力活动与过少智力活动之间金子般的中道。"适度"（μέτριος）这个词的反复出现暗示，"适度"观念是贯穿普鲁塔克《健康呵护准则》全篇的一个重要概念。仅举几个例子：自然被描述为只有适度的需求（124E，125F），读者被建议不要进行过度的按摩（130D）。在某种程度上，这种对幸福的中道的坚持同在冷与热、干与湿之间保持恰当平衡的观念是一致的，上文已经提到，这一观念在希腊医学中也非常重要。然而，除了在个人生活方式的各个方面对节制的诉求之外，在普鲁塔克《健康呵护准则》中还有另一种更加突出的对节制的诉求,这种诉求位于整个健康呵护的元层次(meta-level):一方面,人不应当出于贪食、无知或对荣誉的渴望而忽视健康;另一方面,他也不应当把健康呵护当作生命中唯一或主要的目标,不应当以禁食或熟悉医学养生学而自豪。普鲁塔克在稍后的文本中简洁论道(137B),人做的事情应当既不导致痛苦,也不导致悔恨。如果说这一观念在上文已经简略涉及(第4、5节),那么,现在普鲁塔克则首先就食物问题(第22-23节)、接着就活动问题详细解释了这一观念(第24-25节)。首先,普鲁塔克讨论了当一个人使自己的胃负担太重时应当怎么做(第22节)。就催吐剂与泻药的使用而言,普鲁塔克的态度非常明确:除非在极其特殊的情况下,否则这些医学疗法应当尽量避免。⑧⑥ 然而,大多数人(οἱ πολλοί,134B)为了能够继续吃东西而倾向于使用它们。普鲁塔克在这方面的抱怨[241](κενώσεως ἕνεκα πληροῦντες τὸ σῶμα καὶ πάλιν πληρώσεως κενοῦντες,134B)重复了塞涅卡的著名格言(vomunt ut edant, edunt ut vomant[他们吐了吃,吃了吐],《对赫尔维娅的安慰》,10.3)。塞涅卡的拉丁版本是论证的一个部分,旨在表明财富产生的餐桌上奢侈的快乐与美德比起来根本不算什么,普鲁塔克却是主张,通过催吐剂或泻药进行呕吐会阻碍真正的快乐(134B)。换句话说,塞涅卡把快乐与美德对立起来;而普鲁塔克与其在《健康呵护准则》中先前的陈述一致,将自制(比较μετρίᾳ διαίτῃ καὶ σώφρονι,134D)作为快乐的前提条件加以鼓励。如果说普鲁塔克反对催吐剂和泻药首先和首要地针对那些出于贪欲和肉体享乐欲望而忽视健康的人,那么,他的下一条意

---

⑧⑥ 在这一方面,普鲁塔克确实把他的饮食—伦理学的健康呵护与医学养生对立起来:如果一个人必须要呕吐,那也应当在不使用药物的情况下进行(φαρμάκων,134A;φαρμακείας,134C、134D 与 134F;φαρμάκων,134E;φάρμακον,134E)。

见(第23节)处理的则是那些处于另一个极端的人的行为,他们以严格、固定的斋戒制度($ἀκριβεῖς\ καὶ\ τεταγμένας\ ἀσιτίας$,134F)否定肉体享乐。普鲁塔克写道,人们不应当固定在"一种生活规则上面,恪守着在特定的时间、以特定的数量、沿着特定的路线做每一件事情"($ἑνὶ\ σχήματι\ βίου\ πρός\ τινας\ καιροὺς\ ἢ\ ἀριθμοὺς\ ἢ\ περιόδους\ ἄγεσθαι\ μεμελετηκότος$,135A),相反,他们应当能随遇而安(比较 $ἐλευθέροις$,135A),根据变动不居的环境调整生活方式($τὴν\ ἄλλην\ δίαιταν...\ πρὸς\ τὸ\ συντυχάνον\ ἀεὶ\ ταῖς\ μεταβολαῖς\ ὑπήκοον\ ἔχειν$,135A)。[87] 事实上,先前的文本已经给出类似的建议。在第三节中,普鲁塔克曾谴责"炫耀的、世故的禁欲"($ἐπιδεικτικὰς\ καὶ\ σοφιστικὰς\ ἀποσχέσεις$,123B),并建议我们使自己的食欲根据方便的食物而自行调节($τοῦ\ συμφέροντος\ ὑπήκοον\ ἐθίζοντας\ εἶναι$,123C)。十节之后,他又指出,极其严格、精确算计的生活方式($ἡ...ἀκριβὴς\ σφόδρα\ καὶ\ δι᾽\ ὄνυχος\ λεγομένη\ δίαιτα$,128E)会使身体过于敏感。在第十七节,他又一次明确驳斥严格、固定的生活方式($ἡ...ἀκριβὴς\ σφόδρα\ καὶ\ δι᾽\ ὄνυχος\ λεγομένη\ δίαιτα$,131B),因为它会因为哪怕最轻微的偏离而惩罚一个人。[88] 通过相似的用词,[242]当前这个段落显然让我们注意到这些先前的段落,同时也为这一谴责增加了一个新的维度:

---

[87] 亦比较137B。普鲁塔克的饮食伦理学建议又一次使我们想到布尔迪厄所描述的实践规则。比较上文第六章注50。

[88] 亦比较《王制》403e - 404e,在那里,柏拉图像普鲁塔克一样,建议最好只确立一般性的指导路线——既然严格的食谱不允许哪怕最轻微的偏离。如果这是普鲁塔克所利用的互文文本,那么他或许也与柏拉图相似(《王制》卷3,403e),针对的是运动养生学。关于柏拉图对严苛生活方式的谴责,参Wöhrle(1990),页123。

这些人使自己局限在一种没有朋友和荣誉、远离社会、默默无闻、无所事事、孤独的生活中,他们身上在食物与禁食、运动与休息问题上的死板和约束,对一位公民或一个人来说既不安全,也不容易做到,更不合适,这就好像某种牡蛎或树干的生活。"就我个人而言,"他说,"我不同意。"(《健康呵护准则》,135A – B)

如果说生硬的饮食安排并不安全这一事实使我们想起普鲁塔克先前的论证,那么,该段落剩下的部分则聚焦于这样一种生活方式的反社会特征:死板和约束使人们注定陷入远离任何社会或政治共同体的默默无闻的生活。对这种生活的描述无论如何并不讨人欢喜,由此它鼓励读者远离这种生活方式。普鲁塔克这里明确指出,这样的生活方式与他在文本中给出的建议并不一致——我们已经看到,这一建议确实给会饮这样的社会习俗附加了非常重要的意义。之所以既要避免忽视健康,也要避免过于关注健康呵护,原因就在于这两个极端都阻止人们享受社会中的快乐。

在以上所引用的段落中,普鲁塔克反对在运动、休息以及食物与禁食方面的严格控制,由此引入了他的下一条准则(第 24 – 25 节)。确实,紧接这一段落就是一个详尽的论证,该论证显示暂停活动和事务并非健康的必然代价[243](比较 οὐ γὰρ ἀργίας ὤνιον ἡ ὑγίεια καὶ ἀπραξίας, 135B)。这幅图景在《论感觉好》中也不陌生(ὤνιον ἀπραξίας, 465C),下述论断同样如此:想通过不活动来保持健康的人,就像那些想通过不看来保护眼睛、通过不说话来保护嗓音的人(比较 κακὸν μὲν ἀναισθησία σώματι φάρμακον ἀπονίας, 465C)。正如我们在第一个案例分析中看到的那样,在《论感觉好》中,这些图景构成了论证的一部分,旨在反对为了感觉良好就去采纳不同的生活方式。⑧⁹ 同理,《健康呵护准则》主张,读者不应该为了获得或保持良好的健康而放弃他通常的生活方式。在上文引用的段落中,普鲁塔克的确明明谴责了一种闲暇生活($βίον...σχολαστήν$, 135B),在稍后的地方,他说,每一种生活方式($παντὸς βίου$, 135D)都有疾病与健康的可能。据此,他反对哲人和政治家,就不是为了说明哲学是对待外部事件的良好态度的条件——就像他在《论感觉好》466D – E 与《论流放》607F 处所做的那样,而是为了表明放弃政治绝不是良好健康的条件:学园派与漫步学派的领袖,色诺克拉底与泰奥弗拉斯托,据说并不比他们各自的学生福基昂与德米特里厄斯更健康,这两位学生都成了著名的政治家(135C)。⑨⁰ 通过提到伊壁鸠鲁——他虽从社会中完全退隐,还是没有实现自己身体达到完美健康的理想——这个论点得到了加强。普鲁塔克对不放弃政治活动的坚持,使他与养生学方面的竞争观点形成了尖锐对立。⑨¹ 例如,《论养生》根本没有提到政治活动。⑨² 盖伦在他的《健康呵护准则》中提出,活得长寿、健康的最佳条件在于"远离所有必要的事务,只专注于身体",[244] 而不是去从事某种技艺、事务、职业、政治、私人服务或其他必要的工作。⑨³ 另一方面,卡里斯托斯的狄奥克勒斯则确实告诉他的读者白天何时应当从事事务,此外整个白天都应该

---

⑧⁹ 比较上文页 89 – 90。

⑨⁰ Defradas、Hani 与 Klaerr(1985)页 130 注 1 与 Senzasono(1992)页 127 注 152(页 194)指出了这两对人物之间精确的对比关系。

⑨¹ 关于《健康呵护准则》中政治的重要性,参 Senzasono(1997)。

⑨² 正如 Philips(1973)页 78 所指出的那样:"四卷《论养生》中的这些建议以及更多建议将占据听从它们的人的全部时间……这些建议不可能如我们所理解的那样与日常工作结合起来。"

⑨³ 《健康呵护准则》6.62。关于这一段,参 Wöhrle(1990)页 113 – 114、201。

用于健康呵护(fr. 182 VdE,40－42)。⑭ 然而,与普鲁塔克相反,他对一个人为了保持良好的健康状况应当如何从事这些事务没有给出任何建议。根据普鲁塔克,两个原则必须时刻记在心上。首先是应当避免不必要的劳作:

> 大多数人为着凡发生的事而忍受痛苦:他们用整夜不眠、到处游荡、跑来跑去让自己筋疲力尽,他们这样做不是为了任何有用或优美的东西,而是因为他们试图侮辱别人,或是因为他们嫉妒别人或与别人竞争,又或者是因为他们努力追逐无利可图的、空虚的名声。(《健康呵护准则》,135E)

因此,大多数人的行为并不像普鲁塔克在他的实践伦理学著作,如《论感觉好》《论制怒》《政治准则》《论饶舌》《论兄弟之爱》《如何从敌人那里获益?》以及或许尤其是《论好奇》中教导的那样。他们将所有的时间与精力用来追逐无用、丑陋、空虚的目标。⑮ 与这种态度针锋相对,普鲁塔克援引柏拉图、德谟克利特以及泰奥弗拉斯托的权威(135D－E),以便说服读者不要在这些琐事上让自己筋疲力尽,而要确保自己处于良好的健康以及可用来从事光荣和重要活动($πρὸς\ τὰς\ καλὰς\ πράξεις\ καὶ\ μεγάλας$,135F)的状态中。在活动问题上,普鲁塔克的第二个建议[245]与恢复有关。他说,尽管让身

---

⑭ 柏拉图(《王制》406b－407c)已经批评了下述事实:无论运动养生还是医学养生都没为其他活动留下很多时间。比较 Wöhrle(1990)页123。因此柏拉图试图解决这个问题,他指出他自己的健康呵护建议对城邦利益很有用,而医生们只为智力活动与其他活动多留了一点空间。比较 Wöhrle(1990),页196－202。

⑮ 关于好奇心的这一方面,参上文页204与注75。

体睡眠、进食、舒适非常重要,但人还应当避免不必要的享乐和放纵。为了说服读者,他用的最明显的论证是诉诸自然(φύσις,136B 与 136C):人不应当沉溺于过度的享乐,因为自然要求的不是这种无节制的享受,而只是简单的安宁与平静。⑯ 下面的论证没有那么明确,但强度并没有降低——将过度的放纵与奴隶(ἀνελεύθερον,136B‐C)和水手(ὥσπερ οἱ ναῦται,136C)联系起来:读者若想避免看起来像这些下等人,就必须遵守普鲁塔克的建议。⑰ 紧跟在引用的段落之后,普鲁塔克确实提到明智的人们(οἱ δὲ νοῦν ἔχοντες,136C)"把注意力集中在通过活动而获得的善上"(πρὸς τῷ καλῷ τῆς πράξεως τὴν διάνοιαν ἔχοντες,136C)。换句话说,明智的人们将温和、节制的放松看作实现良好行动的手段。普鲁塔克先前已经指出,健康是行动的必要条件(126B)。现在他补充说,行动是健康的目标(τὸ τῆς ὑγιείας τέλος,135C)。因此,健康呵护绝非生活的主要目标,似乎一个人理论上要将全部时间与精力都投入其中,像盖伦和其他医生主张的那样;健康只是被看作指向活动的手段。换句话说,人不应当为了呵护健康而放弃行动,而应当为了能够成功地活动而呵护

---

⑯ 比较 132C‐D。诉诸自然作为一种论证——在普鲁塔克《健康呵护准则》的这一段与其他段落中反复出现——显然被医学作者们使用,但也被哲人们使用。关于伦理学中将自然作为一种论证来使用,参 Annas(1993)页 135‐220。Naddaf(1992)与(2005)讨论了早期希腊思想中的这一观念,计划再用两卷书来讨论后来希腊思想中的这一观念,而 Morgan(2007)页 211‐213 探讨了为什么大众哲学将自然用作权威的来源。

⑰ 在《健康呵护准则》全篇,普鲁塔克把坏的健康呵护态度与没有教养的、庸俗大众的愚蠢、幼稚或奴性行为联系起来。愚蠢:比较 ἀβελτέρως,127E;幼稚:比较 παιδαριώδης,128A 或 καθάπερ οἱ παῖδες,132E;奴性与庸俗:比较 ἀνελευθέρους κομιδῇ καὶ φορτικάς,124F;粗笨土气的:比较 ἀγροίκου τινός,124B;不明智的人:比较 νοῦν οὐκ ἔχοντος οὐδὲ λόγον,124B;大众:比较 οἱ πολλοί,126E、134A、134E、135D、136A、136B 或 τοὺς δὲ πλείους,127E。

健康。

[246]在文本末段将该论点到最后一步之前,普鲁塔克又一次鼓励读者在健康呵护问题上要有自我认识:⑱

> 我听闻提比略凯撒曾经说过,六十岁以上的人还跑去找医生是荒唐的。在我看来,他用词太激烈了,但这在很大程度上是正确的:谁也不应当对他自己脉搏的特征不熟悉——因为这方面有许多个体差异——也不应当对构成他身体特征的温暖与干燥的混合,以及在实际生活中什么东西特别有助于他的身体、什么东西特别有害于他的身体一无所知。人若向别人咨询或问他的医生这些问题,比如他的健康状况在夏天还是冬天更好,他吃液体食物还是固体食物更容易消化,他的脉搏天生是快还是慢——那么此人便毫无自我认识,他就像一位盲人或哑巴那样占据着他的身体。知道这些事情既有用也不难。(《健康呵护准则》,136D – E)

这一段落反驳了六十岁以上的人不应当求医这一观念,但也提出人只应偶尔需要才这样做:⑲他们应当知道自己的体质,知道在不同季节中何种生活方式对他们有益。事实上,普鲁塔克这里列举的因素恰恰也是医学养生学中处理的因素:脉搏、温暖与干燥、季节以及不同的食物与饮料,所有这些在希波克拉底《论养生》、卡里斯

---

⑱ 关于普鲁塔克《健康呵护准则》中自我认识的重要性,亦参 Tirelli (1992)页395。正如 Wöhrle(1990)页243 所指出的那样,普鲁塔克由此使我们想起了色诺芬《回忆苏格拉底》4.7.9 中苏格拉底的立场。亦比较 Boulogne (1995),页2776 – 2777。

⑲ 比较柏拉图《王制》卷3 410b,关于这一点参 Wöhrle(1990),页124。

托斯的狄奥克勒斯残篇 182 VdE[247]以及盖伦的《健康呵护准则》中都占据着显著位置。换句话说,普鲁塔克认为医生或许在特殊情形下是有用的,例如当需要做手术时,但人们不应该从他们那里寻求养生建议:每个人(ἕκαστον)都能够也应当(ὠφέλιμον...καὶ ῥᾴδιον)知道对他自己的身体来说什么好、什么不好。因此,通过把医生的养生知识归在哲学性的自我呵护之下,普鲁塔克在这里巧妙地回答了格劳库斯一开始的责备:对人身体的养生洞见绝非只属于医生们,而是属于每个人。[100] 然而,人们对他们的嘴巴比对胃更加呵护,对烹调术比对养生学更加关注,[101]人们活着更着眼于快乐而不是健康,这就为医生提供了大量工作(ὅσῃ ἡμέραι πολλὰ παρέχουσι πράγματα τοῖς ἰατροῖς,137B)。[102] 普鲁塔克的养生学通过改变这种态度,承诺要把医学养生学变得多余。

我们在第一章中已经看到,《健康呵护准则》明确针对精英读者。这些人的危险不在于可能由于无眠之夜和持续劳作毁了自己的健康,而在于可能为了灵魂而忽视身体。普鲁塔克在他的最后一节中说明,这些人在灵魂活动上附加的重要意义应当激励他们注意自己的身体:灵魂若不在身体需要时向身体做出一些让步,身体就会生病,从而强迫灵魂放弃"读书、讨论与研究"(比较 τὰ βιβλία

---

[100] 与此相似,普鲁塔克先前已经提到,促进消化的、人人皆知(πᾶσι,134E)的简单食物比催吐剂或泻药更好。

[101] 普鲁塔克在这里可能重复了《高尔吉亚》464c–465b 柏拉图将烹调术称为医学的堕落形式的著名定义。关于塞涅卡对更加复杂的烹调术的批评,参 Romano(2000)页 36。关于古代的烹调术,参 Wilkins(2005)页 139–140;Wilkins 与 Hill(2006)页 219–227 讨论了反对烹调术的医学论证。

[102] 确实,足够吊诡的是,医生们给出的大量养生建议并没有减少对医生的需求,相反还使之有所增加。比较 Wöhrle(1990)页 115。

καὶ τοὺς λόγους καὶ τὰς διατριβάς, 137D)。[103] 柏拉图建议人要保持身体与灵魂之间[248]构成的和谐团队的平衡。[104]据此,在身体帮助灵魂最多的时候,灵魂也应当对身体给予最多的关注。普鲁塔克补充道,人应当认识到,健康必须提供的最好东西,就是让人没有阻碍地获取并实践言辞与行动两方面的美德。如此,良好的健康就不仅仅是精神活动的前提条件,[105]也是言辞与行动两方面美德的前提条件(πρὸς κτῆσιν ἀρετῆς καὶ χρῆσιν ἔν τε λόγοις καὶ πράξεσιν, 137E)。通过以这一提示结尾,这部文本将它的健康呵护准则置于明确的哲学框架之中:健康之所以重要,因为它使一个人能够实现美德的更高的哲学目标。因此,健康呵护尽管重要,最终却是为哲学服务的——这种哲学,就像在普鲁塔克实践伦理学中一贯表现的那样,对积极行动与对文化、欢宴交游同样有利。

第四节 餐后甜点:普鲁塔克饮食伦理学的社会动力

本章第 1 小节曾论证,普鲁塔克《健康呵护准则》的开篇对话突

---

[103] 关于这一观念的柏拉图起源,参 Wöhrle(1990)页 124–140 以及 Boulogne(1995)页 2772 与注 87。

[104] 关于柏拉图作为"身体与灵魂之间关系的养生学"的健康呵护建议,参 Wöhrle(1990)页 124–140。

[105] 塞尔苏斯(《论医学》1.2.1)指出虚弱的人——包括许多市民与大多数知识分子(cupidi litterarum)——应当通过呵护他们由于体质、地位或研究而缺乏的东西来保持平衡,盖伦(《健康呵护准则》1.5)则将健康定义为不受阻碍地从事一个人的日常行动——包括政治活动(πολιτεύεσθαι)。然而,与普鲁塔克相反,这些医学作者在其实际养生建议中都没有给活动以许多关注,也都没有特别提到美德(ἀρετή)练习。

出了在养生问题上不同观点之间的辩论,相应地,也突出了关于健康呵护问题的权威之间的辩论。纵观整个文本,我们已经看到,普鲁塔克将他的饮食伦理建议与其他人提供的建议对立了起来:普鲁塔克向读者展示了如何以有益健康的方式过他的社会生活,但医生与体育教练们则将健康本身看成目标,因此以抽象得多的术语给出养生学建议,他们针对的是作为个人的个体,[249]而不是作为社会存在的个体。在开篇对话中,这些对立的观点体现在两个人物身上,读者将会间接地了解他们。一方面是格劳库斯,一位激烈捍卫在养生问题上需要专业知识这种看法的医生。⑩ 在普鲁塔克的文本中,格劳库斯被呈现为不擅长社交的人:具有攻击性(比较 φιλομαχοῦντι,122B),言语中有某种粗鲁和令人难以与之相处的东西(ἀεί τι τραχὺ καὶ δύσκολον ἔχων ἐν τοῖς λόγοις,122C),远远地就大喊大叫(βοῶν ἔτι πρόσωθεν,122C),驳倒别人的观点(ἐσπάραττεν,122D)并嘲笑它们(比较 γελασθέντων,123A,ἐν γέλωτι προὔφερεν,124A),自视甚高(ὑπὸ σεμνότητος,122E)并且认为自己不需要哲学(αὐτοτελῆ βουλόμενον εἶναι καὶ ἀπροσδεῆ φιλοσοφίας,122E)。⑩ 另一方面则是那位同伴,一位显得通晓医学理论的哲人,但在与宙西普斯这样的人进行的哲学讨论(比较 συμφιλοσοφεῖν,122B)中,提供了他自己关于健康呵护问题的饮

---

⑩ 关于格劳库斯,参 Gossen(1910)页 1421,Ziegler(1951)页 676 以及 Puech(1992)页 4850。

⑩ 值得注意的是,盖伦提供了一幅关于体育教练的非常相似的图画,他认为他们不知道或不遵守礼貌交谈的规则,没有文化。比较《忒拉绪布洛斯》37 = 5.877 – 8K,特别是 46 = 5.894 – 6K,在那里他讲述了一则关于一场辩论的轶事,辩论的主题是希波克拉底对于按摩的观点,当时他被在场的医生与哲人们(!)请求去捍卫希波克拉底,反驳一位体育教练,这位教练对他大喊大叫,并且"在我平静地奋力对聚集的朋友们解释事情时,他无法安静足够长的时间来继续讨论"(Singer 译[1997])。

食伦理学观点。[108] 如果说这一正面描述已经激起了读者最初的同情，那么这位同伴似乎受到对话中两位直接参与者的支持，则进一步强化了这种描述。第一位说话的是莫斯基翁，一位医生，乐于倾听（比较 πρόθυμος ἀκροατὴς ἡδέως ἂν γενοίμην, 122D, σὺ δὲ τοὺς λόγους ἡμῖν δίελθε πάντας, 122E – F）这位同伴在健康呵护问题上的看法。[109] 宙西普斯指出，莫斯基翁虽然在职业上是一位医生，[250]但他天性对哲学感兴趣，而且他不赞成那些对医学不感兴趣的哲人（τῷ μὴ φιλιατροῦντι χαλεπαίνεις φιλοσόφῳ, 122D）。通过对莫斯基翁的这一呈现，普鲁塔克不仅巧妙地猛烈抨击了那些或许不同意他在医学方面的兴趣的哲人同伴，而且阻止了那些可能阅读他文本的医生们完全轻视这部文本：这种态度将使他们与格劳库斯相似——他被描绘成最负面的人物，莫斯基翁则提供了就近普鲁塔克文本的正面典范。除此之外，将莫斯基翁作为一位人物引入，也当其他读者的面承认了普鲁塔克的饮食伦理学：如果一位医生也赞成，那么显然普鲁塔克的《健康呵护准则》中一定包含有价值的建议。普鲁塔克对话的另一位参与者是宙西普斯，他被呈现为具有很好的文化修养并且善于交际：在开篇场景中，他既引用了《伊利亚特》(11.514, 122C) 也引用了《奥德赛》(4.392, 122D)，既与一位哲人也与一位医生进行

---

[108] 注意，即使在莫斯基翁已经听闻的关于前一天所发生的事情的流言中——流言显然对宙西普斯与他的同伴人们也认为是宙西普斯抱有恶感（比较 σὺ δή, 122B）而不是那位同伴赶走了格劳库斯——在格劳库斯想加入他们的时候（ἡμῖν, 122B）。

[109] 122D 暗示了莫斯基翁是一位医生，这一点在 123A 更加明确，在那里宙西普斯提到"你们供应给"（προσφέρετε）——指代莫斯基翁与格劳库斯的复数形式——病人的食物。关于莫斯基翁，进一步参看 Deichgräber(1933)页349–350, Boehm(1935)页2, Ziegler(1951)页678–679, Fuhrmann(1972)页106, Puech(1992)页4862 以及 Boulogne(1995)页2764 注18。

了哲学讨论。⑩他本人既不是哲人也不是医生,这可能是大多数读者最容易认同的人物角色——反对怀有敌意的人和流言而捍卫同伴,并与他人分享同伴的观点。⑪

这个文本有一个特征我还没有讨论,那就是文本中传达的观点被归于"我们的同伴"(ὁ ἑταῖρος ἡμῶν,122F),而普鲁塔克的名字在任何地方都没有提及。[251]传统上,学者们已经几乎没有争议地将二者等同起来。⑫虽然我也确信这里不存在任何反讽的迹象,《健康呵护准则》传播的观点最终是普鲁塔克自己的,⑬但据我看来,这一等同并没有解决问题,反而使问题更加迫切:如果普鲁塔克想推行他关于健康生活方式的观点,他为什么选择一部自己在其中

---

⑩ 关于宙西普斯,参 Ziegler(1951)页 687,von Geisau(1972)页 379(#5),Glucker(1978)页 265 注 35 以及 Puech(1992)页 4891 – 4892。

⑪ 这引人注目地把普鲁塔克的对话与他林敦的赫拉克利德斯养生性的《会饮》(公元前一世纪)的外观结构区分开来。现在这部著作的大部分已经佚失,但残存的片段——主要在阿忒纳乌斯《餐桌上的智术师》中流传下来——表明它在戏剧安排方面与那部著作的强烈相似,包含了复调(plural voices)——包括医生的声音——的持续运用,这与普鲁塔克特别集中于一位哲学性人物恰恰相反(在某种程度上,也与柏拉图相反)。关于他林敦的赫拉克利德斯所有片段的新近版本,参 Guardasole(1998)。另外,还要注意,阿忒纳乌斯《餐桌上的智术师》与普鲁塔克《健康呵护准则》的开篇场景在处理(一部分相同的!)柏拉图的互文文本上非常相似。比较 Trapp(2000),特别是页 353 – 356。

⑫ Hirzel(1895)页 166 已经将二者等同起来,这一等同被下列作者接受:Babbitt(1928)页 215、Boehm(1935)页 3 – 4、Ziegler(1951)页 676、678、687、Glucker(1978)页 165、Defradas、Hani 与 Klaerr(1985)页 97、305 注 5、页 306 注 1 以及 311 注 2,以及近来,Senzasono(1992)页 145 注 9、Tirelli(1992)页 387、Aguilár(2001)页 461 与 Bellu(2005)页 211。Smith(1979)页 33 注 6 提出这位同伴可能是格劳库斯但并不令人信服。此外,Smith(1979)页 34 的正文中说道:"既然普鲁塔克是作者,这些教诲也是他所选择要呈现的。"

⑬ 比较上文,页 68。

根本没有出现的对话——既没有作为人物角色也没有被提到名字？如果前面的篇幅已经证明，对话体裁在引入不同观点以及帮助读者决定他自己的立场方面具有策略优势，那么我相信，理解普鲁塔克为何匿名的关键就在于柏拉图。确实，在柏拉图的作品中，"我们的同伴"这一短语出现了两次，与普鲁塔克的用词相同，而且两次都指苏格拉底。⑭ 普鲁塔克通过让宙西普斯把他作为"我们的同伴"提及，造成了他本人与苏格拉底之间的类比，从而把苏格拉底的权威引渡到他自己身上。另一方面，格劳库斯捍卫着与普鲁塔克本人完全相反的立场，他类似于柏拉图笔下的人物，如《王制》中的忒拉叙马霍斯：两个人都粗暴地闯入对话（βοῶν ἔτι πρόσωθεν，122C；比较 εἰς τὸ μέσον φθεγξάμενος，《王制》1.336b‑c），但很快就被击败。⑮ 因此，在第五节末尾，格劳库斯从文本中消失了：

> 这些就是格劳库斯当作是迂腐的而加以嘲笑、扔到我们脸上的东西。剩下的话他一点也不想听，我们也不愿意告诉他。另一方面，你[252]应当考察这里说的每一条准则。（《健康呵护准则》，124A）

关于保持手部温度，预先使自己习惯于病人的饮食，以及尤其在紧前面两节中将健康呵护与会饮场合的社交义务协调起来，普鲁塔克的这些建议都被格劳库斯嘲笑为——字面上来说——教仆式的（pedagogical，παιδαγωγικά）。一方面，格劳库斯这种明确的辱骂或

---

⑭ 比较《斐多》118a（τοῦ ἑταίρου ἡμῖν）与《书简七》325b（τὸν ἑταῖρον ἡμῶν）。
⑮ 在普鲁塔克的《全集》中，他与柏拉图一样，在他的对话中多次引入干扰性人物（disturbing figures），但又几乎立刻就让他们消失了。比较 Hirzel (1895) 页 190 与 214。

许是对凌驾于运动养生学的哲学高傲态度的讽刺:如果说哲人们不满地谈论体育教练(παιδοτρίβεις),[116]那么格劳库斯或许在暗示哲人自己的社会地位甚至比体育教练更低。毕竟,教仆(pedagogue)是专门服侍一个或几个孩子的私人奴隶,体育教练则是被城邦雇佣的自由人,在体育场充当着重要角色,而体育场在教育中像在社会生活中一样居于中心地位。另一方面,格劳库斯最后的辱骂确证了他早先支持知识专业化的论证。虽然教仆在教育中的参与确实不带技术性特征,但这种教育具有辅助功能,而且在精英儿童的道德与礼仪教育方面发挥了越来越重要的作用。[117]因此,格劳库斯将同伴的建议批评为教仆式的,既说到了点子上,也暴露出他并没有理解此处要害:普鲁塔克的准则实际上有一个实践目标,展示出对礼仪和道德的关注,并且建议了某些非常明确的规则,特别是有关宴会方面。然而,这些规则根本不是针对孩子的,更不要说是孩子气的!相反,《健康呵护准则》绝没有把一套有关宴会与锻炼的生硬规则强加在读者身上,而是提出了在社交实践中策略性、创造性地对待这些问题的方式。因此,格劳库斯对他人的嘲笑——源于对他人观点有缺陷的、不完全的理解——反而使他自己显得可笑。因此,所引用的段落表明[253]格劳库斯放弃了争论。普鲁塔克所选择的用来表明他没有兴趣再多听一点的用词,使格劳库斯恰恰成为开篇对话所呈现的莫斯基翁的反面(τῶν δ' ἄλλων...οὐ πάνυ πρόθυμος ἀκούειν,

---

[116] 盖伦(《忒拉绪布洛斯》33 = 5.870K)指出柏拉图称这样的人为一位παιδοτρίβης,而不是一位γυμναστής。正如盖伦在文本稍后的地方指出的那样(《忒拉绪布洛斯》44 = 891K),前者的词源指儿童保育,后者则用来指一位职业运动员的训练师。比较 LSJ,该词项下。

[117] 关于教仆的角色,参 Marrou(1965),页 220 - 221,以及注 4 中的更多文献。

124D, versus καὶ τούτων ἔγωγε καὶ τῶν ἄλλων...πρόθυμος ἀκροατὴς ἡδέως ἂν γενοίμην, 122D）。鉴于对莫斯基翁的正面描述, 这当然不是赞扬。除此之外, 普鲁塔克还让宙西普斯补充道, 他本人与他的同伴根本不想对这样的人再多说什么。这一补充明确地把权力放在表达普鲁塔克观点的人物身上, 因此很有意义: 格劳库斯走开了, 他不仅放弃了争论, 而且事实上也做了他们希望他做的事情。[118] 为了对抗这个负面典型, 文本中也包含一个明确的邀请, 邀请考察宙西普斯与他的同伴之间所说的每一句话。严格来讲, 这一邀请是以第二人称单数表述的（σὺ δ' ἐπισκόπει, 124D）, 是宙西普斯对莫斯基翁说的。然而, 由于缺少呼格, 这一复杂的叙述情境——在普鲁塔克向读者呈上的文本中, 两个人物谈话的内容是其中一个人在前一天与一位不具名的同伴（我们已经看到, 他代表了普鲁塔克的观点）[119]进行的讨论——几乎像是在蓄意邀请读者将这些词语解释成普鲁塔克直接对他说话: 我不想把我的时间浪费在说服格劳库斯之辈上面, 但是你, 亲爱的读者, 显然不会(想)像他那样, 你应当考察我必须要说的每一句话。这样的邀请——考察一个人说的话——当然是典型的苏格拉底式邀请。[120] 这一暗示与下一句话中对苏格拉底的提及一起（σὺ δ' ἐπισκόπει, 124D）, 证实了先前关于普鲁塔克的选

---

[118] 因为权力是"个体或群体使自身利益和关切（甚至当其他人抵制时也能）受到重视的能力"。比较 Giddens(1998) 页 338。

[119] 而且, 应当注意的是, 在开篇段落之后, 宙西普斯只是偶尔才提到他的同伴。比较 135B 与 135D。

[120] 在 TLG 中的快速搜索确实就足以显示柏拉图使用命令式 ἐπισκόπει, 特别是 σκόπει, 比约翰·克里索斯托之前的任何作者都多得多。仅举本章中已经提到的来自柏拉图对话的几个例子, 参《王制》卷三 403d（σκόπει δὲ καὶ σύ）、509a（ἔτι ἐπισκόπει）、《斐多》87c（σκόπει γὰρ καὶ σύ）或《高尔吉亚》473a（σκόπει δὲ καὶ σύ）。

择——他选择让宙西普斯提到"他的同伴"而不是[254]"他的朋友普鲁塔克"——所下的结论。普鲁塔克引入一场辩论来挑战他在健康呵护问题上的权威,绝非削弱自己的地位,而是巧妙地有效利用了哲学对话传统的丰富潜能,其目的是赋予他本人和他的健康呵护建议以权威,同时为他的精英读者们不仅提供一种哲学式的生活方式,而且提供了不同的接近文本的可能典范。

结　语

[255]在本书中,我们鉴定了一类特殊的普鲁塔克作品所共有的许多特征。本书研究的这些作品,全都针对那些拥有基本哲学知识但本身并不是高等学者或哲人的有教养的精英阶层。作品为这些读者提供的不是关于某些知识领域的精确哲学解释的技术性辩论,而是在社会中更加成功地履行其角色的实践性帮助。这种实践性帮助并不牵涉生活方式的改变,而只是鼓励读者采纳一种更多受哲学激发的态度,在这种态度中,自知处于核心地位。为了产生这种改变,作品有效运用了某些哲学论证,但首先是一系列常常利用读者荣誉感的修辞策略:如语法人称的战术性运用,作为戏剧角色的人物的策略性动员,以及将某种行为与某个群体意味深长地联系起来,以便策略性地激发读者去模仿他们或与他们分离。这些策略与一系列独一无二的实践练习合在一起,其意图不仅在于说服读者,而且在于帮助他获得一种更加哲学的态度。作者的权威不是从系统性的严密演绎出来的,而是通过提到文学、历史、大众道德以及各种哲学传统归纳性地建立起来的。普鲁塔克始终一贯地将自己呈现为他的精英读者们(应当)需要的一位且唯一一位哲人,就此而言,普鲁塔克巧妙地议定了他在政治、文化和哲学领域的声望。在我的副标题中,我把这一切特征概括为"哲学的社会动力"。确实,这些文本的典型特征就在于留心地对社会实践作出反应,意图对其产生动态的影响:一方面是努力[256]向读者推行一种既与社

会兼容、也帮助他们更加成功地履行社会角色的哲学;另一方面,这些哲学作品本身被作者有效运用,目的是将他本人作为一位哲人向社会推举。由此,普鲁塔克在这些作品的话语背景中,将哲学作为一种符号资本加以激活,这种资本能够既为他的读者也为他本人带来权力与声望。

目标、方法与作者的自我呈现,清晰地将本书中研究的作品与普鲁塔克的其他文学作品区分开来。普鲁塔克实践伦理学著作的特殊目标可以古代修辞学的术语加以有效解释:修辞性—炫示性的作品的主要目标是愉悦人(placere),① 技术性—哲学性作品的主要目标是教导人(docere),② 本书所讨论作品的目标则在于让人行动(movere)。③ 因此,虽然把这些作品中所建议的哲学方案与技术—哲学方案加以对比研究,将显示这些作品只是建议了一种稀释的然绝非与后者不相容的哲学学说,但这样一种读解并不完全到位:这些作品的首要目标不是教给其读者系统的哲学知识,也不是向他们展示柏拉图主义相对于其他哲学学派的高明之处,而是要说服并帮助读者在他们的非哲学生活中欣然接受(柏拉图式)哲学的实际帮助。虽然《列传》也与这些作品共有这一实践的、道德的目标,但《列传》在方法上不同。此前提到,这种区别无法用探索性的道德主义(exploratory moralism)与描述性的道德主义(expository moral-

---

① 辩论性论题当然也是一种哲学的基本训练。比较 Hadot(1995b)页63。然而即便如此,其目标也并不是要改变读者,而且无论如何它的方法与实践伦理学著作所采纳的方法完全不同。

② Ziegler(1951)所划分出的《伦语》中若干其他亚群的著作也有着这一共同的主要目标。例如,我们可以想到 theologische Schriften[神学文选]或 naturwissenschaftlichen Schriften[自然科学论集]。

③ 关于不同目标的作品之间在修辞上的差别,参西塞罗《演说家》69。

ism)表达:这两类作品都向读者提出一种道德挑战,然而它们是在非常不同的话语框架中提出来的。《列传》实际上是对历史上希腊与罗马著名人物的传记叙述,本书研究的作品则囊括了论说文、书简或对话等多种体裁,每一篇[257]都以希腊—罗马精英们生活中可能会遇到的一个问题为中心。例如《论制怒》讨论在《列传》多篇文章中反复出现的一种情绪。在《列传》的某些篇章中,愤怒是决定主人公特征的主导情绪(或之一),然而即使在那些《列传》篇章中,读者也能看到其他许多起作用的情绪。如果说本书研究的文本在读者受到更强的引导这一意义上较少强制性,那么它们在另一种意义上则更具强制性,因为它们给读者留下的空间更小:上文描述的修辞策略与实践练习确保读者在阅读这些文本时不能只为了反思而已,更不必说只为了娱乐。④ 在这些直接、明确地对读者发言的文本中,普鲁塔克作为一名作者,也必须在使读者参与进来与冒侮辱读者的风险之间确立一条更加微妙的中间路线。最后,普鲁塔克在本书所研究的著作中的在场比在《列传》中强烈得多:除了偶尔明确提到他本人以外——这在《列传》中已经为我们所熟悉了——普鲁塔克在这里不仅将自己设为一个角色,为了成功确立他自己作为一位哲人的突出地位,他也有效利用了这里考察的每一部作品。作者的这种自我呈现的关键之处在于,他首先将自己置于一个高度权威的地位,而不是作为一位与同伴进行讨论的哲人——这一特征将这里研究的作品与其他诸如"德尔斐对话"(Delphic dialogues)、《论月面》或《漫谈录》等普鲁塔克作品区分开来。

---

④ 正如学者们在最近二十年间反复强调的那样,《列传》的意图不只是为了单纯的娱乐,也不是单纯的反思;如同本书第二章描述的那样,我要说,实践伦理学著作使用了许多修辞策略与实践练习,从而在读者身上施加了更多压力。

如果说这些是普鲁塔克一类作品的突出特征,为了实现这类作品的充分潜能,就应当以一种截然不同的方式来理解它们,那么哪些作品属于这一类?在我看来,下面这些作品是有资格的(按照《伦语》自1572年斯特方版以来的传统顺序):《年轻人应当如何学习诗歌》、《论倾听》、《如何区分谄媚者与朋友?》、《如何从敌人那里获益?》、《论交友》、《健康呵护准则》、《婚姻准则》、《论制怒》、[258]《论感觉好》、《论兄弟之爱》、《论饶舌》、《论好奇》、《论爱财》、《论温顺》、《论不令人讨厌的自我称赞》、《论流放》、《慰妻书》、《哲人尤其应该与当权者交谈》、《致一位无知的统治者》、《老年人是否应当担任公职》、《政治准则》、《不要借别人的东西》,以及——如果是真作的话——《论儿童教育》与《慰阿波罗尼乌斯书》。⑤ 有一点会很清楚,这份列表与 Ziegler 所列的大众—哲学的伦理学著作目录不完全一致。一方面,这里不仅包括普鲁塔克的教育作品,也包括了他的某些政治论文。⑥ 如果说 Ziegler 本人在讨论普鲁塔克的单篇著作时,因其共同的实践目标而合并了大众—哲学的伦理学著作与教育作品,⑦那么我则不相信有任何理由要把上面

---

⑤ 《论儿童教育》通常被认为是伪作。比较 Babbitt(1927)页3,Ziegler(1951)页810-812,Tsekourakis(1983)页90注50,Flacelière 与 Irigoin(1987)页24-26,Duff(1999)页382,以及 Sirinelli(2000)页37。虽然《慰阿波罗尼乌斯书》也同样被视为伪作(比较 Paton、Pohlenz 与 Wegehaupt[1929]208,Kassel[1958]页48,De Lacy 与 Einarson[1959]页578以及 Tsekourakis[1983]页90注50),但最近 Defradas、Hani 与 Klaerr(1985)页3-12、Aguilár(1990)以及 Fabrini(2000)页253注2似乎持不同的看法。

⑥ 基于不同的目标受众以及学术性,Donini(2000)页135已经将"道德讽刺、道德教育及政治"作为一类作品与普鲁塔克更加学术性的哲学著作相互对立。

⑦ 独立的类别:Ziegler(1951)页637;合并:Ziegler(1951)页703-704("大众哲学—伦理学著作[含教育著作]")与页805,那里他指出,"在更宽泛

列表中包含的政治作品分离出来——鉴于它们不仅同样有着其他作品的实践目标,而且有着同样的方法和同样的作者自我呈现。我们的个案研究已经显示,《论流放》不仅分有《慰妻书》的安慰目标,而且与《论感觉好》显示出许多相似之处。接下来,《政治准则》的言说对象要么是《论流放》中普鲁塔克的同一位匿名朋友,要么是一位非常相似的人,并且《政治准则》将作者呈现为一位哲人而不是政治家,恰如在《健康呵护准则》中那样,在那部作品中我们看到普鲁塔克不是从他对医学作者的熟悉而是从哲学传统中获得他的权威。此外,《老年人是否应当担任公职》[259]在激起读者的荣誉感方面与本书详细讨论的五部作品并无不同。在《致一位无知的统治者》与《哲人尤其应该与当权者交谈》这两篇著作中,普鲁塔克都强调,他的哲学的目标不是把政治家变成哲人:毋宁说,哲学是要帮助已经取得成功的政治家们更加成功地过他们的积极生活。然而,普鲁塔克本人在《致一位无知的统治者》开篇中讲到,柏拉图因为昔勒尼人太富有而拒绝为他们立法,这表明对成功人士给出建议不是一件容易的任务;而如果普鲁塔克确实接受了这一挑战,那么他很可能在含蓄地同他至爱的柏拉图竞争。因此,在《致一位无知的统治者》中,普鲁塔克本人作为社会中的活跃参与者的现身并不比上面所列的其他作品更少。当然,这不是说在上面给出的列表内部再划分亚群没有用,例如可以为了对普鲁塔克的著作进行主题研究作这样的划分;⑧我要说明的论点是,如果一个人想充分发掘上面

的意义上,所有已经谈论过的灵魂医师 P 所著之大众哲学—伦理学论文都属于教育学范畴"。

⑧ Ingenkamp(1971)研究了灵魂治疗性作品群体,Hahn(1989)页 55 建议区分以教育、教导为目标的著作和以批评为目标的著作,但我们也可以想到

所列的一部或所有作品的完全的丰富性,他就应当考虑这些作品的具体背景,包括它们共同分有的与其他普鲁塔克作品相反的目标、方法和议程。另一方面,我之所以略去了 Ziegler 列表中的《论道德德性》、《论美德与恶行》、《人如何意识到美德的进步》、《论嫉妒与憎恨》以及《关于爱的对话》,原因恰恰在于那些作品并不分有这些共同特征。例如,《论道德德性》的明确目标是"讨论被称为'道德德性'的东西……什么是它的根本性质,以及它如何存在"。⑨ 换句话说,这部作品的进路是理论性的而非实践性的,而且,在一场似乎更能引起专业哲人而不是业余爱好者兴趣的讨论中,它确实详细讨论了不同的哲学观点,目的是通过反驳尤其是廊下派关于该主题的观点,来[260]证明柏拉图观点的正确。⑩ 同样的原则也适用于我所省略的其他文本:虽然以本书建议的方式阅读它们也会产生有趣、有新意的结果——例如,普鲁塔克究竟怎样将自己作为一位哲人呈现给他的哲人同伴?他的自我呈现在何种程度上与其他人,例如爱比克泰德或塞涅卡的自我呈现不同呢?但这样读无法显示这

在建议、治疗与安慰之间的三重区分。

⑨ 比较《论道德德性》,440D: περὶ τῆς ἠθικῆς λεγομένης ἀρετῆς... εἰπεῖν πρόκειται τίνα τ' οὐσίαν ἔχει καὶ πῶς ὑφίστασθαι πέφυκε。

⑩ 亦比较 Ziegler(1951)页789,他写道:"著作目的在于,驳斥廊下派关于 πάθη [遭遇] 与 λογισμός [理性] 之间关系的学说,捍卫柏拉图与亚里士多德关于灵魂、美德、激情的学说。" Babut(1969)将《论道德德性》与论争性著作归于一类,虽然他表明(页116)这一点并不是显而易见的。更为晚近,Ingenkamp(1999b)认为《论道德德性》与其说是对廊下派观点的反驳,倒不说是对柏拉图观点的辩护。虽然 Ingenkamp(1999b)页79声称这部著作的写作"并非只为某个狭窄的专业读者群",但它的预期读者比本研究中讨论的作品的预期读者更加哲学化,正如 Ingenkamp 自己用来指示其读者群的术语所清楚显示的那样("学院中人"、"柏拉图主义者"、"柏拉图的追随者")。

些作品完全的丰富性。我们或许可以论定,把内容或主题作为普鲁塔克作品的分类标准,与把目标、方法以及作者的自我呈现结合起来作为确定如何阅读普鲁塔克文本的标准,前者是无法与后者匹敌的。⑪

在本书中,从头至尾我都将上面所列的文本群称为普鲁塔克的实践伦理学。除了我的列表与 Ziegler 的大众哲学作品列表不完全一致这一事实之外,我选择与他不同的术语还有另外两个原因。一方面,我在导论中说明,我想避免大众哲学造成的以及附在这个词上面的负面含义。另一方面,即使是对大众哲学的最好解释,也无法涵括本书中描述的普鲁塔克实践伦理学的特征。就目标[261]与方法而言,普鲁塔克的实践伦理学与十八世纪的大众哲学之间确实有许多相似之处:都针对受过教育的读者这样的普通公众;谈论日常主题;与其说它们致力于一种哲学系统或一套学说,倒不如说更扎根于日常实践;性质上常常是修辞性的,而且有着使人们幸福的实践目标。然而,Ziegler 的分类没有突出普鲁塔克实践伦理学的一个重要特质,⑫那就是关于普鲁塔克个人的议题。实际上,对实践

---

⑪ 事实上 Ziegler(1951)在任何地方都没有详细说明他的分类标准。他的标准之一的确似乎是单篇普鲁塔克作品的内容,但这一标准并没有贯彻始终。否则,像《隐秘无闻的生活是一个好准则吗?》这样的作品就应当与"政治性"作品列在一起,而《美德可教吗?》和《恶习是否足以导致不幸》则应当与实践伦理学著作列在一起。Gallo(1998)页 3519 – 3520 已经主张《论美德与恶行》和《论道德德性》不应当仅仅因为处理相似的主题就归为一类。因此,这里我不考虑普鲁塔克已经佚失的著作,因为分类并非依赖于常常能从作品标题推断出来的主题,而是依赖于对该主题的处理方式。

⑫ 正如上文说过的那样,关于大众哲学作为一种哲学—历史潮流目前还没有许多研究,就我所知,关于其作者的自我呈现的研究更是一片空白。当然,看看大众哲学在这一方面与普鲁塔克的实践伦理学相似到何种程度将是富于吸引力的。

伦理学作品的细致研究,已经在我们拥有的关于普鲁塔克的系列画像上再加上另一幅图像,显示普鲁塔克与其说是一位爱人类者,倒不如说是一位聪明的社会参与者。这种独特的自我呈现有两个影响深远的后果,我打算用这两个后果来总结本书。

第一个后果与普鲁塔克同第二代智术师运动的关系有关。到目前为止,还没有考察普鲁塔克与公元一、二世纪这次文化运动之关系的研究成果发表。1993年时,Anderson 或许概括表达了一种今天依然被广泛持有的观点,"在所有这些光辉的阴影中,一种相当不同的生活在继续。在公元一、二世纪之交,喀罗尼亚的普鲁塔克一生大部分时光所过的生活,就仿佛希腊复兴和第二代智术师运动远在他的视界之外。"⑬纵观普鲁塔克全集,确实有许多关于智术师的负面评价。⑭仅举几个例子,普鲁塔克在他的实践伦理学著作中不仅嘲笑了智术的时髦[262](《论兄弟之爱》478C),也谴责了阿提卡风格(Atticism)与亚细亚风格(Asianism)的过度使用(《政治准则》802E-F),并显示了以智术为傲所产生的可怕后果(《健康呵护准则》131A-B)。因此,在对第二代智术师运动的研究中,普鲁塔

---

⑬ Anderson(1993)页9,但亦参 Jones(1971)页38,Moles(1978)页93 ("普鲁塔克可能尝试跳到智术师的彩车上去,但显然并没有成功"),Harrison (1987)页272,Russell(1993)特别是页427 与页431,Swain(1996)页136-137 以及 Bowie(2002)页51 关于普鲁塔克的"对智术师修辞的低调回应"。Anderson(1993)页9-10 将盖伦包括在这一负面裁决之中,但 Von Staden(1997)、Bowersock(2002)页159 与166 以及其他人曾证明这个比喻是不正确的。Von Staden(1997)页36 所强调的关于盖伦的许多论点对于普鲁塔克也同样正确。或许进一步研究普鲁塔克与第二代智术师关系将决定性地解决这些问题。

⑭ Bowersock(1969)页104 提到一部可能出自普鲁塔克之手的反驳智术师的著作,而菲洛斯特拉图斯将以他的(或许是伪作)致朱莉娅·多姆娜的书简73 对这篇作品作出回应。关于普鲁塔克对智术的反感,亦参 Jeuckens (1908)。

克一般没有受到太多关注。⑮ 普鲁塔克那些与第二代智术师演说有着明白无误相似之处的著作——包括《论罗马人的幸运》、《论亚历山大的幸运与美德》与《论雅典人的光荣》的著名片段——有时会得到研究,但一般来说,随后(如果不是预先已经)都被视为"少作"而弃之不顾。⑯ 支持这些作品写于普鲁塔克生涯早期的论据绝非定论;然而,即使这些文本确实写于普鲁塔克生涯的开端,那也证明了普鲁塔克完全能够用智术师自己的语言与他们较量。因此,这一事实绝不应该引导我们忽视他的修辞性文本,而是提出了他全部作品中的"非修辞性"著作的问题:既然普鲁塔克能够成为一名流行的智术师,那么他为什么——在他的主要著作中——选择不成为一名智术师?答案不可能是:普鲁塔克在他当时的世界中是一个陌生人,不受周遭发生之事影响。普鲁塔克并非生活在社会—文化或历史的真空中:他与诸如狄翁、法沃里努斯以及或许阿里安等智术师作者都有联系,⑰ 而且至少在其生涯的某些时期,这证明了他对

---

⑮ 在 Anderson(1993)、Gleason(1995)、Whitmarsh(2001b)或 Whitmarsh(2005)中,普鲁塔克的出现的确完全无法与狄翁、法沃里努斯或卢奇安这些人物的出现相提并论。在评论 Whitmarsh(2001b)的书评中,Kim(2003)写道,"当穆索里乌斯、普鲁塔克或马可·奥勒留进入这幅图画时,我禁不住感到我的注意力迟滞了;因为尽管 W 的阅读可谓细致,但他的理论装备显然只适用于较华丽和较多自我意识的文本"。在本书中,我希望呈现一种阅读方式,这种方式能够揭示出甚至那些文本中的"智术师式的"特征。

⑯ 例如 Ziegler(1951)页 720,Jones(1971)页 14 与页 67,Swain(1989)页 504 注 3 以及 Strobach(1997)页 29。

⑰ 在拉姆普里阿斯目录中,两部作品的标题(《回答奥林匹亚的狄翁的演说》,序号 204,以及《与狄翁的辩论》,序号 227)暗示了普鲁塔克与金嘴狄翁之间的精神对话。关于普鲁塔克与狄翁的关系,进一步参看 Bowersock(1969)页 110 – 112,Russell(1973)页 7 以及 Pernot(2007);与法沃里努斯的关系:Bowie(1997)及(2002);与爱比克泰德以及阿里安的关系:Bowie(2002)。

当时文学时尚的认识和从事这种文学事业的潜力。因此,现在似乎是重新思考普鲁塔克与第二代智术师关系的合适时机。我对普鲁塔克实践伦理学著作的读解中已经说明[263],他不仅读过很多书,而且能够根据自己的目标操纵这一文学遗产;他不仅为"爱人类"的目标写下这些作品,而且有效利用它们为自己获得令人瞩目的社会地位;他利用这些作品与那些多半很有权势的人建立并保持关系,并向那些通读其作品的读者显示他与这些人熟识。我们看到,有意通读的读者不仅包括广大领域内有权势的希腊人和罗马人,也包括文化领域内部的竞争者:演说家、医生、体育教练以及哲人同伴。普鲁塔克由此利用他的实践伦理学著作在社会中推举他自己。穆索尼乌斯、狄翁以及法沃里努斯这些人通过吸引大量读者推举自己,普鲁塔克则通过读者群的社会地位来推举自己,然而两种情况下的根本机制相同:他们都利用文化以获取声望。就此而言,普鲁塔克或许比人们通常所认为的那样更接近于他那个时代的那些更智术师化的作者。[18] 然而,使他与众不同的是,他围绕他本人和他的文化资本发展出精致的、哲学性的论说文,而不是炫示性的论说文。

这就把我带到了第二个论点。实际上,通过普鲁塔克实践伦理学的这项研究显示出来的普鲁塔克的智术师形象,还有另外一个在重要性与影响方面并不稍逊的结果:它促使我们通过不同的视角来看待罗马帝国时期的哲学。传统的哲学史都只研究学说、理论以及学派,仿佛这些与历史社会——它们在其中发挥作用——相隔离甚

---

[18] 在某种意义上,这解构了普鲁塔克在《哲人尤其应该与当权者交谈》中的论点,在那部作品中,他试图提供一种反驳论证来应对下述可能的责备:他是出于自我利益才为重要的政治家写作。我的普鲁塔克画像揭示出即使他本人——虽然(宣称自己)是一位哲人——也服从于他的社会抱负。

至相冲突。最近一些年,研究第二代智术师的学者们已经证明,大多数智术师式的哲人——像狄翁、法沃里努斯这些人——在公众表演中都把哲学用作自己创造(印象深刻的)身份的工具。[19] 本书现在已经[264]就一位——我们在导论中已经看到——越来越被看作一位严肃哲人的人物提出了相似的观点。普鲁塔克实践伦理学著作的强处并不在于学说上的严谨或创新。他的独创性在于"哲学的社会动力":这些文本呈现了哲学与社会之间一种新的平衡,因为它们利用了社会,这个社会不仅存在于作品的主题和目标的选择上,也存在于作品的论证方式和作者的自我呈现上。我们在帝国早期的其他哲人身上也可以观察到相似的情况:John Sellars(2003)已经证明,爱比克泰德《手册》或马可·奥勒留《沉思录》等这些廊下派作品的要点不在理论,而在实践伦理学的形式上;Michael Trapp(2007)已经显示"哲学或许通过直接、明确的命令之外的其他手段来进行教导";[20] Johannes Hahn(1989)极为细致地阐述了哲人如何与社会相互作用;[21] John Lendon强调,无论哲人有时多么强烈地反对荣誉,他们都无法摆脱荣誉:"哲人注定会因为他们对荣誉的蔑视而被赋予荣誉。"[22] 现在似乎不仅是考虑这些发现的合适时机,也是

---

[19] 比较 Hahn(1989), Gleason(1995), Whitmarsh(2001b), Bowersock(2002)以及 Whitmarsh(2005)。

[20] 比较 Boys 与 Stones(2008)。

[21] 在他之后,亦参 Ewald(1999)与 Haake(2007)。

[22] Lendon(1997)页 91。除了 Lendon(1997)特别是页 90–91 之外,亦参 Hahn(1989)页 92 有关 Konzertphilosophen 的部分、Bowersock(2002)论第二代智术师期间哲学中的炫示潮流以及 Garland(2006)页 81–83 与 Morgan(2007)页 4 论作为名人的哲人。Trapp(2004)页 200 进一步指出,关于普鲁塔克,"尽管他对雕像过多有过严厉批评,但在他的人生后期,他监管将一尊雕像奉献给哈德良皇帝的事宜;而且在他死后不久,人们就在德尔斐为他建了一尊雕像,

把这些发现整合起来的合适时机,以便充分评价哲学如何作为一种社会现象发挥作用。这样一种文化性的哲学史(cultural history of philosophy)将显示哲学不仅仅是一套学说或一种生活方式,而且也是能够在社会比赛中被获取、被有效利用、被失去或被赢得的一种符号资本,这种社会比赛就是人类生活,在其中权力与声望至关重要。普鲁塔克毫无疑问是一位聪明的赛手。我们已经看到,他如何在他的实践伦理学著作中打这场比赛。然而,普鲁塔克最伟大的胜利之一就是,他[265]没有把所有赌注都押在同一匹马上:[23]他在不同层面上写下哲学的言说。他以学术性论争回答他的同伴哲人,对他同时代的精英们则建议一种帮助他们实现抱负的哲学,又给予大众他们为之疯狂的智术师式的样本之作。由此,他不仅成功地满足了不同观众的需求与期待,也向不同观众展示了他自己的不同伪装。例如《驳科洛特斯》这样一篇文本,或许最初意在反驳伊壁鸠鲁主义哲人,捍卫柏拉图的立场,然而它也显示出普鲁塔克作为一名完全成熟的哲人,正在以牺牲对手为代价为自己得分——诱导有教养的政治家们与他联合而不是与其他哲人联合。还要再次提到《论美德与恶行》,虽然它首先且首要地是一篇炫示性杰作,向广大公众及其他演说家显示了普鲁塔克的演说潜能,但它也具有说服人们更加严肃地对待哲学的潜在力量。最后但并非最不重要的是,普鲁塔克的实践伦理学著作针对的是受过教育但在哲学方面没有经

并且(如果鉴定正确的话)在喀罗尼亚建了一座头形方碑,在头形方碑上,他被描述为'施惠者'"。

[23] 在扬布里柯和俄利根等其他帝国时代哲人的作品集中,也能看出不同的写作层面,然而,扬布里柯在实践性上无法企及普鲁塔克,而俄利根著作中不同层面的释经是否为不同的读者而有意设计,这一点同样不确定。

过专门训练的读者,可以说,这些读者代表了普鲁塔克哲学输出的中间层,由此,这些著作把普鲁塔克展示为有权势人士的哲学顾问——不仅在一般大众眼中,而且在哲人对手的眼中,这都是一个满有权力并且能够赋予权力的地位。因此,普鲁塔克不仅没有逃避自己身为哲人的荣誉,他似乎还通过哲学在各个层面上为自己议定了这一荣誉。因此,实践伦理学著作绝非将普鲁塔克展示为一位二流作者,而是在把哲学作为一种实现个人抱负的手段加以推行的过程中,揭示了普鲁塔克本人作为一位多面哲人的实践——他在为了自己的目的充分运用哲学的社会动力。

参考文献

Aalders, G. J. D. (1982), *Plutarch's Political Thought*, Amsterdam.
Aalders, G. J. D., and De Blois, L. (1992), 'Plutarch und die politische Philosophie der Griechen', in *ANRW* 2.36.5, 3384–404.
Abbott, K. M. (1941), 'Philologos', in *RE* 39. Halbband, 2510–14.
Abel, K. (1987), 'Panaitios bei Plutarch *De Tranquillitate Animi*?', *RhM* 130, 128–52.
Abrams, M. H. (1999), *A Glossary of Literary Terms*, 7th edn., New York and London.
Ackrill, J. L. (1974) 'Aristotle on *Eudaimonia*', in *PBA* 60, 339–59.
Adkins, A. W. H. (1976), '*Polupragmosune* and "Minding One's Own Business": A Study in Greek Social and Political Values', *CPh* 71, 301–27.
Aguilár, R. M. (1990), 'El léxico del duelo en las *Consolationes* de Plutarco', in Pérez Jiménez and Del Cerro Calderón (edd.) (1990), 127–34.
—— (1996), 'Un reflejo de la doctrina del *Corpus Hippocraticum* en Plutarco: La salud', *CFC(G)* 6, 23–35.
—— (2001), 'La prevención de la salud en la Antigüedad: Plutarco y Galeno', in Pérez Jiménez and Casadesús Bordoy (edd.) (2001), 461–72.
Ahl, F. (1984), 'The Art of Safe Criticism in Greece and Rome', *AJPh* 105, 174–208.
Albert, P. (1879), *Variétés morales et littéraires: Les Consolations*, Paris.
Alcalde Martín, C. (1999), 'Usos indebidos del vino en las obras de Plutarco', in Montes Cala, Sánchez Ortiz de Landaluce, and Gallé Cejudo (edd.) (1999), 83–92.
Alcock, S. E. (1993), *Graecia Capta: The Landscapes of Roman Greece*, Cambridge.
Alesse, F. (2005), 'Alcuni significati del termine *askesis* nell'opera di Plutarco', in Jufresa et al. (edd.) (2005), 51–8.
Algra, K., Barnes, J., Mansfeld, J., and Schofield, M. (edd.) (1999), *The Cambridge History of Hellenistic Philosophy*, Cambridge.
Allison, J. W. (1979), 'Thucydides and $\Pi o\lambda v\pi\rho\alpha\gamma\mu o\sigma\acute{v}\nu\eta$', *AJAH* 4, 10–22 and 157–8.
Altamura, D. (1990), 'Sobre la afinidad de algunos caracteres en la obra de Teofrasto', *Helmantica* 41, 217–40.
Altmayer, C. (1992), *Aufklärung als Popularphilosophie: Bürgerliches Individuum und Öffentlichkeit bei Christian Garve* (Saarbrücker Beiträge zur Literaturwissenschaft 36), Saarbrücken.

Anderson, G. (1993), *The Second Sophistic: A Cultural Phenomenon in the Roman Empire*, London.
Anderson, J. K. (1985), *Hunting in the Ancient World*, Berkeley and Los Angeles.
Ando, C. (2000), *Imperial Ideology and Provincial Loyalty in the Roman Empire*, Berkeley and Los Angeles.
André, J.-M. (1989), 'Sénèque: *De brevitate vitae, De constantia sapientis, De tranquillitate animi, De otio*', in *ANRW* 2.36.3, 1724–78.
Annas, J. (1993), *The Morality of Happiness*, New York and Oxford.
Apelt, O. (1926), *Plutarch: Moralische Schriften*, Zweites Bändchen. *Parallelschriften zu Senecas Dialogen*, Leipzig.
Assmann, J. (2005), '*Periergia*: Egyptian Reations to Greek Curiosity', in E. S. Gruen, (ed.) (2005), *Cultural Borrowings and Ethnic Appropriations in Antiquity* (Oriens et Occidens 8), Stuttgart, 37–49.
Auberger, J. (1993), 'Parole et silence dans les *Préceptes de Mariage* de Plutarque', *LEC* 61, 297–308.
Austin, J. L. (1962), *How to Do Things with Words*, Oxford.
Axelrod, R. (1990), *The Evolution of Cooperation*, London.
Babbitt, F. C. (1927), *Plutarch: Moralia*, vol. i (Loeb Classical Library), Cambridge, Mass. and London.
—— (1928), *Plutarch: Moralia*, vol. ii (Loeb Classical Library), Cambridge, Mass. and London.
Babut, D. (1969), *Plutarque et le stoïcisme*, Paris.
—— (1975), 'Histoire et réflexion morale dans l'œuvre de Plutarque', *REG* 88, 206–19.
—— (1991), 'Plutarco y la Academia', in García López and Calderón Dorda (edd.) (1991), 3–12.
Badian, E. (1972), *Publicans and Sinners: Private Enterprise in the Service of the Roman Republic*, Oxford.
Bailey, C. (1964), *The Greek Atomists and Epicurus: A Study*, New York. Reprint of Bailey, C. (1928), *The Greek Atomists and Epicurus*, Oxford.
Balogh, E. (1943), *Political Refugees in Ancient Greece*, Rome.
Balsdon, J. P. V. D. (1979), *Romans and Aliens*, London.
Barigazzi, A. (1962), 'Democrito e il proemio del *De tranquillitate animi* di Plutarco', *RIFC* ns 40, 113–29.
—— (1966), 'Sul *De exilio* di Plutarco', *Atti dell' Accademia delle Scienze di Modena* 6 A VIII, 248–63.
—— (1988), 'Plutarco e il dialogo drammatico', *Prometheus* 14, 141–63.
Barnes, J. (ed.) (1995), *The Cambridge Companion to Aristotle*, Cambridge.
—— (2002), 'Ancient Philosophers', in Clark and Rajak (edd.) (2002), 293–306.

Barrigón Fuentes, C. (2005), 'El oportuno silencio: Una norma educativa para Plutarco', in Jufresa et al. (edd.) (2005), 191–8.
Barringer, J. M. (2001), *The Hunt in Ancient Greece*, Baltimore and London.
Barrow, R. H. (1967), *Plutarch and His Times*, London.
Barthelmess, J. (1986), 'Recent Work on the *Moralia*', in Brenk and Gallo (edd.) (1986), 61–81.
Bartsch, S. (1994), *Actors in the Audience: Theatricality and Double-Speak from Nero to Hadrian*, Cambridge, Mass.
Baslez, M.-F. (1984), *L' étranger dans la Grèce antique*, Paris.
—— (1989), 'Citoyens et non-citoyens dans l'Athènes impériale au ıer et au ııe siècles de notre ère', in A. Cameron and S. Walker , (edd.) *The Greek Renaissance in the Roman Empire* (BICS suppl. 55), London, 17–36.
Beard, M., Bowman, A., and Corbier, M. (edd.) (1991), *Literacy in the Roman World* (JRA suppl. 3), Ann Arbor.
Beardslee, W. A. (1978), '*De Garrulitate* (*Moralia* 502B–515A)', in Betz (ed.) (1978), 264–88.
Bearzot, C. (2005), 'Philotimia, tradizione e innovazione: Lisandro e Agesilao a confronto in Plutarco', in A. Pérez Jiménez and F. Titchener (edd.), *Historical and Biographical Values of Plutarch's Works: Studies Devoted to Professor Philip A. Stadter by the International Plutarch Society*, Malaga and Logan, 31–50.
Becchi, F. (1990), 'La nozione di ὀργή e di ἀοργησία in Aristotele e in Plutarco', *Prometheus* 16, 65–87.
Bellu, M. A. (2005), 'La *chreia* en el *De tuenda sanitate praecepta* de Plutarco', in Jufresa et al. (edd.) (2005), 209–16.
Ben-Ze'ev, A. (2003), 'Aristotle on Emotions towards the Fortune of Others', in Konstan and Rutter (edd.) (2003), 99–121.
Betz, H. D. (ed.) (1978), *Plutarch's Ethical Writings and Early Christian Literature* (Studia ad Corpus Hellenisticum Novi Testamenti 4), Leiden.
—— (1978), '*De Tranquillitate Animi* (*Moralia* 464E–477F)', in Betz (ed.) (1978), 198–230.
Blanck, H. (1992), *Das Buch in der Antike*, Munich.
Blänsdorf, J., and Breckel, E. (1983), *Das Paradoxon der Zeit: Zeitbesitz und Zeitverlust in Senecas* Epistulae Morales *und* De Brevitate Vitae. *Problem und unterrichtliche Behandlung*, Freiburg.
Bloch, R. (1997), 'Chairon (1)', in *DNP* 2, 1084.
Blumenberg, H. (1973), *Der Prozeß der theoretischen Neugierde* (Suhrkamp Taschenbuch Wissenschaft 24), Frankfurt.
Boehm, G. (1935), *Plutarchs Dialog ὑγιεινά παραγγέλματα analysiert und auf seine Quellen untersucht*, Diss. Giessen.

Bös, G. (1995), *Curiositas: Die Rezeption eines antiken Begriffes durch christliche Autoren bis Thomas von Aquin* (Veröffentlichungen des Grabmann-Institutes 39), Paderborn, Munich, Vienna, and Zurich.

Bonazzi, M. (2005), 'Plutarco, Platone e la tradizione academica', in Jufresa et al. (edd.) (2005), 217–24.

Boudon, V. (1994a), 'Les œuvres de Galien pour les débutants (*De sectis, De pulsibus ad tirones, De ossibus ad tirones, Ad Glauconem de methodo medendi* et *Ars medica*): Médecine et pédagogie au IIe s. ap. J.-C.', in *ANRW* 2.37.2, 1421–67.

—— (1994b), 'Les Definitions (*sic*) tripartites de la médecine chez Galien', in *ANRW* 2.37.2, 1468–90.

Boulogne (1986), Review of *Defradas—Hani—Klaerr (1985)*, in *RPh* 60, 305–6.

—— (1994), *Plutarque: Un aristocrate grec sous l'occupation romaine*, Lille.

—— (1995), 'Plutarque et la médecine', in *ANRW* 37.3, 2762–92.

Bourdieu, P. (1972), *Esquisse d'une théorie de la pratique*, précédé de *Trois études d'ethnologie kabyle* (Travaux de droit, d'économie, de sociologie et de sciences politiques 92), Geneva.

—— (1979), *La Distinction: Critique sociale du jugement*, Paris.

—— (1980), *Le Sens pratique*, Paris.

—— (1983), 'Ökonomisches Kapital, kulturelles Kapital, soziales Kapital', in R. Kreckel (ed.), *Soziale Ungleichheiten* (Soziale Welt. Sonderband 2), Göttingen, 183–98.

Bowersock, G. W. (1969), *Greek Sophists in the Roman Empire*, Oxford.

—— (ed.) (1974), *Approaches to the Second Sophistic*, University Park.

—— (2002), 'Philosophy in the Second Sophistic', in Clark and Rajak (edd.) (2002), 157–70.

Bowie, E. (1970), 'Greeks and their Past in the Second Sophistic', *P&P* 46, 3–41.

—— (1994), 'The Readership of Greek Novels in the Ancient World', in Tatum (ed.) (1994), 435–59.

—— (1997), 'Hadrian, Favorinus, and Plutarch', in Mossman (ed.) (1997), 1–15.

—— (2002), 'Plutarch and Literary Activity in Achaea, A.D. 107–117', in Stadter and Van der Stockt (edd.) (2002), 41–56.

Bowman, A., and Woolf, G. (1994), *Literacy and Power in the Ancient World*, Cambridge.

Boyer, E. (1887), *Les Consolations chez les Grecs et les Romains*, Paris.

Boys-Stones, G. (2008), Review of Trapp, M. (2007), *Philosophy in the Roman Empire. Ethics, Politics and Society*, Ashgate, in *G&R* 55, 154.

Bracht Branham, R. (2007), 'Exile on Main Street. Citizen Diogenes', in Gaertner (ed.) (2007), 71–85.

Bracht Branham, R., and Goulet-Cazé, M. O. (edd.) (1996), *The Cynics: The Cynic Movement in Antiquity and Its Legacy*, Berkeley and Los Angeles.
Braginton, M. V. (1944), 'Exile under the Emperors', *CJ* 39, 391–407.
Braudy, L. (1986), *The Frenzy of Renown: Fame and Its History*, Oxford.
Bréchet, C. (2003), *Homère dans l'œuvre de Plutarque: La Référence homérique dans les Œuvres Morales*, Diss. Montpellier.
Brenk, F., and Gallo, I. (edd.) (1986), *Miscellanea Plutarchea: Atti del I convegno di studi su Plutarco, Roma, 23 novembre 1985* (Quaderni del Giornale Filologico Ferrarese 8), Ferrara.
Brenk, F. (1992), 'Plutarch's Life 'Markos Antonios': A Literary and Cultural Study', in *ANRW* 2.33.6, 4347–4469.
Brittain, C. (2001), *Philo of Larissa: The Last of the Academic Sceptics*, Oxford.
Broecker, H. (1954), *Animadversiones ad Plutarchi libellum ΠΕΡΙ ΕΥΘΥΜΙΑΣ*, Diss. Bonn.
Brown, P. (1992), *Power and Persuasion in Late Antiquity: Towards a Christian Empire*, Madison.
Brunt, P. A. (1990), *Roman Imperial Themes*, Oxford.
Bryson, A. (1998), *From Courtesy to Civility: Changing Codes of Conduct in Early Modern England*, Oxford.
Buresch, C. (1886), *Consolationum a Graecis Romanisque scriptarum historia critica*, Leipzig.
Burke, P. (2004), *What is Cultural History?*, Cambridge and Malden.
Buss, S. (1999), 'Appearing Respectful: The Moral Significance of Manners', *Ethics* 109, 795–826.
Caballero, R. (1991), 'El paisaje del exilio en Plutarco', in García López and Calderón Dorda (edd.) (1991), 227–35.
—— (1994), 'Plutarco y los géneros de vida', in García Valdés (ed.) (1994), 537–50.
—— (2000), 'Notas críticas y exegéticas al *De exilio* de Plutarco', *CFC(G)* 10, 189–217.
Caballero, R., and Viansino, G. (1995), *Plutarco: L'esilio* (Corpus Plutarchi Moralium), Naples.
Cairns, D. (1993), *Aidos: The Psychology and Ethics of Honour and Shame in Ancient Greek Literature*, Oxford.
Calderón Dorda, E. (1999), 'El vino, la medicina y los *remedia ebrietatis* en los *Moralia* de Plutarco', in Montes Cala, Sánchez Ortiz de Landaluce, and Gallé Cejudo (edd.) (1999), 119–28.
Calderón Dorda, E., Morales Ortiz, A., and Valverde Sánchez, M. (edd.) (2006), *Koinòs lógos: Homenaje al Professor José García López*, Murcia.

Cannata Fera, M. (1991), 'La struttura delle *consolationes* plutarchee', in D'Ippolito and Gallo (edd.) (1991), 315–25.

Capdetrey, L., and Nelis-Clément, J. (edd.) (2006), *La circulation de l'information dans les états antiques: Actes de la table ronde 'La circulation de l'information dans les structures de pouvoir antiques'*, Institut Ausonius, Pessac, 19-20 janvier 2002, Bordeaux.

Capriglione, J. (1999), 'Il vino terapeutico', in Montes Cala, Sánchez Ortiz de Landaluce, and Gallé Cejudo (edd.) (1999), 145–59.

Carcopino, J. (1986), *La vie quotidienne à Rome à l'apogée de l'Empire* (Le livre de poche 5800), Paris. Reprint of Carcopino, J. (1939), *La Vie quotidienne à Rome à l'apogée de l'Empire*, Paris.

Carrière, J. C., and Cuvigny, M. (1984), *Plutarque: Œuvres morales*, vol. xi/2 (Collection des Universités de France), Paris.

Carter, L. B. (1986), *The Quiet Athenian*, Oxford.

Cartledge, P., and Spawforth, A. (1989), *Hellenistic and Roman Sparta: A Tale of Two Cities*, London and New York.

Casel, O. (1919), *De Philosophorum graecorum Silentio mystico* (Religionsgeschichtliche Versuche und Vorarbeiten 16), Berlin.

Casson, L. (1974), *Travel in the Ancient World*, London.

Castelnérac, B. (2007), 'The Method of "Eclecticism" in Plutarch and Seneca', *Hermathena* 182, 135–63.

Castiglioni, L. (1984), *Seneca: Della tranquillità dell'anima, Della brevità della vita*, Brescia.

Cavalca Schiroli, M. G. (1981), *Seneca: De tranquillitate animi*, Bologna.

Celentano, M. S. (2000), 'La parodia nel *De garrulitate* di Plutarco tra teoria retorica e prassi communicativa (*sic*)', in Van der Stockt (ed.) (2000), 101–8.

Centrone, B. (2000), 'Platonism and Pythagoreanism in the Early Empire', in Rowe et al. (edd.) (2000), 559–84.

Cerri, G. (2001), 'Biografia, storiografia, dialogo: I generi letterari in Plutarco', *MediterrAnt* 4, 413-26.

Chadwick, H. (1962), '*Enkrateia*', *RAC* 5, 343–65.

Chahoud, A. (2007), 'Antiquity and Authority in Nonius Marcellus', in J. Scourfield (ed.), *Texts and Culture in Late Antiquity: Inheritance, Authority, and Change*, Swansea, 69–96.

Chantraine, P. (1968–80), *Dictionnaire étymologique de la langue grecque: Histoire des mots*, Paris.

Claassen, J.-M. (1996a), 'Exile, Death and Immortality: Voices from the Grave', *Latomus* 55, 571–90.

—— (1996b), 'Dio's Cicero and the Consolatory Tradition', in F. Cairns and M. Heath (edd.), *Papers of the Leeds International Latin Seminar, vol. 9. Roman Poetry and Prose, Greek Poetry, Etymology, Historiography*

(ARCA. Classical and Medieval Texts, Papers, and Monographs 34), Leeds, 29–45.

Claassen, J.-M. (1999), *Displaced Persons: The Literature of Exile from Cicero to Boethius*, London.

Clark, G., and Rajak, T. (edd.) (2002), *Philosophy and Power in the Graeco-Roman World. Essays in Honour of M. Griffin*, Oxford.

Clément, P., and Hoffleit, H. (1969), *Plutarch: Moralia*, vol. viii (Loeb Classical Library), London and Cambridge, Mass.

Cohoon, J. (1971), *Dio Chrysostom*, vol. i (Loeb Classical Library), London and Cambridge, Mass.

Constable, O. R. (2003), *Housing the Stranger in the Mediterranean World: Lodging, Trade, and Travel in Late Antiquity and the Middle Ages*, Cambridge.

Cooper, J. M., and Procopé, J. F. (1995), *Seneca: Moral and Political Essays* (Cambridge Texts in the History of Political Thought), Cambridge.

Costa, C. (2006), 'Afterword: Giving Advice in Greek Letters', in Spencer and Theodorakopoulos (edd.) (2006), 179–91.

Cox, J. N., and Reynolds, L. J. (edd.) (1993), *New Historical Literary Study*, Princeton.

Craik, E. M. (1995), 'Hippokratic *Diaita*', in Wilkins, Harvey, and Dobson (edd.) (1995), 343–50.

Croce, B. (1950), *Ariosto, Shakespeare e Corneille*, 4th edn., Bari.

Cupaiuolo, G. (1975), *Introduzione al De ira di Seneca*, Naples.

Cuvigny, M. (1984), *Plutarque: Œuvres morales*, vol. xi/1 (Collection des Universités de France), Paris.

Davidson, J. (1997), *Courtesans and Fishcakes: The Consuming Passions of Classical Athens*, London.

Dawson, J. (1992), *Allegorical Readers and Cultural Revision in Ancient Alexandria*, Berkeley and Los Angeles.

De Blois, L. (2004), 'Classical and Contemporary Statesmen in Plutarch's *Praecepta*', in De Blois et al. (edd.) (2004), 57–63.

De Blois, L., Bons, J., Kessels, T., and Schenkeveld, D. M. (edd.) (2004), *The Statesman in Plutarch's Works: Proceedings of the Sixth International Conference of the International Plutarch Society, Nijmegen—Castle Hernen, May 1–5, 2002*, vol. i. *Plutarch's Statesman and his Aftermath. Political, Philosophical, and Literary Aspects*, Leiden and Boston.

Defilippo, J. G. (1990), '*Curiositas* and the Platonism of Apuleius' *Golden Ass*', *AJPh* 111, 471–92.

Defradas, J., Hani, J., and Klaerr, R. (1985), *Plutarque: Œuvres morales*, vol. ii (Collection des Universités de France), Paris.

Degl'Innocenti Pierini, R. (1996), *Epistole ciceroniane dall'esilio*, Florence.

Deichgräber, K. (1933), 'Moschion', in *RE* 31. Halbband, Stuttgart, 349–50.
Deissmann, A. (1923), *Licht vom Osten: Das Neue Testament und die neuentdeckten Texte der hellenistisch-römischen Welt*, 4th edn., Tübingen.
De Lacy, P. (1974), 'Plato and the Intellectual Life of the Second Century A.D.', in Bowersock (ed.) (1974), 4–10.
De Lacy, P., and Einarson, B. (1959), *Plutarch: Moralia*, vol. vii (Loeb Classical Library), Cambridge, Mass. and London.
De Laet, S. J. (1949), Portorium. *Étude sur l'organisation douanière chez les Romains, surtout à l'époque du Haut-Empire*, Bruges.
DeLaine, J., and Johnston, D. E. (edd.) (1999), *Roman Baths and Bathing: Proceedings of the First International Conference on Roman Baths held at Bath, England, 30 March–4 April 1992*, Part 1. *Bathing and Society*, Portsmouth.
DeLaine, J. (1999), 'Bathing and Society', in DeLaine and Johnston (edd.) (1999), 7–16.
Delmaire, R. (2008), 'Exil, relégation, déportation dans la législation du Bas-Empire', in Prévot and Blaudeau (edd.) (2008), 115–32.
Delorme, J. (1960), *Gymnasion: Étude sur les monuments consacrés a l'éducation en Grèce (des origines à l'Empire romain)* (Bibliothèque des écoles françaises d'athènes et de Rome 196), Paris.
Delvaux, G. (1995), 'Plutarque: Chronologie relative des *Vies parallèles*', *LEC* 63, 97–113.
Demont, P. (1990), *La cité grecque archaïque et classique et l'idéal de tranquillité* (Collection d'études anciennes. Série grecque 118), Paris.
—— (1996), 'Les problèmes du loisir en Grèce', in J. M. André, J. Dangel, and P. Demont (edd.), *Les Loisirs et l'héritage de la culture classique: Actes du XIIIe Congrès de l'association Guillaume Budé, Dijon, 27–31 août 1993* (Collection Latomus 230), Brussels, 9–36.
Denniston, J. D. (1966), *The Greek Particles*, 2nd edn., Oxford.
De Rosalia, A. (1991), 'Il latino di Plutarco', in D'Ippolito and Gallo (edd.) (1991), 445–59.
Desideri, P. (1986), 'La vita politica cittadina nell'Impero: Lettura dei *Praecepta gerendae rei publicae* e dell' *An seni res publica gerenda sit*', *Athenaeum* 64, 371–81.
—— (1998), 'Forme dell' impegno politico di intellettuali greci dell' Impero', *RSI* 110, 60–87.
Dicke, K. (2004), 'Der Fremde als Weltbürger: Zur Tradition und Relevanz des Kosmopolitismus', in Dummer and Vielberg (edd.) (2004), 43–54.
Dienelt, K. (1953), '*Apragmosune*', *WS* 66, 94–104.

Dihle, A. (1985), 'Philosophie, Fachwissenschaft, Allgemeinbildung', in H. Flashar and O. Gigon (edd.), *Aspects de la philosophie hellénistique* (Entretiens sur l'Antiquité classique 32), Geneva, 185–223.
—— (1992), 'Attizismus', in G. Ueding (ed.), *Historisches Wörterbuch der Rhetorik*, vol. i, Tübingen, 1163–76.
Dillon, J. (1988), 'Plutarch and Platonist Orthodoxy', *ICS* 13, 357–64.
—— (1993), *Alcinous: The Handbook of Platonism*, Oxford.
—— (1996), *The Middle Platonists: A Study of Platonism 80 B.C. to A.D. 220*, 2nd edn., London.
—— (2002), 'The Social Role of the Philosopher in the Second Century C.E.', in Stadter and Van der Stockt (edd.) (2002), 29–40.
D'Ippolito, G., and Gallo, I. (edd.) (1991), *Strutture formali dei* Moralia *di Plutarco: Atti del III Convegno plutarcheo, Palermo, 3–5 maggio 1989*, Naples.
Doblhofer, E. (1987), *Exil und Emigration: Zum Erlebnis der Heimatferne in der römischen Literatur*, Darmstadt.
Dodds, E. R. (1933) 'The Portrait of a Greek Gentleman', *G&R* 2, 97–107.
—— (1951), *The Greeks and the Irrational*, Berkeley and Los Angeles.
Donini, P.-L. (1986), 'Lo scetticismo accademico, Aristotele, e l'unità della tradizione platonica secondo Plutarco', in G. Cambiano (ed.), *Storiografia e dossografia nella filosofia antica*, Turin, 203–26.
—— (1988), 'Science and Metaphysics: Platonism, Aristotelianism, and Stoicism in Plutarch's *On the Face in the Moon*', in J. M. Dillon and A. A. Long (edd.), *The Question of Eclecticism*, Berkeley and Los Angeles, 15–33.
—— (1992), 'Galeno e la filosofia', in *ANRW* 2.36.5, 3484–504.
—— (2000), 'Il trattato filosofico in Plutarco', in Gallo and Moreschini (edd.) (2000), 133–45.
Dorandi, T. (1984), 'Sillyboi', *S&G* 8, 185–99.
—— (2000), *Le stylet et la tablette dans le secret des auteurs antiques*, Paris.
Dörrie, H. (1969), 'Le platonisme de Plutarque', in *Actes du VIIIe Congrès de l'Association Guillaume Budé, Paris, 5–10 avril 1968*, Paris, 519–30.
Dover, K. J. (1974), *Greek Popular Morality in the Time of Plato and Aristotle*, Oxford.
Dowden, K. (1994), 'The Roman Audience of the Golden Ass', in Tatum (ed.) (1994), 419–34.
du Boulay, J. (1974), *Portrait of a Greek Mountain Village*, Oxford.
Duff, T. E. (1999), *Plutarch's Lives: Exploring Virtue and Vice*, Oxford.
Duminil, M.-P. (1985), 'Introduction à la médecine hippocratique', *BSTEC* 40, 19–30.

Dummer, J., and Vielberg, M. (edd.) (2004), *Der Fremde: Freund oder Feind? Überlegungen zu dem Bild des Fremden als Leitbild*, Stuttgart.

Dumortier, J., and Defradas, J. (1975), *Plutarque: Œuvres morales*, vol. vii/1 (Collection des Universités de France), Paris.

Durling, R. J. (1995), 'Medicine in Plutarch's *Moralia*', *Traditio* 50, 311–14.

Eck, W. (1970), *Senatoren von Vespasian bis Hadrian*, Munich.

Eck, W., and Heil, M. (edd.) (2005), *Senatores Populi Romani: Realität und mediale Präsentation einer Führungsschicht* (HABES 40), Stuttgart.

Edelstein, L. (1931), 'Antike Diätetik', *Die Antike* 7, 255–70, referred to as reprinted in O. Temkin and C. L. Temkin (edd.) (1967), *Ancient Medicine: Selected Papers of Ludwig Edelstein*, trans. from the German by C. L. Temkin, Baltimore and London, 303–16.

—— (1952), 'The Relation of Ancient Philosophy to Medicine', *Bulletin of the History of Medicine* 26, 299–316.

Edwards, C. (1993), *The Politics of Immorality in Ancient Rome*, Cambridge.

—— (1997), 'Self-Scrutiny and Self-Transformation in Seneca's Letters', *CQ* 44, 23–38.

Ehrenberg, V. (1947), '*Polypragmosune*: A Study in Greek Politics', *JHS* 67, 46–67.

Elias, N. (1939), *Ueber den Prozess der Zivilisation: Soziogenetische und psychogenetische Untersuchungen*, Basel.

Else, G. F. (1963), *Aristotle's* Poetics: *The Argument*, Cambridge, Mass.

Eriksen, T. B. (1976), *Bios Theoretikos: Notes on Aristotle's* Ethica Nicomachea *106–8*, Oslo.

Erskine, A. (1990), *The Hellenistic Stoa: Political Thought and Action*, Ithaca, NY.

Ewald, B. (1999), *Der Philosoph als Leitbild: Ikonographische Untersuchungen an Römischen Sarkophagreliefs*, Mainz.

Fabrini, P. (2000), 'Sul modulo della dedica nei *Moralia* di Plutarco', in Gallo and Moreschini (edd.) (2000), 253–69.

Fagan, G. G. (1999), *Bathing in Public in the Roman World*, Ann Arbor.

Farrington, A. (1997), 'Olympic Victors and the Popularity of the Olympic Games in the Imperial Period', *Tyche* 12, 15–46.

—— (1999), 'The Introduction and Spread of Roman Bathing in Greece', in DeLaine and Johnston (edd.) (1999), 57–66.

Fein, S. (1994), *Die Beziehungen der Kaiser Trajan und Hadrian zu den litterati* (Beiträge zur Altertumskunde 26), Stuttgart and Leipzig.

Fernández Delgado, J. (1991), 'Los proverbios en los *Moralia* de Plutarco', in D'Ippolito and Gallo (edd.) (1991), 195–212.

Fernández Delgado, J. A., and Pordomingo Pardo, F. (edd.) (1996), *Estudios sobre Plutarco: Aspectos formales, Actas del IV Simposio Español sobre Plutarco, Salamanca, 26 a 28 de Mayo de 1994*, Salamanca.

Ferrari, F. (2004), 'Platone in Plutarco', in Gallo (ed.) (2004), 225–35.
Ferrari, G. R. F. (1987), *Listening to the Cicadas: A Study of Plato's Phaedrus*, Cambridge.
Festugière, A. J. (1971), 'Les Trois Vies', in A. J. Festugière (ed.), *Études de philosophie grecque*, Paris, 117–56.
Fillion-Lahille, J. (1984), *Le De ira de Sénèque et la philosophie stoïcienne des passions* (Études et commentaires 94), Paris.
—— (1989), 'La Production littéraire de Sénèque sous les règnes de Caligula et de Claude, sens philosophique et portée politique: Les *Consolationes* et le *De ira*', *ANRW* 2.36.3, 1606–38.
Finley, M. I., and Pleket, H. W. (1976), *The Olympic Games: The First Thousand Years*, London.
Flacelière, R. (1963), 'Rome et ses empereurs vus par Plutarque', *AC* 32, 28–47.
Flacelière, R., and Irigoin, J. (1987), *Plutarque: Œuvres morales*, vol. i/1 (Collection des Universités de France), Paris.
Flashar, H., Erler, M., Görler, W., and Steinmetz, P. (edd.) (1994), *Die Philosophie der Antike*, vol. iv. *Die hellenistische Philosophie*, Basel.
Foucault, M. (1984a), *Histoire de la sexualité*, vol. 2. *L'usage des plaisirs* (Collection Tel), Paris.
—— (1984b), *Histoire de la sexualité*, vol. 3. *Le souci de soi* (Collection Tel), Paris.
Fowler, H. N. (1890), 'Plutarch Περὶ εὐθυμίας', *HSPh* 1, 139–52.
Frazier, F. (1988), 'A propos de la '*philotimia*' dans les *Vies*: Quelques jalons dans l'histoire d'une notion', *RPh* 62, 109–27.
—— (1996), *Histoire et morale dans les* Vies parallèles *de Plutarque*, Paris.
Frede, M. (1999), 'Epilogue', in Algra et al. (edd.) (1999), 771–97.
Friedländer, L. (1922), *Darstellungen aus der Sittengeschichte Roms in der Zeit von Augustus bis zum Ausgang der Antonine*, Leipzig.
Frisk, H. (1973), *Griechisches etymologisches Wörterbuch*, vol. i. *A–Ko*, Heidelberg.
Froidefond, C. (1987), 'Plutarque et le platonisme', in *ANRW* 2.36.1, 184–233.
Fuentes González, P. (1998), *Les Diatribes de Télès: Introduction, texte revu, traduction et commentaire des fragments (avec en appendice une traduction espagnole)*, Paris.
Fuhrmann, F. (1966), *Les images de Plutarque*, Paris.
—— (1972), *Plutarque: Œuvres morales*, vol. ix/1 (Collection des Universités de France), Paris.
Gaertner, J. F. (ed.) (2007), *Writing Exile: The Discourse of Exile in Antiquity*, Leiden.
—— (2007), 'The Discourse of Displacement in Greco-Roman Antiquity', in Gaertner (ed.) (2007), 1–20.

Gallo, I. (1986), 'Una nuova iniziativa scientifica ed editoriale: Il *Corpus Plutarchi Moralium*', in Brenk and Gallo (edd.) (1986), 143–5.
—— (1988), *Aspetti dello Stoicismo e dell'epicureismo Greco e Romano: Atti del II Convegno di Studi su Plutarco, Ferrara, 2–3 Aprile 1987* (Quaderni del Giornale filologico ferrarese 9), Ferrara.
—— (1992), *Plutarco e le scienze: Atti del IV Convegno plutarcheo, Genova–Bocca di Magra, 22–25 aprile 1991*, Genoa.
—— (1996), *Plutarco e la religione: Atti del VI Convegno Plutarcheo, Ravello, 29–31 maggio 1995*, Naples.
—— (1996), 'Strutture letterarie dei *Moralia* di Plutarco: Aspetti e problemi', in Fernández Delgado and Pordomingo Pardo (edd.) (1996), 3–16.
—— (ed.) (1998), *L'eredità culturale di Plutarco dall'Antichità al Rinascimento: Atti del VII Convegno plutarcheo, Milano–Gargano, 28–30 maggio 1997*, Naples.
—— (1998), 'Forma letteraria nei *Moralia* di Plutarco: Aspetti e problemi', in *ANRW* 2.34.4, 3511–40.
—— (2000), 'I generi letterari nel *Corpus* plutarcheo: Aspetti e problemi', in Gallo and Moreschini (edd.) (2000), 9–17.
—— (ed.) (2004), *La biblioteca di Plutarco: Atti del IX Convegno Plutarcheo, Pavia, 13–15 giugno 2002*, Naples.
Gallo, I., and Moreschini, C. (edd.) (2000), *I generi letterari in Plutarco: Atti del VIII Convegno plutarcheo, Pisa, 2–4 giugno 1999* (Collectanea 19), Naples.
Gallo, I., and Scardigli, B. (edd.) (1995), *Teoria e prassi politica nelle opere di Plutarco: Atti del V Convegno plutarcheo, Certosa di Pontignano, 7–9 giugno 1993*, Naples.
García López, J., and Calderón Dorda, E. (edd.) (1991), *Estudios sobre Plutarco: Paisaje y naturaleza, Actas del II Simposio Español sobre Plutarco, Murcia 1990*, Madrid.
García Valdés, M. (ed.) (1994), *Estudios sobre Plutarco: Ideas Religiosas, Actas del III Simposio Internacional sobre Plutarco, Oviedo 30 de abril a 2 de mayo de 1992*, Madrid.
Garland, R. (1995), *The Eye of the Beholder: Deformity and Disability in the Graeco-Roman World*, London.
—— (2006), *Celebrity in Antiquity: From Media Tarts to Tabloid Queens*, London.
Garnsey, P. (1970), *Social Status and Legal Privilege in the Roman Empire*, Oxford.
—— (1999), *Food and Society in Classical Antiquity* (Key Themes in Ancient History), Cambridge.

Gauthier, P. (1971), 'Les ξένοι dans les textes athéniens de la seconde moitié du V s. av. J.C.', *REG* 84, 44–79.

—— (1985), *Les cités grecques et leurs bienfaiteurs* (Bulletin de correspondance héllénique suppl. 12), Athens and Paris.

Geerts, G., Haeseryn, W., de Rooij, J., and van den Toorn, M. C. (edd.) (1984), *Algemene Nederlandse Spraakkunst*, Groningen and Leuven.

Geiger, J. (2002), 'A Quotation from Latin: in Plutarch?', *CQ* 52, 632–4.

Georgiadou, A. (1995), '*Vita Activa* and *Vita Contemplativa*. Plutarch's *De Genio* and Euripides' *Antiope*', in Gallo and Scardigli (edd.) (1995), 187–99.

Gerson, L. P. (2002), Review of Hadot, P. (2002), *What is Ancient Philosophy?*, Translated by M. Chase Cambridge (MA), in *BMCR* <http://ccat.sas.upenn.edu/bmcr/2002/2002-09-21.html>.

Giddens, A. (1998), *Sociology*, Cambridge.

Giesecke, A. (1891), *De Philosophorum veterum quae ad Exilium Spectant Sententiis*, Diss. Leipzig.

Gigon, O. (1973), 'Der Begriff der Freiheit in der Antike', *Gymnasium* 80, 8–56.

Gill, C. (1985), 'Ancient Psychotherapy', *JHI* 46, 307–25.

—— (1988), 'Personhood and Personality: The Four-*Personae* Theory in Cicero, *De Officiis* I', *OSAPh* 6, 169–99.

—— (1994), 'Peace of Mind and Being Yourself: Panaetius to Plutarch', in *ANRW* 2.36.7, 4599–640.

—— (1995), *Personality in Greek Epic, Tragedy, and Philosophy: The Self in Dialogue*, Oxford.

—— (1996), 'Afterword: Dialectic and the Dialogue Form in Late Plato', in C. Gill and M. M. McCabe (edd.), *Form and Argument in Late Plato*, New York, 283–311.

—— (2003a), 'The School in the Roman Imperial Period', in B. Inwood (ed.), *The Cambridge Companion to the Stoics*, Cambridge, 33–58.

—— (2003b), 'Is Rivalry a Virtue or a Vice?', in Konstan and Rutter (edd.) (2003), 29–51.

—— (ed.) (2005), *Virtue, Norms and Objectivity: Issues in Ancient and Modern Ethics*, Oxford.

—— (2005), 'Introduction', in Gill (ed.) (2005), 1–12.

—— (2006), *The Structured Self in Hellenistic and Roman Thought*, Oxford.

Gleason, M. W. (1995), *Making Men: Sophists and Self-Presentation in Ancient Rome*, Princeton.

Glucker, J. (1978), *Antiochus and the Late Academy* (Hypomnemata 56), Göttingen.

Gobry, I. (2000), *Le vocabulaire grec de la philosophie*, Paris.

Goffman, E. (1969), *The Presentation of Self in Everyday Life*, London.

Goldhill, S. (ed.) (2001), *Being Greek under Rome: The Second Sophistic, Cultural Conflict and the Development of the Roman Empire*, Cambridge.
—— (2001), 'Introduction', in Goldhill (ed.) (2001), 1–25.
—— (2002), *Who needs Greek? Contests in the Cultural History of Hellenism*, Cambridge.
Goldschmidt, V. (1953), *Le système stoïcien et l'idée de temps*, Paris.
Gómez Espelosín, F. J. (1990), 'Plutarco y la revolución social', in Pérez Jiménez and Del Cerro Calderón (edd.) (1990), 87–94.
González Terriza, A. A. (1997), 'Lamia canta ciega: Nota crítica a un pasaje de Plutarco (*Moralia*, 515F–516A) y análisis de su influencia en la *Lamia* de Angelo Poliziano', in Schrader, Ramón, and Vela (edd.) (1997), 229–39.
Gossen, H. (1910), 'Glaukos', in *RE* 13. Halbband, Stuttgart and Weimar, 1421.
Grant, M. (2000), *Galen on Food and Diet*, London.
Grasmück, L. E. (1978), *Exilium: Untersuchungen zur Verbannung in der Antike*, Paderborn.
Graver, M. (2003), 'Not Even Zeus: A Discussion of A. A. Long, *Epictetus. A Stoic and Socratic Guide of Life*', *OSAPh* 25, 345–61.
Gréard, O. (1866), *De la morale de Plutarque*, Paris.
Green, C. M. C. (1996), 'Did the Romans Hunt?', *CA* 15, 222–60.
Griffin, M. (1976), *Seneca: A Philosopher in Politics*, Oxford.
—— (1989), 'Philosophy, Politics and Politicians at Rome', in Griffin and Barnes (edd.) (1989), 1–37.
—— (2007), 'Seneca's Pedagogic Strategy: *Letters* and *De Beneficiis*', in Sharples and Sorabji (edd.) (2007), 89–114.
Griffin, M., and Barnes, J. (edd.) (1989), *Philosophia Togata I*, Oxford.
—— —— (edd.) (1997), *Philosphia Togata II*, Oxford.
Grilli, A. (1953), *Il problema della vita contemplativa nel mondo greco-romano*, Milan and Rome.
—— (2000), 'Plutarco e il genere consolatorio', in Gallo and Moreschini (edd.) (2000), 231–52.
Grimaudo, S. (2004), 'La medicina ellenistica in Plutarco', in Gallo (ed.) (2004), 417–37.
Groag, E. (1932), 'C. Minicius Fundanus', in *RE* 30. Halbband, 1820–6.
Guardasole, A. (1998), *Eraclide di Taranto. Frammenti*, Naples.
Gutglueck, J. (1988), 'From $\pi\lambda\epsilon o\nu\epsilon\xi\acute{\iota}\alpha$ to $\pi o\lambda u\pi\rho\alpha\gamma\mu o\sigma\acute{u}\nu\eta$: A Conflation of Possession and Action in Plato's Republic', *AJPh* 109, 21–39.
Guthrie, W. K. C. (1965), *A History of Greek Philosophy*, vol. ii. *The Presocratic Tradition from Parmenides to Democritus*, Cambridge.

Haake, M. (2007), *Der Philosoph in der Stadt: Untersuchungen zur öffentlichen Rede über Philosophen und Philosophie in den hellenistischen Poleis*, Munich.

Habinek, T. (2000), 'Seneca's Renown: *Gloria, Claritudo*, and the Replication of the Roman Elite', *ClAnt* 19, 264–303.

Hadot, I. (1984), *Arts libéraux et philosophie dans la pensée antique*, Paris.

Hadot, I., and Hadot, P. (2004), *Apprendre à philosopher dans l'antiquité: L'enseignement du Manuel d'Epictète et son commentaire néoplatonicien*, Paris.

Hadot, P. (1995a), *Qu'est-ce que la philosophie antique?*, Paris.

—— (1995b), *Philosophy as a Way of Life: Spiritual Exercises from Socrates to Foucault*, Oxford and Cambridge, Mass.

—— (1995c), 'Selbstbeherrschung', in J. Ritter (ed.), *Historisches Wörterbuch der Philosophie*, vol. 9, Basel and Darmstadt, 323–30.

—— (2002a), *Exercices spirituels et philosophie antique* (Bibliothèque de l'évolution de l'humanité), new edn., Paris.

—— (2002b), *La philosophie comme manière de vivre* (Itinéraires du savoir), Paris.

Haessler, B. (1935), *Favorin: Über die Verbannung*, Diss. Berlin.

Hahn, J. (1989), *Der Philosoph und die Gesellschaft: Selbstverständnis, öffentliches Auftreten und populäre Erwartungen in der hohen Kaiserzeit* (Heidelberger Althistorische Beiträge und Epigraphische Studien 7), Wiesbaden.

Halfmann, H. (1979), *Die Senatoren aus dem östlichen Teil des Imperium Romanum bis zum Ende des 2. Jh. n. Chr.*, Göttingen.

Hall, J. (1996), 'Social Evasion and Aristocratic Manners in Cicero's *De Oratore*', *AJPh* 117, 95–120.

Hammond, M. (1957), 'Composition of the Senate 68–235', *JRS* 47, 74–81.

Hani, J. (1980), *Plutarque: Œuvres morales*, vol. viii (Collection des Universités de France), Paris.

Hankinson, R. J. (1992), 'Galen's Philosophical Eclecticism', in *ANRW* 2.36.5, 3505–22.

—— (1995), 'Philosophy of Science', in Barnes (ed.) (1995), 109–39.

—— (1999), 'Determinism and Indeterminism', in Algra et al. (edd.) (1999), 513–41.

Harding, P. (1981), 'In Search of a Polypragmatist', in G. S. Shrimpton and D. J. McCargar (edd.), *Classical Contributions: Studies in Honour of Malcolm Francis MacGregor*, Locust Valley, NY, 41–50.

Harris, W. V. (1989), *Ancient Literacy*, Cambridge, Mass. and London.

—— (2001), *Restraining Rage: The Ideology of Anger Control in Classical Antiquity*, Cambridge, Mass. and London.

Harrison, G. (1987), 'Rhetoric, Writing and Plutarch', *AncSoc* 18, 271–9.

—— (1992), 'The Critical Trends in Scholarship on the Non-Philosophical Works in Plutarch's *Moralia*', in *ANRW* 2.33.6, 4646–81.

Hartmann, J. J. (1916), *De Plutarcho scriptore et philosopho*, Leiden.

Hawhee, D. (2005), *Bodily Arts: Rhetoric and Athletics in Ancient Greece*, Austin.

Hawley, R. (1999), 'Practising What You Preach: Plutarch's Sources and Treatment', in Pomeroy (ed.) (1999), 116–27.

Hawthorn, J. (1996), *Cunning Passages: New Historicism, Cultural Materialism, and Marxism in the Contemporary Literary Debate*, London, New York, Sydney, and Auckland.

Heinze, R. (1890), 'Ariston von Chios bei Plutarch und Horaz', *RhM* NS 45, 497–523.

Helmbold, W. C. (1939), *Plutarch: Moralia*, vol. vi (Loeb Classical Library), Cambridge, Mass. and London.

Hense, O. (1893), *Seneca und Athenodorus* (Freiburger Geburtstagsprogramm), Freiburg i. B.

—— (1905a), *C. Musonii Rufi Reliquiae* (Bibliotheca Scriptorum Graecorum et Romanorum Teubneriana), Leipzig.

—— (1905b), 'Plutarchs Schrift Περὶ εὐθυμίας', *Hermes* 40, 275–300.

—— (1969), *Teletis Reliquiae*, Hildesheim.

Hentschke, A. B. (1971), *Politik und Philosophie bei Platon und Aristoteles: Die Stellung der* Nomoi *im platonischen Gesamtwerk und die politische Theorie des Aristoteles*, Frankfurt.

Hershbell, J. P. (1982), 'Plutarch and Democritus', *QUCC* NS 10, 81–111.

—— (1995), '*Paideia* and *Politeia* in Plutarch: The Influence of Plato's *Republic* and *Laws*', in Gallo and Scardigli (edd.) (1995), 209–19.

Hillyard, B. P. (1981), *Plutarch* De audiendo*: A Text and Commentary*, New York.

Hirsch-Luipold, R. (2002), *Plutarchs Denken in Bildern: Studien zur literarischen, philosophischen und religiösen Funktion des Bildhaften* (Studien und Texte zu Antike und Christentum 14), Tübingen.

Hirzel, R. (1879), 'Demokrits Schrift Περὶ εὐθυμίας', *Hermes* 14, 354–407.

—— (1895), *Der Dialog: Ein literarhistorischer Versuch*, Zweiter Theil, Leipzig.

—— (1912), *Plutarch*, Leipzig.

Holzhey, H. (1989), 'Popularphilosophie', in J. Ritter and K. Gründer (edd.), *Historisches Wörterbuch der Philosophie*, vol. vii, Basel, 1093–1100.

Hope, V. (2000), 'Status and Identity in the Roman World', in Huskinson (ed.) (2000), 125–52.

Hopkins, K. (1965), 'Elite Mobility in the Roman Empire', *P&P* 32, 12–26.

Horsfall, N. (1989), 'The Uses of Literacy and the *Cena Trimalchionis*', *G&R* 36, 74–89 and 194–209.

Huart, P. (1968), *Le vocabulaire de l'analyse psychologique dans l'œuvre de Thucydide* (Études et commentaires 69), Paris.

Huber, G. (1985), '*Bios Theoretikos* und *Bios Praktikos* bei Aristoteles und Platon', in B. Vickers (ed.), *Arbeit, Musse, Meditation: Studies in the Vita Activa and Vita Contemplativa*, Zurich, 21–33.

Humbel, A. (1994), *Aristides: Klage über Eleusis* (Oratio *22*), Vienna.

Hunt, L. (ed.) (1989), *The New Cultural History* (Studies on the History of Society and Culture), Berkeley and Los Angeles.

Hunter, R. (1999), *Theocritus: A Selection*, Cambridge.

Hunter, V. (1990), 'Gossip and the Politics of Reputation in Classical Athens', *Phoenix* 44, 299–325.

—— (1994), *Policing Athens: Social Control in the Attic Lawsuits, 420–320 B.C.*, Princeton.

Hurley, R. (trans.) (1988), *Foucault, M. (1984), Histoire de la Sexualité*, Paris, Harmondsworth.

Huskinson, J. (ed.) (2000), *Experiencing Rome: Culture, Identity, and Power in the Roman Empire*, Oxford, Milton Keynes, and New York.

Hyland, A. (1990), *Equus: The Horse in the Roman World*, London.

Ierodiakonou, K. (ed.) (1999), *Topics in Stoic Philosophy*, Oxford.

Ingenkamp, H.-G. (1971), *Plutarchs Schriften über die Heilung der Seele*, Göttingen.

—— (1978), 'Geschwätzigkeit', in *RAC* 10, 829–37.

—— (1989), 'Dreimal keine Höflichkeit (2. Teil)', *Schopenhauer Jahrbuch* 70, 151–60.

—— (1999a), 'Οὐ ψέγεται τὸ πίνειν: Wie Plutarch den übermäßigen Weingenuß beurteilte', in Montes Cala, Sánchez Ortiz de Landaluce, and Gallé Cejudo (edd.) (1999), 277–90.

—— (1999b), '*De Virtute Morali*: Plutarchs Scheingefecht gegen die stoische Lehre von der Seele', in A. Pérez Jiménez, J. García López, and R. M. Aguilár (edd.) (1999), *Plutarco, Platón y Aristóteles: Actas del V Congreso Internacional de la I.P.S., Madrid–Cuenca, 4–7 de mayo de 1999*, Madrid, 79–94.

—— (2000), 'Rhetorische und philosophische Mittel der Seelenheilung: Ein Vergleich zwisschen Ciceros Tusculaner Disputationen und Plutarchs Seelenheilungsschriften', in Van der Stockt (ed.) (2000), 251–66.

—— (2004), 'How to Present a Statesman?', in De Blois et al. (edd.) (2004), 67–86.

—— (forthcoming a), 'ΟΥΚ ΑΗΔΩΣ ΔΕΥΡΟ ΜΕΤΕΝΕΓΚΕΙΝ: Sprungbrett-Argumente bei Plutarch', in Van der Stockt and Stadter (edd.) (forthcoming).

—— (forthcoming b), 'Plutarchs Schrift gegen das Borgen: Adressaten, Lehrziele und Genos', in Van der Stockt (ed.) (forthcoming).

Inglese, L. (1995), 'Plutarco, *De curiositate* 517A', in I. Gallo (ed.), *Seconda miscellanea filologica*, Naples, 159–66.

—— (1996), *Plutarco: La curiosità* (Corpus Plutarchi Moralium), Naples.

—— (1997), 'Plutarco, *Curios*. 5. La πολυπραγμοσύνη e le ἱστορίαι', in Schrader, Ramón, and Vela (edd.) (1997), 255–60.

Inwood, B. (1999), 'Rules and Reasoning in Stoic Ethics', in Ierodiakonou (ed.) (1999), 95–127.

—— (2005), *Reading Seneca: Stoic Philosophy at Rome*, Oxford and New York.

—— (2007a), *Seneca: Selected Philosophical Letters* (Clarendon Later Ancient Philosophers), Oxford.

—— (2007b), 'The Importance of Form in Seneca's Philosophical Letters', in R. Morello and A. Morrison (edd.), *Ancient Letters: Classical and Late Antique Epistolography*, Oxford.

Irigoin, J. (1986), 'le *Catalogue de Lamprias*: Tradition manuscrite et éditions imprimées', *REG* 99, 318–31.

Isebaert, L. (1992), 'Le loisir selon Platon: Paix, épanouissement et bonheur', *LEC* 60, 297–311.

Jaeger, W. (1948), 'On The Origin and Cycle of the Philosophic Ideal of Life', repr. in W. Jaeger (1968), *Aristotle: Fundamentals of the History of His Development*, trans. with the author's corrections and additions by Richard Robinson, 2nd edn., Oxford, 426–61.

—— (1957), 'Aristotle's Use of Medicine as Model of Method in His Ethics', *JHS* 77, 54–61.

Jeuckens, R. (1908), *Plutarch von Chaeronea und die Rhetorik*, Strasbourg.

Joly, R. (1956), *Le thème philosophique des genres de vie dans l'antiquité classique*, Brussels.

—— (1960), *Recherches sur le traité pseudo-hippocratique du régime*, Paris.

—— (1961), '*Curiositas*', *AC* 30, 33–44.

—— (1967), *Hippocrate: Du régime* (Corpus Medicorum Graecorum), Paris.

Jones, A. H. M. (1940), *The Greek City from Alexander to Justinian*, Oxford.

Jones, C. P. (1966), 'Towards a Chronology of Plutarch's Works', *JRS* 56, 61–74.

—— (1971), *Plutarch and Rome*, Oxford.

—— (2005), 'Culture in the Careers of Eastern Senators', in Eck and Heil (edd.) (2005), 263–70.

Jones, R. M. (1980 = 1916), *The Platonism of Plutarch*, Diss. Chicago, Menasha, referred to as repr. in R. M. Jones (1980), *The Platonism of Plutarch and Selected Papers* (Ancient Philosophy), New York and London.
Jory, J. (2007), *Roman Pantomine*, London.
Jufresa, M., Mestre, F., Gómez, P., and Gilabert, P. (edd.) (2005), *Plutarc a la seva època: Paideai i societat, Actas del VIII Simposio Español sobre Plutarco, Barcelona, 6–8 de Noviembre de 2003*, Barcelona.
Kamtekar, R. (1998), 'ΑΙΔΩΣ in Epictetus', *CPh* 93, 136–60.
Kapsalis, G. D. (1982), *Die Typik der Situationen in den Charakteren Theophrasts und ihre Rezeption in der neugriechischen Literatur*, Bochum.
Karamanolis, G. (2006), *Plato and Aristotle in Agreement? Platonists on Aristotle from Antiochus to Porphyry*, Oxford.
Kassel, R. (1958), *Untersuchungen zur griechischen und römischen Konsolationsliteratur* (Zetemata 18), Munich.
Kaster, R. A. (1988), *Guardians of Language: The Grammarian and Society in Late Antiquity*, Berkeley and Los Angeles.
—— (2005), *Emotion, Restraint, and Community in Ancient Rome*, Oxford.
Kehoe, D. P. (1993), 'Investment in Estates by Upper-Class Landowners in Early Imperial Italy: The Case of Pliny the Younger', in H. Sancisi-Weerdenburg, R. J. Van der Spek, H. C. Teitler, and H. T. Wallinga (edd.), *De Agricultura: In Memoriam P.W. de Neeve (1945–1990)* (Dutch Monographs on Ancient History and Archeaology 10), Amsterdam, 214–37.
Kelly, G. P. (2006), *A History of Exile in the Roman Republic*, Cambridge.
Kennedy, G., and Barnard, M. (1974), 'A Selective Bibliography of the Second Sophistic', in Bowersock (ed.) (1974), 30–4.
Kenny, A. (1978), *The Aristotelian Ethics: A Study of the Relationship Between the Eudemian and Nicomachean Ethics of Aristotle*, Oxford.
Kim, L. (2003), Review of Whitmarsh, T. (2001), in *BMCR* <http://ccat.sas.upenn.edu/bmcr/2003/2003-03-14.html>.
King, H. (2001), *Greek and Roman Medicine* (Classical World Series), Bristol.
Kirchner, J. (1941), 'Philopappus (1)', in *RE* 39. Halbband, 75.
Klagge, J., and Smith, N. (edd.) (1992), *Methods of Interpreting Plato and His Dialogues* (OSAPh suppl. vol. 1992), Oxford.
Kleiner, D. (1983), *The Monument of Philopappos in Athens*, Rome.
Kleve, K. (1964), '*Apragmosunè* and *Polupragmosunè*: Two Slogans in Athenian Politics', *SO* 39, 83–8.
Klotz, F. (2007), 'Portraits of the Philosopher: Plutarch's Self-Presentation in the *Quaestiones Convivales*', *CQ* 57, 650–67.
König, J. (2005), *Athletics and Literature in the Roman Empire*, Cambridge.
König, J., and Whitmarsh, T. (edd.) (2007), *Ordering Knowledge in the Roman Empire*, Cambridge.

Konstan, D., and Rutter, K. (edd.) (2003), *Envy, Spite and Jealousy: The Rivalrous Emotions in Ancient Greece* (Edinburgh Leventis Studies 2), Edinburgh.
Korenjak, M. (2000), *Publikum und Redner. Ihre Interaktion in der sophistischen Rhetorik der Kaiserzeit*, Munich.
Koskenniemi, H. (1956), *Studien zur Idee und Phraseologie des griechischen Briefes bis 400 n. Chr.* (Annales Academiae Scientiarum Fennicae. Ser. B 102.2), Helsinki.
Krause, C. (2003), *Strategie der Selbstinszenierung: Das rhetorische Ich in den Reden Dions von Prusa* (Serta Graeca. Beiträge zur Erforschung griechischer Texte 16), Wiesbaden.
Kroll, W. (1917), 'Iunius Rusticus Arulenus', in *RE*, 19. Halbband, 1083–4.
—— (1943), 'Paccius (3)', in *RE* 18.2, 2063.
Kuch, H. (1965), Φιλόλογος: *Untersuchungen eines Wortes von seinem ersten Auftreten in der Tradition bis zur ersten überlieferten lexikalischen Festlegung*, Berlin.
Kühnert, F. (1961), *Allgemeinbildung und Fachbildung in der Antike*, Berlin.
Labhardt, A. (1960), '*Curiositas*: Notes sur l'histoire d'un mot et d'une notion', *MH* 17, 206–24.
Labov, W. (1972), *Sociolinguistic Patterns*, Oxford.
Lada-Richards, I. (2007), *Silent Eloquence: Lucian and Pantomime Dancing* (Classical Literature and Society), London.
Lamberton, R. (2001), *Plutarch*, New Haven and London.
Lateiner, D. (1982), 'The Man Who Does Not Meddle in Politics: A Topos in Lysias', *CW* 76, 1–12.
Laurenti, R. (1980), 'L'εὐθυμία di Democrito in Seneca', *SicGymn* 33, 533–52.
—— (1988), 'Lo stoicismo romano e Plutarco di fronte al tema dell'ira', in Gallo (ed.) (1988), 33–56.
—— (1991), 'Presentación del *Corpus Plutarchi Moralium*', in García López and Calderón Dorda (edd.) (1991), 55–9.
Lausberg, H. (1990), *Handbuch der literarischen Rhetorik: Eine Grundlegung der Literaturwisschenschaft*, 3. Auflage, Stuttgart.
Lefèvre, E. (1977), 'Plinius-Studien I: Römische Baugesinnung und Landschaftsauffassung in den Villenbriefen (2.17, 5.6)', *Gymnasium* 84, 519–41.
Lendon, J. E. (1997), *Empire of Honour: The Art of Government in the Roman World*, Oxford.
Létoublon, F. (1986), 'Comment faire des choses avec des mots grecs: Les actes de langage dans la langue grecque', in *Philosophie du langage et grammaire dans l'antiquité* (Cahiers de philosophie ancienne 5), 67–90.
Lewis, S. (1995a), *News and Society in the Greek Polis*, London.

Lewis, S. (1995b), 'Barber's Shops and Perfume Shops: Symposia without Wine', in P. A. Powell (ed.) (1995), *The Greek World*, London, 432–41.

Leyerle, B. (1995), 'Clement of Alexandria on the Importance of Table Etiquette', *JECS* 3, 123–41.

Lim, R. (1995), *Public Disputation, Powers, and Social Order in Late Antiquity* (The Transformation of the Classical Heritage 23), Bereley.

Lissarague, F. (1991), *The Aesthetics of the Greek Banquet: Images of Wine and Ritual*, Princeton.

Lloyd, G. E. R. (1966), *Polarity and Analogy: Two Types of Argumentation in Early Greek Thought*, Cambridge.

—— (1979), *Magic, Reason, and Experience: Studies in the Origin and Development of Greek Science*, Cambridge.

—— (1991), *Methods and Problems in Greek Science*, Cambridge.

Lobkowycz, N. (1967), *Theory and Practice: History of a Concept from Aristotle to Marx*, Notre Dame.

Lo Cascio, E. (2007), 'Le città dell'impero e le loro élites nella testimonianza di Plutarco', in Volpe Cacciatore and Ferrari (edd.) (2007), 171–86.

Long, A. A. (1974), *Hellenistic Philosophy*, New York.

—— (2002), *Epictetus: A Stoic and Socratic Guide to Life*, Oxford.

Lonie, I. M. (1977), 'A Structural Pattern in Greek Dietetics and the Early History of Greek Medicine', *Medical History* 21, 235–60.

Lonis, R. (1994), *La cité dans le monde grec: Structures, fonctionnement, contradictions*, Tours.

López Férez, J. A. (1990), 'Plutarco y la medicina', in Pérez Jiménez and Del Cerro Calderón (edd.) (1990), 217–27.

López Salvá, M. (1999), 'Plutarco y la tradición farmacológica del vino (*Quaestiones convivales*)', in Montes Cala, Sánchez Ortiz de Landaluce, and Gallé Cejudo (edd.) (1999), 291–9.

—— (2005), 'El arte de la escucha en Plutarco', in Jufresa et al. (edd.) (2005), 353–62.

Lotito, G. (2001), Suum Esse. *Forme dell'interiorità senecana*, Bologna.

Lowrie, M. (2008), Review of Schiesaro, Mitsis, and Strauss Clay (edd.) (1994), in BMCR (<http://ccat.sas.upenn.edu/bmcr/1995/95.06.13.html>).

Ma, J. (2000), 'Seleukids and Speech-Acts: Performative Utterances, Legitimacy and Negotiation in the World of Maccabees', *SCI* 19, 71–112.

McGann, M. J. (1969), *Studies in Horace's First Book of Epistles* (Collection Latomus 100), Brussels.

McInerney, J. (2004), '"Do you see what I see?" Plutarch and Pausanias at Delphi', in De Blois et al. (edd.) (2004), 43–55.

Marrou, H.-I. (1965), *Histoire de l'éducation dans l'antiquité*, 6th edn., revised and augmented, Paris.

Martín del Pozo, J. (1996), 'El médico como referente pedagógico en Plutarco', in Fernández Delgado and Pordomingo Pardo (edd.) (1996), 185–92.
Martín García, J. A. (1995), 'El lenguaje como exceso y defecto en Griego Helenístico', *AMal* 18, 5–28.
Martindale, C. (1993), *Redeeming the Text: Latin Poetry and the Hermeneutics of Reception*, Cambridge.
Martínez Conesa, J. A. (2006), 'La gimnástica médica y el tratado hipocrático *Sobre dieta*', in Calderón Dorda, Morales Ortiz, and Valverde Sánches (edd.) (2006), vol. ii, 589–94.
Mason, H. J. (1974), *Greek Terms for Roman Institutions*, Toronto.
Mattern-Parkes, S. (2001), 'Seneca's Treatise *On Anger* and the Aristocratic Competition for Honor', in E. Tylawsky and C. Weiss (edd.), *Essays in Honor of G. Williams*, New Haven, 177–88.
Maurach, G. (1991), *Seneca*, Darmstadt.
Mazzini, I. (1999), *A. Cornelio Celso: La chirurgia (Libri VII e VIII del De medicina)*, Pisa and Rome.
Merton, R. K. (1957), *Social Theory and Social Structure*, New York.
Mette, H. J. (1956), '*Curiositas*', in *Festschrift B. Snell zum 60. Geburtstag am 18. Juni 1956 von Freunden und Schülern überreicht*, Munich, 227–35.
—— (1962), 'Die *Periergia* bei Menander', *Gymnasium* 69, 398–406.
Mikkola, E. (1958), '*Scholè* bei Aristoteles', *Arctos* NS 2, 68–87.
Miles, R. (2000), 'Communicating Culture, Identity, and Power', in Huskinson (ed.) (2000), 29–62.
Millar, F. (1977), *The Emperor in the Roman World*, London.
—— (1983), 'Empire and City, Augustus to Julian: Obligations, Excuses, and Status', *JRS* 73, 76–97.
—— (1993), 'The Greek City in the Roman Period', in M. H. Hansen (ed.), *The Ancient Greek City State*, Copenhagen, 232–60.
Mitsis, P. (1994), 'Committing Philosophy on the Reader: Didactic Coercion and Reader Autonomy in *De Rerum Natura*', in Schiesaro, Mitsis, and Strauss Clay (edd.) (1994).
Moles, J. (1978), 'The Career and Conversion of Dio Chrysostom', *JHS* 98, 79–100.
—— (1983), 'The Date and Purpose of the *Fourth Kingship Oration* of Dio Chrysostom', *Classical Antiquity* 2, 251–78.
—— (1990), 'The *Kingship Orations* of Dio Chrysostom', *Papers of the Leeds Latin Seminar* 6, 297–375.
—— (1996), 'Cynic Cosmopolitanism', in Bracht Branham and Goulet-Cazé (edd.) (1996) 105–20.
—— (2000), 'The Cynics', in Rowe et al. (edd.) (2000), 415–34.
Mommsen, T. (1899), *Römisches Strafrecht*, Berlin.

Montes Cala, J. G., Sánchez Ortiz de Landaluce, M., and Gallé Cejudo, R. J. (edd.) (1999), *Plutarco, Dioniso y el vino: Actas del VI Simposio Español sobre Plutarco, Cádiz, 14–16 de Mayo de 1998*, Madrid, 3–28.

Montiglio, S. (1984), *I silenzi di Plutarco*, Diss. Pavia.

—— (2000), *Silence in the Land of Logos*, Princeton.

Morales Otal, C., and García López, J. (1985), *Plutarco, Obras morales y de costumbres*, vol. i (*Biblioteca Clásica Gredos*), Madrid.

Moreschini, C. (1994), 'Aspetti della cultura filosofica negli ambienti della Seconda Sofistica', *ANRW* 2.36.7, 5101–33.

Morgan, T. (1998), *Literate Education in the Hellenistic and Roman Worlds*, Cambridge.

—— (2007), *Popular Morality in the Early Roman Empire*, Cambridge.

Mossman, J. M. (ed.) (1997), *Plutarch and his Intellectual World*, London.

—— (1997), 'Introduction', in Mossman (ed.) (1997), pp. ix–xii.

Mudry, P. (1982), *La préface du De medicina de Celse: Texte, traduction et commentaire*, Rome.

—— (1993), 'L'orientation doctrinale du *De medicina* de Celse', in *ANRW* 2.37.1, 800–18.

—— (1996), 'ethique et médecine à Rome: La préface de Scribonius Largus ou l'affirmation d'une singularité', in H. Flashar and J. Jouanna (edd.), *Médecine et morale dans l'antiquité: Dix exposés suivis de discussions*, Geneva, 297–322.

Mulhern, J. J. (2008), '*Kakia* in Aristotle', in I. Sluiter and R. Rosen (edd.), *Kakos: Badness and Anti-Value in Classical Antiquity* (Mnemosyne suppl. 307), Leiden and Boston, 233–54.

Murray, O. (ed.) (1990), *Sympotica: A Symposium on the Symposium*, Oxford.

Nachmanson, E. (1941), *Der griechische Buchtitel*, Göteborg.

Naddaf, G. (1992), *L'origine et l'évolution du concept grec de physis*, Lewiston.

—— (2005), *The Greek Concept of Nature* (Suny Series in Ancient Greek Philosophy), Albany, NY.

Nesselrath, H. G. (2007), 'Later Greek Voices on the Predicament of Exile: From Teles to Plutarch and Favorinus', in Gaertner (ed.) (2007), 87–108.

Nestle, D. (1972), 'Freiheit', *RAC* 8, 269–306.

Nestle, W. (1926), '*Apragmosunē*', *Philologus* 81, 129–40.

Newby, Z. (2005), *Greek Athletics in the Roman World: Victory and Virtue*, Oxford.

Newman, R. J. (1988), '*In umbra virtutis: Gloria* in the Thought of Seneca the Philosopher', *Eranos* 86, 145–59.

Nickel, G. (1979), *Einführung in die Linguistik: Entwicklung, Probleme, Methoden*, Berlin.

Nieto Ibáñez, J. M. (2003), 'Galen's Treatise *Thrasybulus* and the Dispute between *paidotribes* and *gymnastes*', *Nikephoros* 16, 147–56.

Nieto Ibáñez, J.-M., and López López, R. (edd.) (2008), *El amor en Plutarco, Actas del IX Simposio Internacional de la Sociedad Española de Plutarquistas, León September 28–30 2006*, León.

Nikolaidis, A. G. (1999), 'Plutarch's Attitude to Wine', in Montes Cala, Sánchez Ortiz de Landaluce, and Gallé Cejudo (edd.) (1999), 337–48.

—— (forthcoming), 'Plutarch's "Minor Ethics": Some Remarks on *De Garrulitate*, *De Curiositate*, and *De Vitioso Pudore*', in Van der Stockt (ed.) (forthcoming).

Nisbet, R. G., and Hubbard, M. (2004), *A Commentary on Horace, Odes*, Oxford.

Noy, D. (2000), *Foreigners at Rome: Citizens and Strangers*, London.

Nuchelmans, G. F. R. M. (1950), *Studien über φιλόλογος, φιλολογία und φιλολογεῖν*, Amsterdam.

Nussbaum, M. C. (1994), *The Therapy of Desire: Theory and Practice in Hellenistic Ethics* (Martin Classical Lectures NS 2), Princeton.

—— (1997), 'Kant and Stoic Cosmopolitanism', *Journal of Political Philosophy* 5, 1–25.

Nutton, V. (2004), *Ancient Medicine* (Sciences of Antiquity), London.

Obbink, D. (1999), 'The Stoic Sage in the Cosmic City', in Ierodiakonou (ed.) (1999), 178–95.

O'Connor, D. K. (1999), 'The Ambitions of Aristotle's Audience and the Activist Ideal of Happiness', in R. C. Bartlett and S. D. Collins (edd.), *Action and Contemplation: Studies in the Moral and Political Thought of Aristotle*, New York, 107–29.

Oliensis, E. (1998), *Horace and the Rhetoric of Authority*, Cambridge.

O'Neill, P. (2003), 'Going Round in Circles: Popular Speech in Ancient Rome', *CA* 22, 135–66.

Opsomer, J. (1998), *In Search of the Truth: Academic Tendencies in Middle Platonism* (Verhandelingen van de Koninklijke Academie voor Wetenschappen, Letteren en Schone Kunsten van België 60), Brussels.

—— (2002), 'Is a Planet Happier than a Star? Cosmopolitanism in Plutarch's *On Exile*', in Stadter and Van der Stockt (edd.) (2002), 281–95.

—— (2007a), 'The Place of Plutarch in the History of Platonism', in Volpe Cacciatore and Ferrari (edd.) (2007), 281–310.

—— (2007b), 'Plutarch on the One and the Dyad', in Sharples and Sorabji (edd.) (2007), 379–95.

Orth, F. (1916), 'Jagd', in *RE* 9, 558–604.

Osborne, C. (1995), 'Ancient Vegetarianism', in Wilkins, Harvey, and Dobson (edd.) (1995), 214–23.

O'Sullivan, J. N. (1980), 'A.P. 12.136', AJPh 101, 51–2.
Owens, E. J. (1991), *The City in the Greek and Roman World*, London and New York.
Palomar, N. (2005), 'Imaginería y noticia de las voces en la obra de Plutarco', in Jufresa et al. (edd.) (2005), 101–8.
Panagopoulos, G. (1977), 'Vocabulaire et mentalité dans les *Moralia* de Plutarque', *DHA* 3, 197–233.
Papadi, D. (2005), 'Theatricality and Dramatic Vocabulary in Plutarch's *Moralia*', in Jufresa et al. (edd.) (2005), 401–12.
Papillon, T. L. (2004), *Isocrates*, vol. ii, Austin.
Parsons, T. (1952), *The Social System*, London.
Paton, W. R., Pohlenz, M., and Sieveking, W. (1929), *Plutarchi Moralia*, vol. iii (Bibliotheca Scriptorum Graecorum et Romanorum Teubneriana), Leipzig.
Paton, W. R., Pohlenz, M., and Wegehaupt, I. (1974), *Plutarchi Moralia*, vol. i, 2. Auflage, verb. u. erw. Nachdr. der 1. Aufl. von 1925 (Bibliotheca Scriptorum Graecorum et Romanorum Teubneriana), Leipzig.
Pavis d'Escurac, H. (1981), 'Périls et chances du régime civique selon Plutarque', *Ktèma* 6, 287–300.
Payen, P. (1998), *Plutarque: Grecs et romains en questions*, Paris.
Pelekidis, C. (1962), *Histoire de l'éphébie attique des origines à 31 av. J.-C.*, Paris.
Pelling, C. (1988), *Plutarch: Life of Antony* (Cambridge Greek and Latin Classics), Cambridge.
—— (1989), 'Plutarch: Roman Heroes and Greek Culture', in Griffin and Barnes (edd.) (1989), 199–232.
—— (1995), 'The Moralism of Plutarch's *Lives*', in D. Innes, H. Hine, and C. Pelling (edd.), *Ethics and Rhetoric: Classical Essays for D. Russell on his Seventy-Fifth Birthday*, Oxford, 205–20, quoted as repr. in Pelling (ed.) (2002), 237–51.
—— (ed.) (2002), *Plutarch and History: Eighteen Studies*, London.
—— (2002), 'Plutarch and Roman Politics', in Pelling (ed.) (2002), 207–36.
Pérez Jiménez, A., and Casadesús Bordoy, F. (edd.) (2001), *Estudios sobre Plutarco: Misticismo y religiones místericas en la obra de Plutarco*, Actas del VII Simposio Español sobre Plutarco, Palma de Mallorca, 2–4 de Noviembre de 2000, Madrid and Malaga.
Pérez Jiménez, A., and Del Cerro Calderón, G. (edd.) (1990), *Estudios sobre Plutarco: Obra y tradición*, Actas del I Symposion Español sobre Plutarco, Fuengirola 1988, Málaga.
Pérez Jiménez, A., Garciá López, J., and Aguilar, R. (edd.) (1990). *Plutarco, Platón y Aristóteles*, Madrid.

Pernot, L. (2007), 'Plutarco e Dione di Prusa', in Volpe Cacciatore and Ferrari (edd.) (2007), 103–22.

Perutelli, A. (1985), 'Le chiacchiere dei liberti: Dialogo e commedia in Petronio 41–6', *Maia* 37, 103–19.

Pettine, E. (1975), *Plutarco, La loquacità: Introduzione, Testo, Versione e Note*, Salerno.

—— (1992), *Plutarco, La loquacità: Introduzione, testo critico, traduzione e commento* (Corpus Plutarchi Moralium), Naples.

Philips, E. (1973), *Greek medicine*, London and Southampton.

Philippson, R. (1931), 'Athenodorus', in *RE* suppl. 5, 47–55.

Pigeaud, J. (1981), *La maladie de l'âme. Étude sur la relation de l'âme et du corps dans la tradition médico-philosophique antique*, Paris.

Pinnoy, M. (1967), 'De Psychologie van Plutarchus van Chaeronea', *Handelingen der Koninklijke Zuidnederlandse Maatschappij voor Taal- en Letterkunde en Geschiedenis* 21, 301–12.

Pohlenz, M. (1905), 'Plutarchs Schrift Περὶ εὐθυμίας', *Hermes* 40, 275–300.

Pollard, J. (1977), *Birds in Greek Life and Myth* (Aspects of Greek and Roman Life), Plymouth.

Poltera, O. (1997), *Le Langage de Simonide: Étude sur la tradition poétique et son renouvellement*, Bern.

Pomeroy, S. B. (ed.) (1999), *Plutarch's Advice to the Bride and Groom and A Consolation to His Wife: English Translations, Commentary, Interpretative Essays, and Bibliography*, New York and Oxford.

Powell, O. (2003), *Galen: On the Properties of Foodstuffs (De Alimentorum Facultatibus)*, with a foreword by John Wilkins, Cambridge.

Pratt, M. L. (1977), *Toward a Speech Act Theory of Literary Discourse*, Bloomington, Ind. and London.

Preston, R. (2001), 'Roman Questions, Greek Answers', in Goldhill (ed.) (2001), 86–119.

Prévot, F., and Blaudeau, P. (edd.) (2008), *Exil et relégation: Les Tribulations du sage et du saint dans l'Antiquité romaine chrétienne (Ier–VIe s. ap. J.-C.)*, Paris.

Pritchard, D. (2006), 'Athletics, Education and Participation in Classical Athens', in D. Phillips and D. Pritchard (edd.), *Sport and Festival in the Ancient Greek World*, Swansea, 293–349.

Puech, B. (1992), 'Prosopographie des amis de Plutarque', in *ANRW* 2.33.6, 4831–93.

Quaß, F. (1982), 'Zur politischen Tätigkeit der munizipalen Aristokratie des griechischen Ostens in der Kaiserzeit', *Historia* 31, 188–213.

—— (1993), *Die Honoratiorenschicht in den Städten des griechischen Ostens: Untersuchungen zur politischen und sozialen Entwicklung in hellenistischer und römischer Zeit*, Stuttgart.

Raaflaub, K. (1984), 'Freiheit in Athen und Rom: Ein Beispiel divergierender politischer Begriffsentwicklung in der Antike', *HZ* 238, 529–67.

—— (2004), *The Discovery of Freedom in Ancient Greece*, 1st English edn., rev. and updated from the German, trans. Renate Franciscono, rev. by the author, Chicago.

Rabbow, P. (1914), *Antike Schriften über Seelenheilung und Seelenleitung auf ihre Quellen untersucht*, Leipzig and Berlin.

—— (1954), *Seelenführung: Methodik der Exerzitien in der Antike*, Munich.

Race, W. H. (1982), *The Classical Priamel from Homer to Boethius*, Leiden.

Ramage, E. S. (1973), *Urbanitas: Ancient Sophistication and Refinement*, Oklahoma.

Rawson, E. (1985), *Intellectual Life in the Late Roman Republic*, London.

Renehan, R. (2000), 'A Rare Surgical Procedure in Plutarch', *CQ* 50, 222–9.

Reydams-Schils, G. (2005), *The Roman Stoics: Self, Responsibility, and Affection*, Chicago.

Ribeiro Ferreira, J., Van der Stockt, L., and do Céu Fialho, M (edd.) (2008), *Philosophy in Society. Virtues and Values in Plutarch*, Coimbra.

Richlin, A. (1983), *The Garden of Priapus: Sexuality and Aggression in Roman Humor*, Oxford and New York.

Rihll, T. E. (2002), 'Introduction: Greek Science in Context', in C. J. Tuplin and T. E. Rihll (edd.) (2002), *Science and Mathematics in Ancient Greek Culture*, Oxford, 1–21.

Rist, J. M. (1969), *Stoic Philosophy*, Cambridge.

Riviere, Y. (2008), 'L'*interdictio aqua et igni* et la *deportatio* sous le Haut-Empire Romain (Étude juridique et lexicale)', in Prévot and Blaudeau (edd.) (2008), 47–113.

Robert, L. (1961), 'L'épigraphie: L'histoire et ses méthodes', in *Encyclopédie de la Pléiade*, 453–97, referred to as reprinted as 'Les Épigraphies et l'Épigraphie grecque et romaine', in L. Robert (1989), *Opera minora selecta*, vol. v. *Épigraphie et antiquités grecques*, Amsterdam, 65–109.

Rochette, B. (1997), *Le Latin dans le monde grec* (Collection Latomus 233), Brussels.

Roisman, J. (1984), 'The Image of the Political Exile in Archaic Greece', *AncSoc* 15, 23–32.

Romano, E. (2000), 'La dietetica di Galeno: Un incontro fra medicina e politica', in D. Manetti (ed.), *Studi su Galeno. Scienza, filosofia, retorica e filologia*, Florence, 31–44.

Rosenmeyer, P. A. (2001), *Ancient Epistolary Fictions: The Letter in Greek Literature*, Cambridge.

Roskam, G. (2001), ' "And a Great Silence Filled the Temple…" Plutarch on the Connections between Mystery Cults and Philosophy', in Pérez Jiménez and Casadesús Bordoy (edd.) (2001), 221–32.

—— (2004), 'To kalon auto... echontas telos (Praec. Ger. Reip. 799A): Plutarch on the Foundation of the Politician's Career', *Ploutarchos* NS 2, 89–104.

—— (2005), 'Political Education in the Service of the Public Interest: Plutarch on the Motivation of the Statesman', in Jufresa et al. (edd.) (2005), 133–8.

Rostovtzeff, M. (1957), *The Social and Economic History of the Roman Empire*, 2nd edn., rev. P. M. Fraser, Oxford.

Rowe, C., Schofield, M., Harrison, S., and Lane, M. (edd.) (2000), *The Cambridge History of Greek and Roman Political Thought*, Cambridge.

Russell, D. A. (1968), 'On Reading Plutarch's *Moralia*', *G&R* 15, 130–46.

—— (1973), *Plutarch*, London.

—— (1993), 'Self-Disclosure in Plutarch and in Horace', in G. Most, H. Petersmann, and A. Ritter (edd.), *Philanthropia kai Eusebeia. Festschrift für Albrecht Dihle zum 70. Geburtstag*, Göttingen, 426–37.

Russi, R. (ed.) (2006), *L'esilio* (Quaderni di Synapsis 7), Florence.

Rusten, J., Cunningham, I. C., and Knox, A. D. (1993), *Theophrastus: Characters; Herodas: Mimes* (Loeb Classical Library), Cambridge, Mass. and London.

Rutherford, R. (1995), *The Art of Plato: Ten Essays in Platonic Interpretation*, London.

Rutledge, S. H. (2001), *Imperial Inquisitions: Prosecutors and Informants from Tiberius to Domitian*, London and New York.

Saïd, S. (1999), 'Rural Society in the Greek Novel, or the Country Seen from the Town', in S. Swain (ed.), *Oxford Readings in the Greek Novel*, Oxford, 83–107.

—— (2005), 'Poésie et éducation chez Plutarque ou Comment convertir la poésie en introduction à la philosophie', in Jufresa et al. (edd.) (2005), 147–76.

Salem, J. (1996), *Démocrite: Grains de poussière dans un rayon de soleil* (Bibliothèque d'histoire de la philosophie), Paris.

Saller, R. P. (1982), *Personal Patronage under the Early Empire*, Cambridge.

Salomies, O. (2005), 'Redner und Senatoren. Eloquenz als Standeskultur (1.–3. Jh. n. Chr.)', in Eck and Heil (edd.) (2005), 229–62.

Sartre, M. (1991), *L'Orient romain: Provinces et sociétés provinciales en Méditerranée orientale d'Auguste aux Sévères (31 avant J.-C.–235 après J.-C.)*, Paris.

—— (2001), *D'Alexandre à Zénobie: Histoire du Levant antique IVe siècle avant J.-C.–IIIe siècle après J.-C.*, Paris.

Scaltsas, T., and Mason, A. (edd.) (2007), *The Philosophy of Epictetus*, Oxford.

Scanlon, T. (2002), *Eros and Greek Athletics*, Oxford.

Scarborough, J. (1969), *Roman Medicine*, Ithaca, NY.
Scarpat, G. (1964), Parrhesia: *Storia del termine e delle sue traduzioni in Latino*, Brescia.
Schiesaro, A., Mitsis, P., and Strauss Clay, K. (edd.) (1994), Mega nepios. *Il destinatario nell'epos didascalico. The Addressee in Didactic Epic* (Materiali e discussioni per l'analisi dei testi classici 31), Pisa.
Schmalzriedt, E. (1970), Peri Physeos: *Zur Frühgeschichte der Buchtitel*, Munich.
Schmid, U. (1964), *Der Priamel der Werte im Griechischen von Homer bis Paulus*, Wiesbaden.
Schmid, W. (1887–97), *Der Atticismus in seinem Hauptvertretern von Dionysius von Halikarnass bis auf den zweiten Philostratus*, Stuttgart.
Schmitz, T. (1997), *Bildung und Macht: Zur sozialen und politischen Funktion der zweiten Sophistik in der griechischen Welt der Kaiserzeit* (Zetemata 97), Munich.
—— (2007), *Modern Literary Theory and Ancient Texts: An Introduction*, Malden, Mass. and Oxford.
Schofield, M. (1991), *The Stoic Idea of the City*, Cambridge.
—— (2000), 'Epicurean and Stoic Political Thought', in Rowe et al. (edd.) (2000), 435–56.
Scholz, P. (1998), *Der Philosoph und die Politik: Die Ausbildung der philosophischen Lebensform und die Entwicklung des Verhaeltnisses von Philosophie und Politik im 4. und 3. Jh. v. Chr.*, Stuttgart.
Schrader, C., Ramón, V., and Vela, J. (edd.) (1997), *Plutarco y la historia: Actas del V Simposio Español sobre Plutarco, Zaragoza, 20–22 de junio de 1996*, Saragossa.
Schubart, W. (1921), *Das Buch bei den Griechen und Römern*, Zweite umgearbeitete Auflage, Berlin and Leipzig.
Scott, G. A. (ed.) (2007), *Philosophy in Dialogue: Plato's Many Devices*, Evanston.
Seibert, J. (1979), *Die politischen Flüchtlinge und Verbannten in der griechischen Geschichte* (Impulse der Forschung 30), Darmstadt.
Seidel, J. (1906), *Vestigia Diatribae qualia reperiuntur in aliquot Plutarchi scriptis moralibus*, Diss. Vratislaviae.
Sellars, J. (2003), *The Art of Living: The Stoics on the Nature and Function of Philosophy*, Aldershot and Burlington.
—— (2007), 'Stoic Practial Philosophy in the Imperial Period', in Sharples and Sorabji (edd.) (2007), 115–40.
Sen, J. (1995), 'Good Times and the Timeless Good: Plutarch and Plotinus', *JNStud* 3, 3–24.

Senzasono, L. (1992), *Plutarco: Precetti Igienici* (Corpus Plutarchi Moralium), Naples.
—— (1997), 'Health and Politics in Plutarch's *De Tuenda Sanitate Praecepta*', in Mossman (ed.) (1997), 113–18.
Sharples, R., and Sorabji, R. (edd.) (2007), *Greek and Roman Philosophy, 100BC to 200AD* (BICS suppl. 94), London.
Shaw, B. (1985), 'The Divine Economy: Stoicism as Ideology', *Latomus* 44, 16–54.
Sherman, N. (2005), 'The Look and Feel of Virtue', in Gill (ed.) (2005), 59–82.
Sherwin-White, A. N. (1973), *The Roman Citizenship*, 2nd edn., Oxford.
Shields, E. L. (1948), 'Plutarch and Tranquillity of Mind', *Classical Weekly* 42, 229–34.
Shipley, G. (2000), *The Greek World after Alexander 323–30 B.C.*, London.
Shorey, P. (1935), *Plato: The Republic*, vol. ii. *Books VI–X* (The Loeb Classical Library), Cambridge, Mass. and London.
Siefert, G. (1896), *De aliquot Plutarchi Scriptorum moralium Compositione atque Indole*, Diss. Lipsiae.
—— (1908), *Plutarchs Schrift Περὶ εὐθυμίας*, Naumburg.
Singer, P. (1997), *Galen: Selected Works*, Oxford.
Sirinelli, J. (2000), *Plutarque de Chéronée*, Paris.
Slater, N. (1990), *Reading Petronius*, Baltimore.
Slater, W. (ed.) (1991), *Dining in a Classical Context*, Ann Arbor.
Slotty, F. (1927), 'De, soziative und der affektische Plural der ersten Person im Lateinischen', *IF* 44, 264–305.
—— (1928), 'Die Stellung des Griechischen und anderer idg. Sprachen zu dem soziativen und affektischen Gebrauch des Plural der ersten person', *IF* 45, 348–63.
Sluiter, I., and Rosen, R. M. (edd.) (2004), *Free Speech in Classical Antiquity*, Leiden and Boston.
Smith, M. (1978), '*De Tuenda Sanitate Praecepta* (*Moralia* 122B–137E)', in Betz (ed.) (1978), 32–50.
Smith, W. D. (1979), *The Hippocratic Tradition* (Cornell Publications in the History of Science), Ithaca, NY.
Snell, B. (1951), *Theorie und Praxis im Denken des Abendlandes*, Hamburg.
Solmsen, F. (1964), 'Leisure and Play in Aristotle's Ideal State', *RhM* 107, 192–220.
Sorabji, R. (2000), *Emotion and Peace of Mind: From Stoic Agitation to Christian Temptation*, Oxford.
—— (2007), 'Introduction', in Sharples and Sorabji (edd.) (2007), 1–32.
Sotiriou, M. (1998), *Pindarus Homericus: Homer-Rezeption in Pindars Epinikien* (Hypomnemata 119), Göttingen.

Souilhé, J. (2002), *Épictète: Entretiens* (Collection des Universités de France), Paris.

Spencer, D., and Theodorakopoulos, E. (edd.) (2006), *Advice and Its Rhetoric in Greece and Rome* (Nottingham Classical Literature Studies 9), Bari.

Stadter, P. (1988), 'The Proems of Plutarch's *Lives*', *ICS* 13, 275–95.

—— (1999a), 'Drinking, Table Talk, and Plutarch's Contemporaries', in Montes Cala, Sánchez Ortiz de Landaluce, and Gallé Cejudo (edd.) (1999), 481–90.

—— (1999b), 'General Introduction', in R. Waterfield and P. Stadter (edd.), *Plutarch's Roman Lives: A Selection of Eight Roman Lives* (Oxford World's Classics), Oxford.

—— (2000), 'The Rhetoric of Virtue in Plutarch's *Lives*', in Van der Stockt (ed.) (2000), 493–510.

—— (2002a), 'Introduction: Setting Plutarch in his Context', in Stadter and Van der Stockt (edd.) (2002), 1–26.

—— (2002b), 'Plutarch and Trajanic Ideology', in Stadter and Van der Stockt (edd.) (2002), 227–41.

—— (2002c), 'Plutarch's *Lives* and Their Roman Readers', in E. N. Ostenfeld and K. Blomqvist (edd.), *Greek Romans and Roman Greeks: Studies in Cultural Interaction*, Aarhus, 123–35.

—— (2004), 'Plutarch: Diplomat for Delphi?', in De Blois et al. (edd.) (2004), 19–31.

—— (2007), 'Plutarco e la formazione dell'ideologia traianea', in Volpe Cacciatore and Ferrari (edd.) (2007), 187–204.

Stadter, P., and Van der Stockt, L. (edd.) (2002), *Sage and Emperor: Plutarch, Greek Intellectuals, and Roman Power in the Time of Trajan (98–117 A.D.)*, Leuven.

Stanton, G. R. (1973), 'Sophists and Philosophers. Problems of Classification', *AJP* 94, 350–64.

Steckel, H. (1970), 'Demokritos', in *RE* suppl. 12, 191–223.

Steinmetz, P. (1962), *Theophrast: Charaktere, vol. 2. Kommentar und Übersetzung* (Das Wort der Antike 7), Munich.

Stephan, E. (2002), *Honoratioren, Griechen, Polisbürger: Kollektive Identitäten innerhalb der Oberschicht des kaiserzeilichen Kleinasien* (Hypomnemata 143), Göttingen.

Stephens, S. (1994), 'Who Read Ancient Novels?', in Tatum (ed.) (1994), 405–18.

Stirewalt, M. L. J. (1993), *Studies in Ancient Greek Epistolography*, Atlanta.

Stocks, J. L. (1936), '$\Sigma\chi o\lambda\acute{\eta}$', *CQ* 30, 177–87.

Stok, F. (1993), 'La medicina nell'enciclopedia latina e nei sistemi di classificazione delle *artes* nell'età romana', in *ANRW* 2.37.1, 393–444.

Strobach, A. (1997), *Plutarch und die Sprachen* (Palingenesia 64), Stuttgart.

Sullivan, R. D. (1977), 'The Dynasty of the Commagene', in *ANRW* 2.8, 732–98.

Swain, S. (1989), 'Plutarch. Chance, Providence, and History', *AJPh* 110, 272–302.
—— (1991), 'Plutarch, Hadrian and Delphi', *Historia* 40, 318–30.
—— (1996), *Hellenism and Empire: Language, Classicism, and Power in the Greek World, AD 50–250*, Oxford.
—— (1997), 'Plutarch, Plato, Athens, and Rome', in Griffin and Barnes (edd.), 165–87.
—— (1999), 'Plutarch's Moral Programm', in Pomeroy (ed.) (1999), 85–96.
Sykutris, J. (1931), 'Epistolographie', in *RE* suppl. 5, 185–220.
Syme, R. (1958), *Colonial Elites*, London.
Talbert, R. J. A. (1984), *The Senate of Imperial Rome*, Princeton.
Tarrant, H. (2007), 'Platonist Educators in a Growing Market: Gaius, Albinus, Taurus, Alcinous', in Sharples and Sorabji (edd.) (2007), 449–65.
Tasinato, M. (1994), *Sulla curiosità: Apuleio e Agostino*, Parma.
Tatum, J. (ed.) (1994), *The Search for the Ancient Novel*, Baltimore and London.
Taylor, C. (1995), 'Politics', in Barnes (ed.) (1995), 233–58.
Teodorsson, S.-T. (1990), *A Commentary on Plutarch's Table Talks*, 2 vol., Göteborg.
—— (1999), 'Dionysus Moderated and Calmed: Plutarch on the Convivial Wine', in Montes Cala, Sánchez Ortiz de Landaluce, and Gallé Cejudo (edd.), 57–69.
Thomas, R. (1992), *Literacy and Orality in Ancient Greece: Key Themes in Ancient History*, Cambridge.
Thraede, K. (1970), *Grundzüge griechisch-römischer Brieftopik* (Zetemata 48), Munich.
Timmer, J. (2008), *Altersgrenzen politischer Partizipation in antiken Gesellschaften* (Studien zur Alten Geschichte 8), Berlin.
Tirelli, A. (1992), 'Etica e dietetica nei *De tuenda sanitate praecepta*', in Gallo (ed.), 385–403.
Titchener, F. (1999a), 'Everything to Do with Dionysus: Banquets in Plutarch's *Lives*', in Montes Cala, Sánchez Ortiz de Landaluce, and Gallé Cejudo (edd.) (1999), 491–7.
Toohey, P. (2004), *Melancholy, Love, and Time: Boundaries of the Self in Ancient Literature*, Ann Arbor.
Torraca, L. (1998), 'Problemi di lingua e stile nei *Moralia* di Plutarco', in *ANRW* 2.34.4, 3487–510.
Trapp, M. (1997), *The Philosophical Orations of Maximus of Tyre*, translated with an introduction and notes, Oxford.

Trapp, M. (2000), 'Plato in the *Deipnosophistae*', in D. Braund and J. Wilkins (edd.), *Athenaeus and His World Reading Greek Culture in the Roman Empire*, Exeter, 353–63.
—— (2004), 'Philosophy in a Minor Key?', in De Blois et al. (edd.) (2004), 189–200.
—— (2007), *Philosophy in the Roman Empire: Ethics, Politics and Society*, Ashgate.
Treu, M. (1873), 'Der sogenannte Lampriaskatalog der Plutarch-Schriften', Waldenburg.
Tsekourakis, D. (1983), Οἱ Λαϊκοφιλοσοφικὲς πραγματεῖες τοῦ Πλουτάρχου. Η σχέση τους μὲ τὴ διατριβὴ καὶ μὲ ἄλλα παραπλήσια γραμματειακά εἴδη (Ἀριστοτέλειο Πανεπιστήμιο Θεσσαλονίκης, Ἐπιστημονικὴ Ἐπετηρίδα Φιλοσοφικῆς Σχολῆς 34), Thessaloniki.
—— (1986), 'Orphic and Pythagorean Views on Vegetarianism in Plutarch', in Brenk and Gallo (edd.) (1986), 127–38.
—— (1987), 'Pythagoreanism or Platonism and Ancient Medicine? The Reasons for Vegetarianism in Plutarch's *Moralia*', in *ANRW* 2.36.1, 366–93.
—— (1989), 'Die Ursachen von Krankheiten bei Plutarch', *Hellenica* 40, 257–69.
Tsouna, V. (2007), *The Ethics of Philodemus*, Oxford.
Van der Eijk, P. (1996), 'Diocles and the Hippocratic Writings on the Method of Dietetics and the Limits of Causal Explanation', in R. Wittern and P. Pellegrin (edd.), *Hippokratische Medizin und antike Philosophie. Verhandlungen des VIII. Internationalen Hippokrates-Kolloquiums in Kloster Banz/Staffelstein vom 23. bis 28. September 1993*, Hildesheim, 230–57.
—— (2000), *Diocles of Carystus: A Collection of the Fragments with Translation and Commentary*, 2 vol., Leiden, Boston, and Cologne.
—— (2008), 'Therapeutics', in R. J. Hankinson (ed.), *The Cambridge Companion to Galen*, Cambridge, 283–303.
Van der Stockt, L. (1992), 'Plutarch on τέχνη', in Gallo (ed.) (1992), 287–95.
—— (1996), 'Some Remarks on Two Plutarchean Introductions', in Van der Stockt, L. (ed.), *Plutarchea Lovaniensia: A Miscellany of Essays on Plutarch*, Leuven, 265–72.
—— (1999a), 'A Plutarchean Hypomnema on Self-Love', *AJPh* 120, 575–99.
—— (1999b), 'Plutarch on Mania and its Therapy', in Montes Cala, Sánchez Ortiz de Landaluce, and Gallé Cejudo (edd.) (1999), 517–26.
—— (ed.) (2000), *Rhetorical Theory and Praxis in Plutarch: Acta of the IVth International Congress of the International Plutarch Society, Leuven, July 3–6, 1996*, Leuven and Namur.
—— (2000), 'Aspects of the Ethics and Poetics of the Dialogue in the *Corpus Plutarcheum*', in Gallo and Moreschini (edd.) (2000), 93–116.

—— (2003), 'Odysseus in Rome: On Plutarch's Introduction to *De Cohibenda Ira*', *Ploutarchos* NS 1, 107–16.

—— (2004), 'Plutarch in Plutarch: The Problem of the *Hypomnemata*', in Gallo (ed.) (1992), 331–40.

—— (2005), 'The Sting of Ambition: Plutarchan Reflection on Mimetical Behaviour', in Jufresa et al. (edd.) (2005), 139–44.

—— (2006), 'Education and Public Speech: Plutarch on Aestetics and Ethics', in Calderón Dorda, Morales Ortiz, and Valverde Sánchez (edd.) (2006), 1037–46.

—— (ed.) (forthcoming), *Virtues for the People: Plutarch and His Era on Desirable Ethics*, Leuven.

Van der Stockt, L., and Stadter, P (edd.) (forthcoming), *Interpreting Composition in Plutarch Studia Hellenistica*, Leuven.

Van der Stockt, L., and Van Meirvenne, B. (forthcoming), '"My Wife is a Woman": Plutarch on the Unexpected', in Van der Stockt and Stadter (edd.) (forthcoming).

Van Gorp, H., Delabastita, D., and Ghesquiere, R. (1998), *Lexicon van literaire termen*, Zevende, herziene druk, Groningen and Deurne.

Vanhaegendoren, K. (1999), *Semantische studie van het woordveld ἀπραγμοσύνη–πολυπραγμοσύνη van de aanvang van de Griekse letterkunde tot en met Thucydides*, Leuven and Apeldoorn.

Van Hoof, J., Van Ruysseveldt, J., and Snijders, F. (1996), 'Sociologie en de moderne samenleving', in J. Van Hoof and J. Van Ruysseveldt (edd.), *Sociologie en de moderne samenleving*, Boom, Amsterdam, and Meppel, 17–50.

Van Hoof, L. (2005), 'The Reader Makes the Text: Model Readers on the Move', *Ploutarchos* NS 3, 141–54.

—— (2007), 'Strategic Differences: Seneca and Plutarch on Controlling Anger', *Mnemosyne* 60, 59–86.

—— (2008), 'Genres and Their Implications: Meddlesomeness in *On Curiosity* versus the *Lives*', in A. Nikolaidis (ed.), *The Unity of Plutarch's Work: 'Moralia' Themes in the 'Lives', Features of the 'Lives' in the 'Moralia'* (Millennium Studies 19), Berlin and New York, 297–310.

Vanhove, D. (1992), 'Le Gymnase', in D. Vanhove (ed.), *Le sport dans la Grèce antique: Du jeu à la compétition*, Ghent.

Van Nijf, O. (2001), 'Local Heroes: Athletics, Festivals and Elite Self-Fashioning in the Roman East', in Goldhill (ed.) (2001), 306–34.

Van Nuffelen, P. (2007), 'Words of Truth: Mystical Silence as a Rhetorical and Philosophical Tool in Plutarch', *Hermathena* 182, 9–39.

Van Wees, H. (2004), *Greek Warfare: Myths and Realities*, London.

Vasunia, P. (2003), 'Plutarch and the Return of the Archaic', in A. J. Boyle and W. J. Dominik (edd.), *Flavian Rome: Culture, Image, Text*, Leiden and Boston, 369–89.
Veblen, T. (1998 = 1899), *The Theory of the Leisure Class* (Reprints of Economic Classics), New York.
Veeser, H. (ed.) (1989), *The New Historicism*, New York and London.
Verdegem, S. (2005), 'Envy at Work. Φθόνος in Plutarch's *Lives* of Fifth-Century Athenian Statesmen', in Jufresa et al. (edd.) (2005), 673–8.
Veyne, P. (1987), 'The Roman Empire', in Veyne (ed.), *A History of Private Life*, vol. i, Cambridge, 5–234.
Vilchez, M. (1996), 'Sobre μανία en Plutarco', in Fernández Delgado and Pordomingo Pardo (edd.) (1996), 109–14.
Volpe Cacciatore, P. (1987), 'Sul concetto di πολυπραγμοσύνη in Plutarco', in U. Criscuolo (ed.), *Ταλαρίσκος: Studia Graeca A. Garzya sexagenario a discipulis oblata*, Naples, 129–45.
Volpe Cacciatore, P., and Ferrari, F. (edd.) (2007), *Plutarco e la cultura della sua età: Atti del X Convegno plutarcheo, Fisciano–Paestum, 27–29 ottobre 2005*, Naples.
Von Arnim, H. (1898), *Leben und Werke des Dion von Prusa*, Berlin.
Von Geisau, H. (1972), 'Zeuxippos (5)', in *RE* 2. Reihe, 19. Halbband, 379.
Von Staden, H. (1997), 'Galen and the Second Sophistic', in R. Sorabji (ed.), *Aristotle and After*, London, 33–54.
von Wilamowitz, U. (1927), 'Lesefrüchte', *Hermes* 62, 276–98.
Waegeman, M. (1988), 'Plutarque: Sur l' usage des viandes', in L. Bodson (ed.), *L' animal dans l' alimentation humaine: Les critères du choix, Actes du Colloque international de Liège, 26–29 novembre 1986*, Paris, 95–7.
Wallace, R. E. (2005), *An Introduction to Wall Inscriptions from Pompeii and Herculaneum: Introduction, Inscription with Notes, Historical Commentary, Vocabulary*, Wauconda.
Walsh, J. J. (1992), 'Syzygy, Theme and History: A Study in Plutarch's *Philopoemen* and *Flamininus*', *Philologus* 136, 208–33.
Walsh, P. G. (1988), 'The Rights and Wrongs of Curiosity (Plutarch to Augustine)', *G&R* 35, 73–85.
Walzer, R. (1929), Magna Moralia *und aristotelische Ethik* (Neue philologische Untersuchungen 7), Berlin.
Wardman, A. E. (1974), *Plutarch's Lives*, London.
Wehner, B. (2000), *Die Funktion der Dialogstruktur in Epiktets Diatriben* (Philosophie der Antike 13), Stuttgart.
Weische, A. (1974), 'Gleichmut', in *HWP* 3, 672–3.
Welch, T. S. (2001), '*Est locus uni cuique suus*: City and Status in Horace's *Satires* 1.8 and 1.9', *CA* 20, 165–92.

Welte, W. (1974), *Moderne Linguistik: Terminologie, Bibliographie. Ein Handbuch und Nachschlagewerk auf der Basis der generativ-transformationellen Sprachtheorie*, vol. i. A–M, Munich.

Wendland, P. (1886), *Quaestiones musonianae*, Diss. Berlin.

Whelan, F. G. (1983), 'Socrates and the Meddlesomeness of the Athenians', *HPTh* 4, 1–29.

Whitmarsh, T. (2001a), 'Exile and Identity in the Second Sophistic', in Goldhill (ed.) (2001), 269–305.

—— (2001b), *Greek Literature and the Roman Empire: The Politics of Imitation*, Oxford.

—— (2002), 'Alexander's Hellenism and Plutarch's textualism', *CQ* ns 52, 174–92.

—— (2004a), *Ancient Greek Literature* (Cultural History of Literature), Cambridge and Malden, Mass.

—— (2004b), Review of Stadter and Van der Stockt (edd.) (2002), in *BMCR* (<http://ccat.sas.upenn.edu/bmcr/2004/2004-04-32.html>).

—— (2005), *The Second Sophistic* (Greece and Rome. New Surveys in the Classics 35), Oxford.

—— (2006), 'The Sincerest Form of Imitation. Plutarch on Flattery', in D. Konstan and S. Said (edd.), *Greeks and Greekness: Viewing the Greek Past under the Roman Empire*, Cambridge, 93–111.

Wilkins, J. (2000), *The Boastful Chef: The Discourse of Food in Ancient Greek Comedy*, Oxford.

—— (2005), 'Hygieia at Dinner and at the Symposium', in H. King (ed.), *Health in Antiquity*, London, 136–49.

Wilkins, J., Harvey, D., and Dobson, M. (edd.) (1995), *Food in Antiquity*, Exeter.

Wilkins, J., and Hill, S. (2006), *Food in the Ancient World*, Oxford.

Williams, B. (1993), *Ethics and the Limits of Philosophy*, London.

Winkler, J. (1985), *Auctor & Actor: A Narratological Reading of Apuleius' Golden Ass*, Berkeley and Los Angeles.

Wirszubski, C (1950), *Libertas as a Political Ideal*, Cambridge.

Wöhrle, G. (1990), *Studien zur Theorie der antiken Gesundheidslehre* (Hermes Einzelschriften 56), Stuttgart.

Wolff, E. (2003), *Pline le Jeune ou le refus du pessimisme*, Rennes.

Woolf, G. (1994), 'Becoming Roman, Staying Greek: Culture, Identity, and the Civilizing Process in the Roman East', *PCPhS* ns. 40, 116–43.

Yegül, F. (1992), *Baths and Bathing in Classical Antiquity*, Cambridge, Mass. and London.

Young, D. (1984), *The Olympic Myth of Greek Amateur Athletics*, Chicago.

Zanker, P. (1995), *The Mask of Socrates: The Image of the Intellectual in Antiquity*, Berkeley and Los Angeles.

Zecchini, G. (2002), 'Plutarch as Political Theorist and Trajan: Some Reflections', in Stadter and Van der Stockt (edd.) (2002), 191–200.

Zelzer, M. (1997), 'Die Briefliteratur', in L. J. Engels and H. Hofmann (edd.), *Neues Handbuch der Literaturwissenschaf*, vol. iv. *Spätantike*, Wiesbaden, 321–53.

Ziegler, K. (1908), 'Plutarchstudien', *RhM* 63, 239–53.

—— (1927), 'Plutarchstudien', *RhM* 76, 20–53.

—— (1951), 'Plutarchos von Chaironeia', in *RE* 41, Halbband, 636–962.

希腊词索引

ἀδολεσχία 47, 58, 152–3, 159, 171, 174–5, 176; see also General Index talkativeness
αἰσχύνη 47, 50, 143, 159, 199, 228–9; see also General Index shame
ἀκολασία 159 n., 202 n.
ἀκρασία 155, 159, 202, 231
ἀπόρρητα 155, 192
ἄσκησις 47–8, 57, 59, 60, 62–4, 97, 159, 201; see also General Index exercise
ἀσχολία 98, 102, 124, 182, 202–4
βίος 31–2, 64, 74, 83, 91–2, 93, 95, 96, 102, 106–7, 107–8, 124, 127–8, 132–3, 135, 172, 195, 241, 242, 243
βλάβη 47, 50, 72, 145–6, 159, 246; see also General Index harm
διάθεσις 31–2, 35; see also General Index attitude
δόγματα 62, 72
δόξα 27, 28, 29, 87, 96–7, 100, 101, 106, 118–9, 123, 125, 126, 131, 139, 166–7, 190–1, 192–3, 234, 242, 244; see also General Index honour and opinion, empty, and reputation
δυσχεραίνειν 41, 47–8, 54–5, 156, 197, 199, 219; see also General Index disgust
ἐθισμός 47, 59, 61, 126, 159, 161–2, 166–7, 168, 174, 200, 237, 238, 241; see also General Index training

ἐλευθερία 100, 103, 123, 131, 241; see also General Index freedom
ἐπιλογισμός 57–8, 61, 159, 161–2; see also General Index reflection
ἐπιχαιρεκακία 186
εὐθυμία 31–2, 34, 44, 83–4, 85, 86, 89, 93, 100, 106, 110, 112, 127 n.; see also General Index feeling good
κακοήθεια 180, 186, 208
κακολογία 153, 188
κρίσις 47–8, 58–9, 60, 62–3, 127 n., 159; see also General Index conviction
λαλιά 153, 161, 187, 238
λογοποιία 153
λύπη 50, 83, 91–2, 93, 96, 126, 127–8, 135, 145–6, 156, 186, 198; see also General Index pain
ξένος 131
ὀργή 4, 41, 61, 177 n.; see also General Index anger
πάθος 41, 47, 58, 96, 103, 159, 181, 186–7, 236; see also General Index emotion
παιδαγωγικά 251–2
παιδεία 21, 164, 184, 200; see also General Index education
παιδοτρίβης 212, 238, 252
παραγγέλματα 62, 72, 74, 98
παρρησία 140–1, 145–6, 158; see also General Index freedom of speech

πατρίς 74, 129, 131–2, 139, 141, 209; see also General Index fatherland
περιεργία 176, 178, 184, 186, 187–8, 197; see also General Index curiosity
πολιτικοί 23–4, 29, 77
πολυπραγμοσύνη 177–9, 180–1, 182, 184, 186, 191, 196, 197, 199, 200–1, 204; see also General Index curiosity
σοφία 37
σύμφερον 31–2, 50, 93, 241
σχολή 69, 102, 123, 124–5, 132–3, 134, 137, 202–4, 218, 242–3
τιμή 29, 118 n. ; see also General Index honour
φάρμακα 58, 159, 240 n., 243; see also General Index drugs
φθόνος 51, 97, 166, 180, 184, 186, 192–3, 244

φιλανθρωπία 21, 79, 127–8, 156, 169, 236
φιλαυτία 35, 61, 99; see also General Index self-love
φιλοδοξία 90, 171, 225
φιλόλογοι 23–4, 49, 77, 174–5, 232
φιλομάθεια 21, 180–1, 200, 214–5
φιλονικία 99
φιλοπρωτία 99
φιλοσοφεῖν 35, 125–6, 144, 150, 214–5, 238, 249
φιλοσοφία 102, 132–3, 159, 194–5, 214–5, 249
φιλόσοφος 23, 49, 72, 74–5, 103, 214–5, 250
φιλοτιμία 26, 27, 55–6, 90, 140, 224
φῦσις 29, 201, 106, 126–7, 129, 184, 214–5, 236, 245, 246; see also General Index nature
χάρις 41, 54, 106–7, 156, 168

一般索引

Abel, Karl-Hans 84
active life 88, 91, 124
addressees *see* dedicatees
Aeschylus 22, 139
Alcibiades 169–70
Alcinous 29
Alcmaeon 135
Alexander the Great 35, 51–2, 93, 116, 203–4, 230 n., 262
ambition vi, 9 n., 11, 26–7, 51 n., 55–6, 77, 100–1, 107, 157, 170, 189, 206, 223, 225, 228, 234, 263 n., 265
Anaxagoras 104–5, 144, 150
Androcottus 51–2
Androtion 139
anecdotes 52, 71, 72, 74, 126, 133, 148 n., 152 n., 153–4, 158, 163, 164, 170, 173, 174, 175, 193, 196, 203–4, 209, 224, 230 n., 234 n., 235, 249 n.
anger 3 n., 4, 8 n., 35, 37, 41–4, 46, 48, 49, 50, 53, 54–5, 59, 60–3, 67, 83, 98, 99, 123, 177 n., 181, 204, 219, 237, 257; *see also* Greek Index ὀργή
Antigonus Gonatas 121 n.
Antisthenes 143–4, 170 n.
Apollonius the Peripatetic 39
applied ethics 4, 7, 26, 31
Arcesilaus 230 n.
Aristippus 195, 209
Aristo of Chios 84 n., 129–30, 230 n.

Aristophanes 22
Aristophon 140
Aristotle 19, 32, 38, 50, 86, 94, 137, 163, 190 n., 213 n., 130 n., 239
Aristotelianism 59; *see also* Plutarch - Aristotelian influences
Arrian, L. Flavius 20 n., 67 n., 134 n., 262
asceticism 34, 241–2
Asclepiades 215 n.
Athenaeus 250 n.
Athenodorus of Tarsus 86 n., 90
athletics 14, 133–4, 211–13, 220, 223, 229 n., 232–4, 238–40, 241 n., 244 n., 248, 249 n., 252
attitude 11, 32, 35, 41, 44, 45, 46, 48, 49, 52, 55, 57, 59, 63, 93, 95, 102, 104, 108, 128, 134, 146, 173 n., 195–6, 219, 243, 244, 247, 250, 255; *see also* Greek Index διάθεσις
audience 6, 19–24, 28 n., 29, 40, 51, 57 n., 65, 78, 115, 137, 149, 186–7, 192–3, 258 n., 263, 265
Augustus, the Emperor 155, 160, 163

Bacchylides 139
Barigazzi, Adelmo 118
bathing 133–4, 226, 228, 232–3, 235
Bias 72–3
body 23–4, 30, 36, 60–2, 105–6, 127, 144, 211–54

books *see* reading
borrowing 25–7, 37, 125
Bourdieu, Pierre 14, 169

capital 14, 20 n., 27, 31, 34, 77–80, 96, 164, 175, 239, 256, 263, 264
care of the self 36–7, 247
caricature 43 n., 54, 160 n., 199
Carneades 105, 170
categorization 2, 3n., 15, 37 n., 50 n., 64, 255–61
Cato, M. Porcius ('the Elder') 228, 230 n.
Celsus, A. Cornelius 217
Chaeronea 66, 74, 111, 138, 149, 157–8, 163, 234, 264 n.
characters 12, 13, 14, 15, 19–22, 42–4, 47, 49, 53–4, 66, 111, 121, 142 n., 173, 209, 216, 249–54, 255, 257
children 5–6, 31, 59 n., 70, 72–3, 98, 106, 126, 194 n., 245 n., 252
Chilon 72–3
Chremonides of Athens, brother of Glaucon 121 n.
Cicero, M. Tullius 50, 117 n., 138 n., 140, 148 n.
citizenship 66, 121, 131, 135
Clodius, P. Clodius Pulcher 140
close reading 8
cluster 4, 72–3, 84 n., 99 n.
Codrus 135
comedy 14, 147 n., 152, 181, 199 n.; *see also* Aristophanes, Menander
comprehensive view of the self 103–4, 106–7, 128
conservatism 30, 121 n.

consolation 48, 117, 119, 120, 129, 136, 144, 148, 149, 258, 259 n.
contemplative life *see* philosophical life
contentment 35, 44, 77, 83–115
conviction 47–8, 59, 127 n., 159, 185, 206; *see also* Greek Index κρίσις
Crates of Thebes 39, 93, 124, 230 n.
cultural history 212 n., 264; *see also* new cultural history
curiosity 5, 14, 37, 54, 176–210; *see also* Greek Index περιεργία and πολυπραγμοσύνη
Cynicism 28, 39, 117, 118, 129, 140 n.
Cyrus the Great 203–4

decreta 62–3
dedicatees 10, 12, 13, 19–22, 24 n., 25, 33, 38, 40, 42, 69, 87, 91, 96, 120, 147–9, 161
deduction 7, 38, 71–3, 255
Delphi 66, 67 n., 137–8, 264 n.
Demades 230 n.
Demetrius of Phalerum 124, 130, 230 n., 243
Democritus 32 n., 84, 86, 88–91, 104, 115, 180, 201, 213 n., 230 n., 244
deontological ethics 7
deportation 134, 136–7
descriptive moralism 10, 62 n., 64–5, 189, 256
dialogue 1, 14, 15, 43, 44, 46, 48–9, 67–9, 156, 177 n., 213, 214–18, 248–54, 256, 257
diatribe 3, 84 n., 93 n., 117 n., 258 n.
dice 93–4

diet 211, 221–3, 224, 237, 238 n., 242, 252; *see also* drinks, food
Dio, L. Cassius 31 n., 117 n.
Dio Chrysostom 10, 78 n., 117–18, 134 n., 138, 145, 148 n., 152, 153, 262–3
Diocles of Carystus 212 n., 220, 233 n., 244, 246
Diogenes the Cynic 35, 39, 93, 97–8, 129, 130–1, 137–8, 143
Dionysius of Halicarnassus 152–3
Dionysius the Elder 51–2
Dionysius the Younger 98
discouragement, strategies of 13, 52, 189, 190, 208, 250; *see also* dissociation
discursive strategies 8, 9, 12, 13, 30, 40, 41–65, 85, 95, 117, 140, 144, 158–9, 160–1, 163–4, 167, 190–1, 192, 213, 229, 251–4, 255, 257
disgust 41, 47–8, 50, 156, 197, 219; *see also* Greek Index δυσχεραίνειν
dishonour 14, 118–20, 123, 127–8, 139–40, 190–1
dissociation 6, 12, 51–3, 143, 160–1, 199, 242, 255; *see also* discouragement
doctors 12, 14, 77–8, 186, 207 n., 211–54, 263
Dover, Kenneth 6
dramatic roles 13, 42–6, 49, 255
drinks 128 n., 130, 156 n., 165, 171, 202–3, 220, 221, 222, 224, 225, 232 n., 236–7, 246; *see also* water, wine
drugs 58, 159, 212, 217; *see also* Greek Index φάρμακα

Du Boulay, Juliet: 188
Duff, Timothy E. 10, 64

education 4, 6, 12, 20 n., 21–2, 25, 27, 36, 37–8, 49, 52, 59–60, 66, 77, 88, 120, 131, 151, 160–1, 164–5, 173, 179, 181, 201, 218, 224, 232, 239, 252, 255, 261, 265; *see also* Greek Index παιδεία
elite 6, 11, 12–14, 19–22, 24–7, 34, 37–8, 47, 56, 66, 107, 120, 131, 134–5, 138, 147–8, 151, 161, 183, 186, 223–4, 247, 252, 254, 255, 257, 265
emotions 3 n., 28, 38, 41–2, 47–8, 58, 59, 61–2, 87, 90, 94, 96–7, 99, 108 n., 159, 177, 178 n., 181, 186, 190, 194, 201 n., 202 n., 208, 229, 257; *see also* Greek Index πάθος
Empedocles 144
encouragement 12, 42–3, 45, 52, 57 n., 65, 110, 146, 161, 174, 199, 219, 234; *see also* imitation
envy 14, 51, 98–9, 180–1, 184–5, 186, 189, 190, 192, 194, 208, 244
Epaminondas 230 n.
'Epaminondas' (nickname) 157–8, 164, 173
Ephialtes 135
Ephorus 157, 164
Epictetus 10, 20, 28, 55, 62, 64 n., 78 n., 94, 103, 105–6, 167, 221, 260, 262 n., 264
Epicureanism 28, 59, 86 n., 90, 97, 104, 190, 215 n., 265
Epicurus 39, 90, 230 n., 243

Erasistratus 212 n., 215 n., 230 n.
Eros 110, 112–13
essays 1, 44, 48–9, 68–70, 177, 516, 256
etiquette 13, 21 n., 165–73, 252
eulogisms 36
Eumenes 153–4
Euphanes of Athens 20, 21, 70–1, 78
Euripides 22, 88, 139 n., 141–2, 147
Eurycles Herculanus 21, 151
Eurydice 68, 69 n.
Eusebius of Caesarea 66
exempla 6, 39, 43–5, 51–3, 63 n., 74–7, 89, 93, 97–8, 121, 126, 133, 139, 143, 148, 162–3, 174, 193, 195, 231, 234, 253
exercises 12, 36, 47–9, 53, 57, 59, 60, 64–5, 159, 206; *see also* reflection and training; *see also* Greek Index ἄσκησις
exile 13, 14, 30, 42, 48, 99 n., 116–50, 210; *see also* deportation, relegation
exploratory moralism *see* descriptive moralism
expository moralism *see* prescriptive moralism

fables 6
fame *see* reputation
fasting *see* asceticism
fatherland 119, 122 n., 129–32, 139, 141, 170; *see also* Greek Index πατρίς
Favorinus 10, 117–20, 122, 230 n., 262–3
feeling good 14, 32, 83–115, 118, 126, 138, 243; *see also* Greek Index εὐθυμία

flattery 25, 31, 34, 35–6, 42, 71 n., 72 n., 151–2, 187 n.
Florus, L. Mestrius 139 n.
food 20, 55, 61–2, 127–8, 165 n., 171, 202–3, 212–13, 219–25, 226, 228, 232 n., 235–6, 239, 240, 242, 245, 246, 247 n.
Foucault, Michel 36–7
freedom 23, 100–1, 103, 104, 123, 131, 142; *see also* Greek Index ἐλευθερία
freedom of speech 121, 140–3; *see also* Greek Index παρρησία
Fulvius 154–5, 160, 163
Fundanus, C. Minicius 20, 21, 42–3, 46, 49, 53–4, 62 n., 67–8, 78, 110–12, 183 n.

Gaertner, Jan Felix 117
Galen 14, 211, 213, 217, 219, 243–4, 245, 247, 261 n.
garrulity *see* talkativeness
Gelon 51–2
genre 1, 3, 4, 10, 14, 19, 48, 67–70, 73, 117, 118, 130, 185 n., 213, 216, 251–4
Gill, Christopher 59, 84, 103–4, 128, 190
Glaucon of Athens, brother of Chremonides 121 n.
Glaucon (Platonic character) 216 n.
Glaucus 44, 214–9, 247, 249–53
glory 29, 190, 242; *see also* reputation
gnomai 6
Goffman, Erving 186–7
graffiti 182, 181 n., 200
grammatical persons 12, 53, 143, 167, 255

Gréard, Octave 2
Greece and Rome 1, 8 n., 10, 25, 26, 27, 35, 66, 77, 91, 101, 111–14, 148–9, 163, 232–3, 235, 256, 263
gymnasium 157, 170, 212 n., 228, 232–3, 238–9, 252
gymnastics *see* athletics

habituation 32, 47–8, 59–61, 129, 131–2, 155, 160, 166–8, 171, 174–5, 200–1, 205, 206, 219, 237, 238, 241, 252
Hadrian, the Emperor 20 n., 66, 67 n., 264 n.
Hahn, Johannes 264
harm 47–8, 50, 58, 72, 93, 146, 159–60, 177, 186, 198, 200, 207, 219, 224, 225 n., 235, 246; *see also* Greek Index βλάβη
Heracles 51, 144
Heraclides Ponticus 32 n.
Heraclides of Tarentum 216 n., 250 n.
Heraclitus 136, 230 n.
Herodes Atticus 230 n.
Herodicus of Selymbria 212
Herodotus 22, 139
Herophilus 212 n.
Hesiod 230 n.
Hippocrates 41, 211, 212 n., 213 n., 217, 219, 228, 230–1, 249 n.
hippodrome 183, 202
Hippomedon of Sparta 121 n.
Homer 6 n., 22, 116, 139, 214, 230 n., 250
honour vi, 12, 13, 29, 32, 50 n., 55–6, 60, 79 n., 90, 95, 107, 110, 119–20, 123, 124, 130, 139–40, 145, 189 n., 192, 193, 224, 225, 231–2, 234, 240, 255, 258–9, 264, 265; *see also* Greek Index δόξα and τιμή
horses 20
human condition 94, 105
Hunter, Virginia 189
hunting 133–4
hypomnēmata 84–5, 99 n., 115 n., 188 n.

imitation 10, 12, 43, 46, 51–2, 75–6, 98, 104, 144, 193, 231, 255; *see also* encouragement
imperatives 42, 65, 167, 194, 253 n.
induction 7, 71, 73, 255
Ingenkamp, Heinz-Gerd 3, 48, 50, 172, 188
inquisitiveness *see* curiosity
Isocrates 179, 233

jewellery 20, 87, 96

Kant, Immanuel 7

Lamia 194 n.
Lamprias Catalogue 1 n., 33 n., 262 n.
Leaena 163
leisure class 20 n.11
Leobotes 140
letter-essays 70
letters 1, 13, 14, 21, 38, 44, 48–9, 68–70, 85, 87–8, 110–12, 113 n., 147, 169, 183, 192–3, 205, 256
literacy *see* books
literary references 4 n., 22, 71–3, 79, 88, 89, 94, 134 n., 140–3, 146–7, 150 n., 152 n., 181, 231, 250, 255

Lucian 10, 262
Lucilius (addressee of
    Seneca) 20 n., 38, 40, 212–3
Lysimachus 230 n.

malice 14, 180–1, 186, 208
Marcus Aurelius 264
massage 232–3, 238, 240
meddlesomeness *see* curiosity
medicine 44, 77, 211–54; *see also*
    doctors
memory 106–7, 198, 234
Menander 22, 147, 180–1, 230 n.
Menemachus of Sardis 21, 49, 74,
    76, 147
Metrodorus of Lampsachus 63 n.55
Minos 135
Morgan, Teresa 6
Moschion 44, 67, 68, 74, 214–15,
    218, 249–50, 253
Musonius Rufus 10, 117–18, 119–22,
    138, 141–3, 148, 263
mysteries 107–9, 137–8, 143, 162

nature 29, 102–3, 126–7, 129, 164,
    198, 206–7, 236, 240, 245; *see*
    also Greek Index φύσις
Nausithoüs 135
Neileus 135
New Cultural History 8, 9 n.
New Historicism 8, 9 n.
Niger of Chaeronea 230 n., 234–5
Nigrinus, C. Avidius 21, 45–6
Novatus, L. Annaeus 62

Oedipus 204
opinion, empty 108 n., 126, 129,
    131; *see also Greek Index* δόξα
Opsomer, Jan 5, 118, 130

oratory 12, 27, 38, 77, 78 n., 88,
    102, 116, 152–3, 161, 234,
    262–3, 265
Orion 135
Otes 135

Paccius 13, 21, 44, 68, 85, 86–90,
    95–8, 102, 110–15
pain 50, 91–2, 96, 99, 108, 126,
    127–9, 135, 156, 186, 189, 198,
    225 n., 227 n., 229, 234, 240; *see*
    also Greek Index λύπη
painting 46, 104
Panaetius 84–5, 86, 105, 115
Pardalas, C. Iulius 21
peer group 43, 55, 57
Pelling, Christopher 10, 64
perception by others 12, 45,
    54–5, 165
Peripatos *see* Aristotelianism
persona 76, 80, 120, 173
Phaethon 88, 93, 144, 150
Philip of Macedon 137, 230 n.
Philo of Alexandria 86, 152, 153,
    184–5
Philodemus 52 n., 57 n., 90 n.
Philopappus, C. Iulius Antiochus
    Epiphanes 20, 21, 25, 42, 78
philosophical life 9 n., 11, 13, 23 n.,
    28, 31–4, 40, 98, 103, 122 n.,
    132–3, 145
Philostratus 10
Phocion 230 n., 243
Plato 14, 29, 32, 39 n., 43 n., 71, 72,
    73, 86, 93–4, 98, 109, 110–15,
    115, 129–30, 144, 162–3, 170 n.,
    179, 212, 213 n., 215 n., 216,
    230–1, 233, 242 n., 244, 247,
    248 n., 251, 252 n., 259

Platonism 28–9, 40, 71, 79, 85, 190;
see also Plutarch - Platonism
Pliny, C. Plinius Caecilius Secundus ('the Younger') 183–4
Plutarch, 66–82;
   and Epicureanism 4 n., 33 n., 38 n., 39, 59–60, 75, 84–5, 90, 97, 104–6, 115, 190, 243, 265;
   and Stoicism 4 n., 5 n., 12, 29, 34, 38 n., 39, 59–60, 62, 64, 75, 79, 84–5, 91, 94, 97, 104–6, 115, 129–30, 133 n., 190, 259–60;
   and the Second Sophistic 13, 66, 77, 234–5, 238, 241, 261–5;
   aristotelian influences 12, 59 n., 85, 159, 181, 260 n.;
   as a character 15, 110–15, 257;
   as a speaker 44, 49;
   chronology of works 1 n., 86 n., 148 n., 176 n., 207 n., 213, 262;
   life 1, 66–7;
   Nachleben 2–7;
   Platonism 4, 11, 12, 39, 48 n., 59 n., 63, 71 n., 73, 84, 94 n., 105 n., 106, , 109, 115, 118, 130, 159, 162–3, 181, 216, 247 n., 256, 259, 265;
   self-presentation 12, 13, 39, 42, 67–80, 79–80, 101 n., 111–15, 118, 127, 147, 149–50, 173–5, 211, 226, 249–54, 255–64;
   self-promotion 12, 13, 14, 30, 34, 57 n., 67–80, 111–15, 133–4, 146, 149–50, 173–5, 208–10, 239–40, 255–64
   oppositions 12, 28, 30, 33–4, 40, 44, 49, 50, 51–4, 94, 106, 110–15, 126, 133, 142, 143, 144, 150, 185, 196–7, 237, 248–54; see also dissociation
political life 13, 21, 23–4, 31–4, 77, 88, 90–1, 98, 115, 118, 120, 124, 132–3, 145, 147, 194, 259
Pollianus 68, 69 n.
popular philosophy 2, 6–7, 260–1
praecepta 62–3
premeditation 104–5
pre-philosophical values 28–30, 34, 40, 55–7, 106, 120, 122, 127, 129, 145, 163–4; see also philosophical life and political life
Philotimus 212 n.
Phocion 230 n., 243
Praxagoras 212 n.
prescriptive moralism 10 n., 64–5, 189, 256
pride 55, 88, 106–7, 179, 197, 240, 262
Prodicus of Ceos 230 n.
propaedeusis 256 n.
prosopography 21 n.12
protreptic moralism see prescriptive moralism
proverbs 6, 73 n., 228
psychotherapy 3, 13, 15, 48, 50, 59 n., 99, 105, 108
Pulcher, Cn. Cornelius 21
Pythagoras 32, 72, 132, 195

quasi-aesthetic attitude 104, 128
Quellenforschung 2, 4., 10–11, 84–5, 153 n., 215 n.
Quietus, T. Avidius 21, 45–6
quotations see literary references

readership 8, 9 n., 11, 13, 19–24, 34, 40, 43–4, 54 n., 77–9, 87, 89 n., 90–1, 101, 107, 110–15, 133–4, 137, 139, 142 n., 144–5, 148–50, 161, 171, 198, 206, 218 n., 223, 224, 239, 247, 250, 253–4, 255, 260 n., 261, 263; *see also* audience

reading 21, 22 n., 23–4, 36, 75 n., 85, 86, 89, 111, 134, 137, 142 n., 157, 161, 164, 177, 200, 229 n., 238, 239, 247

redefinitions 56, 129–31

reference groups 31, 57, 101

reflection 2, 45, 46, 57–8, 59, 61, 65, 104–7, 146, 148–9, 159, 161–5, 169, 174, 198–9, 206, 219, 223, 231; *see also Greek Index* ἐπιλογισμός

regimen 14, 211–55; *see also* athletics, bathing, diet, exercise

relegation 134, 136, 137, 147–8

religion 4, 67, 108, 138, 256 n., 257; *see also* mysteries

reputation 13, 14, 27 n., 29, 56 n., 87, 90, 96–7, 98, 100, 104, 125, 139–40, 158, 165–9, 171, 188 n., 189, 190, 192, 193, 206, 234–5, 244; *see also Greek Index* δόξα

rhēma 39

rhetorical strategies *see* discursive strategies

Rusticus, Iunius Arulenus 21, 192–3, 209

Sardis 120, 128, 147–8

Second Sophistic 8 n., 10, 39 n., 66, 73 n., 135 n., 151, 216 n., 261–4

Seelenheilungsschriften *see* psychotherapy

self-control 55, 56 n., 159, 160 n., 163, 165 n., 174, 200, 201, 202 n., 205 n., 207, 219, 225–6, 231, 241

self-knowledge 12, 13, 35–6, 71, 99, 102–3, 104, 106, 162, 172–3, 246, 255

self-love 12, 13, 31, 35, 61, 99, 102, 157, 171–3, 196 n.; *see also Greek Index* φιλαυτία

Sellars, John 64, 264

Seneca, L. Annaeus ('the Younger') 20, 29, 30, 32 n., 38, 40, 54, 60–3, 64 n., 72 n., 85, 86, 88, 91, 115, 117, 118–19, 120, 122, 172, 185, 190, 212–3, 241, 247 n., 260

Seven Sages 73

shame 24 n., 47–8, 50, 58, 59, 61, 143, 159, 160, 165, 173–4, 198–9, 205, 206, 219, 228–9; *see also Greek Index* αἰσχύνη

Sherman, Nancy 172

Simonides 71 n., 230 n.

social control 27, 188

social pressure 11, 25, 27–8, 55, 222–3, 228, 252

sociative 'we' 53, 68, 75, 95, 130, 143, 161

Soclarus, T. Flavius 21

Socrates 93–4, 129, 144, 150, 152 n., 169, 171–2, 179, 194–5, 202–3, 209, 210 n., 224, 230, 246 n., 251, 253

Sophists 27, 78n, 152–3, 179, 234–5, 261–3

Sophocles 22

Sorabji, Richard 5

speaking *see* talkativeness
specialization of knowledge 14, 78, 217, 249, 252
speech acts 11, 52 n., 57, 85, 149 n., 188–9, 199 n.
sports *see* athletics
springboard arguments 84 n.
Stadter, Philipp 10
Stoicism 28, 30 n., 34 n., 59–60, 62, 64, 86, 91, 97, 118, 169 n., 190, 193 n., 212–3, 264; *see also* Plutarch – and Stoicism
Suda 66, 67 n.
Sulla, L. Cornelius 154, 160
Sulla, Sextius 67–8, 104 n.
surgery 212, 217, 235
sycophants 124–5, 179, 191, 199
symposia 34, 67, 156 n., 157–8, 220–3, 237, 240, 242, 252

talkativeness 13, 14, 37, 47, 151–75, 176, 185, 187–8; *see also* Greek Index ἀδολεσχία
Tantalus 144, 150
tax-collectors 103, 191, 199
Teles 117, 120–2, 139 n., 140 n.
theatre 157, 183–5, 202, 203
thema 39
Themistocles 116, 130, 140
Theophrastus 13, 152–3, 188, 213 n., 230 n., 243, 244
therapy 23, 31, 48, 50, 52 n., 59–60, 159, 174, 176 n., 185, 195, 197, 198, 199 n., 205–8
Tiberius, the Emperor 135, 148 n., 230 n., 246
Timotheus 140, 230 n.
Timoxena 44–5, 68
Titus, the Emperor 213 n., 219, 230 n.

tragedy 87–8, 142, 147 n.; *see also* Aeschylus, Euripides, Sophocles
training 47–8, 58–9, 61–2, 159, 161–2, 165–72, 175, 199–205, 206, 219, 223, 231, 237, 238, 241, 252, 255, 257; *see also* Greek Index ἐθισμός
Trajan, the Emperor 66, 67 n.
tranquillity of mind *see* feeling good
Trapp, Michael 264
Tsekourakis, Damianos 3
Tyrrhenus 21

utilitarian ethics 7

Van der Stockt, Luc 4, 71, 73, 85
Veblen, Thorstein 225
vice 29, 36, 38, 176, 185, 188, 190, 195–6, 206–9
virtue 2, 29, 37, 38, 56 n., 119, 120, 172 n., 179, 206, 213, 221, 241, 248
virtue ethics 2 n., 7

water 130, 236–7
Whitmarsh, Tim 117–18, 120
wine 156 n., 182, 220 n., 224, 226, 228, 236–7

Xenocrates 136, 230 n., 243
Xenophon 86, 136, 139

Zeno of Citium 39, 97–8, 129, 132–4, 163
zero-sum game 14, 186–93, 206
Zeuxippus 214–8, 248–54
Ziegler, Konrad 2–3, 6–7, 11, 15, 20, 258–61

位置索引

ALCINOUS

Handbook of Platonism
27.3: 29

ARISTOPHANES

Acharnians
833: 178 n.

Clouds 179
1480: 152 n.
1485: 152 n.

Frogs
750–3: 160 n.

Wealth
913: 179 n.

ARISTOTLE

Eudemian Ethics
1241b: 201 n.

Metaphysics
A 980a: 201 n.

Nicomachean Ethics 38
1095b: 32 n.
1095b–1096a: 92 n.
1104b: 50 n.
1108b: 189 n.
1114–1115a: 94 n.
1177a: 33 n.
1117b: 159 n.

Poetics
1448a: 199 n.

Politics
1299a: 178 n.

Problems
954a: 86 n.
955a: 86 n.

Rhetoric
1381b: 191 n.
1387a: 189 n.

AULUS GELLIUS

Attic Nights
16.3: 230 n.

CELSUS

On Medicine 232 n.
1.2.1: 248 n.
74–5: 217 n.

CICERO

Orator
69: 256 n.

Tusculan Disputations
4.36–4.37: 62 n.

DIO CASSIUS
38.18.28: 117 n.
71.35.2: 31 n.

DEMOSTHENES

First Olynthian Speech
16.6: 70 n.

Second Philippic Speech
32.4: 152 n.

Fourth Philippic Speech
34.5: 70 n.

Oration 50
2.4: 152 n.

DIO CHRYSOSTOM

Euboean Oration
  114: 188 n.

Second Kingship Oration
  5–6: 6 n.

Third Kingship Oration
  12–24: 75 n.

Fourth Kingship Oration
  30: 22 n.

DIOGENES LAERTIUS

Lives and Opinions of Eminent Philosophers
  7.5: 133 n.
  7.85–6: 33 n.
  8.8: 32
  9.45: 88 n.
  10.131: 222

DIONYSIUS OF HALICARNASSUS

On Literary Composition
  26: 152 n.

EPICTETUS

Discourses
  1.1: 105–6
  1.17: 94 n.
  1.18: 62
  2.5.3: 94
  3.15.8–13: 103
  4.1.1: 131 n.
  4.2: 221

Handbook 64 n., 264
  33.1–2: 167

EPICURUS

Letters 70
  To Menoecus 131, 222 n.

EURIPIDES

Hippolytus
  718: 94 n.

Phaeton 88

Phoenician Women 147
  388–93: 141–2

FAVORINUS

On Exile 117 n., 128 n., 148 n.
  7–14: 119, 129 n.
  15–18: 119
  19–27: 119
  28ff.: 119
  21.5–22.3: 119

GALEN

Adhortation to Learning the Arts
  5.5: 217 n.

On Antidotes
  14.24.14–18: 31 n., 234 n.

On Exercise with the Small Ball 234 n.

On Properties of Foodstuffs 219

Precepts of Health Care 211, 212 n., 217, 231 n., 232 n., 243–4, 247
  1.5: 248
  4: 213 n.
  6.95.2: 220 n.
  6.125.5: 220 n.
  6.186.4: 220 n.

That the Best Doctor is Also a Philosopher 213 n.

The Construction of the Embryo 217

Thrasybulus
  18 = 5.837–8.K: 233 n.
  19 = 5.839K: 220 n.
  24 = 5.847K: 212 n.

GALEN (cont.)
   24 = 5.849K: 212 n.
   33 = 5.870K: 252 n.
   35 = 5.872K: 232 n.
   36 = 5.875K: 233 n.
   37 = 5.877–8K: 249 n.
   37 = 5.879K: 212 n.
   41 = 5.885–6K: 232 n.
   45 = 891K: 252 n.
   46 = 5.894–6K: 249 n.

HERODOTUS
Histories
   3.15.5 178 n.

HIPPOCRATIC CORPUS 211
On Ancient Medicine 217
On Regimen 212 n., 246 n.
   2.40–56: 219

HOMER
Iliad
   11.514: 250
Odyssey
   4.392: 250

IAMBLICHUS
Life of Pythagoras
   12.58–59: 32 n.

ISOCATES
Against the Sophists
   8: 152 n.
   20.10: 179
Antidosis
   48.2: 179 n.
   98.5: 179 n.
   106.8: 70 n.
   230.3: 179 n.
   237.2: 179 n.

Areopagiticus
   80.4: 178 n.
Panegyric
   1: 233 n.

JUVENAL
Satires
   2.14: 163 n.
   3: 184 n.
   6.398–412: 161 n.
   6.63–6: 203 n.
   7.161–2: 164 n.
   9.92–101: 160 n.

LUCIAN
Against the Ignorant
   Book–Collector 22 n.
   22: 31 n.
Nigrinus
   16: 183
Slander 188 n.
The Descent
   22: 107 n.

MARCUS AURELIUS
Meditations 64 n., 264

MENANDER
Epitrepontes 147

MUSONIUS RUFUS
On Exile
   Fr. 9 Hense (1905a), 42: 129 n.
   Fr. 9 Hense (1905), 46: 140 n.
   Fr. 9 Hense (1905a), 48–9:
      141–3

PHILO
On Abraham
   20–21: **184–5**

The Worse Attacks the Better
  130: 152 n.

PHILODEMUS

On Property Management 90 n.

PHILOSTRATUS

Epistles
  73: 261 n.

Life of the Sophists 78 n.
  479: 78 n.
  488: 134 n.

PLATO

Apology 179

Gorgias
  473a: 253 n.

Laws 61 n.
  792b: 86 n.
  821a–822d: 179 n.

Letters 70 n.

Phaedo
  65a–66a: 201 n.
  70c: 152 n.
  81c: 107 n.
  87c: 253 n.

Phaedrus
  270c: 217 n.

Republic 61 n.
  327a: 216
  363e–364a: 50 n.
  401b: 233 n.
  403d: 253 n.
  403e–404a: 241 n.
  403e: 242 n.
  406a: 212
  406b–407c: 244 n.
  407b–c: 239 n.
  410b: 246 n.
  433a: 179 n.
  434b: 179 n.
  455c: 201 n.
  509a: 253 n.
  581c–d: 32 n.
  583b–588a: 33 n.
  604d: 146 n.

Sophist
  225d: 152 n.

Symposium
  176a–177a: 220 n.

Timaeus 110–15
  92c: 113 n.

PLINY THE YOUNGER

Letters
  1.6: 134 n.
  1.9: 183 n.
  5.6: 134 n.
  5.18: 134 n.
  6.14: 183 n.
  9.6: 183 n.
  9.10: 134 n.
  9.16: 134 n.
  9.36: 134 n.
  9.40: 183 n.

PLUTARCH

On the Education of Children
  6 n., 258

How the Young Man Should Study Poetry 6 n., 257
  14D–16A (=§ 1): 22 n.
  15B: 36 n.
  19A: 142 n.
  20B: 50 n.
  25D–28D (=§§ 8–9): 142 n.
  29B: 58 n.
  30C–32E (=§ 11): 142 n.
  30F: 57 n.
  31D: 20 n.

PLUTARCH (cont.)
   34C: 57 n.
   35E–F: **72**
   36A: 36 n.

On Listening 6 n., 22, 48, 69 n., 99, 151, 164 n., 165 n., 201 n., 257
   37C–E: 75 n.
   37C: **69**
   37D–38A: 22
   39B: 20 n.
   40F: 35 n.
   42D: 20 n.
   42F: 63 n.
   43D–44A (=§ 12): 210 n.
   44C: 42 n.
   45E: 19 n., 142 n.
   46B: 52 n.
   60B: 57 n.

How Could You Tell a Flatterer from a Friend? 5, 21, 25, 34, 75, 99, 147 n., 158, 257
   48F: 31 n., 35 n.
   49A: 31 n., 35 n.
   49B–50B (=§ 2): 151
   49B–C: 71 n.
   49B: 36 n.
   49C: 25,
   52F–53B (=§ 8): 59
   53B–54B (=§ 9): 151
   54D–61D (=§§ 11–19): 151
   59F: 20 n.
   60E–F: 75 n.
   61D: 52 n., 188 n.
   65E–74E (=§§ 25–37): 151–2
   65E: 31 n., 35 n.
   65F: 36 n.
   66A: 50
   66E–74E: 42 n.
   66E: 31 n., 35 n.
   69D: 124

How Could One Become Aware of One's Progress in Virtue? 259
   85B: 43 n.

How Could You Profit by Your Enemies? 99, 244, 257
   86C–D: 21 n.
   86C: 63 n., 24 n., 36 n.
   86D: 36 n.
   87A: 39, 133 n.
   88D: 50 n.
   89A: 36 n.
   90C: 57 n.
   90D: 57 n.
   91B: 57 n.
   92D: 57 n.
   92F: 57 n., 231 n.

On Having Many Friends 48, 49, 257
   94D: 50 n.
   95E: 52 n.

On Virtue and Vice 259, 260 n.

Consolation to Apollonius 117 n., 258
   111E: 35 n.
   116D: 36 n.
   116E: 63 n.

Precepts of Health Care 14, 15, 30, 34, 44, 49, 54 n., 67, 68, 74, 75, 78, **211–254**, 257, 258
   122B–F (=§ 1): 211, **214–18**, 248–54
   122B–E: **214–18**
   122B–C: 36 n.
   122B: 216, 249
   122C: 211, 216, 217, 227 n., 230 n., 249, 250, 251
   122D: 249, 250, 253
   122E–F: 75 n., 249
   122E: 227 n., 249

122F–123A (=§ 2): 218
122F: 215, 218, 250
123A–D (=§ 3): 219
123A: 218, 249
123B: 215 n., 219, 225 n., 235 n., 241
123C: 219, 225 n., 241
123D–124D (=§§ 4–5): 220–3, 224–5, 240
123D–E: **221–2**
123D: 213 n., 215 n., 230 n.
123E: 27, 230 n.
124A: 215, 249, **251–2**
124B–C: **222–3**
124B: 222 n., 245 n.
124C: 230 n.
124D–130A (=§§ 6–15): 223
124D–126B (=§§ 6–7): 223–4
124D–E: 204 n.
124D: 230 n., 253
124E: 224 n., 229 n., 230 n., 240
124F: 20 n., 224 n., 225, 245 n.
125A: 224
125B: 229 n., 230 n.
125C: **55–6**
125D: 219 n., 230 n.
125E: 225, 230 n.
125F: 240
126A: 230 n.
126B–D (=§ 8): 225
126B: **225–6**, 245
126C: 225 n., 226, 230 n.
126D–127D (=§§ 9–10): 226
126D: 225 n., 230 n.
126E: 230 n., 245 n.
126F: 219 n.
127A: 230 n.
127B: **227**, 230 n.
127C: 226
127D–128C (=§ 11): 227–8
127D: 225 n., 228, 230–1

127E: 228, 245 n.
127F: 228, 230 n.
128A: 228, 229 n., 245 n.
128B: **228–9**
128C–E (=§ 12): 225
128C: 225 n.
128D–E: 226
128E–129C (=§§ 13–14): 229
128E–F: 229
128E: 225 n., 229, 241
128F: 229
129A–C: 229
129A: 230 n.
129B: 225 n.
129C–130A (=§ 15): 230
129C: 230 n.
129D: 227 n., 230, 231, 235 n.
129E: 225 n., 231
129F: 225 n.
130A–131D (=§§ 16–17): 232
130A–B: 233
130A: 231, 232
130B: 233 n.
130C: 229 n., 235
130D: 233 n., 240
130E: 168 n., 226 n., 230 n., 233 n., 234
131A–B: **234–5**, 262
131A: 27, 225 n., 230 n.
131B: 235, 241
131C: 226 n., 235
131D–132A (=§ 18): 235
131D: 230 n., 235
131A: 27
132A–F (=§ 19): 236
132A: 230 n., 136
132B: 237
132C–D: 245
132D: 225 n.
132E: **236–7**, 245 n.
132F–134A (=§§ 20–21): 237

PLUTARCH (cont.)
  133A= 230 n., 238, 239
  133B: 238, 239
  133C–D: **238–9**
  133C: 238
  133D: 230 n., 239
  133E: 226 n., 230 n., 233 n., 235 n., 238
  133F–134A: 240
  133F: 230 n., 233 n., 238
  134A–135B (=§§ 22–3): 240
  134A–F (=§ 22): 240
  134A: 233 n., 238, 240 n., 245 n.
  134B: 229 n., 240, 241
  134C: 240 n.
  134D: 240 n., 241
  134E: 240 n., 245 n., 247 n.
  134F–135B (=§ 23): 241
  134F: 226 n., 240 n., 241
  135A–B: **242**
  135A: 241
  135B–136E (=§§ 24–5): 240, 242
  135B: 215 n., 225 n., 243, 253 n.
  135C: 230 n., 243, 245
  135D–E: 244
  135D: 215 n., 225 n., 230 n., 243, 245 n., 253 n.
  135E: 230 n., **244–5**
  135F: 244–5
  136A: 225 n., 245 n.
  136B–C: 245
  136B: 225 n., 230 n., 245
  136C 52 n., 230 n., 245
  136D–E: 246–7
  136D: 225 n., 230 n.
  136E–F: 36
  136E: 229 n.
  136F: 225 n.
  137A: 226 n.
  137B: 226 n., 240, 241 n., 247
  137C: **23–4**
  137D: 247
  137E: 230 n., 248

Precepts of Marriage 23, 26 n., 36, 68, 69, 257
  138B–D (= prooemium): 23
  138A: 52 n.
  138C: 36 n., 69 n.

On Superstition
  165B: 108 n.
  165C: 108 n.
  165F: 108 n.
  166C–167A (=§ 4): 108 n.
  167B: 108 n.
  167D–F (=§ 6): 108 n.
  169 D–E (=§ 9): 108 n.
  169F: 108 n.
  170D: 108 n.
  170F: 108 n.
  171E: 108 n.

On the Fortune of the Romans 262

On the Fortune and Virtue of Alexander 262

On the Glory of the Athenians 262

On Isis and Osiris 40

Can Virtue be Taught? 260 n.

On Moral Virtue 40, 106 n., 259, 261 n.
  440D: 259 n.

On the Control of Anger 3 n., 5 n., 22 n., 39 n., 43, 44 n., 50, 52 n., 53, 62–3, 65 n., 67, 68, 86 n., 99, 213 n., 219, 237, 244, 257
  452F–453D (=§ 1): 43
  452F–453B: 104 n.
  453A: **46**
  453D–455E (=§§ 2–5): 43 n.
  453B: 177 n.
  453D: 36 n.

455E–464D (=§§ 6–16): 43 n., 53 n.
455E–459B (=§§ 6–10): 53
455E–F: **41–2**, 54
456D: 58 n.
456E: 57 n.
456F: 58 n.
459A: 20 n.
459B–464D (=§§ 11–16): 53
459B: 59 n.
459B: 57 n.
460D: 27
461A–C: **61–2**
461A: 35 n.
461E: 20 n.
461F: 91 n.
462E–F: 36 n.
463B–464D (=§ 16): 53
463E: 58 n.
463F: 57 n., 204
464C: 59

On Feeling Good 3 n., 5 n., 6 n., 13, 14, 15, 24 n., 30, 34, 44, 68–9, 75, **83–115**, 120, 126 n., 127, 128, 138, 173, 190, 196 n., 209, 244, 257–8
464C: 237 n.
464D: 237 n.
464E–465C (=§ 1): 95–6, 110–15
464E–F: 75 n.
464E: 21 n., 36 n., 69 n., 83 n., 88, 90, **110–11**
464F: 83 n., 84
465A–B: **96–7**
465A: 83, **87–9**, 111 n.
465B: 97
465C–467C (=§§ 2–5): 95
465C: 83 n., 89, 99 n., 243
465D: 83 n., 99 n., 108 n.
465E: 90, 99 n.
465F: 90

466A–467A (=§§ 3–4): 84 n.
466A: 83 n., 91, 99 n.
466B–467A: **31–9**
466B: 99 n.
466C–D: **91–3**
466C: 99 n., 108 n.
466D–E: 243
466D: 97 n., 99 n.
466E: 99 n., 108 n., 144 n.
466F: 35 n.
467A–B: **93–5**
467A: 83 n., 95 n., 97, 99 n., 115 n.
467B: 52 n., 99 n.
467C–468F (=§§ 6–7): 97
467C–468A (=§ 6): 84 n.
467C: 97
467D–E: **98–9**, 103 n.
467D: 87 n., 124, 133, 183 n.
467E: 83 n., 99 n., 115 n.
468B–C: 88 n.
468B: 95 n., 99 n., 111 n.
468C: 35 n., 75 n., 99 n., 108 n., 114 n.
468D: 99 n.
468E: 35 n., 95 n., 97 n., 99
468F–477C (=§ 8–19): 99
468F–470A (=§§ 8–9): 103
468F: 95 n.
469A: 83 n., 95 n.
469D: 99 n., 104
469E: 83 n., 95 n., 103 n., 104
469F–470A: 97 n.
469F: 95 n.
470A–473B (=§§ 10–13): 84 n.
470A–471C (=§§ 10–11): 100
470A–471A (=§ 10): 101
470A–C: **100–2**
470A: 83 n., 95 n., 108 n.
470C: 27, 99 n., 123 n.
470D: 99 n.

PLUTARCH (*cont.*)
　470E: 101
　471A–C (=§ 11): 101
　471A: 95 n.
　471B: 88 n.
　471C: 57 n.
　471D–473B (=§§ 12–13): 100
　471D: 35 n., 83 n., 99–100
　471E: 87 n., 88 n., 99 n., 115 n.
　472B–C: 103 n.
　472B: 87 n., 88 n.
　472C: 99 n., **102–3**, 124, 125 n.
　472D: 88 n., 99 n., 115 n.
　472E: 88 n.
　472F: 95 n., 103 n.
　473B–474C (=§§ 14–15): 103
　473B: 83 n., 99 n., 108 n.
　473C–D: 103 n., 104
　473C: 52 n.
　473E: 83 n.
　473F: 104
　474B: 108 n.
　474C–476D (=§§ 16–18): 104
　474C: 88 n., 108 n.
　474D: 35 n., 88 n., 99 n.
　474E: 35 n., 99 n., 105 n., 115 n.
　474F: 99 n., 105
　475B: 59 n., 97 n., 99 n., 106
　475C: **105–6**
　475D: 106
　475E: 35 n., 99 n.
　476A: 35 n., 99
　476B: 83 n., 99 n.
　476C: 63 n., 99 n.
　476D–477C (=§ 19): 106
　476D: 97 n., 99 n.
　476E: 83 n., 95 n., 106
　476F: 50 n., 99 n., 106
　477A–B: **106–7**
　477A: 99
　477B: 99 n., 105 n., 108 n.
　477C–D: 36
　477C: 108, 109, 113 n., 115 n.
　477D: 83 n., 99, 107–8, 109
　477E: 99 n.
　477F: **109–10**, 113

On Brotherly Love 75, 244, 258
　478B: **45–6**
　479E: 23 n.
　483C: 58
　486A–E: 27
　487D: 39
　487E: 75 n.
　491B: 35 n.

Whether Vice is Sufficient to Cause Unhappiness 69 n., 260 n.

On Talkativeness 3 n., 13, 14, 15, 30, 49, 75, 99, 142, **151–75**, 176, 177, 185, 187, 188, 197, 206, 209, 230 n., 244, 258
　502B–510C (=§§ 1–15): 47, 159
　502B: **159**
　502D: 153, 157
　502D–F: 158
　502E: 58, 157, 159
　502F: 157
　503A–B: 163
　503A: 157
　503B: 157, 165 n.
　503C: 159
　503D: 153, 157, 165
　503E: 159
　503F: 153 n.
　504A: 58
　504B: 153 n., 157, 160
　504E: **156**, 159, 160 n., 163, 165, 167 n.
　504F: 168
　505A–C: 154
　505A: 160 n., 165 n.
　505B: 153 n.

505C–D: 163
505C: 153 n., 176 n.
505D–506C: 58
505D: 163
505E: 159
506C–E (=§ 9): 153–4
506E: 154, 158
506F: 159
507A: 155
507D: 160 n.
507F: 159
508A: 155
508B: **155**, 159
508C–F (=§ 12): 154
508C: 153 n., **176**
508F: 159, 160 n.
509A: 160 n.
509B: 160 n.
509C: 159 n., 160 n.
509D: 153 n.
510 A: 160 n.
510B–C (=§ 15): 160
510C–511E (=§§ 16–18): 161
510C–D: **47–8**, 159, 205, 219
510C: 57, 153 n.
510D: **58**, 159, 160 n., 161, 168 n., 191 n.
510E: **162**
511A: 164 n.
511B: 36 n.
511D–E: 160 n.
511D: 153 n., 173–4
511E: 59 n., 166, **173–4**
511E–514E (=§§ 19–23a): 166
511E: 59 n.
511F–512A: **166–7**
512B: 156 n.
512C–E: **168–9**
512C–D: 167 n.
512C: 160 n., 165
512D: 153 n.

512E–F: 165 n.
513A: 153, 169
513C: **170–1**
513C–514A: **171–2**
513D: 161, 165 n., 167 n.
513F–514A: 171
514A–B: 161, 171
514A: 35 n., 167 n.
514B: 161, 163, 167 n.
514C: **157–8**, 167 n., 173
514D: 75 n., 161, **174–5**
514E–515A (=§ 23b): 161
514E–F: 155, 167 n.
514E: 57 n., 59 n., **161–2**, 167 n.
515A: 57 n., 165 n.
On Curiosity 3 n., 14, 15, 26 n., 30, 43, 54, 99, 153 n., **176–210**, 224, 244, 258
515B: 177, 194, 206 n.
515C–D: 177
515C: 177, 181, 209
515D–F: 194
515D–E: 196
515D: **180–1**, 194, 196 n., 206 n.
515E: 183 n., 196 n., 206 n.
515F–516C (=§ 2): 194
515F: 196 n.
516A–B: 196
516A: 178 n., 186, 188 n., 189, 196 n., 201 n., 206 n.
516B: 181, 196 n., 201 n.
516C–517A (=§ 3): 49 n., 190 n., 196
516C–D: **194–6**
516C: 195, 196 n., 208, 209
516D: 196, 204, 206
516E: 187, 188, 196
516F: 187 n., 197
517A: 36 n., 187 n., 190
517B: 192 n.
517C–E: **197–8**

位置索引

PLUTARCH (cont.)
517C: 181, 207
517D: 192 n.
517E: 178 n., 181, 188 n., 204 n.
517F–519F (=§§ 6–9): 198
517F: 198
518A: 181, 188, 204 n.
518B: 204 n., 206 n.
518C–519A (=§ 7): 186
518C: 181, **186–7**
518D: 192 n., 207 n.
518E–F: **182–3**
518E: 191, 197, 204 n.
518F: 182
519A: 182, 183
519B: 181, 202 n., 209 n.
519C–D: **191–2**
519C: 178 n., **187–8**, 192 n.
519 D: 192 n.
519E: 191, 197, 202 n.
519F–520D (=§ 10): 198
519F: 181, 182, 183 n., 190, 204 n.
520 A–B: 198
520B: 198 n.
520 C: 183 n.
520D–521A (=§ 11): 182, 200
520D–E: 21 n.
520D: 57 n., 59 n., 181, 183 n., 200, 202
520E: 200
520F: 200, 204 n.
521A–D (=§ 12): 182, 200, 206–7
521A: 178 n., 188 n.
521B–C: **200–1**
521B: 201 n.
521C: 57 n., 201, 204 n.
521D: 206 n.
521E–522B (=§ 13): 183, 201, 207
521E: 57 n., 202, 204 n.
522A: **202–5**

522B–D (=§ 14): 204
522B: 57 n., 178 n., 188 n., 201 n., 204, 205 n.
522C: 181, 204
522D–F (=§ 15): 205
522D–E: **192–3**
522D: 21 n., 74, 183 n.
522E–F: **205**
522E: 176 n., 183 n., 192 n., 193
522F–523B (=§ 16): 198–9
522F: 191
523A: 187 n., 191 n.
523B: 58 n., 191, **199**

On Love of Wealth 49, 99, 258
525E: 52 n.
526E: 20 n.

On Compliance 49, 99, 177, 258
529B: 23
530E: 57 n.
531B: 57 n.
532C: 57 n.
533F: 50 n.
535B: 36 n.
536D: 50 n.

On Envy and Hate 69 n., 189 n., 259

On Praising Oneself Inoffensively
3 n., 52, 99, 151, 157 n., 177 n., 258
539E: 24 n.
539F: 24 n.
541C: 24 n.
542C–D: **51**
542D: 24 n.
543F–544C: 59
545E: 24 n., **29**
546B: 35 n.
546E: 35 n.
547B: 52 n.

On Exile 5 n., 13, 14, 15, 24 n., 30, 42, 75, 99, **116–50**, 173, 209, 258
  599A–B: **145–6**
  599A: 120 n.
  599B: 75 n., 120 n., 145 n., 147 n.
  599C–D: 127
  599C: 125 n., 126 n., 127, 131, 147
  599D–E: 147 n.
  599D: 118, 119, 126 n., 127
  599E: 138 n.
  599F–600D (=§§ 3–4): 128 n.
  599F: 126 n., 127
  600A: 120 n., **127–8**, 135 n., 148
  600B: 120 n., 125–6, 133 n., 147 n.
  600C: 120 n., 126 n.
  600D–E: **126**
  600D: 52 n., 126, 131
  600E–F: **129–30**
  600E: 59 n., 120 n., 125 n., 127, 129, 147 n.
  600F: 138 n.
  601B–602B (=§§ 6–7): 130–1
  601B: 120 n., 126 n., 138 n.
  601C: 125 n., 126 n., 130, 131
  601D: 126 n., 126 n., 130
  601E: 128 n.
  601F: 120 n., 125 n., 128 n., 131, 135 n.
  602B–D (=§ 8): 131
  602B–C: **131–2**
  602B: 32 n., 122, 123, 131, 136 n., 147 n.
  602C: 120 n., 121 n., 122, 123, 124 n., 133 n., 135 n., 145 n.
  602D–604A (=§§ 9–11): 135–7
  603D–E: 132–3
  602D: 120 n., 126 n., 135, 138 n.
  602E: 123, 124, 135, 148 n.
  602F: 120 n., 123, 124 n., 135 n.
  603A: 133 n., 135, 150 n.
  603B: 131, 133 n., 135–6
  603C–D: 138 n.
  603D–E: **132–3**
  603D: 133 n.
  603E–604A: **124–5**
  603E: 33 n., 123, 124 n., 133 n., 134, 136 n.
  603F: 120 n., 123, 124, 128 n., 135 n., 150, 191 n.
  604A: 124 n., 128 n., 134, 135, 136
  604B–D (=§ 12): 137
  604B: 120 n., 121 n., 123, 124 n., **136–7**, 138 n.
  604C–D: **137–8**
  604C: **123–4**, 131 n., 134
  604D: 21 n., 120 n., 124 n., 133 n., 134, 139
  604D–605F (=§§ 13–15): 140
  604F: 138 n.
  605A–B: 39, 137
  605A: 139
  605B–D: 138 n.
  605B: 124, 125, 139
  605C: 124 n., 139
  605D: 120 n., 131, **139–40**, 145 n.
  605E: 140, 148 n.
  605F–607A (=§ 16): 140
  605F–606A: 147 n.
  605F–606B: 36 n., **141–3**
  605F: 148 n.
  606A–B: 124 n.
  606A: 131
  606C: 131, 143, 148 n.
  606D–607A: 147 n.
  606D: 125 n., 131, 143
  607A–607F (=§ 17): 143–4
  607A: 126 n., 143, 150
  607B: 120 n., 131, 143, **144**

Plutarch (cont.)
607D: 130, 144
607E: 120 n.
607F: 144, 150, 243

Consolation to His Wife 26 n., 44–5, 49, 68–9, 70, 99, 117 n., 258
608B: 69 n.
609B: 50 n.
611A: 52 n., 57 n.
611B: 58 n.
611D–E: 107 n.

Table Talk 21, 22 n., 74 n., 75, 76, 173, 193 n., 237, 238, 239, 257
711A–713F (= 1.1): 237 n.
625A–C (= 1.7): 237 n.
642F (=2.10): 75 n.
650A–E (= 3.3): 237 n.
651F–653B (= 3.5): 237 n.
655D–656B (= 3.7): 237 n.
657B–E (= 3.9): 237 n.
677C–678B (= 5.4): 237 n.
692B–693E (= 6.7): 237 n.
693F (=6.8): 75 n.
711A–713F (= 7.8): 237 n.

Dialogue on Love 259

That a Philosopher Should Converse Especially with Men in Power 26 n., 33, 34, 75, 258, 259, 263 n.
776C–D: 33

To an Uneducated Ruler 23, 26 n., 35, 49, 75, 258, 259
779D–E: 75 n.
781F–782B (=§ 5): 35
782B: 35

Whether an Old Man Should Engage in Public Affairs 24 n., 70 n., 258
783B–797F: 122

783C: 33 n., **70–1**, 75 n.
785C: 122
785E: 33 n.
788E: 36 n.
791C–D: 122

Political Precepts 24 n., 25, 30, 49, 70, 76, 122, 124, 147, 148 n., 244, 258
798B–C: **74–5**, 138 n.
798B: 57 n.
798C: 63 n.
800E: 33 n.
801C–804C (=§§ 5–9): 151
802E–F: 262
805B: 50 n.
809D: 52 n.
811B: 75 n.
813E: 27, 36
814D: 101 n., 123 n.
814E–816A (=§ 19): 121 n.
815B: 50 n.
816D: 75 n.
818A: 63 n.
819B: 59

That One Ought Not to Borrow 20 n., 25–6, 27, 49, 258
828F–829B (=§ 4): 26
829E–831B (=§§ 6–7): 24 n.
829F: 36
831B–832A (=§ 8): 26 n.

On the Malice of Herodotus 208 n.

On the Face in the Moon 75, 207, 257

Wheter Land or Sea Animals are Cleverer 207

On Eating Meat
995E–F: 236

Platonic Questions 40

On the Generation of the Soul in the Timaeus 40, 113 n.
On Stoic Self–Contradictions 39
Against Colotes 39, 265
Is 'Live Unknown' a Wise Precept? 260 n.
On Anger 54, 63 n.
Parallel Lives 1–3, 10, 46–7, 51–2, 64, 71 n., 207, 256–7
Life of Pericles 51 n., 201
  1.2–3: 201 n.
Life of Coriolanus
  4.5: 27 n.
Life of Aemilius
  1.1: 112 n.
Life of Aristides
  21: 198 n.
Life of Sulla
  17: 209 n.
Life of Phocion
  29.5.3: 181 n.
Life of Demosthenes 101 n.
  2.2: 75 n., 101 n.
Life of Demetrius 52 n.
  1.2: 201 n.
Life of Dion
  5: 52
Lives 1
Life of Artaxerxes
  6.1.1: 181 n.
Life of Galba
  20.1: 91 n.

SENECA THE ELDER
Questions about Nature
  7.32.1: 203 n.

SENECA
Consolation to Helvia 118–19
  6–9: 119
  10–12: 119
  10.3: 241
  13: 119
Letters to Lucilius 38, 204 n.
  8.7: 131 n.
  78.5–29: 212–3
  90.25: 190 n.
On Anger 54, 60–3, 65 n.
  1.1.1–1.2.3: 62
  1.2.4–1.43: 62
  1.5.1–1.31.4: 62
  1.20.8: 203 n.
  2.1.1–2.17.2: 62
  2.18.1–3.43.5: 62
  2.22–2.36: 61
  2.25.3: **60**
On Doing Kindnesses 172
On the Brevity of Life 204 n.
  10.5: 104 n.
On Tranquillity 85, 86, 88, 90 n., 91
  3: 90 n.
  4.1–6.8: 91 n.
  8: 88 n.
  9: 88 n.
  11.3: 94 n.
  12.2–12.7: 185 13.1: 89 n.
  14: 133 n.

STOBAEUS
Eclogues 121 n.
  3.20.70: 63 n.
  3.36: 152 n.
  3.36.22: 170 n.
  3.40: 117 n.
  4.39.25: 89 n.

TELES

On Exile
   Fr. 3 Hense (1969), 15: 121, 140 n.
   Fr. 3 Hense (1969), 16: 121, 122
   Fr. 3 Hense (1969), 21: 139 n.

THEOPHRASTUS

Characters 152, 188
   3: 152
   7: 153
   8: 153
   13: 178 n.
   28: 153, 188

Physicorum Opiniones
   Fr. 12 Diels 489: 180 n.

XENOPHON

Hellenica
   1.6.3.2: 178 n.

Memoirs of Socrates
   1.3.6: 224 n.
   3.11.16: 179 n.
   4.7.9: 246 n.

On Household Management
   11.3.3: 152 n.

图书在版编目（CIP）数据

普鲁塔克的实践伦理学：哲学的社会动力 /（比）胡芙（Lieve Van Hoof）著；万永奇译. -- 北京：华夏出版社，2017.8
（西方传统：经典与解释）
书名原文：Plutarch's Practical Ethics: The Social Dynamics of Philosophy
ISBN 978-7-5080-9218-8

Ⅰ.①普… Ⅱ.①胡… ②万… Ⅲ.①普鲁塔克－伦理学－思想评论 Ⅳ.①B82-095.45

中国版本图书馆 CIP 数据核字（2017）第 140526 号

© Lieve Van Hoof 2010
"Plutarch's Practical Ethics: The Social Dynamics of Philosophy, first edition" was originally published in English in 2010. This translation is published by arrangement with Oxford University Press.
All rights reserved.

版权所有，翻印必究。
北京市版权局著作权合同登记号：图字 01-2013-5079 号

普鲁塔克的实践伦理学——哲学的社会动力

作　　者	［比利时］胡芙
译　　者	万永奇
责任编辑	王霄翎　李安琴
责任印制	刘　洋
出版发行	华夏出版社
经　　销	新华书店
印　　刷	三河市少明印务有限公司
装　　订	三河市少明印务有限公司
版　　次	2017 年 8 月北京第 1 版　　2017 年 9 月北京第 1 次印刷
开　　本	880×1230　1/32
印　　张	12
字　　数	300 千字
定　　价	78.00 元

华夏出版社　　地址：北京市东直门外香河园北里 4 号　　邮编：100028
　　　　　　　网址：http://www.hxph.com.cn　　电话：(010)64663331(转)
若发现本版图书有印装质量问题，请与我社营销中心联系调换。

西方传统：经典与解释
Classici et Commentarii
HERMES
刘小枫◎主编

古今丛编

孟德斯鸠的自由主义哲学
——《论法的精神》疏证　[美]潘戈 著

莫尔及其乌托邦　[德]考茨基 著

试论古今革命　[法]夏多布里昂 著

托兰德与激进启蒙　刘小枫 编

图书馆里的古今之战　[英]斯威夫特 著

但丁：皈依的诗学　[美]弗里切罗 著

在西方的目光下　[英]康拉德 著

大学与博雅教育　董成龙 编

探究哲学与信仰
——基尔克果与苏格拉底　[美]郝岚 著

民主的本性
——托克维尔的政治哲学　[法]马南 著

梅维尔的政治哲学
——《切雷诺》及其解读　李小均 编/译

席勒美学的哲学背景　[美]维塞尔 著

果戈里与鬼　[俄]梅列日科夫斯基 著

自传性反思　[德]沃格林 著

黑格尔与普世秩序　[美]希克斯 等著

新的方式与制度
——马基雅维利的《论李维》研究
[美]曼斯菲尔德 著

科耶夫的新拉丁帝国　[法]科耶夫 等著

《利维坦》附录　[英]霍布斯 著

或此或彼（上、下）　[丹麦]基尔克果 著

海德格尔式的现代神学　刘小枫 选编

双重束缚　[美]基拉尔 著

古今之争中的核心问题
——施米特的学说与施特劳斯的论题　[德]迈尔 著

论永恒的智慧　[德]苏索 著

宗教经验种种　[美]詹姆斯 著

尼采反卢梭　[美]凯斯·安塞尔-皮尔逊 著

舍勒思想评述　[美]弗林斯 著

诗与哲学之争　[美]罗森 著

神圣与世俗　[罗]伊利亚德 著

论古人的智慧　[英]培根 著

但丁的圣约书　[美]霍金斯 著

古典学丛编

探究希腊人的灵魂　[美]戴维斯 著

尤利安文选　马勇 编/译

论月面　[古罗马]普鲁塔克 著

雅典谐剧与逻各斯
——《云》中的修辞、谐剧性及语言暴力
[美]奥里根 著

莱园哲人伊壁鸠鲁　罗晓颖 选编

《劳作与时日》笺释　吴雅凌 撰

希腊古风时期的真理大师　[法]德蒂安 著

古罗马的教育　[英]葛怀恩 著

古典学与现代性　刘小枫 编

表演文化与雅典民主政制
[英]戈尔德希尔、奥斯本 编

西方古典文献学发凡　刘小枫 编

古典语文学常谈　[德]克拉夫特 著

古希腊文学常谈　[英]多佛 等著

撒路斯特与政治史学　刘小枫 编

希罗多德的王霸之辨　吴小锋 编/译

第二代智术师
——罗马帝国早期的文化现象　[英]安德森 著

英雄诗系笺释　[古希腊]荷马 著

统治的热望
——修昔底德笔下的阿尔喀比亚德和帝国政治
[美]福特 著

论埃及神学与哲学
——伊希斯与俄赛里斯　[古希腊]普鲁塔克 著

凯撒的剑与笔　李世祥 编/译

伊壁鸠鲁主义的政治哲学
[意]詹姆斯·尼古拉斯 著

修昔底德笔下的人性　[加]欧文 著

修昔底德笔下的演说　[美]斯塔特 著

古希腊政治理论　[美]格雷纳 著

神谱笺释　吴雅凌　撰

赫西俄德：神话之艺
[法]居代·德·拉孔波 等著

赫拉克勒斯之盾笺释　罗逍然 译笺

《埃涅阿斯纪》章义　王承教 选编

维吉尔的帝国　[美]阿德勒 著

塔西佗的政治史学　曾维术 编

古希腊诗歌丛编

诗歌与城邦　[美]费拉格、纳吉 主编

阿尔戈英雄纪（上、下）
[古希腊]阿波罗尼俄斯 著

俄耳甫斯教祷歌　吴雅凌 编译

俄耳甫斯教辑语　吴雅凌 编译

古希腊肃剧注疏集

希腊肃剧与政治哲学　[美]阿伦斯多夫 著

古希腊礼法

希腊人的正义观　[英]哈夫洛克 著

廊下派集

廊下派的城邦观　[英]斯科菲尔德 著

希伯莱圣经历代注疏

希腊化世界中的犹太人　[英]威廉逊 著

第一亚当和第二亚当　[德]朋霍费尔 著

新约历代经解

属灵的寓意　[古罗马]俄里根 著

基督教与古典传统

加尔文与现代政治的基础　[美]汉考克 著

无执之道
——埃克哈特神学思想研究　[德]文森 著

恐惧与战栗　[丹麦]基尔克果 著

托尔斯泰与陀思妥耶夫斯基
[俄]梅列日科夫斯基 著

论宗教大法官的传说　[俄]罗赞诺夫 著

海德格尔与有限性思想（重订版）
刘小枫 选编

上帝国的信息　[德]拉加茨 著

基督教理论与现代　[德]特洛尔奇 著

亚历山大的克雷芒　[意]塞尔瓦托·利拉 著

中世纪的心灵之旅
——波纳文图拉神学著作选　[意]圣·波纳文图拉 著

德意志古典传统丛编

穆佐书简　[奥]里尔克 著

纪念苏格拉底——哈曼文选　刘新利 选编

夜颂中的革命和宗教
——诺瓦利斯选集卷一　[德]诺瓦利斯 著

大革命与诗话小说
——诺瓦利斯选集卷二　[德]诺瓦利斯 著

黑格尔的观念论　[美]皮平 著

浪漫派风格——施莱格尔批评文集　[德]施莱格尔 著

美国宪政与古典传统

美国1787年宪法讲疏　[美]阿纳斯塔普罗 著

品达注疏集

幽暗的诱惑
——品达、晦涩与古典传统　[美]汉密尔顿 著

欧里庇得斯集

自由与僭越
——欧里庇得斯《酒神的伴侣》绎读　罗峰 编译

阿里斯托芬集

《阿卡奈人》笺释　[古希腊]阿里斯托芬 著

色诺芬注疏集

居鲁士的教育　[古希腊]色诺芬 著

色诺芬的《会饮》　[古希腊]色诺芬 著

柏拉图注疏集

哲学的奥德赛——《王制》引论　[美]郝兰 著

爱欲与启蒙的迷醉
——论柏拉图的《会饮》　[美]贝尔格 著

为哲学的写作技艺一辩
——《斐德若》疏证　[美]伯格 著

柏拉图式的迷宫——《斐多》义疏　[美]伯格 著

哲学如何成为苏格拉底式的　[美]朗佩特 著

苏格拉底与希琵阿斯　王江涛 编译

理想国　[古希腊]柏拉图 著

谁来教育老师——《普罗塔戈拉》发微　刘小枫 编

立法者的神学
——柏拉图《法义》卷十绎读　林志猛 编

柏拉图对话中的神　[德]薇依 著

厄庇诺米斯 [古希腊]柏拉图 著
智慧与幸福
——柏拉图的《厄庇诺米斯》 程志敏 选编
论柏拉图对话 [德]施莱尔马赫 著
柏拉图《美诺》疏证 [美]克莱因 著
政治哲学的悖论
——苏格拉底的哲学审判 [美]郝岚 著
神话诗人柏拉图 张文涛 选编
阿尔喀比亚德 [古希腊]柏拉图 著
叙拉古的雅典异乡人
——柏拉图《书简七》探幽 彭磊 选编
阿威罗伊论《王制》 [阿拉伯]阿威罗伊 著
《王制》要义 刘小枫 选编
柏拉图的《会饮》 [古希腊]柏拉图 等著
苏格拉底的申辩（修订版） [古希腊]柏拉图 著
苏格拉底与政治共同体 [美]尼科尔斯 著
政制与美德——柏拉图《法义》疏解 [美]潘戈 著
《法义》导读 [法]卡斯代尔·布舒奇 著
论真理的本质 [德]海德格尔 著
哲人的无知 [德]费勃 著
米诺斯 [古希腊]柏拉图 著

亚里士多德注疏集

亚里士多德《政治学》中的教诲 [美]潘戈 著
品格的技艺 [美]加佛 著
亚里士多德哲学的基本概念 [德]海德格尔 著
《政治学》疏证 [意]托马斯·阿奎那 著
尼各马可伦理学义疏
——亚里士多德与苏格拉底的对话 [美]伯格 著
哲学之诗
——亚里士多德《诗学》解诂 [美]戴维斯 著
对亚里士多德的现象学解释 [德]海德格尔 著
城邦与自然——亚里士多德与现代性 刘小枫 编
论诗术中篇义疏 [阿拉伯]阿威罗伊 著
哲学的政治
——亚里士多德《政治学》疏证 [美]戴维斯 著

普鲁塔克集

普鲁塔克的《对比列传》 [英]达夫 著

普鲁塔克的实践伦理学 [比利时]胡芙 著

莎士比亚绎读

莎士比亚的历史剧 [英]蒂利亚德 著
莎士比亚戏剧与政治哲学 彭磊 选编
莎士比亚的政治盛典 [美]阿鲁里斯/苏利文 编
丹麦王子与马基雅维利 罗峰 选编

洛克集

上帝、洛克与平等 [美]沃尔德伦 著

卢梭集

论哲学生活的幸福 [德]迈尔 著
致博蒙书 [法]卢梭 著
政治制度论 [法]卢梭 著
哲学的自传
——卢梭的《孤独漫步者的遐思》 [法]戴维斯 著
文学与道德杂篇 [法]卢梭 著
设计论证
——卢梭的《社会契约论》 [美]吉尔丁 著
卢梭的自然状态 [美]普拉特纳 等著
卢梭的榜样人生
——作为政治哲学的《忏悔录》 [美]凯利 著

莱辛注疏集

汉堡剧评 [德]莱辛 著
关于悲剧的通信 [德]莱辛 著
《智者纳坦》研究版 [德]莱辛 等著
启蒙运动的内在问题
——莱辛思想再释 [美]维塞尔 著
莱辛剧作七种 [德]莱辛 著
历史与启示——莱辛神学文选 [德]莱辛 著
论人类的教育
——莱辛政治哲学文选 [德]莱辛 著

尼采注疏集

尼采引论 [德]施特格迈尔 著
尼采与基督教
——尼采的《敌基督》论集 刘小枫 编
尼采眼中的苏格拉底 [美]丹豪瑟 著
尼采的使命
——《善恶的彼岸》绎读 [美]朗佩特 著

尼采与现时代
　　——解读培根、笛卡尔与尼采　[美]朗佩特 著

动物与超人之间的绳索　[德]A.彼珀 著

施特劳斯集

原著

论僭政（重订本）——色诺芬《希耶罗》义疏
[美]施特劳斯 科耶夫 著

苏格拉底问题与现代性（增订本）
　　——施特劳斯讲演与论文集：卷二

犹太哲人与启蒙
　　——施特劳斯演讲与论文集：卷一

霍布斯的宗教批判

斯宾诺莎的宗教批判

门德尔松与莱辛

哲学与律法——论迈蒙尼德及其先驱

迫害与写作艺术

柏拉图式政治哲学研究

论柏拉图的《会饮》

柏拉图《法义》的论辩与情节

什么是政治哲学

古典政治理性主义的重生（重订本）

回归古典政治哲学——施特劳斯通信集

苏格拉底与阿里斯托芬

研究作品

论源初遗忘
　　——海德格尔、施特劳斯与哲学的前提
[美]维克利 著

政治哲学与启示宗教的挑战　[德]迈尔 著

阅读施特劳斯　[美]斯密什 著

施特劳斯与流亡政治学　[美]谢帕德 著

隐匿的对话
　　——施米特与施特劳斯　[德]迈尔 著

驯服欲望
　　——施特劳斯笔下的色诺芬撰述　[法]科耶夫 等著

施米特集

施米特对自由主义的批判　[美]麦考米特 著

宪法专政
　　——现代民主国家中的危机政府　[美]罗斯托 著

施米特对自由主义的批判　[美]约翰·麦考米克 著

伯纳德特集

古典诗学之路（第二版）
　　——相遇与反思：与伯纳德特聚谈　[美]伯格 编

弓与琴（重订本）
　　——从柏拉图解读《奥德赛》　[美]伯纳德特 著

神圣的罪业　[美]伯纳德特 著

布鲁姆集

巨人与侏儒（1960-1990）

人应该如何生活——柏拉图《王制》释义

爱的设计——卢梭与浪漫派

爱的戏剧——莎士比亚与自然

爱的阶梯——柏拉图的《会饮》

伊索克拉底的政治哲学

大学素质教育读本

古典诗文绎读 西学卷·古代编（上、下）

古典诗文绎读 西学卷·现代编（上、下）

中国传统：经典与解释
Classici et Commentarii

象亚甫年
刘小枫　陈少明◎主编

周易古经注解考辨 / 李炳海 著
浮山文集 / [明]方以智 著
药地炮庄 / [明]方以智 著
药地炮庄笺释·总论篇 / [明]方以智 著
青原志略 / [明]方以智 编
冬灰录 / [明]方以智 著
冬炼三时传旧火 / 邢益海 编
《毛诗》郑王比义发微 / 史应勇 著
宋人经筵诗讲义四种 / [宋]张纲 等撰
道德真经藏室纂微篇 / [宋]陈景元 撰
道德真经四子古道集解 / [金]寇才质 撰
皇清经解提要 / [清]沈豫 撰
经学通论 / [清]皮锡瑞 著
松阳讲义 / [清]陆陇其 著
起凤书院答问 / [清]姚永朴 撰
周礼疑义辨证 / 陈衍 撰
《铎书》校注 / 孙尚扬 肖清和 等校注
韩愈志 / 钱基博 著
论语辑释 / 陈大齐 著
《庄子·天下篇》注疏四种 / 张丰乾 编
荀子的辩说 / 陈文洁 著
古学经子 / 王锦民 著
经学以自治 / 刘少虎 著
从公羊学论《春秋》的性质 / 阮芝生 撰

刘小枫集

古典学与古今之争 [增订本]
这一代人的怕和爱 [第三版]
沉重的肉身 [珍藏版]
圣灵降临的叙事 [增订本]
罪与欠
儒教与民族国家
拣尽寒枝
施特劳斯的路标
重启古典诗学
共和与经纶
设计共和
现代性与现代中国：现代性社会理论绪论
诗化哲学 [重订本]
拯救与逍遥 [修订本]
走向十字架上的真
卢梭与我们
西学断章
现代人及其敌人
好智之罪：普罗米修斯神话通释
民主与爱欲：柏拉图《会饮》绎读
民主与教化：柏拉图《普罗塔戈拉》绎读
巫阳招魂：《诗术》绎读

编修 [博雅读本]

凯若斯：古希腊语文读本 [全二册]
古希腊语文学述要
雅努斯：古典拉丁语文读本
古典拉丁语文学述要
危微精一：政治法学原理九讲
琴瑟友之：钢琴与古典乐色十讲

经典与解释辑刊

1. 柏拉图的哲学戏剧
2. 经典与解释的张力
3. 康德与启蒙
4. 荷尔德林的新神话
5. 古典传统与自由教育
6. 卢梭的苏格拉底主义
7. 赫尔墨斯的计谋
8. 苏格拉底问题
9. 美德可教吗
10. 马基雅维利的喜剧
11. 回想托克维尔
12. 阅读的德性
13. 色诺芬的品味
14. 政治哲学中的摩西
15. 诗学解诂
16. 柏拉图的真伪
17. 修昔底德的春秋笔法
18. 血气与政治
19. 索福克勒斯与雅典启蒙
20. 犹太教中的柏拉图门徒
21. 莎士比亚笔下的王者
22. 政治哲学中的莎士比亚
23. 政治生活的限度与满足
24. 雅典民主的谐剧
25. 维柯与古今之争
26. 霍布斯的修辞
27. 埃斯库罗斯的神义论
28. 施莱尔马赫的柏拉图
29. 奥林匹亚的荣耀
30. 笛卡尔的精灵
31. 柏拉图与天人政治
32. 海德格尔的政治时刻
33. 荷马笔下的伦理
34. 格劳秀斯与国际正义
35. 西塞罗的苏格拉底
36. 基尔克果的苏格拉底
37. 《理想国》的内与外
38. 诗艺与政治
39. 律法与政治哲学
40. 古今之间的但丁
41. 拉伯雷与赫尔墨斯秘学
42. 柏拉图与古典乐教
43. 孟德斯鸠论政制衰败
44. 博丹论主权
45. 道伯与比较古典学
46. 伊索寓言中的伦理
47. 斯威夫特与启蒙